本书获二〇二一年贵州省出版传媒事业发展专项资金资助
本书获贵州省孔学堂发展基金会资助

湛若水评传

黄明同 著

孔學堂書局

本书获2021年贵州省出版传媒事业发展专项资金资助
本书获贵州省孔学堂发展基金会资助

图书在版编目（CIP）数据

湛若水评传 / 黄明同著. — 贵阳：孔学堂书局，2022.12
（孔学堂文库 / 郭齐勇主编）
ISBN 978-7-80770-311-2

Ⅰ. ①湛… Ⅱ. ①黄… Ⅲ. ①湛若水（1466–1560）—评传 Ⅳ. ①B248.99

中国版本图书馆CIP数据核字（2021）第278539号

孔学堂文库　郭齐勇　主编
湛若水评传　黄明同　著
ZHANRUOSHUI PINGZHUAN

策　　划：张发贤
责任编辑：杨翌琳　孟　红
责任校对：王紫玥　禹晓妍
封面设计：刘思妤
责任印制：张　莹

出　　品：贵州日报当代融媒体集团
出版发行：孔学堂书局
地　　址：贵阳市乌当区大坡路26号
印　　制：深圳市新联美术印刷有限公司
开　　本：787mm×1092mm　1/16
字　　数：463千字
印　　张：24.25
版　　次：2022年12月第1版
印　　次：2022年12月第1次
书　　号：ISBN 978-7-80770-311-2
定　　价：88.00元

自序

湛若水（1466—1560），字元明，号甘泉，广东甘泉都（今广州市增城区）人。明代著名的思想家、教育家、政治家，是大儒陈献章的衣钵继承人。从学陈献章三年，即提出“随处体认天理”，完善与发展白沙心学，陈湛心学成为明代心学之先声。后与王阳明结交，使之受到白沙心学的影响。明代心学的发展呈现三个环节：白沙心学—甘泉心学—阳明心学；形成两个流派：陈湛心学与阳明心学。为纪念先师陈献章，湛若水所到之处必建书院，通过书院的讲学，传播白沙心学，把白沙心学播于岭海南北，使明代心学的两大流派陈湛心学与阳明心学，成为明代文化星空的双子星。

湛若水，其学说博大精微，既超越先师陈献章，也不亚于王阳明；其著述500多万字，是王阳明著作的数倍；官位至二品，从政35年，一路春风，先后任明朝南京礼部、吏部、兵部三部尚书，政绩卓著；终生从教，创办书院近40所，弟子近4000人，对教育事业的贡献，可谓“前无古人，后无来者”，称得上是“立德、立功、立言”的贤人。诚然，当年与他齐名的王阳明能从祀孔庙，他却没有，究其原因则是其思想带着鲜明的启蒙色彩，太超前了，不被当时的朝廷与学界所认可，在他72岁提出退休之时，受到诽谤。有人上疏弹劾他，尽管皇帝下旨“留”他，但他的书院因此两次被禁，著作也被禁，湛若水蒙冤了！

400多年过去了，湛若水被遗忘了，湛若水被尘封了！

1986年，在南京大学校长匡亚明的发起与主持下，“中国思想家评传丛书”（以下简称“丛书”）的编撰和出版工程启动，“丛书”200部，计划自1990年开始陆续出版，争取10—15年全部完成。“丛书”是一规模空前的文化工程，编辑部成员到全国约稿。笔者有幸被邀，期待能撰写康有为，后因编辑部找不到作者撰写陈献章，编辑部要求笔者承担这一任务。当时《陈献章集》已经出版，资料比较齐全，只是本着“只对青山不著书”的陈献章，留下的著述，是文少诗多，要解读其思想，除了从大量的哲理诗中体悟之外，便须搜索相关的资料。故在撰写过程中，笔者阅读了《湛若水先生文集》三十五卷（清同治版）。尽管此文集仅仅是一个选集，但文中展现的哲理性远远超越了陈献章，湛若水俨然是一位完全意义上的哲学家。鉴于这一看法，便向“丛书”编辑部建议增补《湛若水评传》，可答复却是：“丛书”200部已定盘，不予再增补。由于笔者的坚决要求，后来采取折中办法，在《陈献章评传》书后，列一附传《湛若水生平及其哲学思想》。

从“中国思想家评传丛书”的200部专著中找不到“湛若水”，足见在当时的学界没人认识湛若水。事实上，在相当一段时间里，中国哲学的教科书与相关专著，少有提及湛若水的。显然，在明代曾与王阳明齐名的心学大师湛若水，已被后人遗忘了！

当然，这种遗忘仅仅是在中国大陆。据相关资料显示，在韩国、中国台湾等地，学界还在关注湛若水，不断有专著出版，还有研究生以湛若水为题撰写毕业论文。2012年，笔者在台湾图书馆查阅资料时，发现湛若水弟子最早编辑的文集《泉翁大全集》（八十五卷版），以及《甘泉先生续编大全》，之后还发掘出湛若水的多种著作及遗稿。2012年，笔者在台湾复印湛若水著作（孤本），并把30公斤重的复印资料带回广州。2014年，在广泛收集资料基础上，由广东省社会科学院牵头，整合广东省几家高校的专家力量，向时任广州市市长陈建华提出编辑《湛若水全集》的申请，陈市长批示由市委宣传部立项。经过三年的努力，2015年完成点校书稿500余万字，交付上海古籍出版社，于2020年出版。点校团队编辑“湛若水丛书”12种，该丛书入选广东省委宣传部“理论粤军”项目，于2017—2019年间出版。至此，被尘封400余年的明代心学家湛若水的著作，重新进入了人们的视线。

毫不夸张地说，重新发现湛若水，其学术意义与历史影响，已逐渐显现，能为学界对明代思想史研究提供丰富的新史料，为中国哲学史研究呈现新思路。

黄明同

2021年12月

目录

第四章 求学

第五章 仕途

第六章 学说（一）

第七章 学说（二）

第八章 学说（三）

第九章 学说（四）

第十章 贵疑

引言：学者型高官湛若水

湛若水，杰出的思想家、教育家、政治家、心学大师，一生从政，并致力于办学、著述、探究学问，其事功与思想学说，堪称一流。他，是岭南心学开篇者陈献章的衣钵传人，构筑了富于岭南特色的心学，使之成为明代心学的一个流派；他，是明代心学的集大成者，其心学体系博大精深；他，身居高位，畏民恤民，廉政为民；他，终生讲学办学，成绩卓著，又提出合理的教育理念与教育管理办法，其贡献不可低估。可以说，湛若水是学者型高官，其为官为学，皆值得学习。

湛若水历任明朝南京礼部、吏部、兵部三部尚书，官至二品。为官35年，身居高位，心系百姓。他继承与弘扬儒家“民惟邦本”的治国理念，认定，“天下民庶实为邦本”，为政者应“畏民”“恤民”“保民”“爱民”“重民”；主张实施“仁政”，给百姓“分田”，给予民众起码的、能维系生存的物质条件，使民众安居乐业。

湛若水提出种种治国主张。他主张德与刑兼施，既注重道德教化又不忽略刑罚，以德为主、以刑为辅；他主张既“重农”又不“抑商”，认为“农桑为衣食之源”，高度重视农业在民生中的地位与作用，又主张“恤商以言利”，建议采取“平物价”“轻赋税”等措施发展工商业，以顺应当时社会经济发展的历史潮流；他弘扬儒家的“天下为公”的大同理念，认为人应有“公”心，官员要“慎德”、应“戒游逸”，防止官场腐败；他主张君臣协同，呼吁“上下一心同济治事”，君臣“共治”“同游”。

湛若水终生致力于教育，“无处不授徒，无日不讲学”。他在岭海南北兴办书院40余所，弟子近4000；他，为书院确立德与智“二业合一”的办学方向，提出以德为主的教育理念，反对当时社会上普遍存在的、只讲“举业”而忽略“德业”的错误导向；他亲自撰写《大科训规》，为书院确立合理的管理规章；他慷慨解囊，资助贫苦弟子。尤为可贵的是，从南京退休后，他定居广州，办学、讲学不辍，足迹遍于岭海南北；年逾九旬，还跨越五岭，赴湖南、江西讲学；84岁在粤北龙潭书院讲学；95岁，在广州的书院里辞世，把生命的最后一刻也献给了岭南教育事业。

湛若水的划时代贡献，集中在学术上。通过讲学与著述，使白沙心学系统化、完善化、精微化，从而形成别具岭南特色的心学流派，构建了既认定“心外有物”，又高扬人的主体精神，强调人与自然和谐一体的岭南心学体系。湛若水在如下方面传承与弘扬了白沙心学：一是以“随处体认天理”说完善了白沙的“静养端倪”涵养与认知论；二是以“体用一体”论完善了白沙的“虚实参半”的本体论；三是以系统的“合一论”发展了白沙“道通于物”整体论；四是以“万事万物无非吾心”，拓宽了白沙心学“心俱万理”“心开万世”的理论思想。

弘治十二年（1499），陈献章把“钓台”作为衣钵传给了其得意门生湛若水，由弟子发扬其白沙学说。湛若水谨记先师的嘱咐，在后来的漫长岁月里，将白沙心学发扬光大，完成其衣钵传人的历史使命。一方面，他努力破除白沙心学被指为“禅”的误解，阐明白沙心学为圣学，以维护先师的儒家立场；另一方面，他恪守师道，在坚持白沙心学的理论路向的同时，又对先师的学说进行推进，构建系统而完善的陈湛心学，形成以先师和自己思想为特征的“岭南心学”传统。

湛若水身居高位，在日常的处理公务中，他以“白沙心学”指导实践，通过在处理公务时的心学实践，既达到了治国理政的效果，又对“白沙心学”的思想进行深化拓展。除忙于公务外，他日常时间靠着坚定的毅力，笔耕不辍，将实践过的“白沙心学”进行理论化，形成具有“湛若水”特色的心学思想，完成了数百万字的学术论著，可以说著作等身。

第一章 背景（上）

明成化二年（1466）十月十三日这天巳时，在广东增城甘泉都沙贝一户姓湛的人家，一个新生儿呱呱坠地，他的家人肯定不会想到，这个刚出生在岭南水乡的婴孩，几十年后他会成为南粤乃至明朝影响力巨大的思想家、教育家、政治家，并与明朝另一位心学大家王阳明齐名，而此时距离王阳明出生还有6年。这个婴孩的父母为其取名为湛露，稍长时避祖讳改名雨，长大后定名若水，他在岭南特有的地理环境与社会历史环境中成长，岭南的山山水水、生活习俗、社会氛围、文化精神、思维方式，孕育、滋润和培育了他，使之成为明代心学大家。

一、五岭之南

岭南，位于中国的南方，是南方五岭以南地区的概称。这是一片奇特的土地，有着独特的地理环境，造就了岭南人独特的思维方式、富于地域特色的价值取向和文化精神。在这里，孕育并产生了别具一格的文化。

湛若水，便是在岭南这片富于特色的土地上诞生与成长的。这片土地，为湛若水的成长提供了无尽的思想养分，赋予了他无限的灵气。如今，当我们走近湛若水，并对之进行解读时，不可不从生养湛若水的这片土地开始。

五岭，是横贯于广东、广西与湖南之间的五座大山，即越城、都庞、萌渚、骑田、大庾。岭南即五岭之南，由于大山的阻隔，交通不便，远离中原，极少受到北方政治风云与战乱的波及，可谓“山高皇帝远”！

位于岭南的广东，地形多元，背山面海。有山地、丘陵、台地与平原，有纵横交错的河涌水网，有漫长的海岸线。广东地貌多元，其中丘陵约占全省陆地面积24.9%，山地占33.7%，台地占14.2%，平原占21.7%。岭南境内，没有一望无际的大平原，也非处处大山峻岭，而是多种地形相交错。

广东的地貌，自北而南呈梯形，在梯形的地形格局中，有河川交织而成的蛛网式水网，使地貌更显错综复杂。广东境内有珠江、韩江、粤东沿海诸小河以及粤西沿海诸小河，归为四大河流水系。大江小河，纵横交错，编织了富于岭南特色的水网系统，梯形与网状则构成了岭南地貌特征。那是一片有山、有水，山水交融，多元又多姿的土地。岭南还拥有漫长的海岸线，有所谓“五岭峙其北，大海环其东”之说，故岭南亦称“岭海”。漫长的海岸线，东起台湾浅滩南部，西至北部湾，南抵琼州海峡。广东是海岸线最长的省份，这又是特有的地理优势。

湛若水的家乡增城，位于广东的珠江三角洲。居于平原之地，但他多次赴京参加会试，路经自南至北的极其复杂的地形，又曾翻越梅岭，可以说亲身体认到这“山高皇帝远”的情况，领略到岭南特有的自然环境。

二、多元思维

岭南，地处边远，地形复杂。古代的岭南，非常荒凉，气候潮湿炎热，原住民蓬头文身，赤脚不穿鞋子，民俗颇为怪异。在中原人眼中，岭南人缺乏文明礼仪，岭南既荒又蛮，故称之为“南蛮”。

文化与地理环境关系密切，曾有学者指出，岭南地理复杂多样，既有丛岭叠嶂的丘陵，又有河网密布的平原和三角洲，还有濒临大海的海滨；古代岭南，有农耕经济，还有渔猎经济和航海交通；复杂的地理环境、多元的经济生活以及多民族的杂居，使岭南文化呈现多种民系、多种类型、多种地域和多种层次的文化态势[①]。这一分析无疑展示了岭南地理环境的复杂性、经济的多样性，以及民族杂居的多元性，这种种的因素与文化之间的密切关系。

岭南复杂多样的地理环境，对岭南人的社会生活与文化取向，产生着既忧又喜的双重效应：

一方面，古代岭南，由于北部峻岭的阻隔，交通不便，其经济社会发展起步较北方晚。先秦时期，岭南处于较落后的状态，尽管在秦始皇统一中国后，中央政府为了统管边远地区，曾派遣一批良家女子到岭南作南下大军的配偶，又在岭南设立郡县，遣派官员进行治理，然而由于峻岭的阻隔，岭南的社会经济、文化与中原仍然存在极大差距。到了唐代，宰相张九龄拓宽了梅岭通道，岭南才迎来了发展机遇。可见五岭的阻隔给岭南带来的负面影响。

另一方面，多元的地形地貌，则带给岭南人多元思维与多元的经营习惯。漫长的海岸线，使岭南人可以利用大海的丰富资源，进行对外交往。这，既促进社会经济的繁荣与发展，又营造了海洋文化，催生出开放、兼容与创新的文化精神，孕育和产生别具特色的岭南文化。这是地理环境给岭南带来的积极影响，是正面

---

① 赵春晨主编：《岭南宗教历史文化研究》，天津古籍出版社2002年版，第201页。

效应。

可以说，在地理环境所产生的双重效应下，岭南的社会、经济、文化，辩证地、合乎自身逻辑地发展着，逐渐跨入先进行列，而后引领中国的历史潮流。

一方水土，养一方人。岭南特有的地理环境所产生的效应：一是“多元”，成为贯穿岭南古今的一道风景线；二是“开放”，成为岭南人的文化精神；三是“创新”，成为岭南人的不懈追求。

地理环境，是人们赖以生存的物质载体，不同的地理环境，孕育和产生出不同的文化。当然，它不是人类文化产生和发展的唯一的因素，“地理决定论”过于强调地理环境的绝对决定作用，无疑不合乎人类社会发展的状况，然而，地缘环境对人类文明产生的作用，确实存在，不可否认。人们的思想、文化，总是特定的地理与社会环境的产物。

关于地理环境与生活环境对人的思想、人类文化的影响，学界早已关注。梁启超就这样说过：“文明是一个民族应付他的环境的总成绩。”美国学者露丝·本尼迪克在《文化模式》中，明确提出：

> 个体生活历史首先是适应由他的社区代代相传下来的生活模式和标准。从他出生之时起，他生于其中的风俗就塑造着他的经验与行为。到他能说话时，他就成了自己文化的小小的创造物，而当他长大成人并能参与这种文化活动时，其文化的习惯就是他的习惯，其文化的信仰就是他的信仰，其文化的不可能性亦就是他的不可能性。①

可以说，人在特定的社区生活，每一个社区都有着自己代代相传的生活模式和风俗习惯，这就是特定的文化，而特定的文化则是由特定的自然环境与社会环境所产生。同样，岭南特有的地理环境，产生了岭南人特有的生活模式与风俗习惯，以及特有的思维方式。

岭南多元地形，以及网状水系，造就了岭南人特有的思维方式。有学者称，岭南人的思维像网络一样散开，头绪万端却又井然有序，俨然如系统思维。②系统思维是多元思维、开放思维，其中体现着注重整体与协调、均衡与和谐，而并不是

---

①［美］露丝·本尼迪克：《文化模式》，何锡章、黄欢译，梦觉、鲁奇校，华夏出版社1987年版，第2页。

② 胡波：《岭南文化与孙中山》，中山大学出版社1997年版，第286页。

非此即彼，或两极对立。系统的思维方式，体现在岭南人生活的方方面面，成为别具特色的文化精神。

岭南人的系统思维方式，集中体现在如下方面：

经济生活，便是多样的经济运作模式。经济生活，是人类最基本的社会实践活动，它创造人类赖以生存的物质条件；人们的经济活动，必须在特定的地理条件，以及特定的思维方式下进行。岭南人多元的思维方式主导了多样的经济活动：

一是，“重农”，并开展多种经营。

“以农为本”，是古代中国的基本国策。在生产力水平低下的历史条件下，人要解决穿衣吃饭的生存需求，就不得不依靠农业，单家独户去种粮种棉。“以农为本”的国策，乃因应“民生”，因应社会需求而制定。岭南虽地处边陲，“山高皇帝远”，但岭南人不敢，也不能违背这既定的基本国策，农业耕作仍然是岭南经济活动的主要方式。

诚然，史料显示，岭南人虽“重农”，却又注重多种经营，体现出岭南人在经济活动中的多元思维。人们不仅仅种稻，还种植各种经济作物，如桑、果，人们还养鱼等。唐懿宗时期，段公路所著《北户录》记载了岭南人养鱼的细节。书中曰：

郡人至八九月，于池塘间采鱼子着草上者，悬于灶烟上。至二月春雷发时，却收草浸于池塘间，旬月内如虾子状，悉成细鱼，其大如发……鬻于市者，号为鱼种……育于池塘间，一年内可供口腹。

这，便是对岭南人如何培育鱼种，售于市场，又如何由小鱼养成大鱼，而可供人们享用的形象记述。

早在唐代，岭南人培育鱼种，进行塘鱼生产，已为社会所关注。唐昭宗时期，在岭南为官的岭北人士刘恂，撰写了《岭表录异》，以外地人的视角考量了岭南，书中记述了当地的民俗、风情、奇异，特别说到岭南人在稻田中养鱼的情景。书中如是说：

鱼儿长大，食草根并尽。既为熟田，又收鱼利，及种稻且无稗草。

在岭南，人们种稻又养鱼。鱼的幼苗，撒进水稻田，禾苗与鱼儿齐齐长大，鱼便是稻田中的“除草机”，能“食草根”，把田中的杂草彻底清除。于是，鱼儿因食田中之草而肥美，而稻田因杂草被除尽而丰收，田也肥沃，一举多得。在这样的种养活动中，体现着岭南人在多元地理环境中产生的非单一的、发散性的多元思维。

岭南人，“重农”，又不以农业唯一，而开展多种经营，这种经济活动在岭南处处可见。如岭南多山地与丘陵，务实的岭南人为了充分利用土地资源更多获利，人们往往在山前屋后种植果木及其他经济作物，如槟榔、橄榄、甘蔗、桑、茶，以及可以售卖的花木等等。

岭南人的种植品类十分多样。人们因地制宜，种植花木及各种经济作物。史料多有记载。《南海百咏》中方信孺写《花田》一文，描绘岭南人种花曰：

在城西十里三角市，平田弥望，皆种素馨花。

广州一年四季都有花，或许因此而得名“花城”。记载种植经济作物的著述，还有陶弘景的《名医别录》，书中称广州甘蔗大如竹，长丈余，可以取汁为糖；章有谟的《景船斋杂记》称，“闽、广多种木棉”①。

岭南的水果，驰名神州大地，有“岭南佳果”之誉，赢得世人赞许。著名的岭南佳果，有荔枝、龙眼、香蕉、杨桃、菠萝、柑橘、木瓜等。岭南佳果，曾是进贡之极品。史料记载：“旧南海献龙眼、荔支，十里一置，五里一候，奔腾阻险，死者继路。”②岭南荔枝运往中原，历尽千山万水，经过一个个的驿站传递，跑死多少差役！岭南佳果，实令人情有独钟，北宋诗人苏轼被贬岭南，品尝到荔枝后，无限留恋，有诗曰：“日啖荔枝三百颗，不辞长作岭南人。”

二是，“重农”，又不“抑商”。

古代中国，“以农为本”，重农抑商，但是，岭南人重农却不抑商。如果说，岭南人种稻之外种花果等经济作物，基本也属于农业劳作的话，那么，经济活动的多元性，则更多地体现在产品交换活动上。种植花果与其他作物，皆着眼于获利，而获利则须通过市场交换。可见，在古代，在“以农为本”“重农抑商”的大环境下，岭南人在“农”之外，也十分注重“商”。

在岭南，商业活动一直活跃，加之拥有漫长的海岸线，更使商业活动如虎添翼。《汉书》称，番禺（现广州），“处近海，多犀、象、毒冒、珠玑、银、铜、

---

① 转引自叶珊如、黄明同、苏广尧等编著：《商城广州》，广州出版社1993年版，第12—13页。
②〔南朝宋〕范晔撰，〔唐〕李贤等注：《和帝纪》第四，《后汉书》卷四，中华书局1965年版，第194页。

果、布之凑，中国往商贾者多取富焉。番禺，其一都会也”[①]，《史记》也有类似的记载。故有学者认定，“番禺城在秦以前已成为岭南的商业都会”[②]，是各种奇珍异宝集散之地。

迄至唐宋，“不抑商”的岭南，商业活动更为突出。史料记载，宋代岭南出产的物品已销售各地，如水果“被于四夷”，鱼花“鬻于市”，奇花异草远销汴京。据称，素馨花“卖于市，一枝二文，人竞买戴”[③]。岭南商品活动的发展，催生了集市。据史料记载，岭南进行商品集散的集市，当地人称作“墟”，在宋代已经十分活跃，有“晓市”“晚市”“鬼市”。原来的“商业都会”——番禺，继续发挥着岭南商业枢纽的功能，进行交换的商品更为多样，有稻米、食盐、矿产品、木材、布匹、槟榔、瓷器等。

湛若水生活在明代中叶，当时岭南商业活动也十分活跃；在他去世后，岭南的商业活动更呈迅猛发展的势头。明清之际，岭南珠江三角洲一带，农民将肥美的农田改造为“桑基鱼塘”与“果基鱼塘”，岭南传统的种植与养殖相结合的生产理念与实践，进一步提升，在明清之际，形成了既有生态文明意义，又有浓重商业色彩的生产模式，使岭南农业生产率先走上商品化之路。这，无疑大胆地挑战了“以农为本”“重农抑商”的国策。善于系统思维的岭南人，一贯利用地理环境优势，进行多种经营，“重农不抑商”，商业发展活跃。这，也是富于启蒙性的湛若水学说产生的社会基础。

三、开放兼容

“重农不抑商”的岭南人，大力开展各种商业活动，其中对外贸易乃其重中之重。背山面海的岭南，人们利用漫长的海岸线，以博大的胸怀，发展海上贸易，对外开放。

岭南人较早开启了海上交通。史称，在新石器时代已南达菲律宾、印尼，东

---

①〔汉〕班固撰，〔唐〕颜师古注：《汉书》卷二十八下，中华书局 2000 年版，第 1329—1330 页。
② 蒋祖缘、方志钦主编：《简明广东史》，广东人民出版社 1987 年版，第 46 页。
③〔宋〕周去非：《素馨花》，《花木门》，《岭外代答》卷八，宋淳熙五年刊刻本。

至日本，以及南太平洋诸岛。①

岭南人较早开辟了海上丝绸之路。西汉时期，日南（今越南境内）、徐闻、合浦（今属广西）三地，是中国海上丝绸之路的最早始发港。《汉书·地理志》称：

> 自日南障塞、徐闻、合浦船行可五月，有都元国；又船行可四月，有邑卢没国；又船行可二十余日，有湛离国；步行可十余日，有夫甘都卢国。自夫甘都卢国船行可二月余，有黄支国……②

应该说，《汉书》的记载展现了岭南是早期中国对外贸易的地域，是早期海上丝路的始发地。

梁启超对岭南的海外贸易多有关注，曾高度肯定在中国对外贸易中，岭南不仅起步早，而且占据颇为重要的地位。他引用法国人黎柱荷芬《支那交通史》书中的说法为例证："西历第一世纪之后半，西亚细亚海舶，始至交趾，凡二百年间，继续航行。至第三世纪中叶，支那商船渐次西行，由广州达槟榔屿。"由此认定："我粤人握东西交通之海运权者，垂五百余年"，广州"为全世界之重镇"。③尽管梁启超所持的"垂五百年"的说法，不够准确，他忽略了《汉书·地理志》所记载的岭南属地徐闻与合浦有更早的航海贸易史。但值得注意的是，梁启超强调在古代，中国海外交通的主要航线中，"有五、六而皆集中于广东，广东之为天下重可想矣"④。他高度评价了岭南在古代中国对外贸易中的重要地位。

对岭南的海外贸易，当代学者关履权有全面的概括与精辟论述，他以番禺为例，如是说：

> 早在秦汉之时，广州已经是海外贸易的集散口岸。秦统一后，置南海郡，番禺为郡治，从此，番禺逐渐成为输入海外特产的口岸。秦末，南海尉赵佗乘机称王，成立南越国，广州是其王城，交、广皆为其所辖。这时，广

---

① 方志钦、蒋祖缘主编：《广东通史：古代上册》，广东高等教育出版社 1996 年版，第 137 页。
②〔汉〕班固撰，〔唐〕颜师古注：《汉书》卷二十八，第 1330 页。
③〔清〕梁启超：《广东交通全盛期》，《世界史上广东之位置》，《梁启超全集》（第 3 册），北京出版社 1999 年版，第 1684 页。
④〔清〕梁启超：《广东交通全盛期》，《世界史上广东之位置》，《梁启超全集》（第 3 册），第 1686 页。

州城区迅速扩展，成为中外商人贸易之处。在唐代，广州首先设置了负责海外贸易的“市舶使”，“市舶使”又称“结好使”，表明对外贸易是一种友好关系。由于海外贸易的发展，唐代从广州出发，经南海到波斯湾的海上航线，称为“广州通海夷道”。广州东郊的南海神庙，是隋、唐时海商出海贸易的口岸。宋代广州设置了“市舶司”，海外贸易的管理制度比唐代更加严密，海外贸易比唐代更加发达。宋代广州海外贸易的收课是宋政府重要的财政来源。由于广州地理条件的方便，宋代与东南亚、南亚诸国的贸易关系，在唐代的基础上更加密切了。当时东南亚和南亚与我国有贸易关系的国家，据不完全的统计，已达到50多个①，其中大食诸国（泛指阿拉伯半岛地区国家）、交趾（越南北部）、占城（越南南部）、三佛齐（印尼苏门答腊）、阇婆（印尼爪哇中部）等国与我国往来最多，广州是当时海外贸易的重要港口。②

如上的论述，概括了广州自秦汉至唐宋以来海外贸易发展基本线索；肯定了岭南地区的海外贸易活动，开展得早，越往后，发展的劲头越大，势头越好。

岭南的海外贸易活动，既走出去，也让外国人走进来。史称，早在西汉时期，“武帝威德远播，薄海从风，外洋各国夷商，无不梯山航海，源源而来，现在幅辏肩摩”③，好一番热闹而繁荣景象！廖颙的《重修南海神庙》中，也详尽地描绘了岭南与海外商人进行交易的繁荣景象，文中曰：

胡商越贾，且万斛之舟张起云之帆，转如山之柁，乘长风，破巨浪，往来迅速，如履平地，非恃王之阴祐，曷克尔耶？西南诸番三十余国，各输珠宝，辐凑五羊，珍异之货，不可缕数。闽浙船舶，亦皆载而至，岁补何啻

① 关于明代与海外交往的国家，究竟有多少，学界说法不一，本书稿所引用数字，也就出现前后不一，尊重各家的说法，不加更改。

② 关履权:《古今联系探索广州的特点》,广东炎黄文化研究会编:《岭峤春秋·岭南文化论集(一)》,中国大百科全书出版社 1994 年版，第 43—44 页。

③〔清〕杨应琚：《奏》，《艺文一》，〔清〕徐成栋纂修，〔清〕孙焘校正：《廉州府志》卷三十三，清道光十三年刻本。

千万缗！廛肆贸易，繁颗富盛，公私优裕，繄王之力焉。①

文中所言的这一切，无不彰显出岭海对外贸易的兴旺景象！文中还记述了广州作为南中国的口岸，江浙、福建一带的商品，也汇集于此。

为适应海外贸易的发展，政府加强了管理。有学者称，唐代在广州设置的“市舶司”，是全国第一个海关，是对外贸易的管理机构，当时与广州直接通商的国家与地区有20多个，云集的外国商人多达10余万人；迄至宋代，与广州建立直接通商关系的国家与地区，增至30多个；湛若水生活的明代，朝廷在广州设立“怀远驿”，专门招待来粤进行贸易的国外贡使。按照古代的标准，广州是名副其实的“远东国际大都会”②。

在“以农为本”的时代，岭南人的海外贸易发展，并非一帆风顺，也曾遭遇官方阻挠，然而，岭南人毅然用民间贸易的方式，继续绵延着“海上丝绸之路”。明代初期，政府律令规定私人一律不得出海贸易，实行“海禁”“禁通番”，岭南人竟敢私自出海。明洪武三十一年（1398），政府下“严禁广东通番”令。直至明隆庆元年（1567），海禁开始取消；明万历年初，政府允许外国商船进入广州港。湛若水生活的年代，政府的外贸政策一变再变，然而，是“禁”也好，“解禁”也罢，都无改岭南人海外贸易的传统。

背山面海的地理环境，带来了进行海上贸易的便利，带来了岭南地区的多元经营，也带来了岭南人如大海那般的博大胸怀，以及开放精神。对此，曾与中国人交往的外国人士多有记述，有学者如是概括：

7世纪以后印度人、阿拉伯人、波斯商人、探险家不断循着海路来到广州等口岸，留下了不少关于这些港口的珍贵记录，填补了中国文献的空白。9—10世纪苏莱曼的《中国印度见闻录》、伊本·胡尔达兹比赫的《道里邦国志》、马苏第的《黄金草原》等阿拉伯文献对研究唐代广州与海上丝绸之路

---

①〔宋〕廖颙：《重修南海神庙记（乾道重修碑）》，《碑刻》，广州市地方志办公室编：《南海神庙文献汇辑》，广州出版社2008年版，第177—178页。

②参见乐正：《开放优势的失落与重构——近代广州发展特征初探》，广东炎黄文化研究会编：《岭峤春秋·岭南文化论集（一）》，第63页。

的价值早已为海内外学者所熟知，而广州也借助这些名著扬名世界。[①]

由上可见，不论是中国的，或是外国的著作，都记录了在湛若水生前及其生活的年代，岭南人坚持不懈地开展海外贸易，进行多种经营的历史事实。这地理环境带来的效应，是何等昭然！

四、敢为天下先

背山面海的岭南，绵延漫长的海岸线，这特有的地理环境，不仅为岭南人开展海上贸易提供了条件，激发了岭南人敢为天下先的创新精神。

关于海对人文思想所产生的影响，当代学者蔡鸿生有精辟之见。在其论作《岭南文化与海》的篇首，引用魏源《楚粤归舟纪游》，道出了自然环境与人文精神的关系，揭示了岭南人的人文精神与海的密切关系。其诗曰：

濠镜羊城水气氲，华夷估舶自成群。
门前潮汐家家海，檐际榕棉寺寺云。[②]

是海，催生了岭南人的开放创新精神。蔡先生在文中还引用黑格尔《历史哲学》的说法加以论证：

人被海“激起了勇气，要去超越那有限的一切。海邀请人类从事征服，从事海盗式的掠夺，但同时也鼓励人类从事商业与正当的利润”[③]。

在论作中，作者还以欧洲西部北海之滨的荷兰与三面环地中海的意大利为例，证实黑格尔论断的正确性。文中如是说：

---

① 李庆新：《区域社会经济史研究的外向视野（代自序）》，《濒海之地——南海贸易与中外关系史研究》，中华书局2010年版，第4页。

②〔清〕魏源：《楚粤归舟纪游》，《七言律诗》，中华书局编辑部编：《魏源集》，中华书局1983年版，第814页。

③ 蔡鸿生：《岭南文化与海》，广东炎黄文化研究会编：《岭峤春秋·岭南文化论集（一）》，第205页。

近代的荷兰，被誉为“海上马车夫”（明朝人称之为“红毛番”），面向海洋促进了荷兰文化的崛起。意大利是资本主义的摇篮和文艺复兴的发源地，虽不能说它是天之骄子，却完全可说它是“海之骄子”（明朝人称之为“大西洋”）。①

是海，激起了人们的勇气；是海，让人们敢于去冒险，去开拓，去挑战已然而创造未然！回顾人类历史，不论是西方或是东方，概不能外，岭南也当如此！

岭南人，得风气之先，也敢为天下先。这，是特有的地理环境——面海，所赋予人的特有品格。海，使人有着无比宽阔的胸怀；海，激发人拥有敢于冒险的无畏精神。故岭南人由务实而开放，由开放而兼容，由兼容而创新。“重商”而讲求实效的岭南人，大胆地、不断地张开臂膀，欢迎和接纳外来的一切事物。如古代原生态的岭南文化，即开始接纳中原文化与外来的海洋文化；如古代的岭南人，大胆地使用在海外贸易中获得的“舶来品”。据报道，南越王墓的出土物便有镂空熏炉、象牙、乳香、圆形银盒、金花泡等舶来品，其中金银器具，其造型、纹饰风格，明显与中国传统的不一样，而类似于波斯早期的饰物。

“兼收众长”，旨在“益以新创”。自古以来，岭南人因兼容而创新，可从方方面面窥见：

（一）日常生活中，为适应炎热的自然环境，岭南人注重饮食的多样与均衡。除主食米饭外，还有补充人体所需水分的粥、汤、凉茶、功夫茶、药膳；菜肴口味注重清淡，有别于岭北风味。因有漫长的海岸线，怀抱着大海，故有丰盛的海产，粤菜、潮菜都以海鲜为主要食料，连寺庙里食斋的和尚，也找出种种借口，允许食用海鲜——牡蛎。饮食习惯不同于岭北，为调节炎热天气造成的胃口不佳，粤菜形成先汤后饭，或边汤边饭。在民间，人们的生活习俗、娱乐活动、建筑风格、礼仪与服饰，均敢于融入外来因素并进行创新。

（二）经济社会中，为充分利用地理条件，岭南人敢于闯出“重农不抑商”的多种经营路子，尤其注重发挥海洋的优势，发展海外贸易。迄至明清之际，由于外贸的驱动，珠江三角洲一带出现“桑基鱼塘”与“果基鱼塘”，改良田为养殖与种植的综合基地，开创了商业化的生态农业生产模式，挑战了传统自给自足的单一

---

① 蔡鸿生：《岭南文化与海》，广东炎黄文化研究会编：《岭峤春秋·岭南文化论集（一）》，第205页。

农业生产方式，在中国农业发展史上谱写了创新的华章，也促使岭南经济社会发展进入快车道，一改广东的落后面貌。

（三）学术文化中，岭南人的创新精神，尤为突出。外来的思想学说，往往被岭南学人创新为富于岭南特色的新体系。早在汉代，中原儒学传入后，在苍梧广信地区便有“三陈”，即陈钦、陈元、陈坚卿祖孙三代，陈钦专攻《左氏春秋》，曾为王莽讲学，其子陈元著有《左氏训诂》，向朝廷提议在学宫设《左氏》课程，为当时学界所崇敬，三陈的学说与讲学，成为岭南儒学的源头。儒道皆为先秦时期的显学，岭南是道家与道教比较活跃的地区，外省入粤人士葛洪，在罗浮山炼丹多年，深受岭南之风的影响，他兼容道教神仙方术与儒家的纲常名教，创立了儒道合一的道教理论。在佛教方面，东汉时期牟子避难到了岭南，坚守儒家立场，却又“锐志于佛道”，其著作《牟子》开佛教与中国的儒道相调和的先例；岭南康僧会，则沿着牟子的理路，继续将印度的教义改造为适合中国儒家传统的新佛学；迄至唐代，慧能则以其“顿悟”说创立禅宗新派，完成了外来宗教中国化、平民化的改革，创新了传统的涵养与认知方法。其反诸于心的认知路向，有别于传统向外的“格物致知”，为日后陈献章创立明代心学，提供了思想资源。

由上可见，岭南地处边疆，特殊的地理环境，使之远离中国政治、经济、文化中心，但也正是这特有的地理环境，铸造了岭南人敢为天下先，敢于不断地开拓而创新的精神，由此带来的不仅是岭南的经济社会在明清之后的快速发展，而且还促进了思想文化的不断创新，为中国主流文化谱写辉煌篇章。

第二章　背景（下）

湛若水生活在一片特殊的土地上，也生活在一个变革的时代里。他生活的明代中叶，社会改革的种种措施产生出明显的效果：一方面，促进社会生产发展，为明王朝铸造了坚实的物质基础；另一方面，加速工商业的发展，催化商品经济和商品意识的产生与发展。明代改革给岭南带来的社会效应尤为明显，这便是湛若水成长与成名的特定的、关键性的社会环境。

一、明代改革

人类社会发展有着自身的规律，从自然经济社会到商品经济社会，是社会发展的必然，中外概莫能外。自宋以来工商业开始得到较快的发展，古代中国“以农为本”的国策受到了挑战；迄至明代，由于政府改革政策的驱动，商品经济有了较前更快速的发展。历史唯物论告诉人们，社会存在决定社会意识，这是社会发展规律，铁定的规律！明初的经济改革措施出台，催化了商品经济发展，必然带来人的思想理念、社会意识的变化。明代心学，从陈献章到湛若水和王阳明，他们的思想学说，都是明代社会经济发展的产物，是宋明商品经济发展所结出的思想硕果。

如果说，自然环境是人类生活的物质载体，那么，可以说社会环境是人类生活的舞台。人，在社会舞台上创造自己的文明，谱写华丽篇章；同时，人的一切活动，又受到社会生活环境的制约。明代，是汉民族所建立的最后一个王朝，为巩固政权，统治集团在政治上进行高度集权，但在经济社会，则不得不启动各种改革，促进工商业的发展，在这时间节点上，“以农为本”的国策松动了，由此引发中国社会转型。地处边远的岭南，也受惠于朝廷的改革，各种改革催化了岭南“重商”的社会经济，铸造了形成岭南学术流派的大舞台、大环境。社会转型的时代呼声，在岭南率先发出，由此明代心学在岭南拉开帷幕。

明代的开国皇帝朱元璋，于1368年立国，国号为“大明”，年号为“洪武”。出身低微的朱元璋，颇有民本观念，临终前所立遗诏中说自己即位31年，自觉“忧危积心，日勤不怠，务有益于民”[①]。早在洪武二十年（1387），与侍臣对话时，朱元璋便曾表达过自己的民本思想：

---

①〔清〕张廷玉等：《太祖本纪》，《明史》卷三，中华书局1974年版，第55页。

所谓敬天者……为君者欲求事天，必先恤民。恤民者，事天之实也。即如国家命人任守令之事，若不能福民，则是弃君之命，不敬孰大焉。……为人君者，父天母地子民，皆职分之所当尽。①

古代中国，人们认定“皇帝”，亦即“天子”，是由上天委派来统治民众的天之骄子。儒家提出“民本”理念，强调“民惟邦本”，认定“天视自民视”，“天听自民听”，上天的意向与命令，无不来自于民，可见天子也要听从民众。朱元璋显然是依循着儒家的治国理念，其所言“事天”而“必先恤民”，注重“福民”“务有益于民”，便是坚持“独尊儒术”。基于此，为建基立业而劳心劳力，他首先是出动大军，征讨地方势力，营造良好的社会环境，又采取一些措施，以造福于民。《明史》称：

初，太祖设养济院收无告者，月给粮。设漏泽园葬贫民。天下府州县立义冢。又行养老之政，民年八十以上赐爵。复下诏优恤遭难兵民。然惩元末豪强侮贫弱，立法多右贫抑富。②

明初这些恤民惠民举措，彰显了一幅大同社会的美景，凸显了开国之君的民本指向。这或许也就是明代社会改革的初衷，是儒家一贯宣扬的“得民心者得天下”理念的具体实施，依循孟子扩充“仁心”而实施的“仁政”。仁宗天圣年间，相关的立法便是促使佃农获得离开田主的自由。③

至洪武二十二年（1389），朱元璋基本完成了重构封建大一统的历史使命。

至仁宗与宣宗时代，社会已经出现升平之景况：征战结束，弥漫已久的战争硝烟一扫而尽；政治方面求贤纳谏，一改风波迭起的局面；经济方面一改以往的暴敛政策，“与民休养生息”；文教方面注重教育，兴办学校，培养人才。

这一切，离不开自太祖以来，几代国君的治国新理念，以及实实在在的改革措施的实施。

①〔清〕张廷玉等：《太祖本纪》，《明史》卷三，第44页。
②〔清〕张廷玉等：《食货志》，《明史》卷七十七，第1880页。
③ 方志钦、蒋祖缘主编：《广东通史：古代上册》，第700页。

（一）政治层面的改革

明代对官制进行了改革，这是政治体制上对权力分配的调整。针对元代官场的弊病，改革分别在中央与地方进行，旨在加强中央集权。

中央官制的改革，主要是废除中书省丞相制度，提高吏部、户部、礼部、兵部、刑部与工部等六部的职权，使各部能分任朝事，各部的运作由皇帝直接指挥，绝对听从皇帝的指令。如此的改革，无疑是为了消除相权对皇权的威胁，而有利于强化皇帝的集权统治，使封建的大一统统治在制度上得以保障。

地方官制的改革，主要是实行地方的三司分治，即取代行中书省设布政使司、提刑按察使司与都指挥使司，三司分权鼎立。重大政事，须召开三司会议研究。决策与号令权不在地方，而统归中央，也是要在制度上确保中央的集权。

不论是地方的或中央的官制改革，都是为了解决元代官制所带来的地方长官或中央丞相个人的权力过大的弊病，把民权、军权与财权，统统收归中央，并集权于皇帝。这无疑是要加强最高领导对地方、对个人的控制，从而实现中央集权的重构与巩固，为明代社会的繁荣与发展提供制度保障。

明代政治层面的改革，不局限于官制，还在多方面开展。如：

选贤为官，整饬吏治。朱元璋总结元代沦亡的教训，认为其原因在于官员沉溺于“逸乐”，由“逸乐”而“侈”，于是便不思进取，玩忽职守，作奸犯科，结果是“侈则善道不立而行不顾”①。为改变元代官场的弊端，洪武元年（1368）开始，朝廷注重选“天下贤才”，担任各级官职，并以“通晓治理、廉洁”为选拔的重要条件。对新任的官员，注重培养，特别注重道德品格的教育，强调“数数开谕，导引为政”“必先养其廉耻，而后责其事功”，让他们懂得“不为私欲”所蔽，而要为民多做实事，切不可“安享爵位，优游富贵”。社会，是人的社会，社会的管理，终究要依靠人。明代注重了对官员的教育与培养，以造就一支能贯彻政令的队伍，这无疑是明初改革能够推行，明王朝能迅速进入盛世的一个关键。

严惩贪腐，实施廉明政策。为了整饬吏治，既要依赖贤才，同时还得清除官员队伍中的贪腐分子。明初，朱元璋采用残酷的刑罚，来严惩贪官。据史料记载，对贪官的处置，大致分为四等，最严重者“置之严典”，其中规定凡其赃款超过60两者，则要斩首示众，还要剥皮实草，并于官府公堂前各悬一剥皮实草之袋以警

---

①〔清〕张廷玉等：《陶安传》，《明史》卷一百三十六，第3926页。

示。此外，还有挑筋、去膝盖、去指头、断手、剁指、刖足等各种酷刑，形成震慑；朱元璋整饬吏治，赏罚分明，功过不掩，该惩处者不论亲疏、级别，一概不得姑息，如跟随征战、屡立战功的一些将领，如敢于“不法”，也要受到惩处。[①]

采取一定的检控与警示措施，是明初政治改革的又一举措。朱元璋有令，准许地方百姓上京直接指控贪腐的地方官员，或直接拿送犯事官员上京师；不许替贪官隐匿赃物，“首告”的知情者可免除“交结之罪”等等；朱元璋又颁行《大诰》，其序曰：

> 今将害民事理，昭示天下，诸司敢有不务公而务私，在外脏贪酷虐吾民者，穷其源而搜罪之。[②]

《大诰》把全国各地的犯罪事例，以及惩处的严刑峻法，公布于天下，使官民警醒，齐齐行动起来。这种种措施，无不有利于民众对官员的监督，有利于开拓政治开明的局面。

（二）经济层面改革

明代，力度大、成效卓著的社会改革，可以说主要在经济层面上。任何时代的政府都明白，政权的巩固，社会的稳定，都需要有一定的物质基础，要让民众有饭吃，有衣穿。“发展是硬道理”，这是社会发展的普遍规律，古今中外概不能外。明王朝，能不自觉地依循社会发展规律，出台种种措施，进行经济领域的改革，为政权的巩固与社会的发展铸造物质基础。

经济改革主要措施，有如下方面：

其一，兴修水利，移民屯田垦荒。在“以农为本”为国策的时代，农业是立国之基，是百姓的菜篮子，国家的命根子。明代的统治者，也深谙这一道理。为加速农业的发展，朝廷出台了种种兴农政策，并取得斐然的成效。

明初，实施移民屯田。据《明太祖实录》的不完全统计，洪武元年至十六年（1368—1383），全国新开垦土地达1805200余顷。[③]至洪武二十六年（1393），

① 方志钦、蒋祖缘主编：《广东通史：古代下册》，广东高等教育出版社2007年版，第90—91页。
② 方志钦、蒋祖缘主编：《广东通史：古代下册》，第90页。
③ 吴阴：《明初社会生产力的发展》，《历史研究》1955年第3期。

全国的土地总面积比元朝末年增长了四倍多①。洪武二十八年（1395）统计，“是岁开天下郡县塘堰凡40987处，河4612处，陂渠堤岸5048处”②。

明初，大力兴修水利。先后修建了一批较大规模的水利工程，如江南和州铜城堰闸、广西兴安县灵渠、上海胡家港、陕西泾阳洪渠堰、福建长乐海堤、崇明堤、海门堤、浙江临海横山岭水闸、宁海奉化海堤、溧阳银墅东坝河道等。

在农业文明时代，土地面积的拓展，以及水利的兴建与修建，为农业生产增长提供了坚实的基础。农业生产的发展，则带来了国家丰厚的财政收入。据统计，洪武二十六年（1393），国家岁入粮为32789800余石，比元末增长约两倍③。这，无疑为新生的国家奠定了坚实的物质基础。

其二，减税、改革货币与工匠制度。在“以农为本”国策下，必然“重农抑商”，“重税”则是历代“抑商”的主要手段。宋以来，工商业有了较快的发展，商品经济开始活跃，虽然中国不能像西方那样快步走出中世纪而发展资本主义，但是经济社会的发展大势，迫使明朝廷不得不变动一贯的抑商政策，于是先后出台一些保护工商业的措施，如：

采取减税与免税政策，直接促使工商业发展。针对元代的重税制，明初出台减税政策，发布“凡商税，三十而取一，过者以违令论”④“田器等物不得征税”“嫁娶丧祭之物，舟车丝布之类皆勿税”⑤等律令，不仅把税率减低，而且对一些关乎民生的商品予以免税，明令对减税政策不得违抗，否则将受到惩处。这无疑为一贯受重税之压的商家松了绑，为工商业的发展营造了较为宽松的环境。

改革货币，完善商品流通手段。货币是商品流通手段，针对元末交钞混乱，而不利于社会经济发展的局面，明初政府采取了改革货币的措施：铸造“大中通宝钱”，印造“大明宝钞”，发行了铜币和纸币，允许宝钞和铜钱同时流通，并禁止私人铸造货币；采取统一货币政策，与此同时扩大货币的流通范围，明令“商税兼收钱钞”，田赋亦可交折色钞，“天下有司官禄米皆给钞”⑥，货币普遍使用。一改自然经济条件下以货易货的传统，大大有利于市场交易，促进了工商业的发展，

---

① 杨国祯、陈支平：《明史新编》，傅衣凌主编，人民出版社1993年版，第92—93页。
② 杨国祯、陈支平：《明史新编》，傅衣凌主编，第93页。
③ 杨国祯、陈支平：《明史新编》，傅衣凌主编，第95—96页。
④〔清〕张廷玉等：《商税》，《明史》卷八十一，第1975页。
⑤〔清〕张廷玉等：《商税》，《明史》卷八十一，第1975页。
⑥〔清〕张廷玉等：《钱钞》，《明史》卷八十一，第1962页。

同时也便利百姓生活。

改革工匠制度，解放生产力。尽管明代依然把工匠另立匠籍，“役皆永充”，工匠服役的制度不变，但由于废除匠户长期服役制，改亲身充役为征银代役，并准予其“休工”时可自主谋生，也就放宽了对工匠人身依附关系的限制。解除了人身束缚。这同英国工业化之前，因圈地运动而出现“鸟一般自由”的劳动者一样，在某种程度上解放了生产力，而有利于手工业商品化发展，同时也促使一部分手工业者走向独立经营之路，由此培育出更多的工商业者。

其三，实行海禁与朝贡贸易。实行“海禁”是明代新的对外政策，旨在消除海外反叛的隐患，以营造良好安全的周边环境。政府着眼点则在国家安全，但不允许民众出海贸易，也不允许外国人在中国进行私人贸易，实质是限制民间进行海外贸易活动，因而社会经济发展难免受到影响。

明朝廷在实施“海禁”的同时，又倡导“朝贡”贸易，外国官方派员朝贡时，可带进货品与中国官方交易。据《明史》记载，洪武二十八年（1395），暹罗国（今泰国）世子昭禄群膺朝贡，在朱元璋所下谕旨里，便有“朕自即位以来，命使出疆，周于四维，足履其境者三十六，声闻于耳者三十一，风殊俗异，大国十有八，小国百四十九”①的记录。到了永乐年间，下西洋的郑和，足迹遍及南洋（今东南亚）、阿拉伯与非洲，与大批国家建立起朝贡关系。至成祖晚年，“受朝命而入贡者殆三十国”②，显然，“朝贡”这一举措，是在限制私人对外贸易之时，扩展了官方的对外贸易，在中央集权下变换妥善的外贸方式，拓展海外活动；朝贡贸易的发展，不仅展示了明代外贸的势头，还维护了中国作为“泱泱大国”的国际地位，可谓一举两得！

（三）改革的双重效应

明代的改革，力度颇大成效也卓著，曾为明代带来兴旺局面，但也伴随着社会危机。

官制改革产生双重效应。一方面，是中央集权加强，为明初带来兴盛；另一方面，皇权集中后，又由于大多皇帝过于平庸，出现宦官弄权致社会不稳定的

---

①〔清〕张廷玉等：《暹罗传》，《明史》卷三百二十四，第8398页。
②〔清〕张廷玉等：《成祖本纪》，《明史》卷七，第105页。

问题。

太祖至成祖期间，经历艰辛的创业，加之改革，初步打下明王朝的基业。至仁、宣时代，明王朝已经进入鼎盛期，足见明初改革的成效。这首先得益于官制改革，官制改革使皇帝高度掌权，令行禁止，有制度保障各项措施颁发后得以落实；官制改革使各个部门职权分明，各司其职，政令实施易于落到实处；官制改革省去了许多中间环节，中央与地方直接沟通，提高了办事效率。这或许便是官制改革给社会带来的正面效应，也是明朝迅速进入鼎盛期的重要原因。此外，明初朝廷整饬吏治的种种措施，有利于营造开明的政治氛围，由此获得民众的信任度。总的说来，明代政治层面的改革，“旨在维护高度封建中央集权专制统治”，使之“获得相对稳定”①，应该说，这也是明朝廷进行官制改革的主观愿望。

事物发展并非线性的，而是螺旋形的。官制改革有其积极的正面效应，也有其消极的负面效应。官职改革本是要集权于皇帝，但事实上却出现皇帝大权旁落而宦官弄权的状况，这便是官制改革的负面效应。

其一，宦官王振弄权，一改既定政策。

据《明史》记载，宣宗年间，年幼的皇帝，得到“三杨”的辅佐，“三杨”即三位老臣杨荣、杨士奇、杨溥。当时，已暂时结束了对外的征战，一扫弥漫已久的战争硝烟；朝廷求贤纳谏；“与民休养生息”，改革暴敛政策；注重教育，培养人才等等，朝廷尚能继续推行既定政策。然而好景不长，宣宗年间，高层官员“挟妓玩乐”，君臣沉溺于升平娱乐，丑闻频传；土地兼并加剧，赋税重新增加，流民现象日益严重。这一切在宣宗去世后总爆发，而又由于宦官弄权，既定政策改变，形势急转，升平景象不再。

宣德十年（1435），宣宗病死，九岁的皇太子朱祁镇继位，是为英宗。宦官王振被英宗所宠，肆意干政。据《明史》记载，王振弄权首先从剪除异己势力开始，向有功之臣开刀。他“导帝用重典御下，防大臣欺蔽，于是大臣下狱者不绝”②，连有功之臣“三杨”也难自保。王振一面打击异己，一面培植私党，宫廷纷争四起，人人自危。

其二，宦官弄权，激化矛盾。

王振弄权，还带来战事的不利，造成民族矛盾激化，再次制造宫廷争权，社

---

① 方志钦、蒋祖缘主编：《广东通史：古代下册》，第 38 页。

②〔清〕张廷玉等：《王振传》，《明史》卷三百〇四，第 7772 页。

会混乱。手握大权的王振，重新发起对少数民族的征伐，导致边远地区少数民族的反抗，北方蒙古族也趁机扩张势力。正统十四年（1449）七月，瓦剌发兵四路大举进犯。英宗受王振要挟，被迫亲征，八月中旬战败而被俘，50万大军几乎全军覆没，史称“土木之变”。

土木之变，英宗被俘。在“天下不能一日无君”的封建时代，英宗被俘必然招致朝廷内外的混乱。为控制局面，皇太后命英宗的异母之弟郕王朱祁钰监国即皇帝位，是为景帝，年号景泰。

景泰元年（1450），兵部尚书于谦调集地方兵力，组织强力反攻，瓦剌不得不求和，并送返英宗。景帝尊英宗为太上皇，却对其进行软禁。为巩固既得的皇位，景帝立长子为太子，又不惜以重金和爵位拉拢大臣。然而景泰八年（1457），蓄谋已久的英宗，勾结宦官，乘景帝病危之机，一举复辟，重登皇帝宝座，改年号为天顺。英宗重用有夺门之功的宦官曹吉祥等，而景帝时期的一批忠臣于谦等，即被杀或被贬。于是，一度平息的统治集团内部的政治风云再起。天顺年间，官场黑暗，争权夺利，招权纳贿，宦官势力再度膨胀，朝政大非，国家元气大伤。

天顺八年（1464），英宗去世，太子朱见深即位，是为宪宗，年号为成化。宪宗即位23年，有功有过。《明史》记载，宪宗即位后，“上景帝尊号，恤于谦之冤，抑黎淳而召商辂，恢恢有人君之度矣。时际休明，朝多耆彦，帝能笃于任人，谨于天戒，蠲赋省刑，闾里日益充足，仁、宣之治于斯复见”①。这是说宪宗即位后，能拨乱反正，启用可用之才，实施惠民政策，使一度陷入动荡混乱状态的社会再由“无序”而重新恢复“有序”，重见“仁、宣”两朝的升平景象。《明史》对宪宗的政绩加以肯定的同时，也直言其在位期间对汪直的重用带来恶果：“顾以任用汪直，西厂横恣，盗窃威柄，稔恶弄兵。夫明断如帝而为所蔽惑，久而后觉，妇寺之祸固可畏哉。”②

汪直不仅窃取了皇帝的“威柄”，而且借机组织特务机构。成化十三年（1477），汪直组建了“西厂”，其名与永乐年间的“东厂”相匹配，而其势力则比东厂过之。西厂干预的事甚多，势力极大，上至朝廷大事，下至民间琐事，无不干预，甚至能“不俟奏请”，也可逮捕朝官，为所欲为，激起宫廷之争，人人自危。史称，汪直对与之狼狈为奸者则加官晋爵，其淫威令朝官望而生畏。《明史》

---

①〔清〕张廷玉等：《宪宗本纪》，《明史》卷十四，第181页。
②〔清〕张廷玉等：《宪宗本纪》，《明史》卷十四，第181页。

称："直每出，随从甚众，公卿皆避道。"①

常言道，"物极必反"。当汪直的势力膨胀到极点之时，也就是其威势走到终点之日。成化十五年（1479）四月，宪宗诏令汪直巡边，汪直拥有指挥九边军队的势力。此时，世人称"知有汪太监，不知有天子"，足见汪直已凌驾于宪宗之上，其手中的权力膨胀到了无以复加的地步，皇权受到了威胁。宪宗开始意识到，手中大权已经旁落，便开始疏远汪直，最后在朝臣的压力下罢免了汪直。可以说，官制改革的负面效应，最突出的是宦官弄权，致使明代社会陷于重重危机之中，甚至使社会的兴盛与繁荣也好景不长，湛若水便是在社会的激烈动荡中度过一生。

经济改革的双重效应：

如果说，明代社会改革的双重效应，在政治层面上显露得淋漓尽致，那么，可以说其双重效应在经济层面上，则是深度的、长远的。这集中体现在社会的商品经济发展上，带来已有社会制度既巩固，又开始解体的辩证运动。

一方面，改革加速工商业发展，为明王朝的巩固铸造了坚实的物质基础。

明代的改革，一系列为商人松绑的措施，为劳动者争得人身解放的律令，大大加快了工商业发展的步伐，加速了经济社会的发展。史称，在明初，传统的手工业如纺织、造船、制盐、陶瓷、开矿、冶铁等得到了恢复与发展。生产与流通的发展，"催生"了一批繁华的城市，如北平、南京、扬州、苏州、杭州、广州等。这一切无疑为明代的升平、强盛营造了厚实的物质基础。

另一方面，改革催生了新的生产关系，培育了启蒙时代的新声。

如前所说，各种改革措施出台，加快商品经济的发展，也就有利于中国资本主义的萌芽与发展。税制改革，为商人松绑；货币改革，有利于商品流通；改革工匠制度，解放了商品生产的劳动力；商品经济的发展，等价交换原则，呼吁着自由、平等……从社会历史发展的视角审视，不难发现改革确实给当时的社会注入新鲜因素，这些新鲜因素实际上是在催化封建社会制度的解体。

总的说来，明初朝廷采取各种改革措施，其结果一方面构筑了物质基础，有利于政权的巩固，另一方面则催化了商品经济的发展，促使社会走向转型，具体体现在：农业与手工业的发展，为商品生产提供原材料，以及可供交换的剩余产品；劳动力解放，为商品经济的发展提供人力资源；赋税的减免，为商品经济发展提供了催化剂；外贸政策的调整，为商品经济的发展拓宽海外流通渠道。

---

①〔清〕张廷玉等：《汪直传》，《明史》卷三百〇四，第7779页。

特定的社会历史条件，必然产生出相应的思想学说。富于启蒙性的陈湛心学，是明代商品经济发展所结出的硕果。应该说，商品具有不同于一般产品的属性，其特质决定了商品经济的活动方式，人们正是在商品经济的特定环境中，产生出特有的思想观念和价值取向。回顾那段历史，可见它的发展轨迹：

明代改革→促进商品经济发展→催生商品意识→心学应运而生→陈湛心学（体现早期启蒙思想）

事实正是如此，明代的社会改革，催化了商品经济的发展，而商品必须交换，商品交换则必须依循等价交换的价值规律。价值规律要求商品交换是商品所有者双方彼此交换一种同等的价值，商品交换虽有时出现不等价现象，那是因为受到市场供求关系的影响。这种不平等是暂时的、表面的，而基本的、实质的交换原则还是等价的。履行等价交换原则，必备的条件便是：商品交换的双方必须是具有独立自主权的商品持有者，彼此是一种平等的关系；商品交换，须依循自由的原则与等价的原则。因此，这样的经济活动，必然呼唤人格独立，以及人的自由与平等，这些观念的产生是对千百年来等级观念的挑战，是社会经济发展产生出对自由与平等的诉求。可以说，商品经济带来了人与人之间的一种新的经济关系，而这种经济关系的变更，必然反映在社会生活的各个层面上，也必然催化社会观念的变化。可见，独立、平等、自由意识的加强与商品经济活动密切相关。明代的社会改革带来了新的社会意识的产生。

可以说，经济社会的改革，是一种二律背反的辩证运动：既为封建大一统的巩固与发展提供了物质条件；又为封建大一统的终结准备了必备的条件。这便是深层的、致命的双重社会效应。应该说，这双重效应中，前者是明代统治者的主观期盼，而后者则是明代统治集团始料未及的客观结果。

二、广东效应

历史总是循着自身的规律发展，而不以人的主观意志为转移。陈湛心学，也正是在这样错综复杂的历史大背景中问世的，当然，它的产生也有着岭南地区特定小背景。明代的改革，在岭南发酵；其双重效益，在岭南尤为明显。一方面，是改革给岭南带来了发展的机遇；另一方面，岭南与全国各地一样，由于过于集权的高压而使各种社会矛盾激化：但从总体上看，前者为主导。如前所述，由于地理环境及其他原因，广东远离中国的政治、经济中心，社会发展起步晚。唐代，广东籍名相张九龄拓阔了位于粤北南雄的梅岭通道，方便了广东与岭北的沟通，带来了社会经济较快发展的机遇。此外，北方的战乱，曾有几次较大规模的移民进入广东，也就为广东社会注入了活力。南宋末年，更有大批移民随皇帝赵昺南逃，由闽入粤，他们为广东带来了新的水田耕作技术，对珠江三角洲的发展有着关键性作用。因而自唐宋以后，广东社会开始改写“荒蛮”的历史；迄至明代，广东社会开始发生了积极的、带根本性的变化，由落后渐向先进迈进；到了近代，广东则开始充当中国社会转型急先锋的重要角色。

（一）改“道”为“省”，得中央关注

洪武二年（1369），为强化中央集权，明朝政府改“道”为“行中书省”，并在行省内设“三司”，广东成为“行中书省”之一，扩大了广东管辖的地盘。

改制后，广东的辖境共置10府，统辖8州75县。除原有的岭南道（广州、南雄、韶州三府）、岭东道（惠州、潮州二府）与岭西道（肇庆、高州二府）外，增设新隶属的海北道（雷州、廉州二府）和海南道（琼州府）。之后，又增罗定道（罗定府）。广东的管辖规模，甚为可观。这无疑为广东营造了更大的发展舞台，为广东的经济与文化发展提供了不可或缺的自然资源与人力资源。

改制后，远离中原的岭南，比较得到中央政府的关注。明初，太祖朱元璋对边远的广东比较重视，注重选贤才派往广东任职，说是“粤人去京师万里，文武大吏得贤为急”，以其选拔贤才治国的策略贯彻于岭南。置省之初始，即委派周祯担任广东行省参政。周祯，原是中央的要臣，有“中台侍书国名卿”之誉，曾于洪武元年任刑部尚书，参与多种律令的制订。洪武年间，遵循朱元璋关于“岭南在京师数千里外，方面之寄必得重臣以授之，庶可以辑宁其人……凡政事之施，宜恩威并济……惟恩不流于姑息，威不伤于刻暴”①的意旨，先后被委派到广东任行省参政的许多官员，皆为朝中的重臣。先后到任的参政者有周祯、汪广洋、刘仁、郑九成

①〔明〕董伦等：《洪武七年三月戊辰条》，《明太祖实录》卷八十八，上海书店2018年版，第1557页。

等，他们在执政期间，大都能加强岭南与中央政府的沟通，注重地方建设，关注民生。这无疑是中央政府对岭南的首次器重，在中央集权的时代，这种“器重”对广东的快速发展极为有利。

如果说地盘的拓展，资源的提供，是经济社会的发展的硬件，那么人才的输送，治理的方略等，则是社会发展的软实力，二者缺一不可。明代的改革，在岭南明显发酵，首先得益于这些方面。

（二）耕地扩展，水利兴修

洪武元年（1368），中央政府下诏鼓励民间垦荒，予以三年免赋役的优惠，并在各地设立卫所进行屯田。改道后，各级地方官员积极贯彻，成效明显。

据记载，明初至湛若水生活的年代，明代广东开垦的土地有：洪武十年（1377），南雄府垦荒扩地5000余亩；成化初年，廉州府筑石陇土城140丈，安置200多户游民，以垦荒为业；天顺二年（1458），英德县垦荒，使全县增加十二图；成化五年（1469），韶州垦田增加59万亩；弘治三年（1490），泷水开荒9万亩。[①]此外，珠江三角洲也开发了一批沙田。

鉴于广东地形的多样性，水利兴修也因地制宜。“高田用堰坝，低田用圩岸，平田用陂塘。”据统计，明代，广东兴建的水利工程共1166宗，其中堤围350条，陂486处，塘131口。初步形成有“陂塘”“堰堤”与“堤围”组合而成的水利系统，富于岭南特色。水利的兴修，不仅消除了岭南的旱涝之害，还为农业的发展提供了条件。

在靠天吃饭的自然经济条件下，农业是社会经济的支柱，而农业的发展离不开土地与水利。明代的屯田垦荒政策，刺激了农民的生产积极性；明代对水利建设的重视，带动广东的水利进入“全面的大规模的兴建时期”，取得卓著的成绩。[②]

正是在明代改革政策的激励下，广东的耕地面积有所扩大，加之进行水利兴修，南宋末年江浙移民带来先进的耕作技术，这一切使农业生产有了长足的发展；这一期间，农作物品种增多，粮食生产由一熟增为两熟甚至三熟，产量大增，开始成为“多谷”之省、殷实之省，社会经济快速发展。

---

① 参见蒋祖缘、方志钦主编：《简明广东史》，第194—195页。
② 参见蒋祖缘、方志钦主编：《简明广东史》，第196页。

无须讳言，从统治者的主观意图来说，坚持“以农为本”，发展农业，是为了解决“民以食为天”的根本问题，以巩固其政权。然而农业的发展，由于农产品的丰富，有了更多的剩余产品进入市场，商品交换随之活跃，农产品随即进一步商品化，由此而促进了商品经济的繁荣发展。广东社会在农业发展的基础上，一步步迈上发展商品经济之路。

（三）商业繁华，城镇崛起

明代改革，在岭南的最大效应，便是社会经济日趋商品化，越来愈偏离“以农为本”的基本国策，大有率先突破自然经济之势。

第一，农业的商品化，日趋明显。

明初，太祖曾颁布《教民榜文》，鼓励民间种植经济作物，如“种桑、麻、枣、柿、棉花”，认为这些作物除了解决自家的衣食，还能“卖钞”①，带来较可观的经济效益。地处亚热带的广东，素有多种经营的传统，在新政策的感召下，充分利用自然环境的优势，大力发展经济作物，除朝廷号召种植的品种之外，还生产甘蔗、水果、香料、席草、茶叶、蔬菜，以及发展塘鱼等。其中水果以荔枝、龙眼、柑橘、菠萝、香蕉、木瓜、杧果、橄榄、椰子等为主，明代中叶已成为广东人重要的经济来源。明万历年间，从澳门进入广东的传教士利玛窦，便见证了广东盛产水果的历史。他在回忆时曾说：“中国人有很多欧洲人从未见过的水果，它们全部生长在广东省和中国的南部。当地人把这些水果叫作荔枝和龙眼，味道大都十分鲜美。”②

明末学者型诗人屈大均，在其有大百科之誉的《广东新语》中，具体记载了富于岭南特色的贡品——荔枝的经济价值。书中称“粤人以荔枝、龙眼为业，随土壤所宜种之”，品种繁多，仅湛若水的家乡增城沙贝，荔枝品种“自挂绿以下数十种”“岁收数千万斛，贩于他方”③。书中又记载东莞人“多种香，祖父之所遗，世享其利。地一亩可种三百余株，为香田之农，甚胜于艺黍稷”，东莞香料“岁售

---

① 李龙潜：《明清经济史》，广东高等教育出版社 1988 年版，第 93 页。“钞”指“大明通行宝钞”，洪武七年，明朝廷设宝钞提举司，第二年由中书省发行“大明通行宝钞”，对明初商业的恢复和发展起到一定的作用。

② 方志钦、蒋祖缘主编：《广东通史：古代下册》，第 19 页。

③〔清〕屈大均：《广东新语》卷二十五，中华书局 1985 年版，第 662—663 页。

逾数万金”[①]，其经济效益极为可观。这些记载，无疑说明当年广东的商品化已开始超越传统农业。

第二，手工业的快速发展，商品日渐丰富。

在明代中叶，由于明代改革了工匠制度，手工业生产的条件得到了一定程度的改善，因而有了较快的发展。以农作物为原料的丝织、棉麻纺织、制糖、制席、制葵等，已有较快的发展。据记载，潮州、南海、顺德、佛山和广州，丝织业都比较发达，经济效益也可观。以丝织为例，据记载“广蚕岁七熟，闰则八熟”“计一妇之力，岁可得丝四十余斤”“计地一亩，月可得叶五百斤，蚕食之得丝四斤。家有十亩之地，以桑以蚕，亦可充八口之食”[②]。由种桑而养蚕，进而抽丝。在岭南，传统的农业已向手工业转型，开始走上商品化之路。农产品种类变得丰富，并大量地投放市场，有力地驱动手工业的发展，而手工业的迅速发展，昭示着社会经济朝着商品之路迈进。

在明代中后期，以非农作物作为原料的手工业，如冶铁、陶瓷、造船、采珠等，也有较快发展。如造船，不仅品类众多，而且技术先进，船体庞大，载重量多，功能良好。广东，在明代已发展为全国著名的造船基地之一，与福建齐名。明代，广东已成为全国主要盐业基地之一，盐场由元代13场，扩展到29场；中央政府进行盐税改革，允许广东的盐课一律改征白银，盐产品可以直接投放市场，加速了盐业生产的商品化。明代前期，广东的陶瓷生产有所发展，阳江、潮州、佛山、东莞等地陶瓷业已有一定的规模，产品以日用的碗碟为主，砖瓦的生产也随着社会建设的发展而发展。冶铁，以佛山为最，规模大、品种多、工艺精。明成化、弘治年间，佛山“居民大率以铁冶为业”。至景泰年间，在祖庙附近，出现多处铸造炉房，“佛山商务以锅业为最”[③]，此为广东手工业的发展之一斑。

第三，墟、市与城镇崛起，商业日趋繁荣。

商品，是一个必须交换的物品，只有在交换中才实现自身的价值，因而明代广东经济商品化，必然催化商品集散地——墟、市、城镇的崛起。

广州，南中国的大门，自古即为商埠，唐代已成为中外商品的集散地，迄至明代，即为中国对外贸易的重要口岸。洪武三年（1370），朝廷实行朝贡贸易政

---

①〔清〕屈大均：《广东新语》卷二十六，第674、677页。
②〔清〕屈大均：《广东新语》卷二十四，第587页。
③参见蒋祖缘、方志钦主编：《简明广东史》，第221—222页。

策，在宁波、泉州与广州三地设市舶司，迄至永乐三年（1405），“以诸番使益多”。当年，广州对外贸易设怀远驿于西关十八甫蚬子步，有房舍120间，用以接待外国贡使及随行人员，足见朝贡贸易规模之大。明初实行“海禁”，朝廷要把握外贸大权，不许民间插手。永乐年间，郑和下西洋，其中有两次从广东启航，由于郑和下西洋的影响，诸国乐于与中国“互市通商”，政府的贡贸政策也有所放宽，除官方掌控部分珍贵品的贸易大权之外，一般货物允许民间贸易，于是外国商品在广州的流通量大增。而且，在“海禁”期间，广东人也敢于冒险出海，使民间的“海上丝绸之路”绵延不断。可见，明代广州的对外贸易虽一度出现低谷，但仍然具有自身的优势。

自古即是商都的广州，在明代不仅是对外贸易的重要港口，同时也保持着国内贸易的优势。全国各地的商品，如布匹、丝织品、陶器、漆器、锡器、藤竹木器、糖果、香料、药材、成药等。各行各业的商店林立，还有种类繁多的、带专业性的“栏”“行”。

为适应商业发展的需要，广州在明代进行扩城。据史料记载：洪武十年（1377）开始，为改变旧城的低隘，朝廷命永嘉侯朱亮祖对旧城进行改造，首先将东、南、西之城连成一体；继之“拓北城八百余丈”，越秀山划入城内，在山上建镇海楼。经改造的广州，北至越秀山，南至珠江，“城周三千七百九十六丈，计一十五万一百九十二步”①，成为更具规模的中国南方商业中心。

商业发展，也催生了许许多多的乡村墟市，一些墟市提升为城镇，较具规模的有江门、佛山等。江门是湛若水的先师陈献章的故乡，明代中叶已成为颇为繁荣的圩镇，陈献章的五言诗《江门墟》，便描写了当年情景：

十步一茅椽，非村非市廛。
行人思店饭，过鸟避墟烟。②

当时的江门，已是店铺密集，人来客往，炊烟处处腾起，好不热闹！江门墟的繁华，陈献章还有诗如此描述：

赶罢江门墟，商船夺港归。③

①〔明〕郭棐纂：《城池》，《郡县志·广州府》，《广东通志》卷十五，明万历年间刻本。
②〔明〕陈献章：《江门墟》，《陈献章集》卷四，孙通海点校，中华书局1987年版，第342页。
③ 陈奇思：《陈白沙诗笺》，广东人民出版社1998年版，第24页。

风雨江门罢晚墟，隔船灯火夜呼卢。[1]

这一片兴旺景象，正是明代岭南商品集散地的真实写照。

（四）危机隐伏，社会动乱

地处岭南的广东，改革的成效最为卓著，而社会改革二重性在广东同样也十分明显。广东与全国一样，经济的发展带来了社会的繁荣和民众生活的改善，同时也潜伏着危机，社会动乱无序，具体可概括为三个方面：

一是，官员贪腐严重。自永乐至宣德，在改革中崛起的广东，社会颇为殷富，被官吏视为甚有油水可捞的肥肉。贪官污吏者多“以黩货殃民为常事”“多为不法”，他们为官总是由“贪”而“富”，腐败之风颇盛，为广东社会埋下了动乱的种子。

二是，赋税、徭役的征收越来越滥。如，原来的均徭法仅征人差，而弘治年间，则衍为力差与银差两类，加重对百姓的盘剥；如，生活在珠江三角洲的“疍民”[2]，社会地位极低，备受歧视，明朝所设的河伯所，专管疍户与征收渔课，进行盘剥，疍民不仅承受着繁重的渔税，在买卖中还常受官吏与豪绅压价的欺凌，忍受着多重的压迫，生活负荷越来越沉重。

三是，地主豪绅强取豪夺。据史料记载，宣德年间，沿海的围垦沙田，按政策新垦之田的所有权归开垦者，并受到保护，但当地豪绅却仗势欺人，为非作歹，他们“指东谓西，以母子相连”为借口，强占民田，更甚者，有为夺田而杀害田主。据史料记载，珠江三角洲一带，垦发的海滨沙田日增，但被豪强占据则时时发生，百姓的权益得不到保障。

如上种种，说明改革使广东的经济有了快速的发展，但民众生活有一定改善的同时，则又经受更残酷的盘剥。生活在死亡线上的民众，不得不铤而走险，被迫起义。社会危机四伏，各种矛盾交结，渐渐酿成社会动乱。

正统十四年（1449）由黄萧养发起的起义，[3]在珠江三角洲长时间活动，这正是广东社会矛盾激化的结果。

---

①〔明〕陈献章：《龙山吟，走笔和陈冕》，《陈献章集》卷六，孙通海点校，第608页。
②“疍民”，指以船为家的水上居民。
③黄萧养起义，见于多种史料，关于其规模、装备均有不同的说法。

黄萧养，南海县冲鹤堡人，出身贫苦，因“行劫”入狱，“问以海洋强盗罪”，在狱中谋划越狱。是年9月，越狱成功后，即转入水道，与官兵抗争。对黄萧养起义，屈大均的《广东新语》有一段记述：

> 黄盗名萧养，初为盗下狱，卧榻枯竹生花，诸囚以为祥也，萧养乃率囚越狱。纠集战船数百艘，直犯广州。于五羊驿僭位，称东阳王，改授伪官百余人。珠江之南，有伪南汉离宫故址，增筑居之。船抵五羊门外，其手下衣貌与同者数十人，官兵莫能辨，乃以响箭向天射，萧养仰视，一箭直贯其喉，堕水死，其众尽降。于是广州始作外罗城，今南面新城是也。海盗之雄，莫过萧养，前有曾一本，后有刘香，皆力攻广州弗克，盖当盛世则然。①

尽管屈大均称黄萧养为“盗”，但在字里行间，仍流露出一种莫名的敬佩。

据史料记载，黄萧养所发起的起义，始于正统十四年（1449），次年黄萧养战死，但起义直至成化三年（1467）才失败，共坚持了20年之久，拥兵3万余人，战船500余艘，致使官兵极大伤亡。足见，黄萧养起义，其规模之大，持续时间之久，民众基础之深，社会影响之大，在明代确实是空前的。尽管这次起义失败了，但迫使明朝政府不得不采取一些让步政策。

综上所述，湛若水生活的时代，是明代改革后效果明显的时代，也是中央政府高度集权与高压的时代；明代的广东，在全国改革的大背景下，社会发展迈开了大步，出现预示中国由农业经济向商品经济转向的新动向，同时，又面临种种社会危机。湛若水正是在这一复杂，却又呈现曙光的历史背景中成长，社会呈现的叛逆性和非传统性，促使他一方面发出时代新声，同时又未能彻底摆脱时代的局限。而这，正是明代特有的社会环境复杂性的折射。

三、思潮多元

宋明时期，古代社会进入转型阶段。如前所说，商品经济的发展，带来了对

---

①〔清〕屈大均：《广东新语》卷七，第250—251页。

原有社会秩序的冲击，于是产生了涟漪效应：商品经济激化了人们的物欲，而社会出现过度“逐利”、道德下滑、世风日下的社会现象；与此同时，商品买卖依循等价交换原则，于是自由与平等的社会思潮应运而生。这不仅冲击了社会原有的“有序”以及既定的“大一统”政权，也挑战了儒学“独尊”地位，于是社会思潮的多元化渐渐出现。

（一）土地制度变革，工商业兴起

社会的发展，循着自身的规律而运行。生产力的发展，产品的丰富，必然带来商业的繁盛。早在宋代，朝廷意识到商业的作用，开始注重“互市”，并出台种种措施以顺应商业的发展。宋朝廷有“重商”的举措，《宋史》记述了宋几代王朝所实施的经济政策，如：

> 太祖兴，削平诸国，除藩镇留州之法，而粟帛钱币咸聚王畿；严守令劝农之条，而稻、粱、桑、枲务尽地力。至于太宗，国用殷实，轻赋薄敛之制，日与群臣讲求而行之。传至真宗，内则升中告成之事举，外则和戎安边之事滋，由是食货之议，日盛一日。①

如上记述，反映宋初太祖在军事上平息诸国及边境之乱后，即关注生产，务求发展农业，地尽其力；之后的几代皇帝，也十分注重讲求“轻赋薄敛之制”，以及“食货之议”。这些历史的真实记载，体现出结束了五代治乱纷争局面的宋王朝，在政权建立后即开始实施各种措施关注民生、恢复社会生产的同时，也加强了集权统治。

据史料记载，在宋代一系列的措施中，最具响应力的一招即是土地制度的变革。古代中国一直盛行的“均田制”，由于黄巢起义世袭占有土地的制度受到了冲击，土地私有制在法律意义上得到了认可。宋朝统治者主张“不立田制”“不抑兼并”，结果“使民得以田租私相贸易，富者贪于有余，厚价以规利；贫者迫于不足，移税以速售。”宋代新的土地制度的实施，其社会效应有两重性：一方面，使土地兼并日趋严重，贫富差距日渐拉大，这无疑是负面效应；另一方面，由于土地

---

①〔元〕脱脱等：《农田》，《宋史》卷一百七十三，中华书局1985年版，第4156页。

的自由买卖，从而拉动了社会的工商业发展，催化了社会的“重商”思潮，促使“以农为本”国策开始松动。这恰恰是推进中国社会向前发展的正面效应。

特别值得注意的是，宋代在土地政策改变之后，出现了租佃制，变革了雇工与雇主原有的依附制，人身依附转变为人对土地的依附，于是严格的人身隶属关系开始变动了。

仁宗天圣三年（1025），诏曰：“自今后，客户起移，更不取主人凭由。须每年收田毕日，商量去往，各取隐便”，新的政策允许佃农可以获得离开土地的自由，于是依附于豪强地主的“徒附”“部曲”有了一定的人身自由。再者，在当时，由于土地的兼并，失地的农民，即“无产”之民，大量涌现，为商品生产准备了劳力。在中国，没有发生英国式的“圈地运动”，也没有出现由于“圈地运动”而带来的“鸟一般自由”的人群，但是从某种意义上说，宋代土地制度的变化，以及佃农可以自由离开土地的政策，则带来了劳力的解放，失地的农民同圈地运动中出现的“自由人”一样，都是被解放的劳动力，二者有相似之处。学界一直以为，宋代商品经济有了较快的发展，却未深究这一历史性变化其根源何在。可以说，宋初土地制度的变革，称得上是中国社会转型的先兆，值得关注。

应该说，宋代商品经济发展的原因，并不单一，其中土地制度与佃农人身自由的变化，是最为基础的方面。同时，还应看到，最高统治者对流通领域的重视，政府对食货政策的改革，以及对流通手段——货币制度的改革等等，种种因素无不为商品经济发展提供了有利条件。

宋代的统治集团，开始注重商业活动的社会作用，治国理念发生了一些变化。《宋史》称，仁宗曰：“先朝置互市以通有无，非以计利”①，又曰：“货泉之利，欲流天下通有无”②。这无疑是自觉或不自觉地利用商业活动的开展，促使货品流通以使货品有无互济，是治国理念在社会发展进程中的变化。

古代中国，在“抑商”的国策下，千百年来，人们不敢言“商”，而在宋代，最高统治者竟然把进行货品流通的商业活动，作为社会不可或缺的经济活动，不但不再“抑”，而是告诫各地官员，“勿事烦苛、规羡余以徼恩宠”③，要求官员们都不要再用重税来压抑商业的发展。此外，宋代朝廷兴办铸钱业，进行货币改

---

①〔元〕脱脱等：《互市舶法》，《宋史》卷一百八十六，第 4563 页。
②〔元〕脱脱等：《商税》，《宋史》卷一百八十六，第 4542 页。
③〔元〕脱脱等：《商税》，《宋史》卷一百八十六，第 4542 页。

革，改善流通手段。正是由于这种种条件，宋代商品经济才获得发展的好机遇。

（二）存理去欲，呼吁重振纲常

人类发展的历史告诉人们：社会存在决定着社会意识，特定的生产力和生产关系，即特定的经济基础，产生出特定的社会意识。商品经济的发展产生了商品意识，产生了平等、自由、开放、兼容、创新等思想观念。这些观念无疑是一种启蒙思潮，有着正能量的社会效应。但是在商品经济活动中，人们受到“利欲”的驱动，同时由于产品的丰富，商品经济的发展，又必然刺激人的物质欲望，正是由于人的物欲的膨胀，使社会的道德伦常受到冲击，因此以往以伦理纲常的“有序”为原则的社会秩序遭到了破坏。

宋代，商品经济迅速发展，社会上“鸡鸣而起，孳孳而为利”的现象，愈来愈普遍，朱熹称之为“人欲横流”。这不得不引起统治者以及士人们的深虑。宋代理学，便是在新的历史背景下，应运而生的新儒学。理学的产生，其原因可从内因与外因两方面审视：

就内因而言，理学的产生，是中国文化发展自身逻辑运行的必然结果。具体是由于外来佛教的日渐传播，以及本土宗教——道教，在民间的影响愈来愈大，自汉代中期以来处于“独尊”地位的、从尧舜至孔孟的儒学道统，受到了挑战。唐朝末年，“文学改革旗手”韩愈在《原道》中，首先呼吁恢复儒家道统。韩愈的道统说，得到宋初的士人们的认同，他们沿着恢复道统的思路，创立儒学新派——宋代理学。程颐曾说：

> 周公没，圣人之道不行；孟轲死，圣人之学不传。道不行，百世无善治；学不传，千载无真儒。无善治，士犹得以明夫善治之道，以淑诸人，以传诸后；无真儒，天下贸贸焉莫知所之，人欲肆而天理灭矣。①

这番言辞，代表了一代士人的心声。儒士们认定，是佛、道的干扰，造成了儒家道统的断裂，进而造成社会“无善治”与“无真儒”，这便是社会“人欲肆而

①〔宋〕程颢、〔宋〕程颐：《明道先生墓表》，《河南程氏文集》卷十一，《二程集》，王孝鱼点校，中华书局1981年版，第640页。

天理灭”的根本原因；儒士们认定，恢复儒家道统，是整治社会之关键所在。就外因而言，理学的产生，是五代之乱以及宋代工商业发展带来的社会“无序”，而极需回归儒家的社会诉求的结果。

唐朝末年发生的黄巢起义，终结了盛唐时代，中国进入纷乱的岁月。五代，是中国历史上最为黑暗的时代——军阀割据，弱肉强食，争权夺利，父子、君臣相互残杀。宋代，工商业的发展，带来了“人欲肆而天理灭”的危机。在儒士看来，这一切均缘于儒学道统的断裂；在儒士们看来，儒学以“仁”为核心的政治观与道德观，是维系大一统的封建统治，维系社会长治久安的精神支柱。

在社会需要“德治”，“真儒”们希望恢复儒家道统的呼声中，产生了宋代理学。宋代理学有多种流派，其中洛、濂、关、闽等则为影响颇大的学派，各派都有统一的宗旨，便是倡导“存天理，去人欲”，主张通过儒家传统的“格物致知”的认知与涵养方法，去体认的天理，以封建的道德纲常，去规范和匡正人们的社会行为，以维护社会的“有序”。南宋的朱熹，传承二程理学，集宋代理学之大成而构建了“程朱理学”体系，迎合统治集团的需要，后被确立为官方哲学。

（三）朱学独尊，陆学挑战

宋代理学，希冀压抑人欲以维系纲常的学术宗旨，在朱熹理学中体现得尤其鲜明。朱熹吸取外来的佛教的思辨，并以其丰厚的自然科学与人文知识构建其理学体系，其学说涉及面广，博大精深。在中国文化发展史上，朱子对推进儒学的哲理化与思辨化上，有超越前辈与同辈的贡献：

他探讨了宋儒所关注的理气问题，认为“有是理便有是气，但理是本”①，理是体，气是用，理先而气后，理主宰气，“万物皆有此理”②，理“是天地万物的精神主宰”；探讨了“心”与“理”的关系，认为心与理一，心“具众理而应万事”③，“心有体用”④，但心又分“人心”与“道心”；回应了“天理”与“人欲”的论辩，认为“况天理人欲，决不两立。须得全在天理上行，方见人欲

①〔宋〕黎靖德编：《朱子语类》卷一，王星贤点校，中华书局1986年版，第1页。
②〔宋〕黎靖德编：《朱子语类》卷十八，王星贤点校，第398页。
③〔宋〕朱熹：《孟子集注》卷十三，《四书章句集注》，中华书局2011年版，第349页。
④〔宋〕黎靖德编：《朱子语类》卷五，王星贤点校，第90页。

消尽”[①]，因为“天理、人欲，此长彼必短，此短彼必长”，故“学者须是革尽人欲，复尽天理”[②]，强调“明天理，灭人欲”[③]。

他，主张“格物致知”论，以之为认知论和涵养论，设定人的认知对象是外在的“天理”，而对天理的认识，则必须“即物而穷其理”，通过格尽天地万事万物，而后才“豁然贯通”，达到穷理的目的。鉴于朱熹把“理”界定为“天地万物的精神主宰”，它便是封建的道德伦常——“三纲五常”。因而朱熹认定：“圣贤千言万语，只是教人明天理，灭人欲。”[④]其整个学说的核心便是：天理——封建道德纲常，是世界本体，是至高无上的主宰；人们通过格物与读经，去认知天理，便可消除人欲而维系封建道德纲常，而后实现社会的长治久安。

可以说，朱熹理学的创立，为南宋的统治者立下汗马功劳。回顾这段历史：朱熹理学受到统治者青睐，是在朱熹死后；尽管他生前曾为侍讲，为宁宗讲学仅40余天，后因卷入当时的政治纷争，朱熹之学列为“伪学”被禁，甚至有人声言“斩熹以绝伪学”；直到宋理宗宝庆三年（1227），朱熹理学的厄运才有了转机，皇帝下诏，令全国刊行其《四书集注》，为士人所必读，于是朱熹理学便成为官方哲学。尽管，朱熹的“存理去欲”论，在主观上是希冀能遏制统治集团的奢华，但事实上却成为统治者欲维系封建社会秩序的妙方，即以封建的道德纲常去禁锢人的身心，压抑人性。特别是朱熹提出妇女要守贞节，“饿死事小，失节事大”，把守节作为妇女的美德，而不守节者则受到谴责。其主张也就成了人的精神枷锁，后人认为，那是“杀人的软刀子”，多少妇女被这软刀子所杀。

从南宋至明代，朱熹学说的独尊地位未有改变。元朝统一全国后，继续以朱熹理学为思想统治工具。明代继续南宋尊程朱理学为官方哲学，朱熹理学仍占据意识形态的统治地位。明朝初年，明成祖组织儒生编纂和出版《永乐大典》《文献大成》《洪武正韵》《五经大全》《四书大全》《理性大全》等书籍，并规定各级学校必须采用朱熹诠注的四书五经，以其诠释为科举考试的标准。由此，在南宋末年已取得统治地位的朱熹理学，至湛若水生活的明代中叶，依然居于独尊地位。

---

①〔清〕黄宗羲原撰，〔清〕全祖望补修：《语要》，《晦翁学案上》，《宋元学案》卷四十八，陈金生、梁运华点校，中华书局 1986 年版，第 1531 页。

②〔清〕黄宗羲原撰，〔清〕全祖望补修：《语要》，《晦翁学案上》，《宋元学案》卷四十八，陈金生、梁运华点校，第 1534 页。

③〔宋〕黎靖德编：《朱子语类》卷十二，王星贤点校，第 207 页。

④〔宋〕黎靖德编：《朱子语类》卷十二，王星贤点校，第 207 页。

然而，从南宋到明代，在学界也有学者敢于挑战朱熹理学的“独尊”地位。如心学的创始人陆九渊，则与之较量。尽管，他与朱熹一样有着维护封建纲常的共同立场，但却主张“尊德性”，通过唤醒人的道德自觉，高扬人的主体精神以实现“正风俗”，维系社会道德纲常。实质上，陆九渊开始挑战朱熹，检讨其理学压抑人性的理论偏颇。

陆九渊以心为宇宙本体的学说——心学，为宋代理学之一个流派，与朱熹理学，存在着分歧，二人曾发生过争论。彼此的分歧：在本体论上，“性即理”与“心即理”；在方法论上，“道问学”与“尊德性”，“格物”与“静坐”等。朱陆二人曾在江西鹅湖有一次论辩，成为文坛之美谈，亦是陆九渊心学对朱熹理学独尊地位的一次挑战。在鹅湖之会上，朱陆二人的分歧：在认知与涵养方法上，朱熹主张“道问学”，陆九渊则主张“尊德性”。黄宗羲对这场论争，既指出二人的分歧，也肯定二人有着同一立场。在《宋元学案·象山学案》中，黄宗羲说，“先生之学，以尊德性为宗”，“紫阳，则以道问学为主”，“二先生同植纲常，同扶名教，同宗孔、孟”[①]。显然，陆九渊与朱熹有着共同的学说宗旨，即“同植纲常，同扶名教”，有着同一的思想渊源，即孔、孟之学，他们也仅仅在维系封建纲常的方法上有些不同而已。

陆九渊心学，以心为本体，认为只要发明本心，即“尊德性”，即“存心”“养心”，便能实现社会道德的维系。在陆九渊看来，“理”是宇宙的本体，但是他并不认同朱熹把“理”看作先于天地万物超然于天地万物的理论基点，而是认为，“此理塞宇宙，所谓道外无事，事外无道”[②]，理是天地万物之本体，然而理与万事万物密不可分。进而，陆九渊推演出，“理”与“心”、与“物”合而为“一”，“万物森然于方寸之间，满心而发，充塞宇宙，无非此理”[③]，充塞宇宙间的是“理”，是“万物”，亦是“心”，是心的向外扩充。可见，陆九渊已经否定了朱熹陆学的理论框架，二人的宇宙模式如下。

朱熹的模式：理→气→万物

---

①〔清〕黄宗羲原撰，〔清〕全祖望补修：《象山学案》，《宋元学案》卷五十八，陈金生、梁运华点校，第1887页。

②〔清〕黄宗羲原撰，〔清〕全祖望补修：《象山学案》，《宋元学案》卷五十八，陈金生、梁运华点校，第1891页。

③〔清〕黄宗羲原撰，〔清〕全祖望补修：《象山学案》，《宋元学案》卷五十八，陈金生、梁运华点校，第1891页。

陆九渊的模式：理→心→万物

陆九渊改写“理一元论”论，而迈向“心一元论”，首次竖起了有别于朱熹理学的旗帜，开创了中国心学理论新路向。在认知与涵养方法上，陆九渊沿着孟子的理论路向，认为在人的心中蕴藏着善端，它是无须外铄的道德本性，只要“存心”“养心”，就是“涵养”，就能成为有道德的、堂堂正正的人。故说：

人精神在外，至死也劳攘。须收拾作主宰，收得精神在内，当恻隐即恻隐，当羞恶即羞恶，谁欺得你，谁瞒得你。见得端的后，常涵养，是甚次第。①

显然，陆九渊“尊德性”便是向内“收拾”自身固有的道德精神，使它成为“主宰”，由此而保养着自身的道德本性，即“端的”，即四端之善，于是能高扬人的主体精神。在陆九渊看来，道德涵养就如此简单，无需向外去“格物”；人性本来便是“善”，便是道德，又何必以压抑人性而求道德？鹅湖之会，争论的焦点即在此！

陆九渊挑战了朱熹，但宋元至明初，其心学终究处于弱势，未能改变朱熹理学的“独尊”地位。关于朱学独尊对学界所产生的影响，《明史·儒林传序》如是说：

原夫明初诸儒，皆朱子门人之支流余裔，师承有自，矩矱秩然。曹端、胡居仁笃践履，谨绳墨，守儒先之正传，无敢改错。②

这便是明初学界沉寂的真实写照。这种墨守成规、不敢改错，无疑是文化专制的产物。由此可见，明朝整肃的政治高压，儒士们已成惊弓之鸟，他们不以“登仕为荣，罢职为耻”，故守道出世成为世风，明太祖尊儒，并没能使明代学术思想活跃起来，反而使历史进入了“六籍无光辉”的时代，学坛一片寂静。直到陈献章创立明代心学新篇，才对处于独尊地位的朱熹理学进行挑战，而在白沙心学产生之前，则已出现心学思潮。

① 〔清〕黄宗羲原撰，〔清〕全祖望补修：《象山学案》，《宋元学案》卷五十八，陈金生、梁运华点校，第1893页。
② 〔清〕张廷玉等：《儒林传序》，《明史》卷二百八十二，第7222页。

（四）元至明初，心学思潮涌现

任何事物，都有其产生、发展与消亡的过程，曾处于“独尊”地位的宋代理学也如此。虽然陆九渊创立心学，挑战了朱熹理学，却未能取而代之，但朱熹理学的独尊地位已开始动摇。从元代至明初，学界出现多元文化态势，并展现出宋代理学可能被心学所取代的历史走向。

到了元朝，尽管朱学在全国有广泛的传播，“其影响所及，远远超过了南宋”。在当时的朱熹后学中，“出现了朱陆合流的趋势”，“他们为了解决朱熹哲学中越来越明显的矛盾，提倡简易功夫，主张向内发展，掀起了一股心学思潮”①。当时，有心学倾向的学者有许衡、吴澄、郑玉等，他们开始提出简易的涵养方法。

许衡（1209—1281），是元朝颇具影响的思想家。他既以朱熹为宗，积极传播朱学，有“道统正脉”之誉，又对朱熹理学认真反思与检讨，大胆提出“反求诸心”“求之于心”的“简易”的涵养方法。其“求诸心”的方法，即是向内体悟，而非向外“格物”，因而其学说便呈现心学特色。他认为“一心可以宰万物，一理可以统万事”②，心是“大本”、是“良知”、是仁义礼智四德，天地间的一切无不因心而生。他生动比喻：“人心犹印版”③，由心的本版，可以“摹”印出万千的纸，也就是以心为宇宙万物的本源。在认知方法和涵养方法上，许衡回归孟子的尽心说，认为“尽其心者，知其性也。若能明德，都总了尽心知性”④，这是向内进行自我认知注重主体的觉醒，明显与后来的白沙心学及阳明心学有着一致的理论路向。许衡又提出“正心”说，认为“一心正呵，一身正，一家正，一国正”⑤，与后来王阳明的“致良知”同出一辙，难怪有人认为其学说已是明代心学之滥觞。这表明在明代心学产生之前，学界已呈现心学的理论取向。

---

① 蒙培元：《理学的演变——从朱熹到王夫之戴震》，方志出版社 2007 年版，第 129 页。

②〔元〕许衡：《语录下》，《鲁斋遗书》卷二，北京图书馆古籍出版编辑组编：《北京图书馆古籍珍本丛刊 91 集部·金元别集》，书目文献出版社 1991 年版，第 301 页。

③〔元〕许衡：《至元书》，《鲁斋遗书》卷十三，北京图书馆古籍出版编辑组编：《北京图书馆古籍珍本丛刊 91 集部·金元别集》，第 436 页。

④〔元〕许衡：《语录下》，《鲁斋遗书》卷二，北京图书馆古籍出版编辑组编：《北京图书馆古籍珍本丛刊 91 集部·金元别集》，第 298 页。

⑤〔元〕许衡：《大学要略》，《鲁斋遗书》卷三，北京图书馆古籍出版编辑组编：《北京图书馆古籍珍本丛刊 91 集部·金元别集》，第 318 页。

吴澄（1249—1333），朱熹之四传弟子，在元朝与许衡齐名的思想家，当时有“北有许衡，南有吴澄”之说。陆九渊的江西抚州老乡吴澄，对宋代大理学家朱熹与陆九渊一样崇敬，且力图使朱学与陆学合流，但事实上在其调和之时，由于对朱学的大力修正，以及对陆九渊“尊德性”的大力倡导，使其学说也就具有鲜明的心学倾向。吴澄首先匡正朱熹的“心”与“理”为二的理论，明确提出“以心为本”，主张体用合一。他认为“心”是“体”，是“形之主宰，性之郛郭”，“盖日用事物，莫非此心之用。于其用处各当其理，而心之体在是矣”①。从以心为本体的理论基点出发，吴澄进而提出反求于心的涵养方法，认为“道之为道具于心，岂有外心而求道者哉”②。吴澄回到孟子的尽心说，认为“夫孟子言心而谓之本心者，以为万理之所根，犹草木之有本，而苗茎枝叶皆由是以生也”③。进而推演说：“盖在天则为中，在人则为心。人能不失此初心，反而求之，何物非我？扩而充之，为圣为贤，己分内事耳。”④或许因为吴澄的思想学说，影响到他的老乡吴与弼，而又由于吴后来做了陈献章的老师，于是，这“反而求之”于“心”的涵养方法，终于成为陈献章“为学求诸于心”的“作圣之功”的理论源头！更值得注意的，吴澄已明确把求于心的为学方法称作“至简至易而切实”的方法，并认定它是陆九渊皆孟子之传的方法。

由上可见，元代学者在改造与修正朱熹学说的过程中，呈现了心学的发展势头。可以说，元代的学界大都关注朱熹理学与陆九渊心学之争，因而当时一些思想家力图调和或兼容两家，往往又偏于心学，原因何在，值得探究。事实上，这种学术倾向，或许同朱子学本身也蕴含着心学内容有关。当代有学者指出，王阳明45岁时作《朱子晚年定论》，从《朱子文集》中摘了35条材料，作为“晚年定论”，以论证“朱熹晚年转向心学”，而王阳明在同罗钦顺的通信中，则又认为朱熹之学中有心学“不必尽出于晚年”；王阳明心学“它同朱熹哲学有直接关系。他继承和发展了朱熹的心学思想，克服了朱熹本身的矛盾，从而完成了心学体系”⑤。可见，

---

①〔清〕黄宗羲原撰，〔清〕全祖望补修：《草庐精语》，《宋元学案》卷九十二，陈金生、梁运华点校，第3046页。

②〔清〕黄宗羲原撰，〔清〕全祖望补修：《草庐精语》，《宋元学案》卷九十二，陈金生、梁运华点校，第3046页。

③〔清〕黄宗羲原撰，〔清〕全祖望补修：《草庐精语》，《宋元学案》卷九十二，陈金生、梁运华点校，第3047页。

④〔元〕吴澄：《邓中易名说》，《吴文正集》卷七，《文渊阁四库全书》本。

⑤ 蒙培元：《理学的演变——从朱熹到王夫之戴震》，第217页。

宋明的理学与心学，没有绝然的界限与对立。

中国思想文化的发展，是从多元到儒学独尊，又从儒学独尊到多元的过程。有学者称，明初的学术思想确实初露文化转型之端倪，明初的多位思想家以探讨心性进行践履，说明这股心学倾向的发展势头很足。可以说，明初的学界尽管承受着高压，却还是有人敢于离经叛道，透出了些许的思想曙光。

在明初心学思潮中，有多名思想家值得关注，如：

宋濂（1310—1381），虽尊崇朱熹理学却又强调心性，主张求我方寸、自我觉醒的为学方法，自尊而自信。他认为，天下之物“心为大”，“我心”即“天地之心”，因而涵养方法是“识心明心”。主张通过“向内冥悟”，排除外物的干扰进入“常寂”的静状态，由此呈现“至灵”“真知”。他自认为，这是借鉴了佛教的“空寂之义”。后来的陈献章兼容禅宗，而教人“静中养出端倪”，与宋濂的涵养之法应是一脉贯通。宋濂也富于“贵疑”精神，他敢于藐视圣贤，认为：“世人求圣人于人，求圣人之道于经，斯远矣。我可圣人也，我言可经也，弗之思耳。”[①]如此独立自主，敢作敢为而高扬主体的精神，正是后来创立心学体系的思想资源。

曹端（1376—1434），同样注重心性，他主张“其学务躬行实践，而以静存为要”[②]，强调“事事都于心上做工夫”[③]，这也算得上是明代心学的早期思想资源。

薛瑄（1389—1464），虽是明初朱熹理学的承传者，但他注重心性涵养，“其修己教人，以复性为主，充养邃密，言动咸可法”[④]。他认为“满天地是生物之心，满腔子是恻隐之心”[⑤]，以“心”为宇宙的本体。他一生追求“体验身心”，有着明显的心学倾向。

吴与弼（1391—1469），学界称之为“明代理学第一人”，是陈献章的老师，对白沙心学的产生有着直接的、至深的影响。吴与弼在京师曾因读到朱熹的

---

① 转引自蒙培元：《理学的演变——从朱熹到王夫之戴震》，第 167 页。
②〔清〕张廷玉等：《曹端传》，《明史》卷二百八十二，第 7238 页。
③〔清〕黄宗羲：《学正曹月川先生端》，《明儒学案》卷四十四，沈芝盈点校，中华书局 1985 年版，第 1061 页。
④〔清〕张廷玉等：《薛瑄传》，《明史》卷二百八十二，第 7229 页。
⑤〔明〕薛瑄：《读书续录》卷八，《薛瑄全集》下，孙玄常、李元庆、周庆义等点校，山西人民出版社 1990 年版，第 1461 页。

《伊洛渊源录》，而仰慕圣贤，十分崇敬朱熹，但其学说则兼容朱陆。在涵养方法上，强调“学圣人无他法，求诸己而已”①。他认为，“寸心含宇宙”②，“物外元无我，闲中别有天。临流时抱膝，此意向谁言”③，天是我心中的天，静养心中的天，便是涵养工夫。吴与弼的“寸心含宇宙”，与陆九渊的“宇宙在我”一脉相承。他十分注重涵养性情，体认身心是坚持一种“精神收敛，身心检束”的工夫。其具体的途径是“主静”，主张“静中思绎事理”，“静中观物理”④。鉴于吴与弼这样的学术取向，有学者认为他“是明代心学的直接发端者”⑤。因他与陈献章有师生关系，故其学说称得上是白沙心学的直接源头。

综上所述，明初的儒士有一种“极为微妙复杂”的心理效应，“它并不只是鼓舞着正统的历史精神，同时也促使独立思考，独善其身，保持人格”，而产生了与当权者相离的“倾向”。⑥可以说，注重心性在明初已是一股新的文化思潮，心学在当时已呼之欲出，中国文化转型已势在必行！

四、心学新篇

明代中叶，陈献章创立白沙心学，糅合宋代理学诸家，融儒、释、道于一炉，富于开放创新特色。白沙心学的创立，拉开了明代心学序幕，构建了中国心学新篇。

（一）陈献章与白沙心学

陈献章（1428—1500），字公甫，号石斋，明代著名的思想家、教育家、诗人和书法家，是广东唯一从祀孔庙的硕儒。因居住江门白沙村，而有“白沙先

①〔明〕吴与弼：《日录》，《康斋集》卷十一，《文渊阁四库全书》本。
②〔明〕吴与弼：《道中作九首》，《康斋集》卷一，《文渊阁四库全书》本。
③〔明〕吴与弼：《临流瞑目坐》，《康斋集》卷二，《文渊阁四库全书》本。
④〔明〕吴与弼：《日录》，《康斋集》卷十一，《文渊阁四库全书》本。
⑤ 蒙培元：《理学的演变——从朱熹到王夫之戴震》，第184页。
⑥ 参见刘宗贤：《陆王心学研究》，山东人民出版社1997年版，第184页。

生”之誉。三次会试落第，却因一首《和杨龟山〈此日不再得〉韵》而“名震京师”，有“真儒复出”美誉。白沙曾师从理学家吴与弼，读了儒家经典，却“未知入处”，未能找到“作圣”的入门处，于是退学返乡。抵家后，闭门读书，筑春阳台，静坐十年，发明“静养端倪”“自得之学”，完成“作圣之功”。白沙心学的创立，打破了明初以来学界“不敢改错”的寂静局面，终结了朱熹理学的独尊地位，使明代学术“始入精微”，使中国人文精神由压抑人性转向人性觉醒，由思想禁锢转向思想解放，由等级之别转向倡导平等。

白沙心学，“独开门户”，不依循陆九渊心学的理路，而另辟蹊径。它全面揭示了心学的基本内涵：

1.心学之旨趣——“自得”而“作圣”

“作圣”，是儒家心性涵养的宗旨，也是明代心学的学术旨趣。白沙提出，“夫士何学？学以变化气习，求至乎圣人而后已也”①。“作圣”是涵养宗旨，具体是通过“求诸心”②，“具足于内者，无所待乎外”③，如孟子所说“君子深造之以道，欲其自得之也”（《孟子·离娄下》）。也即感悟心中之“道”，唤醒自身道德本性，由自觉而自信、自立，实现主体精神的觉悟，而后成就为能“忘我而我大”④，能“天地我立，万化我出，而宇宙在我”⑤的圣贤。

在陈献章看来，为学的宗旨在于涵养而成为圣贤，故称之为“作圣”，他在江西期间虽读了圣贤书，但“未知入处”，便是未找到进入“圣贤”之门。后来回到家乡，通过静坐而找到“作圣”的具体途径，便是“自得”。他说：“夫学贵自得也。”⑥何谓“自得”？“自得者不累于外物，不累于耳目，不累于造次颠沛”，而“鸢飞鱼跃，其机在我”⑦。

陈献章的“自得之学”，即孔子所倡导的“为己”（《论语·宪问》），孟子所倡导的“君子深造之以道，欲其自得之也”（《孟子·离娄下》）。这是儒家

---

①〔明〕陈献章：《古蒙州学记》，《陈献章集》卷一，孙通海点校，第28页。
②〔明〕陈献章：《书自题大塘书屋诗后》，《陈献章集》卷一，孙通海点校，第68页。
③〔明〕陈献章：《风木图记》，《陈献章集》卷一，孙通海点校，第48页。
④〔明〕阮榕龄编：《编次陈白沙先生年谱》卷二，〔明〕陈献章：《陈献章集》附录二，孙通海点校，第825页。
⑤〔明〕陈献章：《与林郡博》，《陈献章集》卷二，孙通海点校，第217页。
⑥〔明〕阮榕龄编：《编次陈白沙先生年谱》卷一，〔明〕陈献章：《陈献章集》附录二，孙通海点校，第807页。
⑦〔清〕黄宗羲：《题跋》，《白沙学案上》，《明儒学案》卷五，沈芝盈点校，第90页。

传统的认知与涵养方法，即是一种反求诸心，内省而自得，最后达到圣人境界——“鸢飞鱼跃，其机在我”的自我修养。其“自得”，便是“自觉”，是一种无须通过耳目感官，不借助外力的自我内心的反省、感悟与体认，并由此而“变化气习，求至乎圣人而后已也”①。

陈献章的涵养，从“未得”到“自得”，便是以“静”为门户而进入，以“虚明静一”为主线，由“静”而“虚”，由“虚”而“无欲”，因“无欲”而“胸次澄澈”，然后进入“涵养至虚”，使本体之心呈现，这也就是“立本”“会道”，实现“心”与“道”的“凑泊吻合”，由是完成了“作圣之功”。这“作圣”过程，简要地概括便是：

“静坐”→“胸次澄澈”→“涵养至虚”→“立本”→“会道”

对这样的“作圣”过程，陈献章有一段精彩的阐说：

舍彼之繁，求吾之约，惟在静坐，久之，然后见吾此心之体隐然呈露，常若有物。日常间种种应酬，随吾所欲，如马之御衔勒也。体认物理，稽诸圣训，各有头绪来历，如水之有源委也。于是涣然自信曰：“作圣之功，其在兹乎！”②

陈献章把这一“作圣”的过程称作“心学法门”，他如是说：

为学当求诸心必得。所谓虚明静一者为之主，徐取古人紧要文字读之，庶能有所契合，不为影响依附，以陷于徇外自欺之弊，此心学法门也。③

由此看见，所谓“自得”便是人的道德本性的自我觉醒，可见陈献章的“作圣”，便是“反求诸心”，这便是极其简便的涵养方法。

陈献章所创立的“自得之学”，教人从静坐入门，由无欲而寂静，把心中的道德本性，感悟出来，觉悟起来，由此而进入一个不为外界所诱惑的无私、无欲、无我而与天地合一的境界，一个确保人的本心、本性的圣贤境界。

---

①〔明〕陈献章：《古蒙州学记》，《陈献章集》卷一，孙通海点校，第28页。
②〔明〕陈献章：《复赵提学佥宪》，《陈献章集》卷二，孙通海点校，第145页。
③〔明〕陈献章：《书自题大塘书屋诗后》，《陈献章集》卷一，孙通海点校，第68页。

2.心学之法门——“静养端倪”

白沙心学，以“作圣”为其学术旨趣，而作圣之功的入门则是“静”。陈献章在《与贺克恭黄门》函中，明确提出：

> 为学须从静中坐养出个端倪来，方有商量处。①

“静养端倪”，是白沙心学的核心命题。陈献章在十年的苦练中，实质上是采用了多元的涵养方法，即“静”即“动”，这正是衣钵弟子湛若水提出“随处体认天理”而完善其学说的根本原因所在，但是，应该说他的涵养方法的主要方面是“静”，“静养端倪”便是白沙心学的核心与精髓所在。正如黄宗羲所指出：

> 先生之学，以虚为基本，以静为门户。②

陈献章所开创的明代心学，其心学法门，是以静坐为“开首”，为门户，而后“胸次澄澈”“涵养至极”，达到“心”与“道”相吻合，读古人的要紧文字不过是为了验证。有学者如是概括陈献章的“自得之学”：

> 白沙以主静为宗，教学者但令端坐澄心，于静中养出端倪。③

值得注意的是，在“作圣之功”中，陈献章强调，“作圣”的关键便是“无欲”。所谓“无欲”便是没有非分的欲求，具体即是心不为外物所“着”，所“累”，所“障”，所“碍”。他认定：

> 断除嗜欲想，永撤天机障。身居万物中，心在万物上。④

陈献章把“无欲”看为“作圣”的关键，因为只有排除了个人的物质欲望和种种私欲，才可以体验到天理，才可以进入圣贤的境界；而当“心”与“道”相吻合，体悟到天理之时，人便进入了圣贤的境界。那是一个“忘我而我大”的理想境界，一个超然于万物之外，超然于一切物欲，如生死荣辱、富贵贫贱、功利得失等等，由气血所产生的物质欲望之外的境界。他强调，“自得”的人“知富贵果不足

---

①〔明〕陈献章：《与贺克恭黄门》，《陈献章集》卷二，孙通海点校，第 133 页。
②〔清〕黄宗羲：《文恭陈白沙先生献章》，《明儒学案》卷五，沈芝盈点校，第 80 页。
③广东文物展览会编印：《广东文物》，中国文化协进会 1941 年版，第 891 页。
④〔明〕陈献章：《随笔六首》，《陈献章集》卷五，孙通海点校，第 517 页。

慕，贫贱果不足羞，功利得丧、屈信予夺一切果不足为累”[①]。他告诫弟子：

> 士从事于学，功深力到，华落实存，乃浩然自得，则不知天地之为大，死生之为变，而况于富贵贫贱、功利得丧、屈信予夺之间哉！[②]

可见，陈献章所创立的“自得之学”，教人从静坐入门，由无欲而寂静，把心中的道德本性，感悟出来，觉悟起来，由此而进入一个不为外界所诱惑的无私、无欲、无我而与天地合一的境界，那是一个确保人的本心、本性的圣贤境界。

显然，陈献章是在人的生命价值的双向维度上，去构筑其心学。他认定，人作为“气血之人”，必然有“耳目口鼻四肢之欲”；他又认定，人必须“克去有我之私”[③]，而使心中的天理、本性不受遮蔽。应该指出，陈献章并非要摒弃人的一切欲望与作为，而是认为过分的执着与非分的追求，会滋生以“我”为中心的私欲，有了这种私欲，就会使人失却固有的“性”“理”，而变成“禽兽”般的“气血之人”。庄子曾说，“其嗜欲深者，其天机浅”（《庄子·大宗师》），故陈献章强调：

> 人心上容一物不得，才着一物，则有碍。且如功业要做，固是美事，若心心念念只在功业上，则此心便不广大，便是有累之心。是以圣贤之心，廓然若无，感而后应，不感则不应。[④]

由上可见，陈献章对人的生命价值的阐述，已关注到以“气”为载体的气血之人的存在意义，而更重视以“道”为依据的“性理之人”存在的意义，而更为强调要通过涵养，觉醒自身的本性与天理，以理驾驭气，而使自己成为真正意义上的人，即为“君子”，即为“圣贤”。这便是陈献章“自得之学”的精髓所在，也是他对儒家“作圣之功”的承传与发展。可以说，陈献章是教人从静坐入门，把心中的道德本性感悟起来，从而进入一个无欲、无我、能与天地一体的境界，也就是达到保住人的本性的圣贤境界。这，也就完全创新了儒家传统的“作圣之功”，它不仅思路创新，而且在理论的论证上也有创新。

---

①〔明〕陈献章：《李文溪文集序》，《陈献章集》卷一，孙通海点校，第 9 页。
②〔明〕陈献章：《李文溪文集序》，《陈献章集》卷一，孙通海点校，第 8 页。
③〔明〕陈献章：《与张廷实主事》，《陈献章集》卷二，孙通海点校，第 162 页。
④〔清〕黄宗羲：《文恭陈白沙先生献章》，《明儒学案》卷五，沈芝盈点校，第 85 页。

3.心学之境界——“宗自然”

陈献章提出，“此学以自然为宗者也”①，黄宗羲也曾说，“先生学宗自然”②。“以自然为宗”论，是白沙心学的本体论，也是其涵养论。

在本体论的层面上，陈献章认为“本虚形乃实，立本贵自然”③，“天下未有不本于自然”④。他把自然作为宇宙的本体，承认自然的客观存在。何谓“自然”？他说：

> 夫自然者，天之理也。理出于自然，故曰自然也。⑤

在陈献章看来，宇宙间的一切，各自自然而然地存在和发展。其诗曰：

> 一痕春水一条烟，化化生生各自然。
> 七尺形躯非我有，两间寒暑任推迁。⑥

陈献章的“以自然为宗”论，在承认自然的客观存在的同时，认定自然界有着自身的运行规律，那便是“道”，或称“理”。他强调人必须“会道”“得理”，其“静养端倪”的涵养，即通过静坐，达到“道心合一”的至高境界。也就是说，静中养出“端倪”—“善端”，实现道德自觉，而后成为圣贤。这样的圣贤，能“与天地同体，四时以行，百物以生”⑦，达到了人与自然融为一体的至高境界；也即达到能超然于“山林朝市”“死生常变”“富贵贫贱”“夷狄患难”“物我两忘”“物不能扰”的至高境界。

“以自然为宗”论，否定了宋代理学把“天理”作为宇宙主宰的理论路向，而接受了老子以“道”为本体的宇宙观的影响，同时也是对《易》的继承。陈献章在解释“天下未有不本于自然”时说：“《易》曰‘天地变化草木蕃’，时

---

①〔明〕陈献章：《与湛民泽》，《陈献章集》卷二，孙通海点校，第 192 页。
②〔清〕黄宗羲：《师说》，《明儒学案》，沈芝盈点校，第 4 页。
③〔明〕陈献章：《答张内翰廷祥书，括而成诗，呈胡希仁提学》，《陈献章集》卷四，孙通海点校，第 279—280 页。
④〔明〕陈献章：《题吴瑞卿采芳园记后》，《陈献章集》卷一，孙通海点校，第 71 页。
⑤〔明〕湛若水：《重刻白沙先生全集序》，〔明〕陈献章：《陈献章集》附录三，孙通海点校，第 896 页。
⑥〔明〕陈献章：《观物》，《陈献章集》卷六，孙通海点校，第 683 页。
⑦〔明〕陈献章：《与湛民泽》，《陈献章集》卷二，孙通海点校，第 192 页。

也。随时屈伸，与道翱翔，固吾儒事也。”①其学说富有儒道交融的特色。

陈献章提出，“此学以自然为宗者也”②，把“道心合一”作为涵养的至高境界。也就是说，静中养出“端倪”，即养出“善端”，实现道德自觉，而后成为圣贤，此时即能“与天地同体，四时以行，百物以生”③，达到人与自然融为一体的境界；也即达到能超然于“山林朝市”“死生常变”“富贵贫贱”“夷狄患难”“物我两忘”“物不能扰”的至高境界。

4.心学之本色——“心开万世”

在本体论上，陈献章没有直接提出“以心为本”，故有学者认为白沙心学并非心学。然而应该看到，陈献章明确提出，其涵养方法便是“心学法门”，明确地把其学说定位为“心学”。人们只要对其学说进行整体考量，便不难发现他对心的功能是给予高度的肯定；其“心开万世”论，充分体现把“心”置于与“道”齐格的层面上，认定心具有与道一样的无比的威力，认定“君子一心足以开万世”④，“吾之心正，天地之心亦正”⑤。就是说，陈献章认定，“俱万理”之心，可以主控自身的认知，可以辨别外界是非并把握行为，故说“君子一心，万理完具。事物虽多，莫非在我”，“是非所谓君子之心也，君子之辨也”⑥；“俱万理”的心，可以主控主客观世界，具有改造与创造世界的能动精神，故说“心之所有者此诚，而为天地者此诚也”，“天地之大，万物之富，何以为之？一诚所为也……则有此物，必有此诚。则诚在人何所？具于一心耳”⑦。

由上可见，陈献章所创立的学说，确实无疑属于心学，他是名副其实的心学家，只是他与别的心学家不一样。他的独特之处在于：他为心功能的发挥设定了前提条件，那便是心首先“得理”“会道”。他说：

> 此理干涉至大，无内外，无终始，无一处不到，无一息不运。会此则天地我立，万化我出，而宇宙在我矣。⑧

---

①〔明〕陈献章：《题吴瑞卿采芳园记后》，《陈献章集》卷一，孙通海点校，第71页。
②〔明〕陈献章：《与湛民泽》，《陈献章集》卷二，孙通海点校，第192页。
③〔明〕陈献章：《与湛民泽》，《陈献章集》卷二，孙通海点校，第192页。
④〔明〕陈献章：《无后论》，《陈献章集》卷一，孙通海点校，第57页。
⑤〔明〕陈献章：《肇庆府城隍庙记》，《陈献章集》卷一，孙通海点校，第36页。
⑥〔明〕陈献章：《论前辈言铢视轩冕尘视金玉》，《陈献章集》卷一，孙通海点校，第56页。
⑦〔明〕陈献章：《无后论》，《陈献章集》卷一，孙通海点校，第57页。
⑧〔明〕陈献章：《与林郡博》，《陈献章集》卷二，孙通海点校，第217页。

陈献章是说，在完成“作圣之功”之后，本体之心呈现，心便可居于万物之上，“高明之至，无物不覆。反求诸身，霸柄在手”①，主体精神高扬。于是，陈献章认定“君子一心，万理完具。事物虽多，莫非在我”②，不仅“君子一心足以开万世”③，而且实现“宇宙在我”④，人可主控世界，开创历史。这便是白沙心学本色之所在。

5.白沙心学的理论创新

在《明儒学案》中，黄宗羲充分肯定陈献章的心学在明代的创新，他明确认定白沙学说“可谓独开门户，超然不凡”⑤。可以说，其心学的创新是宋明时期儒学的创新。其理论创新主要有如下方面：

其一，“道与气为体”的宇宙本体论。

本体论，是哲学家构建其学说的理论基点。陈献章以“道”与“气”为宇宙的本体。他认为，“盖气与道为体者也”⑥，本体的“道”，至大至虚，“天得之为天，地得之为地，人得之为人”⑦；又提出“气”，“塞天地”，屈伸变化而成物，“天地间一气而已”⑧。他认为宇宙既“虚”亦“实”，“虚实二字，可往来看，虚中有实，实中有虚”⑨，虚实参半而构成天地万物以及整个宇宙，由是构建其以“道”与“气”为本体的、别具一格的心学本体论。就是说，陈献章既以“道”为世界的本原，又以“气”为世界本原，认定天地万物既是“气”衍生的物质实体，又蕴含着自身的“所以然”。这无疑是有别于宋代理学的各种本体论，他不单独以“理”、或“气”、或“心”为宇宙的本体，而是以“道”与“气”二者结合为宇宙的本体，这是别具岭南特色的、虚实统一的新型的本体论。

其二，以“道通于物”论揭示道与物关系。

陈献章认定宇宙是虚实参半，揭示虚与实的关系。他提出“物囿于形，道通

---

①〔明〕陈献章：《示黄昊》，《陈献章集》卷四，孙通海点校，第 278 页。
②〔明〕陈献章：《论前辈言铢视轩冕尘视金玉》，《陈献章集》卷一，孙通海点校，第 55 页。
③〔明〕陈献章：《无后论》，《陈献章集》卷一，孙通海点校，第 57 页。
④〔明〕陈献章：《与林郡博》，《陈献章集》卷二，孙通海点校，第 217 页。
⑤〔清〕黄宗羲：《师说》，《明儒学案》，沈芝盈点校，第 4 页，
⑥〔明〕湛若水：《新泉问辩录》，《湛甘泉先生文集》卷八，清康熙二十年黄楷刻本。
⑦〔明〕陈献章：《论前辈言铢视轩冕尘视金玉》，《陈献章集》卷一，孙通海点校，第 56 页。
⑧〔明〕陈献章：《云潭记》，《陈献章集》卷一，孙通海点校，第 41 页。
⑨〔清〕黄宗羲：《文简湛甘泉先生若水》，《明儒学案》卷三十七，沈芝盈点校，第 906 页。

于物，有目者不得见也”[①]，认为凡物必有形，而“道”作为事物的“所以然”，便是贯通于有气聚而成的“物”之中；“道”与“物”密切关联，物中有道，道寓于物，物外无道，道与物不可分离；道外无物，离物无道。就是说，道寓于物中，物蕴含着道，物与道不分离。“道通于物”论，是陈献章告别朱熹理学而另立门户的理论起点，它否定了朱熹高悬的“理”，以及“理先气后”“气生万物”的理论构架，明确回应了自宋以来，学界所关注的道与物关系的焦点问题，提出“道通于物”的核心理念，以岭南人特有的思维方法拓展了儒学的理论思辨空间。

其三，以“会道”而“宇宙在我”论，揭示主客关系。

陈献章提出，作为本体的“道”，是至大，“无内外，无终始”，而“会此”，便能“天地我立，万化我出，而宇宙在我”[②]。这是强调把握“道”，是“宇宙在我”的前提条件；认定在唤醒道德自觉，高扬人的能动精神之时，不忘坚持“道”的客观性，主体精神的发挥必须遵循外在的规律。这无疑合理地阐述了主体与客体的辩证关系，回应了宋明以来，或过于注重客观的“理”，或过于注重主观的“心”的偏向，展示了更富真理性的理论路向，凸显了明代心学对宋代理学的超越。

6.白沙心学的历史贡献

陈献章开创明代心学是历史发展的必然，其理论的创立打破了学界沉寂，做出了划时代的贡献。

陈献章生活的年代，“六籍无光辉”，学术界一片寂静。明太祖朱元璋，采取了尊儒的策略，他自知“无古人之博知”，故欲借助儒生来治国，他接连下诏，让儒士“为武臣讲经史”“修曲阜孔子庙，设孔、颜、孟三氏学”“天下通祀孔子”等等。当时，官方所倡导的儒家思想仍然是程朱理学。由于明初整肃的政治高压，儒士们已成惊弓之鸟，他们不以“登仕为荣，罢职为耻”，守道出世成为世风，太祖虽尊儒，却未能使学术思想活跃起来。至永乐年间，原来的文化策略未变，且有更大的尊儒措施。明成祖组织儒生编纂和出版《永乐大典》《文献大成》《洪武正韵》《五经大全》《四书大全》《理性大全》等书籍，并规定各级学校必须采用朱熹传注的“四书五经”。由此，在南宋末已取得统治地位的朱熹理学，更具有了独尊地位。学界的状况是：朱学的门人弟子“师承有自，矩矱秩

---

①〔明〕陈献章：《论前辈言铢视轩冕尘视金玉》，《陈献章集》卷一，孙通海点校，第 56 页。
②〔明〕陈献章：《与林郡博》，《陈献章集》卷二，孙通海点校，第 217 页。

然”，儒生们“谨绳墨，守儒先之正传，无敢改错”[①]。这种墨守成规、不敢改错的文化专制局面，直至明中叶白沙学说创立，才对处于独尊地位的朱熹理学进行挑战。

（二）陈献章挑战朱熹理学

尽管，在和杨龟山《此日不得归》诗中，陈献章自称“吾学有宗旨，千秋朱紫阳”；尽管，在陈献章去世之后，神宗皇帝下诏建白沙家祠时，所赐的对联称“道传孔孟三千载，学绍程朱第一支”。然而，在事实上，陈献章与朱熹理学的关系并非单纯的继承，他在学习了朱熹理学之后，还对其进行了大胆的挑战。

陈献章检讨而挑战朱熹理学，主要体现在：

1.对朱熹“先理后气”的理学框架的突破

黄宗羲对白沙心学如是概括：“先生学宗自然，而要归于自得。自得故资深逢源，与鸢鱼同一活泼，而还以握造化之枢机。”[②]这道出了白沙心学，既“宗自然”，又要“自得”，这在理学中是别开生面的新的理论路向。确实，白沙心学有别于北宋以来，理学的两大学派分持“理”一元论和“气”一元论。陈献章的“道”不再是朱熹的“理”。陈献章并不对“道”赋予人格神的品格，而是“天道至无心”[③]，道没有意志没有目的，能成物而非主宰万物，万物在“得道”中自然而然地生成。但朱熹提出的是“未有天地之先，毕竟也只是理”，“有是理，而后有是气”[④]，即“理生气，气生万物”。于是，朱熹理学的理论构架受到了冲击。

朱熹宇宙基本模式：

理（道）→气→万物→（复归于）理

陈献章否定了朱熹的理论框架，代之以新的理论构架：

道与气（虚而无形）→天、地、人（实而有形）→（复归于）道与气

---

①〔清〕张廷玉等：《儒林一》，《明史》卷二百八十二，第 7222 页。
②〔清〕黄宗羲：《师说》，《明儒学案》，沈芝盈点校，第 4 页。
③〔明〕陈献章：《仁术论》，《陈献章集》卷一，孙通海点校，第 57 页。
④〔宋〕黎靖德编：《朱子语类》卷一，王星贤点校，第 2 页。

由此可见，在朱子学为主流思想的年代，熟读朱子书的士人们，无不受到朱熹理学的影响，陈献章也不例外，然而他却能从理论体系的根本处挑战朱熹理学，使其独尊地位自此真正被动摇。这也就拉开了宋代理学向明代心学转换的序幕，这是南宋至明代初中期，商品经济发展所带来的思想文化发展的必然结果。

陈献章对朱熹理学的否定，无疑是延续了南宋以来，继陆九渊之后，杨简、袁燮、舒璘、沈焕等人，在“哲学理论上能够独立于朱熹理学”之外，另开一心学流派[①]的理路，敢为天下先的岭南陈献章，却并非循着陆九渊等人的心学而与朱熹理学分道扬镳，而是离开宋代学说进行创新，从而实现古代中国哲学发展的一次飞跃。

2.对朱熹“格物致知”的认知方式的修正，从烦琐到简化

陈献章对朱熹理学的挑战，不仅从总体上突破了朱熹理学的理论构架，而且否定了朱熹理学支离而烦琐的认知和涵养方式——“格物致知”。朱熹把“天理”高高悬挂在万物之外，于是教人“格物致知”。在陈献章看来，像朱熹所提倡的先“格物”而后“致知”，待格尽了天地万物，才体认到天地之理，那实在既支离又烦琐。故提出“舍彼之繁，求吾之约”[②]的方法，即自得之学，提出一种新的、简便的方法，便是教人“静坐中养出端倪”。具体是“以虚为基本，以静为门户”[③]，教人通过“静坐”，把寓于自己心中的“道”体认出来，这“静坐中养出端倪”便是对朱熹的“格物致知”认知方法与涵养方法的检讨与变革，由此而开出有明一代的心学。

3.创新陆九渊心学

白沙心学是明代心学的开启，但并非是对陆学的继承，而恰恰是对陆学的突破，是心学的创新。学界普遍认为：“陈献章由宗朱转而宗陆”[④]；又有学者提出，明代“陈献章才又重提陆学，并继承陆学的理论传统，从对人心的涵养中来探讨宇宙本体问题”[⑤]。这种传统观点，仅仅是在形式上看待心学的“心”字，而无视白沙心学的理论渊源，更是抹杀了白沙心学的创新精神。事实上，陈献章否定

---

① 参见刘宗贤：《陆王心学研究》，第149页。

②〔明〕陈献章：《复赵提学佥宪》，《陈献章集》卷二，孙通海点校，第145页。

③〔清〕黄宗羲：《文恭陈白沙先生献章》，《明儒学案》卷五，沈芝盈点校，第80页。

④ 中华书局编辑部：《理学丛书出版缘起》，〔明〕陈献章：《陈献章集》，孙通海点校，第2页。

⑤ 刘宗贤：《陆王心学研究》，第180页。

朱熹理学，并非回到陆九渊心学，白沙心学是明代心学新论，是另起炉灶的学术体系。它富于岭南特色，具有创新与开拓意义。

“独立门户”的白沙心学，与陆九渊心学没有直接的渊源，在本体论与认知论上，都大相径庭。试看：

第一，白沙心学以“气”与“道”同为宇宙本体，而不同于陆九渊以“心”为宇宙本体。

从一般意义上说，心学所以为心学，因其学说以“心”为宇宙之本体。中国心学的创始人陆九渊，其学说鲜明地体现这一特色。他认为“万物森然于方寸之间，满心而发，充塞宇宙，无非此理”①，“吾心即宇宙”或说“宇宙即吾心”这便是中国心学最典型的表述。陆九渊认为，“心”是宇宙的本体，天地万物无非是方寸之心对外之“发”，是心的派生物。白沙心学虽十分肯定心的功能，有“心开万世”“宇宙在我”的说法，同样是要高扬人的主体精神，却不否定在心之外，还有鸢飞鱼跃，存在着实实在在的、化化生生的自然世界，天地万物并不是心所派生，而是由气凝聚而成。

对白沙心学与陆九渊心学之异，美籍华人学者陈荣捷于1963年在香港陈献章纪念大会上的讲话，有一个简明的概括，陆九渊“以宇宙即是吾心，而非吾心养出宇宙”，就是说陈献章是“于静中能发现此生生之宇宙”②，而不是由心生出宇宙来。白沙心学的特点，是内外相兼，即“心”与“自然”相兼，承认在“心”之外存在实实在在的客观世界。对此，梁启超曾作过形象的评述：“程朱努力收敛身心，象山努力发扬志气，俱要努力。白沙心境与自然契合，一点不费劲……常常脱离尘俗，与大自然一致。其自处永远是一种鸢飞鱼跃、光风霁月的景象，人格是高尚极了，感化力伟大极了。”③可见白沙心学，不仅挑战了“收敛身心”的程朱理学，而且改写了只“发扬志气”而忽略“鸢飞鱼跃、光风霁月”的陆九渊心学。白沙心学与陆九渊心学在儒学流派中，虽同属心学，但在宇宙本原的问题上，彼此则存在根本性差异，陆九渊以“心”为宇宙的本体，把宇宙间的一切视为心的派生物，而陈献章从未把生生化化的大自然视为心的派生物，人们如忽略二者之间的根本差异，也就无视了白沙心学的创新性，由是得出陈献章继承陆九渊的不当结论。

---

①〔宋〕陆九渊：《语录上》，《陆九渊集》卷三十四，钟哲点校，中华书局1980年版，第423页。
② 简又文：《白沙子研究》，（香港）简氏猛进书屋1970年版，第177页。
③〔清〕梁启超：《儒家哲学》，《饮冰室合集》（第40册），中华书局2015年版，第51页。

从现存的资料中，难以找到白沙心学与陆九渊心学理论渊源的直接证据。陈献章在其诗文中，也从未言及与陆的关系，只是说过“朱子不言有象山”，而他自己为什么也“不言有象山”？是不是他本来已意识到其心学与陆九渊心学从根本上就存在差别，彼此间没什么承传关系？可以说，白沙从不言陆九渊，不言“我即宇宙，宇宙即我”。

第二，白沙心学以“道通于物”为理论基点，转换了陆九渊“心即理”的核心命题。

有学者认为：“陈献章把‘理’和‘心’视为一个东西的观点，是心学奠基人陆九渊‘人皆有是心，心皆具是理，心即理也’的观点的翻版。”①其实，这是对白沙心学误解！陈献章在“理”与“心”的关系上，与陆九渊大相径庭。陆九渊心学的理论基点，是“心即理”。他认为“人皆有是心，心皆具是理，心即理也”②，“此心此理，实不容有二”③，又说，“此心此理，我固有之”④。这就否定了朱熹的“理”的客观性，并把“理”与“心”的内外差异抹去了。在陆九渊心学里，心与理同位，都是先验的并非外铄的。

陈献章把陆九渊的心学的理论基点——“心即理”转换为“道通于物”。他从没有在“道”与“心”之间画上等号，从来没有“把‘理’和‘心’视为一个东西”。陈献章取朱熹“理”的客观性，来演绎自己的心学，其中的奥妙处便是“道通于物”。在陈献章看来，“道”是事物的“所以然”，是万事万物所以存在的依据，贯通于万物，寓于万物之中，而非飘然于万物之外。人为万物之灵，“心”中也藏有本体之“道”。基于此，陈献章没有走向“心即理”，其间的关键是，陈献章强调道与心能否“吻合”，需要有先决的条件，那就是在“心”通过静一至虚之后，“得道”“会理”“存诚”。既然心要“得”，要“会”，才能与道吻合，那就说明“道”与“心”并非为一体，不是“一个东西”，而是在条件出现之后才会“吻合”的两个“东西”。

第三，白沙心学兼容“尊德性”与“道问学”，纠正陆学修养途径之偏。

在修养途径上，陈献章既反对朱熹支离的“格物致知”，发明了与陆学相似

---

① 马振铎：《陈献章》，赵宗正、李曦编：《中国古代著名哲学家评传·续编四》，齐鲁书社1982年版，第69页。

②〔宋〕陆九渊：《与李宰二》，《陆九渊集》卷十一，钟哲点校，第149页。

③〔宋〕陆九渊：《与曾宅之》，《陆九渊集》卷一，钟哲点校，第5页。

④〔宋〕陆九渊：《与侄孙濬》，《陆九渊集》卷一，钟哲点校，第13页。

的简明的“静坐”，然而，他并非采取“尊德性”单一的方法，而是兼容了朱熹的“尊德性”与陆学的“道问学”。

南宋时，朱陆分歧的焦点之一，是“尊德性”与“道问学”之别。陆九渊从他的“心即理”出发，认为通过静坐，存心养性，即可“发明本心”，无需如朱熹主张的通过泛观博览，以及对外物的考察，由获得知识而后进到道德修养。陈献章虽主张静坐，但不同于陆学只重道德，而轻读书求知识。在陈献章看来，虽以“虚明静一”为主，但还得“取古人紧要文字读之”，他强调“夫学贵乎自得也。自得之然后博之以典籍，则典籍之言我之言也”①。这是对陆学的一个大纠偏。陈献章虽把静坐放在第一位，但他并不否定读书。

陈献章主张的认知与涵养方法，既从“道问学”入手，从积累知识到德性涵养，又从道德涵养再回到读书格物，体认物理。陆九渊认为典籍的阅读，以及对外界的认知，全然无助于人们的道德涵养，因为人的道德根源就是自身固有的本心，只有发现、扩充、完善了本心，才能达到修养的目的，读书对修养无济于事，尧舜没有可读的经典，不也能成圣贤？陈献章纠正了陆学之偏，而向儒家正统的治学和修养方法——“君子尊德性而道问学”（《中庸》）回归。

陈献章以“静养端倪”论而构建的白沙心学，其理论贡献曾得到肯定。明末清初的著名学者黄宗羲，高度评价了白沙心学的历史贡献，他如是说：

> 有明之学，至白沙始入精微。其吃紧工夫，全在涵养。喜怒未发而非空，万感交集而不动，至阳明而后大。两先生之学，最为相近，不知阳明后来从不说起，其故何也。薛中离，阳明之高第弟子也，于正德十四年上疏请白沙从祀孔庙，是必有以知师门之学同矣。②

确实，在王阳明创立心学之前，还有明初陈献章所创立的白沙心学，陈献章才是明代心学第一人，翻开中国哲学新的一页，并以他的言教身传引领湛若水成长。

4.白沙心学的当代意义

白沙心学，是古代中国商品经济发展而带来的时代思潮，它敢于冲击当时的

---

①〔明〕张诩：《白沙先生行状》，〔明〕陈献章：《陈献章集》附录二，孙通海点校，第879页。
②〔清〕黄宗羲：《白沙学案上》，《明儒学案》卷五，沈芝盈点校，第79页。

文化专制，倡导平等、自由，呼吁“贵疑”，倡导思想解放，称得上是中国早期启蒙思潮，其学说可启迪今人：

其一，其兼容的学术路向，启迪人们应富有开放与兼容的文化精神。

白沙心学，兼容儒道佛。首先是借鉴了禅宗南派慧能“顿悟”心中佛性而成佛的理路，而倡导“反诸于心”，觉醒“端倪”——人的道德本性而“作圣”，涵养为大写的“人”；又吸取道家的“道法自然”的天道观，以及张载的“气论”，使白沙的学说在高扬人的主体精神的同时，承认“鸢飞鱼跃”“化化生生”而任自然的大千世界的存在。在陈献章的诗文里，找不到“心外无物”、由“心”生“物”的说法。白沙心学取儒释道诸家之长，而构建新的儒学流派，使之更具真理性，由是而推进儒学在新的历史阶段的发展。

开放与兼容的文化精神，是陈献章能创新的关键。创新，是人类特有的品格。人们在学术学习、研究、工作与生活之中，都应秉持开放兼容的精神，以谦逊的态度，接受外来的东西，而后实现创新。

其二，教人自得、自信、自觉，启迪人们通过道德本性的觉醒，而充分发挥人的主观能动性。

白沙心学高度重视人的心，即主体意识的能动作用，而这种能动性只有通过“自得”才可获得。他说“夫学贵自得”[①]，主张通过“自得”而高扬人的主体精神。在陈献章看来，自得就是“得道”“会理”，人的“心”与“道”相“凑泊吻合”；当“道心合一”时，便能“则天地我立，万化我出，而宇宙在我矣”[②]；此时人的主体精神无比之大，能让天地因为我而存在，万事万物因为我而发展变化，宇宙便在我的掌控之中。就是说人的“自得”，即把心中的“道”感悟出来，高扬自身的主体精神，便可顶天立地、造化一切、支配一切、驾驭一切，最后宇宙便在我的把控之中。

人是动物，又非一般动物，而是社会动物，人不应等待外来的豢养，而应自得、自觉、自信地去奋斗，去创造美好的生活。现在有的人，想着天上掉馅饼，缺乏自得、自觉、自信的奋斗精神，如此又与那些被豢养的牲畜何异？

其三，强调要“得道”“会理”，启迪人们懂得只有在把握客观规律之后，

---

①〔明〕阮榕龄编：《编次陈白沙先生年谱》卷一，〔明〕陈献章：《陈献章集》附录二，孙通海点校，第807页。

②〔明〕陈献章：《与林郡博》，《陈献章集》卷二，孙通海点校，第216页。

才能发挥主体精神。

白沙心学中尤为可贵的是，注重人的主体精神的发挥，但他承认“鸢飞鱼跃”的大自然的存在，并强调必须把握外在的规律。陈献章没有把人的主观意识视为高于外部环境与规律的超然力量，而是强调主体精神的发挥必然受到外部环境与客观规律的制约，这便是白沙心学的高明之处，这便避免了中国传统心学其他流派过分夸大人主体意识作用的理论偏颇，避免出现“人有多大胆，地有多大产”，忽略客观规律的错误。这是岭南哲人的高明！

其四，“以自然为宗”“与天地同体”启迪人们树立“命运共同”的一体观，懂得敬畏自然，注重生态平衡。

白沙心学在高度肯定人的主体精神的同时，又承认客观世界及其运行规律的存在，告诫世人要敬畏自然，尊重大自然的运行规律，要“宗自然”，要“与天地同体”，“与万物齐一”。他提出：“人与天地同体，四时以行，百物以生，若滞在一处，安能为造化之主耶？古之善学者，常令此心在无物处，便运用得转耳。学者以自然为宗，不可不着意理会。”①

陈献章传承与弘扬了先秦时期“天人合一”的思想，认定人与宇宙为一体，把人在得道之后的圣贤境界，锁定在“与天地万物一体”“天人合一”的节点上。陈献章告诫人们，人与天地同一，天人合一这是宇宙间最大的和谐，也是人所追求的最高境界。回顾人类历史，西方的工业革命带来了对大自然的破坏；中国一度出现类似的现象，后来国家及时地倡导“科学发展观”，强调了协调与和谐，及时扭转了以牺牲自然环境而求得经济发展的偏向。党的十八大之后，尤其注重生态文明，“绿水青山就是金山银山”，十分强调经济发展不能以破坏大自然为代价。可见当年陈献章的“宗自然”思想，可启迪当今的建设者们，注重生态文明！

其五，“为学贵疑”，启迪人们敢于解放思想，大胆创新。

白沙心学，称得上是古代中国学界的一大创新。陈献章生活在程朱理学成为官方哲学，学界恪守朱熹信条，无人敢改错的时代，学术思想禁锢。而陈献章经过十年静坐，发明了“自得之学”，以“静养端倪”的涵养与认知方法，来否定朱熹那繁而无效的“格物致知”，冲击了朱熹的独尊地位，展示了陈献章思想解放的“贵疑”精神，他称得上是明代思想解放的先驱。他倡导“学贵知疑”，提出

①〔明〕陈献章：《与湛民泽》，《陈献章集》卷二，孙通海点校，第192页。

“小疑则小进，大疑则大进”[①]，“孟子聪明还孟子，如今且莫信人言”[②]。陈献章正是敢于怀疑，在怀疑中去创新儒家传统的“作圣之功”，才拉开富于启蒙意义的明代心学序幕。

可以说，白沙心学已经接近了当代人的哲学思维，与马克思主义辩证唯物论有许多堪相一致之处，可以直接成为今人的思维方式。正是在这个意义上，可视之为当代心学！

①〔明〕陈献章：《与张廷实主事》，《陈献章集》卷二，孙通海点校，第 165 页。
②〔明〕陈献章：《次韵张廷实读伊洛渊源录》，《陈献章集》卷六，孙通海点校，第 645 页。

第三章　家世

湛若水出生在广州增城甘泉都，家族在当地颇有名望，先祖曾为官，是从外省南迁之家。但在他出生时，家道已中落。他少年时代，过着农村一般孩子的生活。

一、义士之家

湛若水祖籍福建，一个偶然的机会，湛氏落户在广东甘泉沙贝。

落籍沙贝的湛氏始祖，是湛若水的六世祖（一说七世祖）湛露。湛露，福建莆田人，元大德年间为广东德庆路总管府治中，官居七品。大德五年（1301），离任返回福建，路过沙贝，对当地那一片水乡甚是好感，决定举家迁至此地定居。湛露娶邝氏为妻，育有长子世忠，次子晚丁。晚丁曾任县主簿，是管文书的九品小官。晚丁之子怀德，是湛若水的高祖父，他为湛氏家族赢得“义士之家”的美誉。

湛怀德生于元末乱世，当时群雄割据，盗贼扰民，民众饱受兵匪之祸。面对此困境，生性刚毅的湛怀德，主动联系邻村的大姓湛、谢、麦结盟，他被推为盟主，带领民众进行武装自卫，收效十分显著，当地官方授予“保境元帅”称号。明初，官方仍让湛怀德继续统领当地乡兵，维持地方治安。洪武十四年（1381），广东境内出现动乱，朝廷派南雄侯赵庸平乱，官兵在水战中屡战屡败，湛怀德率领善于水战的乡兵协助官兵，终于平息动乱。屡建战功的湛怀德，本应得到官位，但他无意仕途，于是，赵庸封他为“义士”，在他去世之后，朝廷表彰他为“护国保境义士”，并在其家乡建“义士祠”[①]，湛氏家族即为“义士之家”。

湛怀德育有一子湛汪，湛汪育有5个儿子，其中第三子湛江便是湛若水的祖父。《族谱》称，湛江淡泊名利，“好静居，不求闻达，结庐上游庄，力耕于冈麓，艺桑于围山，凿沼育鱼”，“尝采樵于林以自适”。湛江又好结识广东名士，与陈献章、邱濬等交往。陈献章曾有《民泽祖樵林居士购堂于上游庄，民泽乞题》，赞赏湛江的道德人格，诗曰：“入云堂购昔人开，兰桂香风次第来。黄云山

①“义士祠”（又名“湛怀德祠”），至今完好，祠内陈列湛怀德的事迹，被列为广州市文物保护单位，爱国主义教育基地。

高几千丈，后山前日寄声回。”[①]据称，湛若水之所以到江门游学，也因湛江与陈献章有交情。

二、父亲蒙冤

在古代中国，2000年来的社会伦常是“三纲五常”，家庭里总是男主外女主内，可是在湛若水的家里，情况并非如此。

父亲湛瑛刚直，是家中的主要劳动力，又爱结交朋友，打抱不平，不爱管家事。湛若水9岁那年，祖父去世，之后不久，湛瑛因打抱不平，得罪了一些乡绅和官员，结了仇家，蒙冤被打入大牢。后来，王阳明为湛瑛撰写墓志铭时，还为他鸣冤，文中称湛瑛为人“介直方严，刻行砥俗，乡之善良咸服信取则，倚以扶弱御侮”，“乡之人遂皆谓湛公行义”，但这样的好人却被诬陷，“愤，发病以死”。[②]鉴于此，在家中管事的是母亲陈氏。

母亲陈氏出身书香之家，善良、贤惠、勤劳，自丈夫入狱后，独自持家，既要照顾一家老少，又为营救丈夫而奔走。母亲对湛若水的一生影响颇大，孩童时是母亲对他管教最多，对他的前程至为关注。因家中的变故，没人顾得上湛若水读书之事。湛若水13岁那年，母亲发现十几岁的孩子还没上学，于是下决心让他去读书。不巧那年恰好是狗年，按当地的习俗，狗年不宜上学，传说狗年上学的孩子，会变得如同狗一样的懒惰。次年，湛若水14岁，母亲送他进了湛家塾学。后来，由于仇家的围殴，母亲觉得在家乡上学不安全，便让孩子到广州上学。湛若水在广州上学期间，母亲常在身边“陪读”，关注着孩子的成长。湛若水到江门求学，受老师白沙的教诲，放下了走科举之路的念想。白沙去世后，湛若水闲居家中，又是母亲的劝告，湛若水再次赴京参加会试，而后走上仕途。在京任职期间，湛若水把母亲接到身边照顾，直至她去世。

湛若水对自己的家世，于嘉靖十二年（1533）有《述先德四十韵》陈

---

① 转引自陈裕荣：《湛甘泉传》，广东人民出版社2006年版，第4页。

②〔明〕王守仁：《赠翰林院编修湛公墓表》，《王阳明全集》卷二十五，吴光等编校，上海古籍出版社2011年版，第1035页。

述，曰：

维祖奉训初，治中肇德庆。倦游憩增城，定卜甘泉境。再传县簿君，（讳晚丁。）民事亦簿领。元帅出乱季，（讳怀德，《增江志》云：元季为保障头目，一云时遥授元帅号）保障六乡靖。池鱼贷断死，先期自归命。（《增江志》云：湛公有恩及人，人有盗池鱼者，时法严当死，头目得专生杀，公遣归辞其父母、妻子来就刑，则依期而来，公曰："死不复生，断不复续。"宥之）他乡给乞囚，完保士腰颈。（公访戴元帅，见其方杀人，公怜之，始曰："吾乡无可杀人，人不畏，请乞归斩之。"及与俱归，则密释之）舟师厄苏寇，率义援乃竞。甘泉名义乡。获免降军令。（《志》云：圣朝平定天下，公始安居乐业。洪武十四年，邻境苏友兴作乱，朝命南雄侯征之，舟师失利，几危。公率义勇敢死五百人赴海救援之，总兵战舟乃解，遂奏免甘泉一都降民军云）孤婴暂微弱，继世复蕃盛。

又曰：

我祖樵林公，鹡鸰五呼应。（兄弟五人）人皆好夸靡，我独乐居静。冥栖上游庄，林塘互交映，我师（石翁）尝卧游，题诗寄高兴。上苏上游樵，下钓铁江泳。（翁序：民泽祖樵林上游庄有高栖遐遁之风，山樵水鱼之乐）春至理农桑，蚕熟谷亦颖。

又曰：

夫人（即今赠夫人祖妣梁夫人也）自蚕缫，谷易丝绢并。以兹广土业，土直宁优剩，孝友动里间，行义太丘等。自兹重乡评，世业保终竟。显考曰怡庵，高才乃雄逞。直志靡款曲，正色奸回屏。强弱以弱强，高义畏乡井。损己忧人忧，人众天久定，好士屡济贫，乐友侠游骋，长洗荤血肠，日啜十瓶茗。谥妣曰贤母，四十孀居整。贞智与慈俭，纯诚自天性。（阳明王先生题称曰：湛贤母）高人阳明子，碑表阐幽行。恨公不立朝，大节唾奸佞。（以上俱见阳明公、赵员外表志碑文）永也实不肖，承德数世永。每感尹母言，且免戚父订。

又曰：

> 妄秉圣途志，岁暮徒耿耿。特立与群疑，独行耻孤影。年秃志不愁，挥戈倡予猛。远道行跛鳖，渊泉及短绠。二品蒙素飧，深夜愧私省。恭逢圣主恩，褒封一朝并。三世连八座，祖考及予姓。维昔世田家，迈迹自今炳。誓当报主恩，出心以为证。①

在此诗中，湛若水详述了祖辈落户甘泉都之后，几代人的奋斗，以及家人的品德与家风，尤其说到母亲的贞节，也谈及他本人的成长。可见，湛若水的家世，并不显赫，是中国农村的一般人家，但在甘泉都却有一定影响。这样的家庭，为他培育良好的道德素质，为他日后的官德，打下了良好的基础。

三、少年时光

出生于岭南一个普通农家的湛若水，是一名平凡而又不凡的岭南人。在其《引年疏》中，对自己一生曾有如此的概述：

> 臣自少孤身，父母爱惜，就学最迟，年十六而后入乡校，二十二而后入府庠，二十七而举于乡。一至礼部，即以母陈侍养无人，不能离去左右，不赴会试者一十三年。既四十矣，感于母言，起赴春闱。乙丑，见录于有司。伏蒙孝庙举翰林庶吉士，读书中秘者二年有余。蒙武庙钦授本院编修，供职者七年有余。后以母故，禄不得及养，因忧病自废者八年。恭遇圣明登极，下诏旁求。有司过举，复有共惟帝臣之愿，钦蒙取复原职。二年秩满，升侍读，一年升南京国子监祭酒，三年升南京吏部右侍郎，一年有余，钦蒙取改礼部，寻转左，五年而升今职。②

---

①〔明〕湛若水：《内编》，《湛甘泉先生文集》卷二十七，清康熙二十年黄楷刻本。

②〔明〕湛若水：《引年疏》，《泉翁大全集》卷三十七，钟彩钧、游腾达点校，（台湾）“中央研究院”中国文哲研究所 2016 年版，第 977—978 页。

湛若水这段自述，对自己一生的经历进行了梳理，有求学和为官的过程，而对其童年的生活只谈及得到父母的宠爱，以及他16岁才入学。至于他为何迟迟未入学的原因，则并无说明。

湛若水的少年时光，在家乡度过。他同其他的乡间孩童一样，过着有劳作，又有玩乐的生活。他要帮着大人耕田、养鱼、养鸭、放牛，又同小朋友一起玩耍、捉迷藏，无拘无束。他虽羡慕别的孩子能上学读书，但14岁了才开始上学。乡间孩童的生活，让他养成了开放、敢为，又善良包容的品行。这，为他日后在官场能圆融待人打下了基础。

湛若水，这乡间孩童，有着一般孩子的生活，也有别于其他孩子的童年经历；他又经历了别样的困境，度过多灾多难的童年生活。

（一）背井离乡，寄人篱下

湛若水童年的苦难，是因其父湛瑛好打抱不平，惹来乡间士绅们的嫉妒和打压，使家人不得安宁，也使童年湛若水遭受各种不幸。据史料记载，鉴于这种特殊的家庭环境，致使他的生活与求学均受到直接的影响。

据《惠州府志》记载，成化八年（1472），王阳明出生的那年，“若水时七岁，母与一老姑携之，走至归善之冈下，李同知应留之，令与诸子同学”，“在归善凡九年”。①他过着背井离乡，寄人篱下的生活。因湛家与乡人冲突，其母带湛若水，逃难至惠州府归善乡冈下地方，避于曾任官同知的李应家中。

（二）被仇人追杀，生活不宁

民间传说的“倒踏灰鞋避难”故事，正说明湛若水有过人的聪慧，却也足见其童年过着提心吊胆的生活。

据说，有一天，湛若水放学回家，路上遇到父亲的仇家，他被殴打了，好不容易得以脱身，赶紧往外祖父家赶。到了家门口，他没进屋，而是把沾了石灰的鞋子倒转方向，把鞋印留在大门口。结果仇家的人看到门口的鞋印，便以为他又往外

---

①〔清〕刘湝年、〔清〕张联桂修，〔清〕邓抡斌、〔清〕陈新铨纂：《湛若水》，《人物·流寓》，《惠州府志》卷三十一，清光绪七年刻本。

跑了。年幼的湛若水，便这样以过人的智慧，摆脱了仇家的追杀，脱险了。家人固然赞赏湛若水的聪慧，却又担心以后还会发生类似的事情，为了孩子安全，便决定让他转到沙贝西南面邻乡——南湾村去上学。

（三）忙于营救，无人关注入学

在古代，由于地理环境以及经济状况的缘故，岭南地区的文化教育落后于中原，尤其是在农村，许多孩子不能上学。诚然，湛若水的祖上也曾为官，算得上知书识字，为何湛若水到了14岁才上学？原因有家人忙于农活，还因家中接连发生了不幸的事，9岁那年祖父去世，不久父亲入狱，出身于书香之家的母亲，虽早有让儿子入学的心愿，却因操持家务，又四处奔走，设法营救丈夫，再也顾不上孩子读书的事了。

湛若水13岁那年，其母很想让孩子上学，没想到那年是狗年，还是上不了学。因为当地的习俗认为，狗年读书的孩子，就会像狗那样懒惰。虽说这样的说法没什么依据，但既然人人都那么说，就得依了。于是湛若水读书又得耽搁一年。

一年复一年，直到湛若水14岁，终于进了石岭上的湛家学塾读书。在他成名之后，石岭被称作“读书岗”（现为“读岗公园”）。湛若水14岁才开始读书，实在是他多灾多难的家庭，给他的童年生活带来不幸。以今人的目光考量，湛若水算是“输在起跑线上”了。“起跑线”能否决定人生是否成功？而14岁才开始读书，起跑够晚的湛若水，不也能成就为心学大师吗？湛若水并非出生在书香之家，读书也晚，但少年时代的不幸，并未决定他的人生命运。

第四章　求学

湛若水在家乡开始接受蒙学教育，而书香门第出身的母亲，怀揣着望子成龙的愿望，还是决心把孩子送到省城去求学。据称，湛母陈氏家族的兄弟也多在广州就读，故她决心把孩子送到省城去。

一、省城读书

成化十八年（1482），17岁的湛若水到了省城广州，先后入读塾学和官学，翻开求学的新一页。

（一）入读五仙观塾学

五仙观，是道教宫观。建观时间与地址，有三种说法：一说，建于宋代，设在十贤坊；一说，建于南宋后期，设在古西湖畔；一说，建于明代洪武年间，设在现今的广州惠福西路。学界有人把这三种说法串在一起，说五仙观最先建于宋代，设址十贤坊，南宋时迁西湖，明代洪武十年在惠福路重建。现存的五仙观，便是明代建筑，保留了当年的建筑风格。

五仙观原是一座祭祀五仙谷神的寺庙，因此而得名。在岭南有一个美丽的传说：古时的广州比较荒凉，有一年发生灾荒，粮食颗粒无收，民众不得温饱。一天，天空上出现五色云彩，有五位仙人骑着毛色各不一样的山羊，山羊的嘴里都衔着谷穗。五羊降落地面之后，仙人把谷穗赠送给当地的民众，并祝愿他们永无饥荒。之后，五仙人腾空而去，羊只即化为石头留了下来。据说，广州从此成为岭南最为富庶的地方，并因此而得名“五羊”“羊城”“穗城”等。为纪念五仙，广州人建了五仙观。关于五仙观的传说，还有其他说法。

湛若水到了广州，便进入了这环境幽静，又充满神奇色彩的寺观，继续少年时代的学业。这期间，母亲陈氏惦记着孩子，也常常到广州去陪伴儿子。据称为了省去往返的时间，陈氏干脆在广州租房子住了下来，以方便对孩子的照顾，这或许是中国家长最早的“陪读”了！

湛若水在广州读书期间，家里却发生变故：18岁那年，祖母梁氏去世；接着，出狱不久的父亲湛江因郁愤而去世。不幸的消息接连传来，湛若水心里难过，但他立志读书成才的初心不改！

在功成名就之后，湛若水旧地重游，回到五仙观，有诗文记载那段难忘的记忆。其诗曰：

白莲池上觅仙踪，曾听攒眉夜夜钟。
七十年前灯火地，东寻无路白云封。①

70年的岁月，并没能让湛若水忘记五仙观里的白莲池，忘不了当年那夜夜钟声，忘不了那“七十年前灯火地”。为此，他在寺里立了碑，记述昔日难忘的往事。

（二）入读府学，参加乡试

聪慧而又勤奋的湛若水，在五仙观就读两年后，便考进了广州府学，接受官办学校的正规教育，并作好参加科举考试的准备。湛若水在《引年疏》中，曾记述他就学的经历：

臣自少孤身，父母爱惜，就学最迟。年十六而后入乡校，二十二而后入府庠，二十七而举于乡。②

在广州府学就读期间，曾发生一些展示其品格的事情：

有一天，当地的抚台到学府来巡视，按以往的规矩，全校的师生都要向抚台行跪拜礼。在等级森严的封建专制社会，百姓给官员下跪，本属常理。然而，骨子里有着先父刚毅品格的湛若水，却坚决不服从命令。他的理由是，按有关礼节的规定，校门之内并不是师生向抚台跪拜之地。此事，在《增城沙堤湛氏族谱》有如此记述：

都御史屠滽视学，教官率诸生迎跪于门，公独昂立。

这件事，体现出湛若水不畏权贵的独立人格，以及一种朴素的平等观。

---

①〔明〕湛若水：《七言绝句诗》，《甘泉先生续编大全》卷二十，钟彩钧、游腾达点校，（台湾）“中央研究院”中国文哲研究院2017年版，第550页。甘泉子成童时馆坡山白莲池东房。嘉靖甲寅（1554）夏，李氏右坡青霞父子邀饮于大钟之楼，旧迹变迁，惕焉感怀。

②〔明〕湛若水：《引年疏》，《泉翁大全集》卷三十七，钟彩钧、游腾达点校，第977页。

弘治五年（1492），湛若水27岁，参加乡试，中举，迈过了科举之路的第一道坎。

科举制度自隋朝开始，至湛若水生活的明代，一直是古代中国通过考试，选拔人才进入国家机关任职的程序，也是知识分子改变自身命运的途径。科举考试自低而高，分为三级：第一级“乡试”是省级考试，试场设在各省省会，考取者称为“举人”；第二级“会试”是国家级考试，试场设在京师，获得举人资格的人有资格参考，考取者称为“进士”；第三级“殿试”或称“廷试”，是最高级的考试，由皇帝亲自主持，殿试第一名为“状元”，第二名为“榜眼”，第三名为“探花”。经过会试获得进士身份的人才能当官，进入仕途了。那些“十年寒窗，一举成名”的读书人，就这样一步一步地沿着科举之阶梯去攀登，只有参加会试，取得“进士”的身份才可以走上仕途，多年的美梦才能成真！诚然，在科举路上，有人心想事成，一夜之间功成名就，但大多数人的美梦却成了泡影，他们或葬送了青春，或耗尽毕生的精力。《儒林外史》中，那个老秀才范进，便是一个徘徊在科举路上的悲剧人物，他参加了无数次的考试都没能如愿，忽然传来考取的消息，即兴奋不已，由激动而发狂，导致精神失常。可见，士人们无不在科举路上，被命运所主宰着，湛若水也不例外。

湛若水参加乡试的时候。按当时的相关规定，考生进试场，必须脱掉鞋子。湛若水进入试场时，当然也必须遵守这一规矩，而他却坚决不脱鞋子，表示抗议。他认为，这样的规定，是对考生的不尊重。湛若水的意见，终于被接纳。据说这一规定，后来因湛若水的抗议而取消。

如上的两件事，是小事，也是大事。对小小年纪的湛若水来说，实在是了得！他有主见，有自尊，有独立人格精神，不畏权贵，敢想敢干，值得人们赞赏。这凸显他的独立人格，彰显出他可能成就为心学家所特有的内在基因。

心学，是一种高扬人的主体精神的儒家学说，而人的主体精神的高扬，又必须建立在人格独立的基础之上。也就是说，人只有懂得自尊、自爱，有主见才可能发挥出自身的主观能动精神。从民间流传的如上两件轶事中，人们不难发现，青少年时代的湛若水，已经具备了成为心学家的心理素质。人的心理素质，或许有些是先天的遗传基因，也或许有些是后天环境所铸造。从先天性来说，湛若水的自主精神，可能受到父亲的影响。当然，人的品格更多是由后天的教育与磨炼得来的。应该说，一个人的心理素质与人格精神，须从家教、家风中培育，从幼时开始铸造！

二、江门游学

江门游学是湛若水人生历程的关键阶段。弘治七年（1494），27岁的湛若水，经地方名士梁景行的介绍到江门师从陈献章。为何要拜陈献章为师，或许是因为湛若水祖父的缘故，或许是因为陈献章在社会上已有一定的声望，湛若水慕名而去。其中缘由都无从稽考了，重要的是这是一个正确的选择，这成为他求学之路的新征程，是人生的新起点。"名师出高徒"，确实如此！正是得到名师陈献章的悉心教诲与正确的指引，他在短期内学有所成，为日后的成功打下了坚实的基础。

（一）师从白沙，岭南硕儒

湛若水到江门求师时，陈献章已67岁高龄，早已是岭南的名人。

陈献章（1428—1500）不仅创立了融儒、道、释于一炉的白沙心学，而且在社会上声望颇高，又培养出一批批的弟子，形成新的学术流派——江门学派。陈献章是广东唯一入祀孔庙，享有国家级祭奠规格的大儒，是明代心学的创始人，岭南儒学的奠基者。

陈献章成名之事是这样的：陈献章创立自得之学之后，便在家乡办学，正当教学工作顺利开展之时，却因教学生习武，引发风波；为避风险，他"复游太学"，上京进入国子监——当时的最高学府，准备复习功课，再参加会试；抵京后，国子监的主持人邢让要考考他，要他按当时的一位知名的理学家杨龟山《此日不再得》的诗韵，作一首诗；陈献章作了五言诗《和杨龟山〈此日不再得〉韵》，在诗中，陈述了自己的身世、学术宗旨及渊源、道德取向等；诗中还表露他的心学倾向，呈现出清新活泼的学风。邢让读后赞叹不已，说："龟山不如也！"于是，朝廷传出"真儒复出"，一时间陈献章"名震京师"。由此在京师引发一股旋风，一个名不见经传的岭南儒生，吸引了朝野内外的无数眼球。京师的一些名士，纷纷与他结交，有个叫贺钦的人辞去官职拜他为师，为他端砚磨墨行弟子礼。

陈献章是岭南人的骄傲，也为岭南人所崇拜。55岁时，他被地方官员推荐，要到京师去当官，途经广州时，人人争先恐后要亲眼看看这位大学问家的风采。官方的资料有如此记载：

> 由城南至藩台，观者数千万人，观其貌者以百数十计；道出羊城，观者

如堵。

陈献章途经省城，一路上，民众争先恐后地要围观这位名人。场面如此轰动，或许描写稍有夸张，但也足以说明，在当时岭南人心中，陈献章确实是一名大人物，他有相当的声望，有大批的景仰者。

陈献章科举之路坎坷，三次会试落第，虽曾被荐赴京，宪宗皇帝让他做翰林院检讨，但因身体欠佳，母亲患病，加之其本人淡泊名利，故从未到任。他本着“士不居官终爱国”的信念，致力于教学，把一生奉献给了教育事业，弟子众多。据《新会县志》记载，列名的弟子有109人；据《白沙门人考》统计，省内弟子有154人，省外弟子有16人，称得上“桃李满天下”！

（二）严师关怀

湛若水从学时，陈献章已67岁高龄。他接受了这名晚到的弟子，并以自己的价值理念，进行开导。

首先，陈献章要求湛若水放下求功名的俗念，专心学习。据史料记载，他直白地告诫湛若水：

> 此学非全放下，终难凑泊。①

他告诫这名新来的弟子：从事学问，须专心致志，集中精力，不可一心多用，否则学业难以成功。湛若水领会老师的一片苦心，即焚烧了“部檄”——那份上京参加会试的证明书，决心放弃举业，专心于学业。

湛若水很被陈献章看好，据称陈献章曾在给弟子李承箕的函中，说湛若水是一名不凡的学生，气势直冲楚云台上；又常对他人暗示对这一弟子寄予厚望。为了给湛若水一个好的学习环境，陈献章让他住进了楚云台。楚云台，本是给来自湖北从学的李承箕建造的住所。建成后，陈献章亲自命名，又题写门联：“有月严光濑，无金郭隗台”，寓意读书人要像严光和郭隗那样淡泊名利洁身自爱。湛若水住进楚云台，彰显老师对他寄以的无限期待。

---

①〔明〕阮榕龄编：《编次陈白沙先生年谱》卷二，〔明〕陈献章：《陈献章集》附录二，孙通海点校，第850页。

湛若水家住增城新塘，离江门不太远，他经常回家，与陈献章常有书函往来。中华书局版的《陈献章集》所辑入的书函中，人们不难发现：陈献章依循古人的教诲，指点湛若水安身立命的道理。这些书函主要有如下的内容：

其一，在为人为学上，以学圣贤为目标，传授“自得之学”。

白沙心学，以“作圣”为宗旨，明确锁定涵养心性便是“作圣之功”。鉴于此，陈献章在书函中告诫湛若水：

> 孟子见人便道性善，言必称尧舜，此以尧舜望人也。横渠见人便告以圣人之事，此以圣人望人也。吾意亦若是耳……“文王我师也，周公岂欺我哉？”区区之意，在览者深思而自得之。既以寄民泽，亦以告有志于门下者，咸得自励而日勉焉，非但为美言以悦人也。①

在陈献章看来，人必须有作圣的大志，故他以孟子“言必称尧舜”“横渠见人便告以圣人之事”为例，说明学圣贤立志做圣贤是儒家的一贯的价值取向，故对湛若水也有此要求。

《与湛民泽》函中，陈献章告知湛若水为学之道。函曰：

> 学无难易，在人自觉耳。才觉退便是进也，才觉病便是药也。②

这是启迪湛若水为学之道在“自觉”。陈献章在告诫他必须有自觉精神，才能学有所成，也就向他传授自得之学的真谛，足见陈献章对湛若水的精心调教。

其二，对湛若水进行及时的鼓励与提点。

一个人的成长，是渐进的过程，不可能一蹴而就，作为教育家的陈献章十分明白这一道理，故他时时关心弟子的成长，对他们不断进行鼓励与提点，对湛若水也如此。在《与湛民泽》之九曰：

> 承谕近日来颇有凑泊处，譬之适千里者，起脚不差，将来必有至处。③

这便是肯定这名晚来的弟子，起步虽晚，但近日“颇有凑泊处”，已经开始

---

①〔明〕陈献章：《与湛民泽》，《陈献章集》卷二，孙通海点校，第 191 页。
②〔明〕陈献章：《与湛民泽》，《陈献章集》卷二，孙通海点校，第 191 页。
③〔明〕陈献章：《与湛民泽》，《陈献章集》卷二，孙通海点校，第 192 页。

掌握涵养的方法，可算“起脚不差”，相信在日后的千里之行中，必有成就，故给予肯定与鼓励。同时，陈献章又提醒：

> 今之学者各标榜门墙，不求自得，诵说虽多，影响而已，无可告语者。[①]

函中又指出学界存在不良倾向，当时的风气不良，学者“标榜门户”，只知“诵说”“不求自得”。他及时提醒湛若水不要受社会陋习所干扰，须下功夫去钻研、去体悟、去自得。可见陈献章用心良苦！

其三，在学术上，给湛若水传授自己的学说思想。

在《与湛民泽》中，告知湛若水，其学说是儒家的正宗。诗曰：

> 六经尽在虚无里，万理都归感应中。
> 若向此边参得透，始知吾学是中庸。[②]

当年陈献章创立学说时，其“静养端倪”被世人指责为“禅”，故他不得不向弟子湛若水道明其学说的属性。强调“吾学是中庸”，是儒家的真传。事实上，当年陈献章“复游太学”，邢让题试并赞曰：“龟山不如”，朝中便传出：“真儒复出”，陈献章被誉为“复出”的“真儒”，其学说当然是儒学的正宗。其“自得之学”讲究“感应”，注重心性涵养，自然是孔孟之学。

在《与民泽》诗中，陈献章把其心学的精义传授给湛若水。诗曰：

> 圣人之学，惟求尽性。
> 性即理也，尽性至命。
> 理由化迁，化以理定。
> 化不可言，守之在敬。
> 有一其中，养吾德性。[③]

白沙心学的精义，在于通过静坐，而感应心中的善端，涵养自身的德性，而成为真正意义的人——圣贤。

---

①〔明〕陈献章：《与湛民泽》，《陈献章集》卷二，孙通海点校，第193页。
②〔明〕陈献章：《与湛民泽》，《陈献章集》卷六，孙通海点校，第644页。
③〔明〕陈献章：《与民泽》，《陈献章集》卷四，孙通海点校，第278页。

“宗自然”是白沙心学最具特色的命题，陈献章在给湛若水的书函中，首先明确提出，并作了阐述。在《与民泽》中说：

此学以自然为宗者也。①

又说：

人与天地同体，四时以行，百物以生，若滞在一处，安能为造化之主耶？古之善学者，常令此心在无物处，便运用得转耳。学者以自然为宗，不可不着意理会。②

又说：

自然之乐，乃真乐也。宇宙间复有何事？③

在《示湛雨》中曰：

有学无学，有觉无觉。
千金一瓠，万金一诺。
于维圣训，先难后获。
天命流行，真机活泼。
水到渠成，鸢飞鱼跃。
得山莫杖，临济莫渴。
万化自然，太虚何说？
绣罗一方，金针谁掇？④

在给湛若水的书函与诗中，陈献章陈述其“自然为宗”命题的基本内涵，以人与天地同体、与自然交融为最高境界；揭示春夏秋冬四时运行有着自身的规律；认定“鸢飞鱼跃”，天地万物化化生生，“天命流行，真机活泼”，“万化自

①〔明〕陈献章：《与湛民泽》，《陈献章集》卷二，孙通海点校，第 192 页。
②〔明〕陈献章：《与湛民泽》，《陈献章集》卷二，孙通海点校，第 192 页。
③〔明〕陈献章：《与湛民泽》，《陈献章集》卷二，孙通海点校，第 192—193 页。
④〔明〕陈献章：《示湛雨》，《陈献章集》卷四，孙通海点校，第 278 页。

然”。这是白沙心学与陆九渊心学、阳明心学相异之处，是岭南心学所有的特质，是特别要湛若水学习与传承的内容。湛若水继承与弘扬这一理论，构建了心外有物的心学，使之成为有别于陆王心学的另一心学流派。

其四，向湛若水倾诉心声。

湛若水是陈献章的弟子，也是陈献章能倾诉心声的知音。如陈献章在书函中向湛诉说自己的抱负：

飞云之高几千仞，未若立本于空中，与此山平。置足其颠，若履平地，四顾脱然，尤为奇绝。此其人内忘其心，外忘其形，其气浩然，物莫能干，神游八极，未足言也。承罗浮之游甚乐，第恐心有所往，情随境迁，则此乐亦未免俗乐耳。黄龙、朱明不可居，吾之此心已在祝融之上矣。吾非厌近而求远，顾民泽何以处我耶？①

在书函中，陈献章还向湛若水诉说自己的身体状况，以及种种的忧虑与困惑。如函中说：

小庐冈精舍非不静，只面东北隅便难过夏。广城营营，恐亦未得为佳寓。……老病近来唯觉懒惰之极，服香附子一月，颓惰减十之五六。②

又说：

碧玉卧病逾半月……③

又说：

久居于危，不在仕止之间，盖尝两遭不测之变，几陷虎口矣。不得已为谒铨之行，所以避之，非出处本意也。……老朽亦欲为后人立少基绪，使可传也。目今要建几祠宇，修几坟墓，政恐小祥在转瞬间，若更因循，措办不来，更一转瞬，大祥至矣。吾事不了，奈何，奈何！忧病相持，岁云暮矣，

---

①〔明〕陈献章：《与湛民泽》，《陈献章集》卷二，孙通海点校，第 190 页。
②〔明〕陈献章：《与湛民泽》，《陈献章集》卷二，孙通海点校，第 189 页。
③〔明〕陈献章：《与湛民泽》，《陈献章集》卷二，孙通海点校，第 191 页。

安知其终不汩没于尘土耶？区区可疑者，吾子其深亮之？[①]

又说：

章久处危地，以老母在堂，不自由耳。[②]

昔者，高堂未倾，病辄叩天，愿少假之年。今庐冈之木且拱，吾何求哉？[③]

如上述书函内容，足见陈献章向弟子湛若水倾诉：他的病，他的危，他的无奈，他的困惑等种种的思绪。他确确实实是把这弟子当作自己的知心人。中国人喜欢讲缘分，或许这就是湛若水与陈献章的不解之缘吧！

（三）讲授二程之学

湛若水在江门从学期间，陈献章注重对他的道德教化，注重儒家典籍的讲授，及其“自得之学”的传授。白沙先生的教学方法灵活多样、生动活泼，既带领弟子阅读经典，又引导弟子走出课堂。他同弟子饮酒、垂钓、吟诗、唱和，寓乐于教。其《云潭记》便记述了陈献章带着弟子，登上圭峰山，来到绿护屏，席地而坐，师生一起仰望星空，在享受自然之乐的同时，给弟子讲授易学，共同进入大自然，感悟大自然。湛若水便是在这种特有的教育环境中，接受白沙心学，感悟心学宗师的人格魅力。这便是他人生历程中尤为重要的、不可或缺的一段。

陈献章给弟子讲授儒家经典，及其“自得之学”，尤其讲授二程学说。湛若水在《西樵大科书堂训规》中明确说：

甘泉子三十而游江门，江门夫子授之程子书。[④]

显然，讲授二程学说，是陈献章给弟子讲课的主要内容，这是因为其学说渊源于程颢与程颐。尽管陈献章在《和杨龟山〈此日不再得〉韵》中曾说“吾道有宗

①〔明〕陈献章：《与湛民泽》，《陈献章集》卷二，孙通海点校，第 190 页。
②〔明〕陈献章：《与湛民泽》，《陈献章集》卷二，孙通海点校，第 193 页。
③〔明〕陈献章：《与湛民泽》，《陈献章集》卷二，孙通海点校，第 193—194 页。
④〔明〕湛若水：《西樵大科书堂训规》，《泉翁大全集》卷五，钟彩钧、游腾达点校，第 95 页。

主，千秋朱紫阳”，因陈献章生活的年代，士人们都必须接受朱子学，但是白沙心学的创立，恰恰是为了挑战朱子学，变革其“格物致知”为“静养端倪”，教人从静坐入门而完成“作圣之功”。在陈献章看来，其“静养端倪”是沿着二程的路向而提出。他在《书莲塘书屋册后》文中论及学术源流时，说到宋代的周敦颐和二程对“静”的看法，特别说到二程“见静坐而叹其善学曰：‘性静者，可以为学。’”①坦然道明其“静养端倪”论直接渊源于二程学说。

三、传承衣钵

湛若水在江门读书期间，得到了陈献章的言教身传，正是在名师的调教下，他在短短的时间里，领悟了白沙心学的真谛，学有所成，得到先生的肯定，并成为先生的衣钵传人。

（一）衣钵传给谁？

在陈献章的门人中，湛若水并非大弟子。史料显示，陈献章的大弟子是林光，得意门生是张廷实。明末清初广东学者屈大均在《广东新语》卷十的“白沙弟子”如是说：

> 新会志有白沙弟子传，弟子一百余六人。以伍云为首，云字光宇，新会人，与李子长并知名。然白沙之门，见道清澈，尤以林先生光为最。光，字缉熙，东莞人，所上白沙书，得力过于甘泉，可直接白沙学脉，弟子传当首缉熙。白沙尝语人云，从吾游而能见此道践履者，惟缉熙耳。甘泉亦云，白沙夫子，崛起南方，溯濂洛以达于洙泗，当是时，得其门而入者，南川一人，南川者缉熙也。②

---

①〔明〕陈献章：《书莲塘书屋册后》，《陈献章集》卷一，孙通海点校，第65页。
②〔清〕屈大均：《白沙弟子》，《学语》，《广东新语》卷十，清康熙水天阁刻本。

应该说，屈大均的这些看法，在阮榕龄所编的《编次陈白沙先生年谱》中得到印证，文中有如下的记述：

陈献章与弟子伍光宇至为密切，不仅对伍光宇悉心调教，而且在生活上彼此十分紧密：伍光宇到江门游学，陈献章便为他建造了房子，名为“寻乐”。成化七年（1471），陈献章“百病交攻”，又“应接事烦”之时，曾去函欲向伍光宇借“寻乐斋”静养，又曾请伍光宇教他练气功治病。[①]伍光宇生病时陈献章亲自去探病，伍光宇不幸病逝了，陈献章因痛失心爱的弟子而悲痛不已，在给林光的书函中说：

> 光宇不幸此月十八日逝矣。哭之屡日，夜不能自解，神惝恍而不能持，奈何，奈何。天不可怨。[②]

陈献章还为伍光宇选择墓地，撰写《祭伍光宇》与《伍光宇行状》，以寄托他的哀思，又嘱咐林光撰写墓志。由此可见，陈献章对这名弟子有多么的疼爱！

弟子中，林光与陈献章交情至深，而林光对白沙学说领悟至为精准，又至为恪守师道，不改先师的学说。

成化五年（1469），林光与陈献章同时上京参加会试，同时落第。林光于神乐观拜见陈献章，行弟子礼，并陪同陈献章一道返回故乡。之后，林光与陈献章二人亦师亦友相交数十年，感情甚笃。中华书局版的《陈献章集》中，辑录了陈献章给林光的书函31则，诗14篇24首，可见这是陈献章与弟子沟通中分量最重的。成化十五年（1479），林光父亲去世，陈献章为其父撰写《宝安林彦愈墓志铭》。大量的史料说明，林光是陈献章的大弟子，这也是学界的共识。但是陈献章为何没有把衣钵传给他，而是传给晚来的湛若水，史料没有记载其中的缘由，学界也就只有种种的推测。

可以推测陈献章之所以把衣钵传给湛若水，首先是陈献章一贯对湛若水的关注与培养，其次是他从湛若水提出的“随处体认天理”中，发现这名弟子富有创新精神。

---

① 参见〔明〕阮榕龄编：《编次陈白沙先生年谱》卷一，《年谱及传记资料》，〔明〕陈献章：《陈献章集》附录二，孙通海点校，第814页。

②〔明〕陈献章：《与林缉熙书》，《陈献章诗文续补遗》，《陈献章集》，孙通海点校，第971页。

（二）衣钵传给甘泉

湛若水继承陈献章的衣钵，是在陈献章去世前不久。陈献章接到湛若水的一封来信有感，继而作出衣钵传给他的决定。

陈献章是遗腹子，常感怀母亲的养育不易，故长时间陪伴在母亲身边。他在晚年时，由于母亲去世，身心备受打击，先后多次中风，行动不便，身体十分虚弱。于是，他开始安排后事。

在弘治十年（1497）冬，陈献章考虑把衣钵传给湛若水。当时，陈献章在家中的碧月楼卧病半月，忽然接到湛若水的来信，信中湛若水给老师汇报学习心得。函中说：

> 门生湛雨顿首百拜尊师白沙老先生函丈执事：自初拜门下，亲领尊训至言，勿忘勿助之旨，而发之以无在无不在之要，归而求之，以是持循，久未有着落处，一旦忽然若有开悟，感程子之言："吾学虽有所受，天理二字，却是自家体认出来"，李延平云："默坐澄心，体认天理。"愚谓"天理"二字，千圣千贤大头脑处。尧、舜以来，至于孔、孟，说"中"，说"极"，说"仁义礼智"，千言万言都已该括在内。若能随处体认真见得，则日用间参前倚衡，无非此体，在人涵养以有之于己耳云云。①

意思是说，如果能随处进行体认天理，涵养心性，那么就能在平日里事事物物，时时上体现出忠信、笃敬的道德品格。

陈献章读信"喜甚"，高兴得忘却了病痛，立即起床给湛若水回函，说：

> 碧玉卧病逾半月，忽得手札，读之喜甚，遂忘其病也。学无难易，在人自觉耳。才觉退便是进也，才觉病便是药也。眼前朋友可以论学者几人？其失在于不自觉耳。近因衰病，精力大不如前，恐一旦就木，平生学所至如是，譬之行万里之途，前程未有脱驾之地，真自枉了也。思于吾民泽告之，

---

①〔明〕湛若水：《上白沙先生启略（拾遗）》，《泉翁大全集》卷八，钟彩钧、游腾达点校，第215页。

非平时漫浪得已不已之言也。倘天假之年，其肯虚掷耶？[①]

在函中，陈献章真诚地袒露：自己的身体状况不佳，而自己的“自得之学”却没几个人能理解与接受，实在担心一旦离开人世，平生所构建的学说也就白白地枉费了。

在陈献章的心目中，湛若水是一名“可论学者”，是能理解他的学说的人，于是把自己的心愿告诉他了。不难看出，陈献章是何等地器重湛若水，对他寄予厚望。在函中，陈献章直白地对湛若水说，我已处在年暮晚景，不再想见到别的人，就把无穷的期待托付给你了！

弘治十一年（1498）春，陈献章回信。在信中赞扬说：

去冬十月一日发来书甚好。日用间随处体认天理，着此一鞭，何患不到古人佳处也。[②]

陈献章肯定了湛若水函中提出的“随处体认天理”，便是先贤们的心性涵养的学说，是儒学正统。当然，陈献章也十分清楚，“随处体认”是湛若水的一大创新，是他对白沙学说的大胆推进，陈献章肯定“日用间随处体认天理”，教人在平日的活动中时时处处进行心性涵养，若能做到这样，便不愁达不到古代圣贤的高境界，于是决定把传承其学说的重任托付给湛若水。

可以推断，陈献章选择衣钵传人的过程，主要是依据了两条原则：一是必须坚持儒家注重涵养心性的基本立场；二是富有“贵疑”的创新精神。在陈献章看来，湛若水提出的“随处体认天理”，是同他的“静养端倪”都是儒家的“参前倚衡”涵养方法，把他的“静坐”方法，发展为“日用间”“随处”的，无时间、无方式限制的、多样化的涵养方法。这无疑体现出一种不议他人是非为是非、敢于创新的“大疑”精神。于是他决定要像印度佛教达摩那样传授衣钵，把江门钓台作为衣钵传授给湛若水。

在《江门钓濑与湛民泽收管》诗中，陈献章如是说：

小坐江门不记年，蒲茵当膝几回穿。
如今老去还分付，不卖区区敝帚钱。

---

①〔明〕陈献章：《与湛民泽》，《陈献章集》卷二，孙通海点校，第191页。
②〔明〕陈献章：《与湛民泽》，《陈献章集》卷二，孙通海点校，第193页。

皇王帝伯都归尽，雪月风花未了吟。
莫道金针不传与，江门风月钓台深。
江门渔父与谁年，惭愧公来坐榻穿。
问我江门垂钓处，囊里曾无料理钱。①

钓台是建在江门蓬江岸边的一栋房子，是陈献章讲学的场所，是他与弟子们一起垂钓、观景、品茶、饮酒、游乐，进行讲学的平台，是培育人才的平台。在陈献章的心中，钓台象征着他的事业、他的学术、他的学派，犹如佛家的袈裟，所以他要把它作为信物，用来传承他事业。他无限感慨地说，多少年来在这钓台与弟子一起度过，总不能在年迈之时，为了几个钱把它卖了。在陈献章看来，“皇王帝伯”那样的大人物，总归都会离开人世；“雪花风月”那样美好是诗句永远吟诵不完，而事业总归要有后人传承。于是，他决定把象征他的事业的“江门钓台”，传给他可托付重任的湛若水。

陈献章作了七言诗《江门钓濑与湛民泽收管》，在诗后加了按语，如是说：

达磨西来，传衣为信。江门钓台亦病夫之衣钵也。兹以付民泽，将来有无穷之托。珍重，珍重。②

弘治十二年（1499），陈献章正式把风月钓台作为衣钵授予湛若水。湛若水接过衣钵，他没有辜负老师的期待。在陈献章去世后，他依循“一日为师，终生为父”的理念，视老师为父，守灵3年。之后在漫长的岁月里，他时刻思念着先师，如为纪念老师而建书院，在书院中悬挂老师的像；他恪守师道，不断地弘扬先师所创立的学说，使之更完善、更系统、更精微，使之发扬光大；为纪念先师，他还在家乡新塘修建了钓台，亦命名为“江门钓台”。增城县志有记载，因岁月变迁，新塘的钓台虽已不复存在，但湛若水继承白沙衣钵的历史事实却永存着！

①〔明〕陈献章：《江门钓濑与湛民泽收管》，《陈献章集》卷六，孙通海点校，第644页。
②〔明〕陈献章：《江门钓濑与湛民泽收管》，《陈献章集》卷六，孙通海点校，第644页。

四、弘扬师道

湛若水对陈献章学说的完善与推进，着重体现在对白沙心学在学理上的进一步阐述，以及对其未尽意处的加以发挥。他以“随处体认天理”获得白沙衣钵的继承，同时，也是以这一命题对白沙心学进行了检讨与补充，使之更完善与精微。

（一）以“随处体认”完善与发展白沙的“静养端倪”

湛若水提出“随处体认天理”，并不是对陈献章“静养端倪”的修正与否定，而是依循着老师的理路，继续完善岭南心学的涵养与认知方法。这种继承体现在：

一是继承陈献章“静养端倪”的基本内涵。

湛若水对“静养端倪”继承，首先体现在：湛若水同样以“道”或“理”为认知对象；同样承认“至虚”的“心”，具有认知功能，可以“具万理”；同样把“体认”看作“勿忘勿助”的、“全放下”的、无需外力的自然过程，同样以“无欲”为体认的关键。他说：

> 敬者，一也。一者，无欲也。无欲，则洒然而乐矣。①

又说：

> 全放下即勿忘勿助，如此天理便见，故曰“非全放下，终难凑泊”，不放下即意必固我之私。②

在此，湛若水强调认识的主体与客体的合一性，这种“合一”，便是“心”与“道”的“凑泊吻合”，而这一过程则是在“全放下”，即在无私欲的情况下，在“勿忘勿助”的、自然而然的情况下完成。显然，这是对陈献章的“道心合一”论的继承，也是对陈献章的“作圣之功”——求“道心凑泊”论的继承；这足见湛

①〔明〕湛若水：《雍语》，《湛甘泉先生文集》卷三，清康熙二十年黄楷刻本。
②〔明〕湛若水：《答洪峻之侍御》，《湛甘泉先生文集》卷七，清康熙二十年黄楷刻本。

若水深得陈献章“静养端倪”学说的真谛，对“静坐”的要义全单照收了。

二是继承白沙“静养端倪”的本体论基础。

湛若水同老师陈献章一样，承认客观世界的真实存在，并以天理为自然，心能“随感而应”。湛若水如是说：

> 理只是一个理，而谓之天理者，明其为自然，不由安排耳。①

又说：

> 盖心与事应，然后天理见焉，天理非在外也。特因事之来，随感而应耳，故事物之来，体之者心也。心得中正，则天理矣。②

在湛若水看来，天理是自然而非有意识地“安排”，天理也非“在外”；体认便是“心”的一种感悟，“心”感悟之后也便得“中正”，也便体认了“天理”。显然，湛若水这一说法，揭示了在认知的过程中，“内”与“外”、“心”与“理”、“心“与“物”的关系，其思路完全是继承了白沙的“宗自然”与“道通于物”的本体论。

可以说，湛若水的“随处体认天理”，其认知论与本体论都是沿着陈献章的理论路向，这正是在根本意义上的继承。应该说，湛若水是陈献章货真价实的衣钵传人。

三是认为“随处体认天理”是对“静养端倪”的完善与发展而非否定。

陈献章在检讨朱熹的“格物致知”时，提出了“静中坐养出个端倪来”，是把“静坐”作为替代“格物”的涵养方法与途径。湛若水则认为，静坐不是涵养的唯一方法。他在陈献章身边学习，目睹老师的生活与教学的一切，深切地体会到，老师的涵养并没有局限在“静坐”一种方式，或一个时段上。陈献章固然教人静坐，却又通过灵活多样的教学方法，使弟子们体认心中之“端倪”，唤醒自身的道德本性。于是，湛若水提出“随处体认天理”，恰恰是把陈献章尚未道明的涵养的时间与方式进行更完善的概括。应该说，“随处体认天理”，既是对陈献章静坐说的继承，也是对静坐说的补充与完善。这不是修正而是弘扬。

湛若水对静坐说的完善与发展，具体体现在：

---

①〔明〕湛若水：《天关语通录》，《湛甘泉先生文集》卷二十三，清康熙二十年黄楷刻本。

②〔明〕湛若水：《答聂文蔚侍御》，《湛甘泉先生文集》卷七，清康熙二十年黄楷刻本。

其一，扩展涵养的时间、空间与方式。

如前所说，湛若水的“随处体认天理”。是强调人们对天理的体认，“随未发已发，随动随静”[①]不受时空的限制，也不论什么状态。“随心、随意、随身、随家、随国、随天下”，无处不可以体认天理；“随其所寂所感时”，随动时或静时，无时不可以体认天理。[②]这是对先师陈献章体认天理不受时空限制的思想所进行的理论升华。据张诩在《白沙先生墓表》中的记述，陈献章静坐数年仍不见成效，于是调整了涵养的方式。文中称：

> 如是者数年，未之有得也。于是迅扫夙习，或浩歌长林，或孤啸绝岛，或弄艇投竿于溪涯海曲，忘形骸，捐耳目，去心志，久之然后有得焉，于是自信自乐。[③]

这是说，陈献章的“静养端倪”，由“静坐”可以“无欲”，继而达到“自得”“自乐”。但坐春阳台的实践，却非单一的“静坐”，而是兼有在不同时间、不同地点用多种方式去获取“自得”“自乐”的“静坐”实践。

可以说，陈献章在创立“自得之学”时，便没有把涵养局限于“静坐”，在以后漫长的岁月里，他的涵养以及他教导的学生涵养，也如此的多样化。陈献章一生以办书院、搞教学为其主要的活动，而他的教学确实从来没有只是教人“静坐”。事实恰恰如此：他常常携带着酒，与弟子一同登山，席地而坐，仰望长空，感悟大自然之奥秘，尽享人生之真乐；常常邀弟子同往乘船垂钓，师生一起或品茶，或咏诗唱和，或抚琴而歌，或观赏美景，或仰望星空，或高歌呼啸……由是进入与自然的交融，体悟自得、自乐的境界。这用湛若水的“随处体认”来描述，岂不是更为完善？

湛若水认定，“静坐”并非认知与涵养的唯一方式，在日常生活中时时处处都可以进行。“心与事应，然后天理见”，人们在处理各种事情之时，都能体认天理，不仅仅要在“静处”，还能在“动处”，“随时”“随事”进行。在湛若水看来，静坐、读书以及应酬日常事务，如“耕田凿井，百官万物，金革百万之众”

---

①〔明〕湛若水：《答孟生津》，《湛甘泉先生文集》卷七，清康熙二十年黄楷刻本。
②〔明〕湛若水：《答阳明王都宪论格物》，《湛甘泉先生文集》卷七，清康熙二十年黄楷刻本。
③〔明〕张诩：《白沙先生墓表》，〔明〕陈献章：《陈献章集》附录二，孙通海点校，第883页。

等，与人交往的种种活动，或者闲暇“无事时不得不居处恭”，进行“静坐”[①]都一样可以体认天理。他认为，“体认天理”是对世界的认知，是对自身心性的涵养，对每个人来说都是必须的，因而田野劳作的百姓，忙于公务与应酬的官员，驰骋沙场的将领与士兵都能体认天理。但是他们又如何闲居家中，进行静坐去认知与涵养呢？故湛若水认定，“静坐”只是“无事”时可以采用的认知与涵养方法，而非适用于任何人、任何时候的方法。

湛若水认定，不仅百姓应该是“随处体认天理”，连圣贤也不得例外。他说：

> 体认天理，而云随处，则动静心事，皆尽之矣。若云随事，恐有逐外之病也。孔子所谓居处恭，乃无事静坐时体认也。所谓执事敬、与人忠，乃有事动静一致时体认也，体认之功贯通动静显隐，即是一段功夫。[②]

湛若水以为，大圣人孔子也只是“无事”才“静坐时体认”，而在其他各种活动中也都在进行“体认”。

其二，湛若水认定“静坐”只是初学者的入门。湛若水认为，“静坐”只是涵养与认知的一种方法，而非唯一的方法，但有时又很有必要。

“静坐”作为培养初学者涵养的方法很有必要性，湛若水有进一步的说明。他认为初学的人，因其本体之心一直受到蒙蔽，故通过“静坐”才能使其心中的“善端”呈现出来。湛若水如是说：

> 谓以静为学则不可，谓静为非学亦不可。静中有见，则是静而无静也；动中有见，则是动而无动也。静中养出端倪，为初学者言之，此个端倪，天之所以与我者，非外铄我也；我固有之，但其汩没之久，非静养之，则微而不可见，若彼濯濯耳。[③]

---

①〔清〕黄宗羲：《文简湛甘泉先生若水》，《甘泉学案一》，《明儒学案》卷三十七，沈芝盈点校，第 894 页。

②〔清〕黄宗羲：《文简湛甘泉先生若水》，《甘泉学案一》，《明儒学案》卷三十七，沈芝盈点校，第 904 页。

③〔明〕湛若水：《新泉问辩续录》，《泉翁大全集》卷七十二，钟彩钧、游腾达点校，第1793—1794页。

在湛若水看来，天所赋予人的“端倪”——“善端”，即人的道德本性本不是“外铄”的，但由于长久以来被“汩没”了，故非用“静坐”的方法则不能把它“濯濯”，（唯有）洗涤后方可见“善端”。可见“静坐”对初学者是何等之必要！

湛若水认为，陈献章提出“静坐”是为了初学者，但是如果有了一定的进展之后，也就不必局限于“静坐”了。他在回答弟子的提问时，明白地说：

虚见与实见不同。静坐久，隐然见吾心之体者，盖为初学言之，其实何有动静之间！心熟后，虽终日酬酢万变，朝廷百官万事，金革百万之众，造次颠沛，而吾心之本体，澄然无一物，何往而不呈露耶？盖不待静坐而后见也。①

湛若水认为，“动”与“静”不可相分，只要自己的本体之心“澄然无一物”，无私无欲，那么天理在什么情况下都可以“呈露”，那又何须等待“静坐而后见”？

其三，湛若水反对静坐的不当使用。湛若水不反对“静坐”，但是不同意在任何情况下都采用“静坐”的方法来发现本心，他所反对的是用之不当的“静坐”。他指出“静坐”是“默坐澄心法”，但如“不善用之”，其后果“未免绝念灭性”。因“道以自然为至”，只要顺乎便可随动随静，故不必刻意去“求静”。他又说：“圣圣相授，无此法门。”②这一看法显然还是强调“以自然为宗”。他告诫人们，“静坐”不要“刻意”！

值得注意的是湛若水不仅认定陈献章的涵养工夫不仅只是“静坐”，而且认定陈献章有时还不主张去“静坐”。在一次给弟子的答疑中湛若水回忆说：

记吾初游江门时，在楚云台梦一老人曰：“尔在山中坐百日，便有意思。”后以问先师，先师曰：“恐生病。”乃知先师不欲人静坐也。③

“先师不欲人静坐”，是当年湛若水在江门刚师从陈献章时的一个体会。陈

---

①〔清〕黄宗羲：《文简湛甘泉先生若水》，《甘泉学案一》，《明儒学案》卷三十七，沈芝盈点校，第905页。

②〔明〕湛若水：《天关语通录》，《湛甘泉先生文集》卷二十三，清康熙二十年黄楷刻本。

③〔明〕湛若水：《新泉问辩录》，《泉翁大全集》卷六十九，钟彩钧、游腾达点校，第1707页。

献章之所以“不欲人静坐”，可以理解为如果限于“刻意”地静坐效果则适得其反，将有害于健康。或许正是湛若水强调不要“刻意”求静，正合乎陈献章本意，并且把其“静坐”所表述的不足处进行了补充。可见，正是看到湛若水沿着自己的理路继续推进，并有所发明和有所创新，陈献章为学生的“青出于蓝而胜于蓝”而无比欣慰。也就是说，湛若水的“随处体认”，不仅不是对“静养端倪”的否定，恰恰是对“静养端倪”的补充与完善。

（二）对白沙“静养端倪”传承中的检讨反思

人类思想理念的发展，总是推陈出新的。对前人思想的弘扬，往往有继承，也有检讨与批评。湛若水“随处体认天理”的提出，同样包含了对先师继承与完善，以及对先师的检讨与批评，这着重体现在湛若水提出“体认天理”是“随动随静”，而不“刻意”求静这一思想倾向上。

湛若水坚持儒家立场，在《答余督学》函中，他回顾学界关于动静的思考，指出“静坐”虽渊源于程氏，但并非儒家的正统。他强调“古之论学，未有以静坐为言者”，“以静为言者，皆禅也”，“而程氏言之，非其定论，乃欲补小学之缺，急时弊”，“后之儒者，遂以静坐求之，过矣”①。在湛若水看来，佛教禅宗讲“静”，追求的是“荒忽寂灭”，而儒家讲“敬”“义”，讲“动静混”动静相兼，追求“复天地之心”，存“天理”，故“孔门之教，皆欲事上求仁，动时着力”，“静不可以致力，才致力即已非静矣”②。显然，湛若水不客气地提醒：只讲“静坐”，当心偏离儒学的正统！

尽管湛若水的“随处体认天理”对“静坐”有补充、完善，还有些许的批评，但他毕竟没有否定陈献章的“静坐”，而使陈献章变革朱熹所创新的认知与涵养方法，更为全面与完善，使岭南心学更为精微。

特别需要指出的是，在实证科学产生之前，哲学处于朴素的观念状态，人们往往以自己的切身经验升华为哲学思想。虽然“随处体认天理”命题的提出是在湛若水求学期间，但最终成为一种理论则是在他为官之后。这一理论的发展，固然是其更严谨的理论思维结出的智慧之果，但也是其社会实践的理论升华。身居要职的

---

①〔明〕湛若水：《答余督学》，《湛甘泉先生文集》卷七，清康熙二十年黄楷刻本。
②〔明〕湛若水：《答余督学》，《湛甘泉先生文集》卷七，清康熙二十年黄楷刻本。

湛若水，不可能像没能进入官场的陈献章那样，日日夜夜地在家中“静坐”，他要“体认天理”只能在繁忙的日常“应酬、读书”中进行。可见，师徒二人理论差异亦源于彼此不同的社会经历。有学者指出：“陈、湛二人在修养或为学方法上的差异，是因为他们具有不同的生活经历，因而具有不同的修养经验和理论需要所造成的。陈献章生平仕路蹇塞，乃一蛰居学者，故多追求个人的精神超脱；而湛若水则宦海半生，为一代学官，当然每思索贯彻封建伦理道德。”[①]这一评述，不仅合乎历史事实，而且颇为独到与深刻。

湛若水在袒露自身的儒家立场时，也十分维护先师陈献章的正宗儒学立场，为白沙申辩“静坐”的正统立场。在讲学中他始终如一地强调，先师的学说传承着儒家的学脉，并反复为白沙“非禅”“非老”而辩解。

当陈献章提出“静养端倪”时便受到质疑，被学界攻击其为禅而非儒之正宗，承受着极大的社会舆论压力。对此，湛若水曾多次进行申辩。在讲学与答疑中，他明确提出“静养端倪”源于孟子，而非禅。他说：

> 石翁养出端倪之说，正孟子扩充四端之意。必先体认得这端倪，乃可就上加涵养之功，否则养个甚物？此便是头脑处。世儒反疑此以为禅，真痴人前不可说梦。[②]

湛若水指出，陈献章的“静养端倪”便是孟子的“扩充四端”，世儒对先师的误解是以词害意。湛若水认为，先师教人“静养端倪”就像孟子那样要人们把自身固有的“初心”即善端之心，“扩充涵养，以保四海”，这时的“初心、真心便是天理，由此平平坦坦持养将去可也”[③]。在湛若水看来，儒家讲求“内圣外王”，其实就是孟子所说的扩充与涵养自己固有的“初心”“真心”，“平平坦坦”地坚持下去便能成就事业，由内圣而外王了。

湛若水明确提出，白沙学“为我明正学之宗”，并认定：

> 吾白沙先生为一代道学之宗。[④]

---

① 侯外庐、邱汗生、张岂之主编：《宋明理学史》下卷，人民出版社 1987 年版，第 190 页。
②〔明〕湛若水：《新泉问辩续录》，《泉翁大全集》卷七十四，钟彩钧、游腾达点校，第 1829 页。
③〔明〕湛若水：《新泉问辩录》，《泉翁大全集》卷六十八，钟彩钧、游腾达点校，第 1662 页。
④〔明〕湛若水：《重刻唐丞相曲江张子寿先生文集序》，《泉翁大全集》卷二十四，钟彩钧、游腾达点校，第 663 页。

后之人欲求尧、舜、禹、汤、文、武、孔、孟、周、程之学者，求之白沙先生可也。[①]

湛若水一再强调陈献章对孔、孟的继承，不仅是直接继承孟子思想，同时也是对孔子“中正之矩”的传承。当有学生问“白沙先师禅学也，何如”时，湛若水指明了先师与孔子的关系，明确地回答：

孔子事君尽礼，人以为谄。尽者，中正之极，无过不及，自不及者视之为谄。白沙先生之学乃得圣贤中正之矩，自世学者视之为禅耳，安知自达磨释迦视之，不以为卑乎？……天“理者”，中正之矩也。……胡敬斋以白沙先生“藏而后发”之说为禅，何如？《中庸》“溥博渊泉而时出之”者，何如？亦禅乎？[②]

湛若水反对人们对白沙先生的误解与诽谤，他坚定地说：

石翁养出端倪之说，正孟子扩充四端之意，必先体认得这端倪，乃可就上加涵养之功，否则养个甚物？此便是头脑处。世儒反疑此为禅，真痴人前不可说梦。[③]

回顾人类的文化发展的历程，一些思想家不为他人所理解，而受到质疑或误解是常有之事。湛若水以孔子当年以礼事君而被攻击为例，认定世儒们把白沙之学视为“禅”，其实无改“白沙先生之学乃得圣贤中正之矩”此一事实！

应该说，儒禅之间有着分明的不可混淆的界线。尽管陈献章的“静坐”同禅宗的“坐禅”，在“调息”等形式上有相同之处，都是要感应人的本性；尽管陈献章的“静养端倪”是体悟人的道德本性，同禅宗的“顿悟佛性”也极为近似；尽管陈献章的“自得之学”或许受到了慧能的启示，但是，正如陈献章本人曾申辩的那样，其学与禅在宗旨上是不同的。湛若水继续从学术的旨趣上，为先师作更有力的辩解，他紧紧抓住了问题的症结，指出儒与禅所涵养的对象完全不一样，就像

---

①〔明〕湛若水：《白沙书院记》，《泉翁大全集》卷二十七，钟彩钧、游腾达点校，第741页。
②〔明〕湛若水：《新泉问辩续录》，《泉翁大全集》卷七十一，钟彩钧、游腾达点校，第1762—1763页。
③〔明〕湛若水：《新泉问辩续录》，《泉翁大全集》卷七十四，钟彩钧、游腾达点校，第1839页。

"……鸡抱卵少间断，则这卵便毈了。然必这卵元有种子方可，若无种的卵将来抱，抱之虽勤亦毈了。学者须识种子，乃不枉了功夫。何谓种子？即吾此心中这一点生理，便是灵骨子也。今人动不动只说涵养，若不知此生理，徒涵养个甚物？释氏为不识此种子，故以理为障，要空、要灭，又焉得变化"①。

湛若水用一个十分生动的比喻说明儒与禅之异，即如母鸡孵小鸡，鸡蛋必须"有种"，即受精的鸡蛋才可以孵出小鸡来；如果是"无种"的鸡蛋，母鸡"虽勤"也无济于事，结果"亦毈了"，蛋散了孵不出小鸡来。湛若水又指出，儒家要涵养天理，而禅则把涵养的对象"理"作为"障"，教人追求"空"与"灭"。鉴于此，儒与禅二者不可混为一谈。

湛若水深知陈献章的"静养端倪"，是教人体悟心中的善端进而完成"作圣之功"，可谓是"见善端成圣"，这一理路与禅的"见性成佛"有相近处，故有必要辨明。于是，他继续在涵养对象差异上做文章，他指出儒家的"性"与禅宗的"性"并非同一概念，须仔细辨明。他强调"知觉"与"天理"之间不可画上等号，由是进行辨析：

> 佛氏有直指本心，见性成佛。知觉乃人心之灵明处，而便以此为性，则不可。如马牛皆有知觉，人之为恶，至如盗贼，皆有知觉，方能设巧计以劫人杀人，岂可便以知觉为天理？当彼时亦似精明不昧、清明在躬，而实非精明不昧、清明在躬也，故谓知之正当处为精明不昧、为天理，则可；谓知为精明不昧、为天理，则不可。差之毫厘，谬以千里，故学不可不仔细讲也。②

湛若水严格区分了"知觉"与"天理"，认为一般动物也有知觉，恶人也能以他的知觉设巧计去劫人杀人，可见"知觉"不等同于"灵明"，不等同于"性"，也不等同于"天理"，而佛教对此混淆了，以为"本心"就是"性"，故能"见性成佛"。在湛若水看来，儒禅之间虽"差之毫厘"，却"谬以千里"了。

由上足见，为厘清先师的"静养端倪"非禅，湛若水已经在理学的层面上作了详尽的辩解。这不仅坚守了先生的学术立场，而且提升了先师所创立的岭南心学的学术性，使之更精微化。

---

①〔明〕湛若水：《新泉问辩录》，《泉翁大全集》卷六十七，钟彩钧、游腾达点校，第 1645 页。
②〔明〕湛若水：《新泉问辩续录》，《泉翁大全集》卷七十二，钟彩钧、游腾达点校，第 1785 页。

（三）以“主于一”论发展“虚实参半”论

思想学说总是时代的产物，也是思想家社会实践的升华。湛若水以其特有的社会实践而形成“随处体认天理”的理论学说，完善与发展了陈献章的“静养端倪”，这是学界的共识。其实湛若水对白沙学说的继承与发展，不仅如此，由于他处在新的社会环境里，在反对宋学的“支离”过程中，对陈献章心学进行检讨与推进。这体现在他创建了富于开拓性的“合一论”，于是湛若水把陈献章的“虚实参半”的理论发展为“主于一”的哲学体系，构建了富于岭南色彩的心学体系。

在本体论上，湛若水对陈献章学说的发展主要体现在把陈献章的“半”字发展为“一”字。其学说强调“一原”“一体”“一段功夫”，终结宋学的“支离”论。湛若水富于思辨色彩的代表作——《心性图说》，以“体用一原”论，继陈献章后再次回应了宋明学术界尤为关注的体与用、道与器、心与事等重要问题。

湛若水继承与弘扬陈献章“心具万理”“万物归我”的心学思想，形象地用“心性图”来形容宇宙发展的过程，揭示“心”与“气”、“心”与天地万物的关系，说明宇宙的统一性，使其本体论更显精微与完善。

在《心性图说》中，湛若水对其心性图进行解读时指出：

> 包与贯，实非二也。故心也者，包乎天地万物之外，而贯乎天地万物之中者也，中外非二也。天地无内外，心亦无内外。①

湛若水用“贯”与“包”二字，在时空的二维上，确立了“心”的无限性。心，无所不在，无时不在，宇宙统一于心。故湛若水明确地说：

> 万事万物莫非心也。②

在湛若水看来，心与天地合一，心与万事万物合一；宇宙本体之“心”，与由本体而衍生之“用”，即天地万物是统一的，是不可分割，不可分离。这便是陈献章的“道通于物”，道不离物，物不离道思想的具体而深入的阐述。

湛若水还用精练的语言概括这一“心包万物，无内外”“体用一原”的宇宙

---

①〔明〕湛若水：《心性图说》，《湛甘泉先生文集》卷二十一，清康熙二十年黄楷刻本。
②〔明〕湛若水：《泗州两学讲章》，《湛甘泉先生文集》卷二十，清康熙二十年黄楷刻本。

观，说：

心包乎万物之外，事物行乎心之中，内外合矣。[1]

湛若水又说：

千百年来，道学不明，坐此之故。自今诸学子合下便要内外、本末、心事合一，乃是孔孟正脉。何者？理无内外、本末，心事之间也。[2]

由上可见，在“体用一原”的宇宙观中，湛若水既维系了先生陈献章的理论立场，也维护了儒学之正统，指出了学界的错误倾向产生的原因，并认定只有坚持内外、本末、心事的“合一”，才是儒家的正学。

（四）以“气与道为体”论发展“天地一气”论

湛若水又发挥陈献章“天地一气”的思想，在提出“心包万物”命题的同时，湛若水明确指出：

一气充塞，流行于天地，故有屈伸升降，进退相乘也，元非二物。[3]

上下四方之宇，古今往来之宙，宇宙间只是一气充塞流行，与道为体。[4]

显然，湛若水坚持了先师陈献章“道气同体”的本体论，他更明确地说：

如曰理气为二，请于气之外更寻个理出来？[5]

舍气，何处寻得道来？……盖气与道为体者也。[6]

湛若水要强调的是，理与气同为宇宙之本体，充塞于天地间，“天人同是一气”，在讲学中，他阐述了这一观点：

---

①〔明〕湛若水：《孔门传授心法论》，《湛甘泉先生文集》卷二十一，清康熙二十年黄楷刻本。
②〔明〕湛若水：《大科书堂训》，《湛甘泉先生文集》卷六，清康熙二十年黄楷刻本。
③〔明〕湛若水：《答王德徵〈易〉问》，《湛甘泉先生文集》卷七，清康熙二十年黄楷刻本。
④〔明〕湛若水：《寄阳明》，《湛甘泉先生文集》卷七，清康熙二十年黄楷刻本。
⑤〔明〕湛若水：《天关语通录》，《湛甘泉先生文集》卷二十三，清康熙二十年黄楷刻本。
⑥〔明〕湛若水：《新泉问辩录》，《湛甘泉先生文集》卷八，清康熙二十年黄楷刻本。

天人同是一气，人是天地之精。天无心，人民之心，便是上天之心；民心之所在，即是天理之所在。此气此理，通达无间。①

在讲学中，湛若水又说：

《记》曰："人者，天地之心。"人如何谓天地之心？人与天地同一气，人之一呼一吸，与天地之气相通为一气，便见是天地人合一处。②

古代哲学，总是带着直观性。湛若水正是从切身的直觉经验中，体悟到人与天地万物一样呼吸着天地间同一的气，由是而推理出"天地人合一处"。强调"同一""合一"是湛若水哲学的特色，也是其学说对先师陈献章的本体论的继承与弘扬。

（五）以"一"字推进"半"字

在坚持先师陈献章"道气同为体"宇宙观的同时，湛若水又依循着先师陈献章的"虚实参半"的宇宙观，深入探讨了"虚"与"实"的关系，明确提出"虚实同原"论，把陈献章的"半"字推进为"一"字。

湛若水曾回忆先师关于"虚实"的教导时，这样说：

今之学者，只怕说着一"虚"字。张子曰："虚者，仁之原。"先师白沙先生与予题小圆图屋诗，有云："至虚元受道。"又语予云："虚实二字，可往来看。虚中有实，实中有虚。"予谓："太虚中都是实理充塞流行，只是虚实同原。"③

关于虚实问题，陈献章已揭示了二者之间，你中有我，我中有你，密不可分的关系。湛若水则进而把这一关系简明地概括为"虚实同原"，进而展开具体阐述。其学术宗旨在于继承陈献章反对"支离"的理论立场，纠正宋以来学界把"理"与"气"视作绝对"虚空"，并与万物的实体相支离的错误关系，并着眼在

---

①〔明〕湛若水：《经筵讲章》，《湛甘泉先生文集》卷二十，清康熙二十年黄楷刻本。
②〔明〕湛若水：《泗州两学讲章》，《湛甘泉先生文集》卷二十，清康熙二十年黄楷刻本。
③〔明〕湛若水：《天关语通录》，《湛甘泉先生文集》卷二十三，清康熙二十年黄楷刻本。

宇宙的同一性，由是构建其完整的“体用一原”的“主一”论宇宙观体系。

“一”，是湛若水学说为核心范畴，他以此“一”回应宋明时期学界关于“虚”与“实”关系的论争，深探理气与万事万物的关系，在深层面上探究世界的统一性问题。

首先，湛若水指出体与用不可分，道与万事万物不可分，形而上与形而下不可分。在《复洪峻之侍御》函中，湛若水明确指出：

> 天理者，吾心中正之本体而贯万事者也。[①]

湛若水坚持了老师的“道通于物”论，在“天理”与“万事”之间，用了一个“贯”字，强调作为本体的“理”，并非孤悬在万事万物之外，从而揭示体与用、虚与实的关系，并强调那便是“道”与“器”的关系，也即形而上与形而下的关系。他如此说：

> 《易》曰：“形而下者谓之器，形而上者谓之道。”道器同一形字，故《易》不离形而言道，《大学》不离物而言理。[②]
>
> 夫道器一而已矣。[③]

湛若水从圣典中寻找依据，他认为《易》与《大学》均已明确地说明了体与用、道与物、形而上与形而下的不可分离的关系。在与弟子谈论时，他形象地加以阐述：

> 虽鸢鱼川上，其理何曾睹闻？不可睹闻，无声无臭者，道之体也，所谓形而上者也；鸢鱼川上者，道之用，流行可见，与道为体者也，形而下者也。合而睹之，自可见矣。[④]

在这里，湛若水十分生动地作了解说：蕴含在鱼和鸟中的“道”，看不见摸不着；那无声无臭不可感知的“道”，便是事物的本体，“体”是“虚”的，称作“形而上”；鱼和鸟是“道”之“用”，是道的具体体现即“流行”，是

---

①〔明〕湛若水：《复洪峻之侍御》，《湛甘泉先生文集》卷七，清康熙二十年黄楷刻本。
②〔明〕湛若水：《新泉问辩续录》，《湛甘泉先生文集》卷九，清康熙二十年黄楷刻本。
③〔明〕湛若水：《日新第三》，《泉翁大全集》卷六，钟彩钧、游腾达点校，第124页。
④〔明〕湛若水：《新泉问辩录》，《泉翁大全集》卷六十八，钟彩钧、游腾达点校，第1661页。

“实”的，称作“形而下”；人们将二者进行整体观察，“合而睹之”，那么虚实便是“一”，不可分割的一体。

进而，湛若水从太虚、两仪、四象、道、理、心、性、男女之事等日用之间的种种关系，去揭示“虚”与“实”的关系，以阐明宇宙的统一性。他指出，“虚”的天理与“实”的万物，是同一的；“理”总是体现在日用间的事事物物之中。不难看出，湛若水具体地把视作“虚”的“太虚”，同人们能感知的“两仪四象、男女事物之类”画上了等号，强调看不见、摸不着的“真至之理”必然体现在实实在在的“日用之间”。因而道、性、心、神等等，所谓“虚”的一切皆与“实”的天地、万物同在，二而一。

为更透彻地说明问题，湛若水以“礼”为例。他认为“礼”虽是“日用之间”的“用”，是“实”，但与作为“体”的“道”这一“虚”则更密不可分。他曾对弟子如是说：

> 礼也者，理也，体也，与道为体者也。以天之品秩而言，谓之理；以相接之体而言，谓之礼；以通行而言，谓之道。用和之礼，先王之道，一也。孰先有焉？孰后学焉？本立而文生，素具而绚形。或者以文与本为二，以礼与道为二。吁，学之支离也，久矣。①

湛若水认为，体与用不可分先后，是“一原”，如分了先后，忽略它的一体性，便是“支离”。显然，他否定朱熹的“理先气后”，而沿着先师陈献章的“道通于物”“本虚形乃实”的理路，强调“真至之理，皆著见于日用之间”。

在湛若水看来，没有悬虚的“体”，也不存在不表现“体”的“用”，虚的“体”，必“著见于”实的“日用之间”。故又说：

> 仁存于人，性复于己，蕴于中而发于外，全其体而应于用，率其性而达于道。亲亲仁民而爱物，道之谓也。道非他也，即人之仁之心，而自达之于事也。②

这里说得再清楚不过了：人所蕴存于内的“性”“仁”，无非都是“道”，

---

①〔明〕湛若水：《约言》，《湛甘泉先生文集》卷二十二，清康熙二十年黄楷刻本。
②〔明〕湛若水：《约言》，《湛甘泉先生文集》卷二十二，清康熙二十年黄楷刻本。

都必然扩充而表达于外；“道”是什么？“道”就是人的“仁心”，而“仁心”则须通过具体的事情来体现，体现为亲亲、仁民与爱物之中。在湛若水看来，“体”与“用”、“虚”与“实”，本为“一”而非“二”。其结论必然是，宇宙是体与用、虚与实不可支离的统一体。

“主于一”是湛若水学说的重要命题，体现其学说的特色，这也是湛若水对陈献章宇宙观的继承与弘扬。基于此，他把先师“半”字，向“一”的方向推进，从而构建更完整更精微的理论体系。

湛若水同先师陈献章一样，以气为实、以道为虚。一方面，强调“万象，谓万物万事之形与道为体者，而道则无形也”①；另一方面，则更具体地阐明气充塞宇宙，心贯于其中，心居气之中正处而不着一物，至虚至灵故能贯包天地万物，主宰一切，天地万物皆备于人心之中。他强调，“心”既“虚”又“灵”，它包含着万物，贯穿于天地之间，主宰着一切。心不论在何时、何处、何种情况下，总包含着万物之理，也体认着万物之理而不遗，故曰：

> 心体物而不遗，无内外，无始终。②

正是在这个意义上，他认定天地万物统统蕴藏在人心之中，陈献章的“虚实参半”由此演化为湛若水的“主于一”，陈、湛心学特色由此变得更为鲜明。他沿着老师陈献章的理论路向而构建心学，提出更为鲜明的学术观点，如：

> 体用一原，显微无间，一以贯之。③
> 盖人与天地万物一体。④

可以说，湛若水认定宇宙“纯一不二”，“同一无二”。

湛若水在元气（即太极）与“道”、与“气”、与“天地”、与“人”、与“心”等等之间，画上了等号；他在“心”与“性”、与“情”、与“仁义礼智信”、与“万事万物”、与“天地”等等之间，也都画上了等号。在其学说里，

---

①〔明〕湛若水：《白沙子古诗教解》卷下，〔明〕陈献章：《陈献章集》附录一，孙通海点校，第779页。
②〔明〕湛若水：《求放心篇》，《湛甘泉先生文集》卷二十一，清康熙二十年黄楷刻本。
③〔明〕湛若水：《答阳明》，《湛甘泉先生文集》卷七，清康熙二十年黄楷刻本。
④〔明〕湛若水：《答聂文蔚侍御》，《湛甘泉先生文集》卷七，清康熙二十年黄楷刻本。

“一”是重要范畴，他强调的“一”是宇宙，宇宙即一。

从先师陈献章的“半”到弟子湛若水的“一”二者间存在一些差异，但也异曲同工，可以落到一个点上。陈献章“虚实参半”的理论，强调的是世间的一切均可“两谱开”，剖一为二，各自为半，“半”字成了他的诗眼。湛若水则把老师的“半”演化为“一”。在他的论著中处处可见“一气”“一理”“一道”“一心”“一念”“一事”“一体”“一原”“一段功夫”等概念，强调宇宙间无不“通一无二”，不可“支离”。从“半”到“一”的推进，为批评“支离”提供了更为坚实的理论基础。

陈献章虽喜用“半”字却又落脚于“通”，两“半”相“通”讲“道通于物”。湛若水则弘扬老师的“通”，把“同体”发展为“通一无二”，并由此出发而继续批评宋学的“支离”观，尖锐地指出宋儒分理气作二种，分内外、本末、心事为二途的错误。可以说，湛若水的“虚实同原”论在维系先师的“虚中有实，实中有虚”理论立场的同时，从理论的根本点上否定了朱熹“理”居于万物之先、万物之上的说法，鲜明地树立起明代心学与宋代理学决然相异的旗帜，由是而完成了陈献章开启的反对“支离”，而进行理论创新的历史使命。这是陈、湛心学重大的理论突破，使明代的学术确确实实进入了“精微”的历史阶段。

第五章　仕途

接过陈献章的衣钵，湛若水该是好好传承先师学说之时，久病的老师却去世了。“一日为师，终身为父”是古代中国学界的传统，故而湛若水为老师守墓三年。后因遵母命，而重新踏上科举之路，他举进士后踏上仕途，为官35年，官至二品，展现了人生的无限精彩。

一、一路春风

弘治十六年（1503），38岁的湛若水返回家乡，闲居家中，母亲说：“壮年居家，非事君之道。”他领悟到男子汉大丈夫，应有理想与抱负。在科举取士的年代，望子成龙的父母，谁不期待自己的孩子经过十年寒窗，能一举成名，光宗耀祖，报效国家。书香之家出身的湛母，更不能例外了。

弘治十七年（1504），湛若水39岁奉母命北上，入南京太学。祭酒章懋以《睟面盎背论》为题，测试前来备考的学生。湛若水显露了不凡的才华，得到了章懋的器重。这一年，他改名为“若水”。

次年春，湛若水在京师参加会试。主考官学士张东白，在阅卷时即认定，他便是白沙弟子。湛若水是名优秀的考生，会考中二甲三名，由举人晋升为进士，被选入翰林院，任庶吉士，开始了他的人生第二个征程。

弘治十八年（1505），40岁的湛若水，初进翰林院。翰林院是朝廷的一个文化机构，具有编史、著述与收藏典籍等功能。在翰林院中，湛若水的职务是“庶吉士”，那不过是见习生而已。诚然，有着理想追求的湛若水，以他的忠诚、勤奋，在仕途上一路春风，青云直上，由一名小官员一步步登上正二品的高位，历任南京吏部、礼部、兵部三部尚书。

为官岁月，湛若水既出色地完成公务，又辛勤笔耕，是一名学者型的官员。他用学问指导为官，又把为官的实践经验升华为学术思想。湛若水的仕途经历如下：

40岁，选入翰林院任庶吉士。

42岁，改任翰林院编修，并担任经筵讲官。

43岁，任会试同考官，参与修编《英宗实录》。

46岁，皇帝下诏令其出使安南国册封安南王，赐一品服以行。

57岁，回京复任翰林院编修、经筵讲官。先后上《初入朝豫戒游逸疏》《再论圣学疏》与《元年八月初二日进讲后疏》。

58岁，升翰林院侍读，官六品。

59岁，升南京国子监祭酒，从四品。

63岁，升南京吏部右侍郎，正三品。

64岁，任北京礼部右侍郎。

66岁，转任北京礼部左侍郎。

68岁，升南京礼部尚书，正二品，升迁前曾上《自陈求退疏》。

71岁，转任南京吏部尚书。

72岁，过南昌，有《南昌讲义》《谒朱文公先生庙庭文》《谒孟子祠文》。上《乞归田疏》，再次请准“罢归田里”，御史游居敬上论劾疏称，“若水迂腐之儒，广收门徒，私创书院，其言近是，其行大非”，请求弹劾。皇帝曰：“若水已有旨谕留，书院不奉明旨、私自创建，令有司改毁。”湛若水第二次遭诽谤，所建书院第一次遭禁毁。

73岁，先后上《再乞归田疏》《三乞归田疏》，一再请求退休。

74岁，转任南京兵部尚书，并为参赞机务。

75岁，获准退休。

从如上的经历看，湛若水在仕途上可谓积极有为，政绩可嘉，连连高升。70岁后，有人上疏对他诽谤，他即主动提出辞职回乡，接连上疏要求退归田野，均未获准，反而在他74岁高龄时，由南京吏部尚书转任南京兵部尚书，可见是何等之受宠。

二、出使安南

正德二年（1507），湛若水晋升为翰林院的编修，又兼任经筵讲官，同时参与修国史等工作。除了在朝廷担任文字编辑与整理各朝历史的编辑工作之外，他还开始给皇帝讲课，并两次担任朝廷会试的考官。

（一）以一品身份，出使安南

正德七年（1512）二月，湛若水以一品官身份，出使安南国，代表皇帝前去册封安南国王。这次重要的外交活动，不仅体现了朝廷对湛若水的信任与重用，而且也是给他展示才华的机会。

安南（今越南）的部分地区，在汉代曾属中国管辖，归属于交州郡。安南与两广，不仅地缘相近，而且民风民俗也十分接近。作为广东籍的官员湛若水担任出使安南的大使，确实最合适不过。

二月，湛若水启程南行。在交通不发达的年代，由京城到安南，须翻山涉水，直至年底才抵达广西平南县。此时湛若水写下《平南遣兴》。诗曰：

渔渊水深，采芝云迷。
寄怀云水，抗志高栖。
严霜陨木，归鸿背飞。
天寒日短，途长行迟。
岁云暮矣，我心则悲。
神游八极，身囿两仪。
宇宙为旅，万物为徒。①

诗中记述了湛若水途中的见闻与思绪：一路走来，饱览了大自然的风光，鸢飞鱼跃尽收眼底，走过漫漫之路，已是岁末，才到了广西平南，尚未到边塞，难免有悲凉之感。湛若水重任在肩，继续赶路。新春之时，路过横州，凭吊北宋词人秦观，作诗《过横州吊秦少游二绝句》。

（二）作《交南赋》，记述感受

次年正月，湛若水抵达安南，他后来作了《交南赋》，记述他在安南的所闻所见。

《交南赋》洋洋洒洒，长达3000余字。赋之前的序，说明了奉命前往安南册封安南王的使命，交代了动身的时间与抵达的时间。其中还回顾了安南的建制，介绍了安南的风土人情，特别记录了安南的种种怪现象。

在赋中，湛若水指出安南位于中国之南，曾是中国的属地，“安南汉为交

①〔明〕湛若水：《平南遣兴》，《泉翁大全集》卷三十九，钟彩钧、游腾达点校，第1004页。

州，在唐为都护府”。与中原不同，安南有着别具特色的民俗，如：男女无别，皆在街道上同行；骑大象，以象作为交通工具；民居高筑以及种种怪现象等等[①]。湛若水认为安南“其俗多诈”，但其制度亦有同中国相一致之处，“安南之制，民居如此，若王居九一，如中国”[②]，赋中还记载了汉人受到欢迎的情况。

这次出使安南，湛若水不辱使命，圆满地完成了对安南王的册封。临别，安南王赠送了一批珍贵礼品，其中赠予朝廷的物品，由他代为接收，而赠给他个人的，他一概拒收。安南王被他的廉洁自爱的品格所感动，题诗赞扬，诗中称道“白沙足下更何人”，赞美他淡泊名利，不愧为岭南名儒陈献章的高足。

三、南京任职

湛若水在京都进入仕途，但59岁之后基本是在南京任职。当时的南京政府，被称作“影子政府”，其实不然。开国皇帝朱元璋，在南京建都，后明成祖朱棣迁都京都，但仍保留南京政府，以管辖江浙一带的政务，南京政府依然有行政实权。

（一）颁布《告示》

在南京政府任职期间，湛若水先后担任南京国子监祭酒，从四品；后升南京吏部右侍郎，正三品；升南京礼部尚书，正二品；又转任南京吏部尚书；又转任南京兵部尚书，并为参赞机务。值得一提的是，湛若水35年的仕途生涯，大都担任文职，难以有太卓著的政绩，而就在他在南京担任兵部尚书兼任参赞机务时，他力主“做”——实干，为当地百姓做了许多实事。显示出他既是心学家，也是实学家。

刚走马上任参赞机务，湛若水即发布《告示》，文中首先说明，他已在神灵前表白了其为官的态度：

> 即有视京畿军民如子之心，夙夜祗惧，惟恐未知所兴革之宜，以称上德

---

① 参见〔明〕湛若水：《交南赋》，《泉翁大全集》卷五十三，钟彩钧、游腾达点校，第1311页。
②〔明〕湛若水：《交南赋》，《泉翁大全集》卷五十三，钟彩钧、游腾达点校，第1310—1313页。

意。[①]

在《告示》中，湛若水强调：

> 有视京畿军民如子之心。……予有夙秉心竭力。[②]

这无疑说明湛若水为官的“初心”，以及视民如子、服务于民的决心。

湛若水30余条告示：1. 禁革倚称，以全名节；2. 率先自禁和买，以安商人；3. 明礼法，以杜奢靡；4. 禁用淫乐，以正风俗；5. 照例拆毁僧尼寺庵，以端治化；6. 查处优给优养，以恤孤幼；7. 禁久隶从谀买物，以全各官名检；8. 劝课农桑，以立治本；9. 申明礼制，以变风俗；10. 谨酒戒，以保身家；11. 禁打点诓骗，以杜奸弊；12. 禁掯勒财物，以恤贫困；13. 申明旧例，严禁管运内官索取船甲、料取帮甲财物；14. 禁小甲造船需索花费，以宽帮甲；15. 革点卯，以杜扰害；16. 禁革造修船只科害，以苏贫甲；17. 禁领马官军刁蹬害人；18. 选择殷实官军领马，以振作马政；19. 禁托名科取，以安闾阎；20. 禁巡逻官生事，以安地方；21. 禁革弓兵生事，以安良善；22. 严门禁，以防不虞；23. 禁克害军士，以苏困苦；24. 严操备，以防不虞；25. 禁剥削军士，以济工程；26. 禁妄勾军丁，以革弊端；27. 考核各城兵马官才放考满；28. 禁武学幼官越次奔竞，及戒饬官生，各励行业；29. 示武学官生，必以齿序，以兴礼让；30. 审革无行官生还役，以励风教；31. 省灯烛，以宽居人；32. 严更鼓，以一警备；33. 禁揭军粮及重展利息；34. 节细事，以息小民，以正大体，以遵明旨；等等。

《告示》体现了湛若水作为南京兵部尚书并参赞机务的施政理念及具体的方略，极其全面，涉及政治、经济、文化的方方面面，其中的每一项，既揭示其实施的宗旨，又有具体的操作措施。这说明作为心学大家的湛若水，不仅注重人的心性涵养，同时也十分务实，讲求经世致用，努力做好视民如子的朝廷命官。

---

①〔明〕湛若水：《初任参赞机务南京兵部尚书告示》，《泉翁大全集》卷八十二，钟彩钧、游腾达点校，第2073页。

②〔明〕湛若水：《初任参赞机务南京兵部尚书告示》，《泉翁大全集》卷八十二，钟彩钧、游腾达点校，第2073页。

（二）为民做实事

在南京任官期间，湛若水尽职尽责，为百姓做了许多实事。

湛若水及时纠正当时伤害商人利益的事件。据史料记载，当时南京政府实施铺户买办制度，当时，所有的商店即“铺户”，都必须在官府注册，并按行业承担官府所需物资的“买办”；铺户被分作三等九则，承担了“买办”物品的铺户，便叫做“铺行”；铺行承担任务之后，便向官府预领“官价”，然后为官府买办有关的物品，在期限之内交纳。在这个过程中，官府仗势欺人，他们或是强行压价，或是拖延支付货款，或是谎称货物质量存在问题而进行惩罚等诸多的刁难，商人吃尽苦头，不得不花钱去疏通。如此种种，结果是“商者必贫，贫者必徙”，商人难免破产，破产之后只好流亡他乡，另谋出路。湛若水在《告示》中称，“率先自禁和买，以安商人”，便是针对此事而提出“同价禁革”。可见湛若水为发展社会经济，欲从制度上为商人松绑。

湛若水主张“仁政”，提出“分田”而均富的主张，在南京任职期间关心民众的疾苦，努力减轻民众的负担。对在南京任职期间的状况，湛若水在《书参赞行事首》中有一个自陈，他如是说：

> 凡闻之上、喻之下，兴利去害，总若干事，籍以示铣。夫其申圣谟。崇古礼，厉兵成武，率乃自躬，省费宽民，协之各署，养高年、饩困戎、逐游客、止火葬、劝农桑、联保伍、作义阡、坚定业，斯盖相天下之道焉，匪直参赞此邦尔，其诸真见天理而放诸有众者乎！①

这足见湛若水在南京期间，积极去践履儒家倡导的“修身、齐家、治国、平天下”，他不仅追求“内圣”，还要实现“外王”。终其一生，构筑了明代的学术丰碑，并为人们竖起了国家官员的楷模。

①〔明〕湛若水：《书参赞行事首》，《泉翁大全集》卷八十二，钟彩钧、游腾达点校，第 2071 页。

四、忠君尽责

湛若水出身于社会底层，官场没有背景，但在仕途上能青云直上，完全是出于他的忠诚、敬业、有为。其忠诚体现在他敢于进言，在任35年间，他上疏45件，忠谏直言。疏文内容，有针砭时弊，有陈述学说思想，有自律内省，有感恩之言等。

（一）敢于直言，针砭朝中不良现象

嘉靖元年（1522），在武宗皇帝去世，世宗皇帝登基之时，湛若水以为时局有所变化，对新皇帝寄予了期待。六月，他由家乡返回京城复职，复任翰林院编修，以及经筵讲官。复职之初，从六月至八月期间，他先后呈上《初入朝豫戒游逸疏》《再论圣学疏》与《元年八月初二日进讲后疏》。奏折内容有忠谏、内省、述职等，其中第一份奏折便是针对当时官场存在因“游逸”，而疏于政事的不良现象，故提出“戒游逸”的忠告。

《初入朝豫戒游逸疏》写于嘉靖元年六月初十。该折之首开宗明义道明上奏的宗旨，曰：

翰林院编修臣湛若水谨奏，为豫戒游逸，以谨君德事。①

随后陈述因时局“险艰”，而“退废山泽”，后因遇上了“明君”，而得到起用，并担任了讲官，为皇帝讲学。皇帝听讲学时，专心致志，十分用功，但没多久，却以夏日暑天为由暂停了讲课，于是湛若水在疏中指出：

夫人之心，无所用则放，有所儆则存。故废于讲学，则或继以逸欲，不可不豫戒也。②

显然，湛若水借停课一事，告诫皇帝如果“废于学”，便可能产生“逸欲”

①〔明〕湛若水：《初入朝豫戒游逸疏》，《泉翁大全集》卷三十六，钟彩钧、游腾达点校，第927页。
②〔明〕湛若水：《初入朝豫戒游逸疏》，《泉翁大全集》卷三十六，钟彩钧、游腾达点校，第927页。

的情况，不可不警戒。这无疑是一名刚入朝的命官对皇帝的大胆批评，在这“王权至上”的年代，如此直言上疏，实为可贵。这展示了湛若水的社会责任感与大无畏精神。湛若水以历史的正反经验告诫皇帝，是否“无逸”关系着天下之兴衰存亡。他如是说：

周公作无逸戒成王，首陈殷三宗、周文王之无逸，而享年有永，其后嗣王，生则逸，逸欲愈甚，而享年愈促。①

湛若水以史为鉴而直言：

言不可不念勤恤，戒游逸，以永命也。②

在湛若水看来，如果没有“勤恤”之念，后果是十分严重的。他指出：

观逸游田之事兴，则耽乐之心胜。故下绝于民，上逆乎天也。③

鉴于这样的认识，湛若水向皇帝大胆提出，“忧勤之念、兢业之心，盖不可以寒暑间者”④。他大胆忠告皇帝应：

以深居静思为本，以温习寻求为业，以敬亲事天为职分，以勤政亲贤为急务，随处操存体认天理，俾此心无异于经筵日讲之时。稍萌逸欲，即为禁止。⑤

从整本奏折来看，湛若水对朝廷是何等之忠诚，对皇上是何等之坦诚，其一片赤胆忠心，跃然于纸！更何况他才刚刚复职入朝，即以皇帝因暑天而要停课为切入点，抓住“逸欲”的苗头，大胆进言。皇帝阅后批示：

这本所言豫戒游逸，召问大臣，并择内臣中老成忠厚的给侍左右，朕已

---

①〔明〕湛若水：《初入朝豫戒游逸疏》，《泉翁大全集》卷三十六，钟彩钧、游腾达点校，第928页。
②〔明〕湛若水：《初入朝豫戒游逸疏》，《泉翁大全集》卷三十六，钟彩钧、游腾达点校，第928页。
③〔明〕湛若水：《初入朝豫戒游逸疏》，《泉翁大全集》卷三十六，钟彩钧、游腾达点校，第928页。
④〔明〕湛若水：《初入朝豫戒游逸疏》，《泉翁大全集》卷三十六，钟彩钧、游腾达点校，第928页。
⑤〔明〕湛若水：《初入朝豫戒游逸疏》，《泉翁大全集》卷三十六，钟彩钧、游腾达点校，第928页。

知道了。[1]

皇帝没有因为受到湛若水的批评而不高兴，反而把“豫戒游逸”当一回事，不仅接纳了湛若水的忠告，还通告了大臣们。

湛若水的直言，是一贯的。如果说，在《初入朝豫戒游逸疏》中针砭时弊时顺便批评了皇帝，那么，在嘉靖二年（1523）五月初九日，湛若水呈上《乞上下一心同济圣治疏》中，更是直截了当地批评了皇帝。他在阐述了“天下一舟”“上下一心”共治之后，强调“一正君心而万化理”，并指出当时皇帝以及朝中的弊端：

> 今陛下不急亲儒学之臣，不闻正心之术，乾刚未奋，宰制不施，初政渐不克终，近习渐为蒙蔽，天戒屡见，不实修省，科道大臣交章，未或举行……左右亲信之人蛊惑上心，不引以声色，则引以异教。亲戚希无厌之赏，近幸夺法司之狱；刑赏僭差，纲纪废弛。[2]

湛若水之所以敢于直言，如此处事，完全是出于他坚持其心学立场，又能尽臣之本分，正如他所言：“臣非纠劾之官，然在以学术开导人主，诚有所见，不敢不陈。”[3]

（二）“以学术开导人主”

湛若水是明代心学大家，其学说是他为官的理论指导，他又在为官的实践中升华其理论。他认定：

> 夫帝王之学，心学也。[4]
>
> 帝王之术在养心以崇德。[5]

---

①〔明〕湛若水：《初入朝豫戒游逸疏》，《泉翁大全集》卷三十六，钟彩钧、游腾达点校，第928页。
②〔明〕湛若水：《乞上下一心同济圣治疏》，《泉翁大全集》卷三十六，钟彩钧、游腾达点校，第932页。
③〔明〕湛若水：《乞上下一心同济圣治疏》，《泉翁大全集》卷三十六，钟彩钧、游腾达点校，第932页。
④〔明〕湛若水：《奉诏进讲章疏》，《泉翁大全集》卷三十七，钟彩钧、游腾达点校，第958页。
⑤〔明〕湛若水：《进天德王道第二疏》，《泉翁大全集》卷三十六，钟彩钧、游腾达点校，第932页。

湛若水深刻揭示了政事与心学的关系，他更明确地说：

> 学也者，心也。心也者，人也。人也者，政也。夫政由人生者也，人由心生也，知所以为心，则知所以为人矣。知所以为人，则知所以为政矣。是故学政之致一也。[①]

把政务同人之心、人之学联结起来，可见湛若水的治国理念源于他的学说，故在行政事务中，他主张“以学术开导人主”[②]。在给皇帝的上疏中，明显地注入其学说的内涵。

尤其值得关注的是，湛若水为了让最高统治者能接受其思想学说的影响，他撰写了《圣学格物通》，在书中不仅告诫皇上要以先王为榜样，还要以心学治国。

（三）大胆告诫与启迪君主

湛若水的《乞上下一心同济圣治疏》，便是陈述“天下一舟”的一体观的最高治国理念，《初入朝豫戒游逸疏》，则是提出防止荒诞腐败的治国之策。此外，湛若水的奏折还有告诫君主必须注重的方方面面：

其一，关于“君子体仁”的奏折，劝告皇帝“推经传，明圣学，以体群情”。

嘉靖元年（1522），七月初八日，湛若水上《再论圣学疏》。疏中称：

> 臣谓圣学之大莫过于求仁，仁者以人物为一体。[③]

进而，具体建议皇帝如何才能做到以人物为一体：

> 伏惟陛下天锡睿智，宜视三公、九卿、百职、科道、万民如一身，反身而求之，知吾身之心思不可以一时不宰也，则必思所以正其心以主群动，不

---

①〔明〕湛若水：《叙政》，《泉翁大全集》卷十八，钟彩钧、游腾达点校，第534页。

②〔明〕湛若水：《乞上下一心同济圣治疏》，《泉翁大全集》卷三十六，钟彩钧、游腾达点校，第932页。

③〔明〕湛若水：《再论圣学疏》，《泉翁大全集》卷三十六，钟彩钧、游腾达点校，第929页。

宜或有放失也。[①]

进而，湛若水指出皇帝对他提出“戒游逸”的意见虽有批复，似是予以采纳，但“未见施行”，“是以复进一体之说”，意图劝告皇帝：

> 伏乞圣明全体物之仁，玩取身之义，兼爱养之道，虑解体之患，惩扁鹊之走，立大公以普天下，宫中、府中视为一体，疾痛疴痒无不相关。使天下后世颂为至仁之君，与神尧准。[②]

显然，湛若水直言明君应注重儒家的经典，心怀仁义，与圣人融为一体。以湛若水的一体观为基点，作为皇帝治国理政的指导思想。

其二，关于“急亲贤”“安大业”的奏折，劝告皇帝应君臣一德。

嘉靖三年（1524）二月初四，湛若水上《乞谨天戒急亲贤疏》。疏中称他期待皇上：

> 为恳乞谨天戒，急亲贤，以济否屯，以安大业事。[③]

为何要“急亲贤”，把君臣关系作为急需解决的问题？湛若水在疏中开篇即道明其中的缘由，那便是：

> 臣观于正德之间，天下濒危者屡矣。当斯之时，科道囚、老臣弃，不亲贤之至矣。以今视昔，可不为寒心哉！[④]

在湛若水看来，注重君臣关系，一方面是历史教训的启示，另一方面则是儒家经典的教诲。他引用《易经》进行论证，说：

> 否之彖曰：“否之匪人，不利君子贞，大往小来，则是天地不交而万物不通也，上下不交而天下无邦也。”言不可不亲贤也。[⑤]

---

①〔明〕湛若水：《再论圣学疏》，《泉翁大全集》卷三十六，钟彩钧、游腾达点校，第929页。
②〔明〕湛若水：《再论圣学疏》，《泉翁大全集》卷三十六，钟彩钧、游腾达点校，第930页。
③〔明〕湛若水：《乞谨天戒急亲贤疏》，《泉翁大全集》卷三十六，钟彩钧、游腾达点校，第934页。
④〔明〕湛若水：《乞谨天戒急亲贤疏》，《泉翁大全集》卷三十六，钟彩钧、游腾达点校，第934页。
⑤〔明〕湛若水：《乞谨天戒急亲贤疏》，《泉翁大全集》卷三十六，钟彩钧、游腾达点校，第935页。

又引用《诗》的说法为证：

> 我祖宗列圣知其然，故有君臣同游之训，文华殿入直之规。《诗》曰："不愆不忘，率由旧章。"在陛下今日尤为当务之急也。①

湛若水认定：

> 夫帝王之治莫大乎君臣一德，亲贤而风动之。②

进而，湛若水向皇帝具体建言：

> 陛下诚能修举盛典，以大臣之贤为之统领，求在馆、在朝、在野之贤，明先王之学者，俾侍直于文华殿之侧。殿下每日朝罢，即御文华，向晦乃入，俾群贤日相讲磨圣学。③

显然，湛若水是告诫皇帝，"天子和德于上，臣庶和协于下"，协调朝中的上下关系，营造"和气细缊"的局面，达到"同舟共济，有安无危"，长治久安的目的。④

嘉靖十年（1531）九月二十三日，湛若水上《进君臣同游雅诗疏》，再议君臣关系。疏中强调"君臣同游雅诗"，可以"彰圣德""弘大业"，他同样引《易》的说法加以论证。又以先帝为榜样。

进而，湛若水给皇帝建言，具体如何改善密切君臣关系，疏中称：

> 故人主一日之间，接贤士大夫之时多，则可以涵养德性，熏陶气质，习与智长，化与心成。⑤

这体现湛若水十分注重道德教育，尤其强调，体认天理必须"随处"，人一出生便接受"蒙养"，以使之心能"正"。

---

①〔明〕湛若水：《乞谨天戒急亲贤疏》，《泉翁大全集》卷三十六，钟彩钧、游腾达点校，第935页。
②〔明〕湛若水：《乞谨天戒急亲贤疏》，《泉翁大全集》卷三十六，钟彩钧、游腾达点校，第935页。
③〔明〕湛若水：《乞谨天戒急亲贤疏》，《泉翁大全集》卷三十六，钟彩钧、游腾达点校，第935页。
④ 参见〔明〕湛若水：《乞谨天戒急亲贤疏》，《泉翁大全集》卷三十六，钟彩钧、游腾达点校，第936页。
⑤〔明〕湛若水：《进君臣同游雅诗疏》，《泉翁大全集》卷三十七，钟彩钧、游腾达点校，第956页。

可以说，湛若水上疏虽不算多，但既为皇帝提供治理国家的策略思想，又关注皇上的家事，及时予以提醒，可谓无微不至。他的一片忠心，常常得到皇帝称道。

其三，关于“收敛精神”的奏折，劝告皇帝“图国本，以敦化理事”。

嘉靖十年（1531）十月初八，湛若水上《劝收敛精神疏》。疏中首先肯定“窃惟皇上幼起名藩，缵承大统，圣德盛大，超越百王，孜孜图治，十年于兹矣”，进而直言，皇上的努力，成效不佳，现状是“而皇储未建，国本未立”[①]，他本人以及臣民们都为此而担忧。他尖锐指出，至关重要的是“修乎在己”，即是“收敛精神”[②]。湛若水具体阐述“收敛精神”为何重要，他如是说：

> 夫精神者，天敛之以生物，地敛之以成物，圣人敛之以生盛德而成大业，帝得之以为帝，王得之以为王，人物得之以为生育昌。……夫精神者，敛之则全，用之则散……是以古之圣帝明王慎之，以保惜其精神焉而不敢散。[③]

在奏折的最后，湛若水坦言他对皇帝的担心“圣心渊微，精神恐有过用”，故真诚地建言如何做到“收敛精神”，他说：

> 诚愿圣明凝心定虑，端庄静一，凡于笾豆之类，付之有司，不役精于耳目，不劳神于思为。翕聚完养，深根固蒂，以为生育之本焉。[④]

显然，湛若水是要皇帝注重“修己”，涵养出“精神”，由收敛精神，抓住生育之本，不要分散，而成就大业。这既强调注重心性涵养，又提示在处事上不可分散精神，注意策略上处理好主次的关系。

---

①〔明〕湛若水：《劝收敛精神疏》，《泉翁大全集》卷三十七，钟彩钧、游腾达点校，第 961 页。
②〔明〕湛若水：《劝收敛精神疏》，《泉翁大全集》卷三十七，钟彩钧、游腾达点校，第 962 页。
③〔明〕湛若水：《劝收敛精神疏》，《泉翁大全集》卷三十七，钟彩钧、游腾达点校，第 962 页。
④〔明〕湛若水：《劝收敛精神疏》，《泉翁大全集》卷三十七，钟彩钧、游腾达点校，第 963 页。

（四）对皇帝家事入微关注

湛若水是一名忠臣，他不仅敢于直言批评，还能对人主进行入微的关注。在他不多的奏折中有数本是直接为人主而写，其中有启示人主的治国理念与治国策略，也有关心人主的家事的。

湛若水对皇上的关心，还体现在其的奏疏十分关注皇帝的家事，如嘉靖十四年（1535）九月上《进祖陵颂疏》，言及为皇上撰写祭告祖陵诵文之事，阐明“道述祖功宗德，垂诏后世，上绍雅颂之音，以追配唐、虞三代之盛”①的意义。

对皇上的家事，湛若水关注备至，体现在他两次上疏庆贺皇太子出生，并提醒皇上应注重胎教。

嘉靖十二年（1533）八月十七日，湛若水赴南京任职途中，闻皇帝“第一子生”，欢喜之极，即上《途中庆贺皇元子生疏》。在疏中称：

> 身已在行，心驰遥贺。瞻天仰圣，手舞足蹈而不能已也。②

在疏中，湛若水还嘱咐皇上要注重对孩子的教育，他强调：

> 念臣前进古文小学之记，似为今日急务之先。自夫胎教接见之端，以至辅养德性之法，无所不备焉，实乃一德陶成之要。③

在疏中，湛若水不仅表示了祝贺，还不忘提醒皇上要从胎儿开始进行德性的涵养，真是“三句不离本行”，不愧为心学大师！

两个月后，皇帝的第一子不幸夭折之后，湛若水则上《奉慰疏》，以表“激切奉慰”之情。

嘉靖十五年（1536）十月，皇帝的第二个儿子出生，湛若水上《庆贺皇太子生疏》祝贺。疏文在歌颂之余，不忘皇子的教育问题，称：

> 伏惟哲命惟初生自贻，圣功在蒙养以正。……乐修内，礼修外，自怿成

---

①〔明〕湛若水：《进祖陵颂疏》，《泉翁大全集》卷三十七，钟彩钧、游腾达点校，第 977 页。

②〔明〕湛若水：《途中庆贺皇元子生疏》，《泉翁大全集》卷三十七，钟彩钧、游腾达点校，第 970 页。

③〔明〕湛若水：《途中庆贺皇元子生疏》，《泉翁大全集》卷三十七，钟彩钧、游腾达点校，第 970—978 页。

于稚长之龄。[①]

显然，湛若水时时不忘倡导其“随处体认天理”。在湛若水看来，人的心性涵养须是不受时间与空间的限制，从生命的开始，便应接受“蒙养”，从小就开始去“体认天理”，而后才能成长为“圣贤”。

纵观湛若水所上的奏折，足见他既在治国理政上给皇帝支高招，又在其他方面对皇帝关怀备至。这凸显了作为朝廷命官的湛若水，是何等的勤奋敬业、尽忠尽责，真不愧为政府官员的楷模！

五、品格高尚

湛若水的政绩，固然是由于得到其心学的理论指导，但也由于他具有高尚品格。是他伟大的人格，成就了他的事业。其高尚的品格，值得今人学习，尤其是值得国家官员学习与弘扬。

（一）“公普天下”

“立大公普天下”，是湛若水的治国理念，也是他的胸怀与品格。关于“大公”他有许多的阐述。在《再论圣学疏》的奏文中，他明确提出：

立大公，以普天下。[②]

湛若水认为，有大公之心的圣贤，将大公之心庇及天下，便能成一个“公天下”的大同世界。“公天下”，是湛若水治国的最高目标，也是他对儒家的最高理念的继承。

儒家经典《礼运·大同篇》称“大道之行，天下为公”。肩负着复兴圣学

---

①〔明〕湛若水：《庆贺皇太子生疏》，《泉翁大全集》卷三十七，钟彩钧、游腾达点校，第980—981页。

②〔明〕湛若水：《再论圣学疏》，《泉翁大全集》卷三十七，钟彩钧、游腾达点校，第930页。

历史重任的湛若水，他认定，“廓然大公”是圣贤应有的品格。他明确提出，是“公”还是“私”决定着个人的命运与前途，是事业成功的关键。因而，统治者须具有一颗“廓然大公”之心，才能治理出幸福安康的大同天下。湛若水说：

圣人以天地万物为体，即以身在天地万物看，何等廓然大公。①

大公之心，便是天理。②

这是说，“廓然大公”之心，是圣人、君子，即国家的统治者、社会的成功人士应有的道德品格，或说是应该具备的人格精神。

这种“廓然大公”的人格精神，是成就事业的必备条件。湛若水以古为鉴，他借用古代的典籍和前人的经验，给皇帝撰写了《圣学格物通》。在书中，他如是说：

古之圣贤，必先正己，以格君心之非。君心正，则公而明。③

在湛若水看来，古时的圣贤，自己首先进行心性的修养，做到“正己”，具有良好的品格，然后去帮助君主革除不好的品格，这样君主的心“正”了，才能治理出“公而正”的局面。他又告诫弟子，只有大公的人，才能成就事业，才能成功。他说：

廓然大公，物来顺应，不至用智自私之蔽。④

能廓然大公的人，事事出于公心，不至于受到私心的蒙蔽，因此也就能顺应环境，得心应手，而获得成功。可见，大公之心对每个人，特别是对担负着国家治理重任的“君主”，是何等之重要！

“公”，是人，特别是君主的重要道德品格，是关系个人与国家的命运的品格。湛若水注重“大公”，反复解读“大公”，辨析“公”与“私”的区别。他借用明太祖的话，对“公”作如下的界定：

---

①〔明〕湛若水：《新泉问辩录》，《泉翁大全集》卷六十七，钟彩钧、游腾达点校，第1647页。
②〔明〕湛若水：《正心下》，《圣学格物通》卷二十，明资政堂重刻本。
③〔明〕湛若水：《正心下》，《圣学格物通》卷二十，明资政堂重刻本。
④〔明〕湛若水：《正心上》，《圣学格物通》卷十八，明资政堂重刻本。

公即无私，义之谓也；私则忘公，利之谓也。[①]

湛若水和明太祖一样，把“公”界定为“无私”，“公”与“私”不可两立，只有做到了“无私”，才称得上“公”。

湛若水的《圣学格物通·正心下》阐述了“公”与“天理”关系，在二者之间画上了等号。他强调：

大公之心，便是天理。[②]

在《新泉问辩续录》中，湛若水又说：

大公之体，无思无虑，不容有一毫意必固我之私参于其间者也。

这是说，“公”就是“无私”，“大公”就是“无私”，就是不允许一毫的私念夹杂其间，“大公”就是“天理”。在湛若水看来，圣贤都把“公”等同于“无私”，“公”与“私”泾渭分明，“大公”是更为彻底的“公”，不容有丝毫私念。

湛若水以为，“大公”既然是“无私”，那么就不被物质牵累，因而成为圣贤的品格，君主的品格。他在给皇帝的《圣学格物通》中，这样说：

至公无私，自无物我之累。[③]

就是说，因为“公”与“私”不可两立，必须“无私”才能“大公”，做到了“大公”，就不会受到“物”和“我”所牵累，既不被外界的物质所诱惑，也不被内心的私欲所困扰，只有排除了追求物质享受的私欲，以及逐利的欲望，才能一心一意在“义”字上用功，而建功立业。如若不是这样，它的结果则恰恰相反，他指出：

见闻之念，起于躯壳之私，则广大之体蔽，而身外皆非我也。[④]

---

①〔明〕湛若水：《正心下》，《圣学格物通》卷二十，明资政堂重刻本。
②〔明〕湛若水：《正心中》，《圣学格物通》卷十九，明资政堂重刻本。
③〔明〕湛若水：《正心中》，《圣学格物通》卷十九，明资政堂重刻本。
④〔明〕湛若水：《正心中》，《圣学格物通》卷十九，明资政堂重刻本。

没有“大公”之心的人，由物质的躯体而产生私欲，则人心中的天理受到了蒙蔽，真正的“我”，就不存在了。可见，圣贤、君主具有“大公而无私”的品格，是何等之重要！

湛若水的“立大公以普天下”，是对儒家“大道之行也，天下为公”理念的演绎。他既把“大公”作为一种理想人格，是圣贤、君主所必具的品格，又强调须以“公”去庇及天下，构建“公天下”的“大同”社会。

（二）“戒逸第一”

湛若水虽身居高位，但他心中一直装着百姓。他畏民、爱民、恤民，勤政为民。对当时官场的不正之风，他敢于批评。当年踏上仕途之时，即上奏《初入朝豫戒游逸疏》，这第一疏便以“周公作无逸戒成王”为例，告诫皇帝要“以勤政亲贤为急务”，“存警戒之心，励无逸之教”。他针对皇上在夏天叫停了讲学之事而直言：

> 夫人之心，无所用则放，有所儆则存。故废于讲学，则或继以逸欲，不可不豫戒也。[①]

显然，湛若水提出“戒逸”，直接针对皇帝与朝中官员均存在好“游逸”而未能勤政的坏风气而提出。

湛若水不仅期待皇上与朝廷官员能“无逸”，而且能以身作则。他以勤政来抵制当时朝中的“游逸”之风。他的一生，勤政敬业，便是“戒逸”的典范。在他的人生字典里，“作”是特号字，他的勤政成就了他的功业。他在《答藩臬诸公劝驾书》中坦言：

> 某虽不肖，其敢久恋烟霞以自偷安乎？[②]

“不自偷安”，贯穿于湛若水的一生。他每天晚睡早起，勤勤恳恳。既勤于政事，又勤于笔耕，作为一名日理万机的官员，他居然为后人留下500多万字的论

---

①〔明〕湛若水：《初入朝豫戒游逸疏》，《泉翁大全集》卷三十六，钟彩钧、游腾达点校，第927页。

②〔明〕湛若水：《答藩臬诸公劝驾书》，《泉翁大全集》卷十，钟彩钧、游腾达点校，第285页。

著。他生活简朴，还在居住的园子里种蔬菜，勤于农耕。可以说，湛若水称得上是中国历史上“戒逸”官员“第一人”，值得当今公务员学习！

（三）克己廉洁

怀揣着一颗公心的湛若水，在仕途上总是谨记“努力自爱”[①]。他深懂“德义行而后无伤廉伤惠之悔”[②]。他强调：

> 三事以清为首，九德以廉为言。廉则有分辨之义，清则无苟取之污。[③]

从现存的史料看，湛若水一贯清廉，他从来拒收馈赠。在一些书函中他说道：

> 沿途知旧致赙，一切不敢祗受。[④]
> 沿途知旧馈遗，一切辞谢。[⑤]
> 沿途知旧相遗，未常敢受一毫。[⑥]

湛若水不收如钱银、玉璧之类的贵重礼品，或是把礼金转为公用。在《参批本部呈子》文中记述，湛若水遇到“仪制司主事黄谨容呈送出已前署主客司收过直厅皂隶银十两八钱”，他“即将原银存数送主客司，转贮精膳司登簿记收，以备堂上各司公用”[⑦]。在《复魏太守辞免坊牌价》中，湛若水说到“陈公惠赠坊牌银一百四十九两五钱七分”，“不敢祗受”[⑧]。他坦然说道：

> 慈亲在堂，凡百辞受，不揆于义，徒为娱悦，今则已矣。[⑨]

---

①〔明〕湛若水：《答王宁书》，《泉翁大全集》卷十，钟彩钧、游腾达点校，第 282 页。
②〔明〕湛若水：《与陈巡按侍御辞仿牌价》，《泉翁大全集》卷九，钟彩钧、游腾达点校，第 273 页。
③〔明〕湛若水：《参批本部呈子》，《泉翁大全集》卷三十二，钟彩钧、游腾达点校，第 858 页。
④〔明〕湛若水：《与繁昌林明府有年》，《泉翁大全集》卷九，钟彩钧、游腾达点校，第 267 页。
⑤〔明〕湛若水：《答人辞赙》，《泉翁大全集》卷九，钟彩钧、游腾达点校，第 267 页。
⑥〔明〕湛若水：《与唐新淦》，《泉翁大全集》卷九，钟彩钧、游腾达点校，第 268 页。
⑦〔明〕湛若水：《参批本部呈子》，《泉翁大全集》卷三十二，钟彩钧、游腾达点校，第 858 页。
⑧〔明〕湛若水：《复魏太守辞免坊牌价》，《泉翁大全集》卷九，钟彩钧、游腾达点校，第 271 页。
⑨〔明〕湛若水：《复魏太守辞免坊牌价》，《泉翁大全集》卷九，钟彩钧、游腾达点校，第 271 页。

诚实的湛若水，他毫不掩饰地说，他母亲在世的时候，也曾收过别人的赠送。那是为了照顾母亲的面子和情绪！

（四）严于律己

湛若水在《改南京吏部尚书谢恩疏》中，曾明确提出自己的为官之道。他如是说：

> 事君以人之职，益励素心，不违天则，好恶无作，臧否不偏，以效涓涘之报，以免瘝旷之诛。①

湛若水在奏折中说明了自己的职务是“事君”。为国君服务，须怀揣一颗纯洁的素心，不违背“天则”，处事不偏不倚，以避免犯错而受到惩罚。这种为官之道，既体现着儒家传统的“中庸”理念，也是岭南人的兼容包容的文化精神的彰显，更是湛若水仕途畅顺的内在基因。

鉴于这样的为官之道，湛若水一直以来对自己要求十分严格。他撰写了几本奏折，都是对自己的工作进行检讨。如在南京任国子监祭酒时，仁寿宫火灾，湛若水十分自责，接连上了《鉴灾修省疏》《灾异自陈疏》与《考察自陈疏》，进行检讨并请辞。

嘉靖四年（1525）五月十七日，时任南京国子监祭酒的湛若水，因仁寿宫受灾而上《鉴灾修省疏》。疏中称“因仁寿宫灾”，“臣自闻命，夙夜靡宁”，“为鉴灾修省，乞恩求退，以答天戒事”②。他特别强调了太学的重要性，以及自己的失职。疏中称：

> 太学乃贤关之地，在南京为圣化之始，若能成就人才，亦可禅致和气。臣猥以菲才过承重寄，到任逾时，士风罔变。惟是位育之理未臻，莫非中和之教弗致。上乾天戒，震惊圣心。揆厥感召，臣岂无愆？伏望圣明，察臣避位应天之心，逭臣力小任重之咎，将臣放归田里，别求贤能，育贤化理，庶

---

①〔明〕湛若水：《改南京吏部尚书谢恩疏》，《泉翁大全集》卷三十七，钟彩钧、游腾达点校，第979页。

②〔明〕湛若水：《鉴灾修省疏》，《泉翁大全集》卷三十六，钟彩钧、游腾达点校，第942页。

致休征。[①]

在疏的字里行间，可窥见湛若水真诚的检讨，以及对工作认真负责的精神。尽管朝廷并没有对他问责，但他却能主动承担责任，并请求辞职。这种态度和精神值得每个国家官员学习。

在湛若水上疏之后，朝廷并没有对湛若水给予处分，这使他十分不安，于是，又一次次上疏：

嘉靖六年（1527）二月初五，湛若水上《灾异自陈疏》。疏中称：

为自陈不职，乞赐罢黜，以回天变事。[②]

又称：

盖由力小不足以任重，材薄不能以致远，无以臻成贤之效，而裨咸和之治，化灾为祥，上辱主忧，此臣之罪也。[③]

皇帝阅此奏文后，批曰：

湛若水学行素著，宜用心照旧供职，不允所辞。[④]

接到皇帝的谕旨后，湛若水还是要引咎辞职，他接着呈上《考察自陈疏》。在奏疏中回顾了自己的仕途生涯，表达感恩之情，却感到“忝受累朝之恩，惭无涓埃之报”“上负国家重任，下负臣愚素心者也”“伏望皇上将臣罢归田里”[⑤]。自责之情，使湛若水在奏疏中再一次请辞，坚决请求“皇上将臣罢归田里”[⑥]。

由上足见，湛若水有着高度的责任感，在工作中尽职尽能，敢于承担责任。这种担当和律己的态度，便是心学大师在现实生活中所显示的圣贤境界，也是国家公职人员应有的人格精神。

---

①〔明〕湛若水：《鉴灾修省疏》，《泉翁大全集》卷三十六，钟彩钧、游腾达点校，第942页。
②〔明〕湛若水：《灾异自陈疏》，《泉翁大全集》卷三十六，钟彩钧、游腾达点校，第943页。
③〔明〕湛若水：《灾异自陈疏》，《泉翁大全集》卷三十六，钟彩钧、游腾达点校，第943页。
④〔明〕湛若水：《灾异自陈疏》，《泉翁大全集》卷三十六，钟彩钧、游腾达点校，第943页。
⑤〔明〕湛若水：《考察自陈疏》，《泉翁大全集》卷三十六，钟彩钧、游腾达点校，第944页。
⑥〔明〕湛若水：《考察自陈疏》，《泉翁大全集》卷三十六，钟彩钧、游腾达点校，第944页。

（五）勤励朴实

湛若水珍惜时光、努力奋进。他以古圣先贤为榜样，指出“大禹、周公皆坐以待旦，惜寸阴”；他认同孟子所说的“鸡鸣而起，孳孳为善”见解，认定好吃懒做的人，不可能有所成就而“成人成家”①。他以自身的经历为例：在南京担任祭酒时，“公务人事颇多，欲编《格物通》书，必三鼓乃睡，鸡鸣即起，从事于三年，乃成书一百卷，又成《诗教》三册，若早眠晏起，岂能成事”②。他告诫人们，“宜法吾之勤，鸡鸣即起。百事可理”③。他每天晚睡早起，勤勤恳恳。

湛若水依循“一寸光阴，一寸金”“天道酬勤”的传统理念，在当今依然值得倡导。可以说，当今社会的种种不良现象，都源于人们没有受到“勤励”的家教，如一些犯罪的年轻人，他们自小养成懒惰的恶习，好吃懒做，幻想天上掉馅饼，幻想“一天暴富”，不懂得“一分耕耘一分收获”，缺乏“勤励”的家教；特别是一些独生子女，更是从小被宠成“小皇帝”“小公主”，面对这样的社会现实，有必要倡导湛若水的“勤励”训导，引导青少年励志勤奋，创造自己的美好人生。

湛若水身为高官，却十分节俭朴实。据史料反映，湛若水生活简朴，衣着与饮食都很节俭。他回忆说，尽管家境还好，但一直“不肯买一纱罗穿着”，结婚时穿的丝袍，是向姓陈的朋友借的，直到39岁上京参加第二次会试，路过南京时，才买了罗绸的衣服。他念念不忘“昔日读书，之常用盐鱼饭励志”，“至今尚不忘盐鱼滋味”④，便常常让老家给他寄家乡的咸鱼。据史料记载，湛若水为官期间，亲躬于自家园圃，种菜自用，清茶淡饭。湛若水办了40多所书院，大多是以他的薪酬，以及他人赠送的礼金作为经费，还按母亲的嘱咐，在家乡设“馆谷”，为春耕时有困难的乡亲排忧解难。

---

①〔明〕湛若水：《甘泉湛氏家训》，《甘泉先生续编大全·补编》（贰），钟彩钧、游腾达点校，第361页。
②〔明〕湛若水：《甘泉湛氏家训》，《甘泉先生续编大全·补编》（贰），钟彩钧、游腾达点校，第361页。
③〔明〕湛若水：《甘泉湛氏家训》，《甘泉先生续编大全·补编》（贰），钟彩钧、游腾达点校，第361页。
④〔明〕湛若水：《甘泉湛氏家训》，《甘泉先生续编大全·补编》（贰），钟彩钧、游腾达点校，第360页。

湛若水不仅自身廉洁，还希冀这样的美德能代代相传，他撰写了《湛氏家训》三十五章，其中第十九章“节酒食”与第二十章“戒服美”，便是强调通过饮食与衣着的节俭，以营造好家风。湛若水提出，饮食方面“平时居家，不许饮酒，非人所馈送及待宾，不许买肉自食”①；在衣着方面，强调“男十五下，只宜布帛，不许穿纻丝、绫罗、纱绢等物”②，不能“养成其华靡之习”“早享福禄，尤为不宜”③的不良习惯。

湛若水一生两袖清风，廉洁自爱，直至去世，还要求薄葬。他的墓被盗时，盗贼只拿到几个陶罐，没找到任何珍贵的陪葬品。可见，湛若水生前，其节俭精神都是一贯的，值得今人学习。

节俭，可以励志；节俭，是中国人的美德。总的说来，湛若水不仅留下了博大精深的心学，还留下弥足珍贵的甘泉精神。传承甘泉精神，有利于在新时代中提升“文化自信”，以发挥文化软实力在社会现代化中的调动作用。

---

①〔明〕湛若水：《甘泉湛氏家训》，《甘泉先生续编大全·补编》（贰），钟彩钧、游腾达点校，第360页。

②〔明〕湛若水：《甘泉湛氏家训》，《甘泉先生续编大全·补编》（贰），钟彩钧、游腾达点校，第360页。

③〔明〕湛若水：《甘泉湛氏家训》，《甘泉先生续编大全·补编》（贰），钟彩钧、游腾达点校，第360页。

第六章　学说（一）

湛若水是陈献章衣钵的继承人，其学说首先是对白沙心学的完善与推进，其中着重体现对白沙心学学理的进一步阐述上。对白沙的未尽意处从本体论、认知论等方面，加以深入的阐述与发挥，使陈献章开创的明代心学更完善与精微，更系统化，从而形成明代的第一个心学流派——富于启蒙精神的儒学新派。湛若水学说博大而精微，应作系统的剖析，以能更好地传承与弘扬。

一、道气本原

在本体论上，湛若水传承了陈献章的“道与气同为体”的思想，认定天地间的万事万物，皆源于道与气。

关于宇宙的本源，湛若水在早年讲学时，即已提出：

> 外气以求性道也，吾只见其惑也。是故夫子川上之叹，子思鸢鱼之察，《易》一阴一阳之训，即气即道也。气其器也，道其理也，天地之原也。[①]

又说：

> 天下之言道也，则器而已耳。得其器，道在其中矣。[②]

湛若水明确把“道”与“气”作为天地之本原，在哲学的层面上，把道与气定格为宇宙本原。

在《寄阳明》函中，湛若水提出：

> 上下四方之宇，古今往来之宙，宇宙间只是一气充塞流行，与道为体，何莫非有？何空之云？[③]

何谓“道”？湛若水对“道”作了界定，他说：

---

①〔明〕湛若水：《一致章第十二》，《泉翁大全集》卷二，钟彩钧、游腾达点校，第 50 页。
②〔明〕湛若水：《求道章第九》，《泉翁大全集》卷二，钟彩钧、游腾达点校，第 46 页。
③〔明〕湛若水：《寄阳明》，《泉翁大全集》卷八，钟彩钧、游腾达点校，第 220 页。

夫道，一而已矣。[①]

夫道至一无二者也，认得本体，则谓之良知亦可，谓之良能亦可。[②]

在湛若水看来，作为宇宙本体的“道”，也就是“理”，也就是“良知”，三者同为一个概念，而这“道”，就是“一”，即不可支离的整体。

在湛若水看来，“气”同“道”同为宇宙的本原，他指出：

盖气与道为体者也，得其中正即是性，即是理，即是道。[③]

宇宙间其一气乎！气一则理一矣。[④]

这是强调，在宇宙间存在“一气”，而“一气”也就是“一理”，理与气不可相分。湛若水认定：

人之有生……其气而充形体之具也。气之所畀，理亦畀焉。非气则其槁矣，非理则气息矣。是生之者，气也，而实□子其间者理也夫。[⑤]

天地间只是一个性，气即性也，性即理也，更无三者相对。[⑥]

一个生命，既要有“气”，也要有“道”（或称作“理”），没有“气”，他便枯萎而不能活，而如果没有了“理”，则“气”也熄灭了，气与理缺一不可。故湛若水又说：

理既灭，则形气盖随而灭之。[⑦]

如曰理气为二，请于气之外，更寻个理出来。[⑧]

湛若水认定道与气同为体，是因为在他看来，在天地间的理、气、性等，都是同一的。弟子问到三者的关系时，湛若水明确回答：

---

①〔明〕湛若水：《重修四会县儒学记》，《泉翁大全集》卷二十六，钟彩钧、游腾达点校，第702页。
②〔明〕湛若水：《答薛尚谦名侃》，《泉翁大全集》卷十，钟彩钧、游腾达点校，第303页。
③〔明〕湛若水：《新泉问辩录》，《泉翁大全集》卷六十七，钟彩钧、游腾达点校，第1648页。
④〔明〕湛若水：《体认章第十》，《泉翁大全集》卷二，钟彩钧、游腾达点校，第47页。
⑤〔明〕湛若水：《天关精舍讲章》，《泉翁大全集》卷十三，钟彩钧、游腾达点校，第398页。
⑥〔明〕湛若水：《新泉问辩录》，《泉翁大全集》卷六十七，钟彩钧、游腾达点校，第1648页。
⑦〔明〕湛若水：《天关精舍语录》，《泉翁大全集》卷十三，钟彩钧、游腾达点校，第398页。
⑧〔明〕湛若水：《天关精舍语录》，《泉翁大全集》卷十三，钟彩钧、游腾达点校，第401页。

天地间只是一个性，气即性也，性即理也，更无三者相对。①

理气皆道，即气是道。②

理气不分，浑沦与会通。③

湛若水是说，气中有理，理不离气，气使事物有“形”，而“理”则寓于其形之中。应该说，这是对陈献章“道通于物”命题的发挥，是对道不离物，物不离道思想的继承与弘扬。这便是陈湛心学的特色：有形的事物由有形的气与无形的道融为一体而成，道寓于有形的物之中，道不离气，气不离道。

湛若水要强调的是，理与气同为宇宙之本体，充塞于天地间，“天人同是一气”，在讲学中，他阐述了这一观点：

天人同是一气，人是天地之精。天无心，人民之心，便是上天之心；民心之所在，即是天理之所在。此气此理，通达无间。④

盖天地之百物，物物同此元气也。⑤

在讲学中，湛若水又说：

人者，天地之心。人如何谓天地之心？人与天地同一气，人之一呼一吸，与天地之气相通为一气，便见是天地人合一处。⑥

古代哲学，总是带着直观性，湛若水正是从直觉的切身经验中，体悟到人与天地万物一样呼吸着天地间同一的气，由是而推理出“天地人合一处”，而这“一处”，便是盈天地间同一的“气”。强调“同一”“合一”是湛若水哲学的特色，也是其学说对先师陈献章本体论的继承与弘扬。

湛若水对本体的“道”赋予种种属性：

---

①〔明〕湛若水：《新泉问辩录》，《泉翁大全集》卷六十七，钟彩钧、游腾达点校，第1648页。
②〔明〕湛若水：《新泉问辩录》，《泉翁大全集》卷六十七，钟彩钧、游腾达点校，第1652页。
③〔明〕湛若水：《新泉问辩录》，《泉翁大全集》卷六十七，钟彩钧、游腾达点校，第1652页。
④〔明〕湛若水：《经筵讲章》，《泉翁大全集》卷十二，钟彩钧、游腾达点校，第341页。
⑤〔明〕湛若水：《五经馆记》，《泉翁大全集》卷二十七，钟彩钧、游腾达点校，第742页。
⑥〔明〕湛若水：《泗州两学讲章》，《湛甘泉先生文集》卷二十，清康熙二十年黄楷刻本。

道也者，先天地而无始，后天地而无终。[①]

道无内外，内外一道也。[②]

道生于心。[③]

此道在宇宙颠扑不破，不为尧存，不为桀亡。[④]

湛若水的“道”，由心而生，无内外，无终始，颠扑不破。道，是不可支离的统一体。可见，湛若水对“道”的界定十分明确，对“道”赋予的内涵，十分丰富，以“道”作为其学说的逻辑起点。

二、宇宙一气

湛若水既以“道”为宇宙的本原，又把“气”视作宇宙的本原。他反复阐述宇宙间只是“一气”，强调“即气即道”，认定“有形”与“无形”都是“气”，道与气同为本体。

湛若水又明确说：

万物宇宙间，混沦同一气。[⑤]

天地间凡有形者气，无形者亦气。[⑥]

对作为宇宙本原的“气”，湛若水同样赋予至大、至刚的属性。在湛若水看来，“为仁”之事，不必假手于人，自己有足够的力量去完成，没有“力不足者”，因为：

---

①〔明〕湛若水：《寄阳明》，《泉翁大全集》卷八，钟彩钧、游腾达点校，第 220 页。

②〔明〕湛若水：《复王宜学内翰》，《泉翁大全集》卷八，钟彩钧、游腾达点校，第 238 页。

③〔明〕湛若水：《白沙书院记》，《泉翁大全集》卷二十七，钟彩钧、游腾达点校，第 740 页。

④〔明〕湛若水：《答王汝中兵曹》，《泉翁大全集》卷十，钟彩钧、游腾达点校，第 302 页。

⑤〔明〕湛若水：《四勿总箴有序》，《泉翁大全集》卷三十二，钟彩钧、游腾达点校，第 841 页。

⑥〔明〕湛若水：《贵纯章第三》，《泉翁大全集》卷二，钟彩钧、游腾达点校，第 33 页。

力也者，气之运也，志也者，气之帅也。[①]

这是说，人们有足够的力量去完成“为仁”之事，那是因为人的“力”和“志”，都来源于人体内的“气”，是气的威力使人如愿以偿，气赋予人足够的力量。湛若水正是要透过人的作为，去展示气的力度之大，品格之刚，使气同道一样具有宇宙“本体”的意义。

湛若水以气为宇宙本体，认定充塞天地间的无非都是气。他明确提出：

宇宙间一气而已，自其一阴一阳之中者谓之道，自其成形之大者谓之天地，自其主宰者谓之帝，自其功用者谓之鬼神，自其妙用者谓之神，自其生生者谓之易，自其生物而中者谓之性，自其精而神、虚灵知觉者谓之心，自其性之动应者谓之情，自其至公至正者谓之理，自其理出于天之本然者谓之天理，其实一也。[②]

在湛若水看来，“气”充塞，宇宙间的一切，无非都是气，不论是有形的或无形的，不论有着怎样的功能，不论有怎样的表现，不论有怎样的称谓，其实都是气而已。

湛若水的“一体”观，认定宇宙是一个整体，进而揭示宇宙是一整体，这一整体统一于“气”；是气的变化无穷，而造化出无穷的万事万物，故说：

天地间无一物相肖其形者，无一物不同受其气者。于其无一相肖，见造化之无穷；于其同受气，见造化之本一。[③]

这是说，千姿百态的万事万物，虽然有各自的形状，但没有哪个物件不同受着相同的气，可以说造化无穷，但这造化统统来自“气”。于是湛若水的结论是：

天外无地，地亦天也，气无所不贯！[④]

气贯于天地间，天地间一气而已。这便是湛若水对宇宙统一于气的简明概

---

①〔明〕湛若水：《莲洞书馆讲章》，《泉翁大全集》卷十三，钟彩钧、游腾达点校，第 388 页。

②〔明〕湛若水：《性情章第十一》，《泉翁大全集》卷二，钟彩钧、游腾达点校，第 50 页。

③〔明〕湛若水：《一致章第十二》，《泉翁大全集》卷二，钟彩钧、游腾达点校，第 50—51 页。

④〔明〕湛若水：《一致章第十二》，《泉翁大全集》卷二，钟彩钧、游腾达点校，第 51 页。

括，也是其“主一”哲学的一个主要内容。

湛若水“天地一气”的命题，显然是强调宇宙统一于气。在他看来，宇宙是有一个同一体，而同一的基础是“气”。这是对古代中国哲学的气论，尤其是宋代张载的气论在明代的传承，更是对其先师陈献章气论的弘扬。陈献章明确主张，气与道同时是宇宙的本原。他说：“元气者，天地之正气。”“充塞两间，万古周流。”“上下四方之宇，古今往来之宙，同此充塞流行。”[①]他更明确地说：“天地间一气而已，屈信相感，其变无穷。”[②]在陈献章看来，宇宙间的一切，都是气的运动变化的结果，元气产生天地万物，其气论继承了荀子、王充，到张载的元气论思想。张载的气论，认为“太虚不能无气，气不能不聚而为万物，万物不能不散而为太虚”，“游气纷扰，合而成质者，生人物之万殊”。[③]

可以说，在宋明时期，中国哲学思维在外来印度佛学的影响下不断思辨化和精微化之时，学界对宇宙本源的探究也不断地深化。在此特定的历史时段下，湛若水的“宇宙一气”论，以及“道气同为本”论，无疑是关于宇宙本体的探究的一个亮点。

湛若水的“体用一原”思想，还体现在他的“气塞天地”，气与道不可相分的理论之中。他继承了陈献章的“道气同为体”的思想，认定宇宙间充塞着气，是道和气共同构成了这大千世界。他去函回答王德徵的提问时，这样说：

> 一气充塞，流行于天地，故有屈伸升降，进退相乘也，元非二物。[④]

在给王阳明的书函中，他又说：

> 上下四方之宇，古今往来之宙，宇宙间只是一气充塞流行，与道为体。[⑤]

湛若水在提出“心包万物”的同时，又提出“气塞天地”，认定宇宙间充塞着气，气屈伸、升降、进退等不断运动变化，它与道一起，共同成为宇宙万物的本体。

---

①〔明〕湛若水：《白沙子古诗教解》卷下，〔明〕陈献章：《陈献章集》附录一，孙通海点校，第769页。
②〔明〕陈献章：《云潭记》，《陈献章集》卷一，孙通海点校，第41页。
③〔宋〕张载：《正蒙·太和篇第一》，《张载集》，章锡琛点校，中华书局1978年版，第7、9页。
④〔明〕湛若水：《答行大仆卿王德徵问》，《泉翁大全集》卷十一，钟彩钧、游腾达点校，第220页。
⑤〔明〕湛若水：《寄阳明》，《泉翁大全集》卷八，钟彩钧、游腾达点校，第220页。

湛若水还是坚持用“合一”的观点，把“道”和“气”看作不可分离的东西。他强调：

宇宙一而已矣，天地一而已矣。[1]

这个“一”，是“道”与“气”的合体，是完全合一的整体。他明确说：

舍气，何处寻得道来？……盖气与道为体者也。[2]

在湛若水看来，宇宙的本体道与气，并非相分离。道与气二者结为一体，道不离气，气不离道，离开了“气”，到哪里去找“道”呢？

湛若水提出如上的看法，既是对先师“道气同为体”思想的传承，又是对程朱理学“支离”观的批评。在湛若水看来，宇宙完整而又统一，天理就在人们的心中，在气的世界里，在天地万物之中；没有气，就没有实实在在的世界，那看不见的“天理”“天道”，离不开实实在在的万事万物。所以，湛若水反问：如果说“理与气为二，请于气之外更寻个理出来？”要是认为理和气是两个东西，那么，能在气之外找出一个理来吗？这是多么一针见血的诘问！

三、有无相生

湛若水的学说，博大精微，其本体论不仅探究了宇宙的本体，还具体阐述了宇宙的生成。依循着中国哲学的传统说法，用有无、阴阳、虚实、动静等概念，构建其宇宙生成论。

在早期著述《新论·阴阳章》中，湛若水便提出：

天地之初也至虚，虚，无有也。无则微，微化则著，著化则形，形化则实，实化则大。故水为先，火次之，木次之，金次之，土次之。天地之终也至塞，塞者有也。有则大，大变而实，实变则形，形变而著，著变而微。故

①〔明〕湛若水：《约言》，《湛甘泉先生文集》卷二十二，清康熙二十年黄楷刻本。
②〔明〕湛若水：《新泉问辩录》，《湛甘泉先生文集》卷八，清康熙二十年黄楷刻本。

土为先，金次之，木次之，火次之，水次之。微则无矣，而有生焉。有无相生，其天地之终始乎！[①]

在《知新后语》中，湛若水又说：

阳升则浮，阴降则沉，浮沉相荡而润下生焉。阳精则明，阴精则晦，晦明相感而炎上生焉。阳刚则伸，阴柔则屈，屈伸相循而曲直生焉。柔以溶之，刚以结之，溶结相推而从革生焉。刚以辟之，柔以阖之，阖辟相荡而稼穑生焉。天地之生也，先气而后质，故水、火多气，木、金、土多质。[②]

在《雍语》中，湛若水说：

人心贵虚，虚则生生之意蔼然于中，可默识之矣。[③]

这些，便是湛若水关于宇宙生成的精辟阐述，可用如下两个简图展示：

其一：虚=无→微→微化→著→著化→形→形化→实→实化→大

其二：水→火→木→金→土

湛若水认为，宇宙是有无相生，从虚，即从无开始，不断地变化，由虚无渐渐变为显著，由无形变为有形，由小变为大，也就是由虚变为实了。在湛若水看来，这种从无到有的演变，也是水火木金土五行的变化。他的结论是："有无相生"，即是宇宙的终始。其实，他的宇宙生成论，并不完全是"有无相生"，准确地说应该是"无中生有"论，即从虚无而衍生出的有形的"实"而"大"的天地来。

在《新论·一致章》，湛若水又说：

天一生水，水生于阳而成于阴，故水之消长也，随阴阳之盛衰。是故春夏而长，秋冬而消，阳为之也。水之行于地也，犹人之血行于百骸也。气为

---

①〔明〕湛若水：《中庸第七》，《湛子约言》卷四，《甘泉先生续编大全》卷二十九，钟彩钧、游腾达点校，第42页。

②〔明〕湛若水：《知新后语》，《泉翁大全集》卷三，钟彩钧、游腾达点校，第53页。

③〔明〕湛若水：《主敬第九》，《泉翁大全集》卷六，钟彩钧、游腾达点校，第141页。

天，体为地，血者承气，以行乎体于天地之间者也。故人之老而死也，阳气渐衰而血渐涸，天地之终亦然。①

关于宇宙生成的看法，湛若水沿袭儒家的传统说法。《易经》称："易有太极，是生两仪，两仪生四象"。宋代周敦颐著《太极图说》，画了一个太极图，并作如此诠释："无极而太极，太极动而生阳，动极而静，静极而生阴，静极复动。一动一静互为其根。分阴分阳，两仪立焉，阳变阴合，而生水、火、木、金、土，五气顺布，四时行焉。"②湛若水关于宇宙的生成理路是：

无极（即太极）→阴阳→五行→万物

湛若水关于宇宙生成的推演，同周敦颐太极图说比较接近。原因是其先师陈白沙曾自诩他的学说直接渊源于周敦颐。白沙的得意弟子张诩曾说："盖其学初则本乎周子主静"③。屈大均在《广东新语》中也说："孔孟之学在濂溪，而濂溪之学在白沙。"④

可以说，湛若水及其先师陈献章受到周敦颐的影响，主要原因或许是周敦颐曾在广东为官，其学术思想在岭南有比较深远的影响。在湛若水的家乡增城，至今仍遗存着多处周氏故居遗址。由此足见，湛若水的宇宙生成论是沿袭了儒家的传统理路。

诚然，关于宇宙的演进，湛若水并非停留在周敦颐的认知上，他更进一步推演出当人类出现之后的变化发展。他说：

天地辟，然后万物形；万物形，然后男女别；男女别，然后父子亲；父子亲，然后兄弟序；兄弟序，然后君臣立；君臣立，然后朋友交。君臣治之，朋友资之。是谓彝伦之基。⑤

宇宙的生成，由太极到万物，仅仅是一个"物"的演化阶段，湛若水进而揭

---

①〔明〕湛若水：《一致章第十二》，《泉翁大全集》卷二，钟彩钧、游腾达点校，第 51 页。
②〔宋〕周敦颐：《太极图》，《周敦颐集》，陈克明点校，中华书局 1990 年版，第 137—138 页。
③〔明〕张诩：《白沙先生行状》，〔明〕陈献章：《陈献章集》附录二，孙通海点校，第 880 页。
④〔清〕屈大均：《白沙之学》，《广东新语》卷十，第 306 页。
⑤〔明〕湛若水：《性学章第二》，《泉翁大全集》卷二，钟彩钧、游腾达点校，第 31 页。

示了在“天地辟”，“万物形”之后，宇宙还在演化，那便是人类社会的人伦发展，具体便是：

天地辟→万物形→男女别→父子亲→兄弟序→君臣立→朋友交

在湛若水看来，宇宙既有“物”的世界，也有“人”的世界，在万物出现之后，便有了人，有了人即有人伦秩序，即男女之别、父子之亲、兄弟之序，以及君臣的关系。

应该说，湛若水的宇宙生成论，比较全面而具体。他不仅展示了物质世界的演进程序，以及人类社会的发展进程，还揭示了世界发展的内在动力。他从两个方面进行阐说：

一是“感应”。湛若水说：

天地之间，一感一应而已。阴阳之屈伸，万物之往来，人事之酬酢，感与应而已矣。①

二是圣人所为。湛若水说：

惟圣人者，体天地之大德，立天地之大化，成天地之大功，其惟圣人乎！②

显然，湛若水一方面揭示宇宙发展的内在动力，另一方面又没能摆脱传统的圣人创世论的影响，这是湛若水的时代局限。湛若水生活在明代中叶，当时科学尚未昌明，宋明时期虽有思想家提出关于宇宙生成的猜想，但缺乏实证科学的论证，湛若水的理论也存在一样的问题。因而对他的宇宙生成论，只能客观地、实事求是地给予评论，而不能苛求！

---

①〔明〕湛若水：《性学章第二》，《泉翁大全集》卷二，钟彩钧、游腾达点校，第31页。
②〔明〕湛若水：《性学章第二》，《泉翁大全集》卷二，钟彩钧、游腾达点校，第31页。

四、天理自然

在本体论上，湛若水以道与气为宇宙的本原，在其学说里“道”与“理”为同等的概念，故道为本原也即理为本原。依循着先师白沙“宗自然”的理路，湛若水在《新论》中明确提出“天理自然”。

（一）“天理自然”的提出

注重“自然”，是湛若水的一贯思想。他在解读白沙诗时，便已对“自然”一词作了详尽的诠释。他明确界定天理，并提出“天理自然”。

何谓天理？湛若水对“天理”有具体的界定，他说：

> 理者，天之理。①
>
> 天理者，吾心本体之中正也。②
>
> “天理”二字干涉甚大，人不足以名之，无与之对者，天地之覆载，日月之照临，鬼神之吉凶，人物山河、风云雷雨之聚散消息，无非这一个形见，不必言以是也。③

在湛若水看来，天理即是居于人之外的理，又是人心的本体，是人心的中正。可以说，湛若水的“天理”，既是客观的又是主观的。他强调：

> 天理即是真道理，真道理即是真心。④

不管天理是主观的还是客观的，在湛若水的学说里，天理都是“自然的”，故他说：

---

①〔明〕湛若水：《求道章第九》，《泉翁大全集》卷二，钟彩钧、游腾达点校，第46页。
②〔明〕湛若水：《问学第一》，《泉翁大全集》卷六，钟彩钧、游腾达点校，第116页。
③〔明〕湛若水：《新泉问辩续录》，《泉翁大全集》卷七十二，钟彩钧、游腾达点校，第1795页。
④〔明〕湛若水：《新泉问辩续录》，《泉翁大全集》卷七十二，钟彩钧、游腾达点校，第1796页。

天理者，天之道也。天理自然。[①]

天理不言而自见也。[②]

又说：

天理之自然也，犹水之利下也。善导水者因其利，善养性者保其自然。自然者，天之所为也。知天之所为则几矣。[③]

湛若水的“天理自然”，是说天理是“自然而无所事”[④]，也即是“勿忘勿助”。他强调天理自然而然，无需任何人为助力。在湛若水看来，天理自然是天理自身赋有的本性，“犹水之利下”；天理“无所事”就像“四时行焉，百物生焉，天何言哉”[⑤]。他要强调：

天即理也，理即心也，自然也。[⑥]

湛若水的“天理自然”论，把“天”“理”“心”，视作自然而然、不假人力的客观存在。

（二）“自然”的含义

在《重刻白沙先生全集序》中，湛若水对先师的“自然”有清晰的诠释。他说：“理出于天然，故曰自然也。”[⑦]并具体解释“自然”便是“天然”，是“道”与任何事物各自自然而然生生化化，不需外力，“勿忘勿助”地在时间的流淌中不断地变化发展。湛若水举例说，这种自然“如日月之照，如云之行，如水之流，如天葩之发，红者自红，白者自白，形者自形，色者自色，孰安排是，孰作为

①〔明〕湛若水：《同物章第七》，《泉翁大全集》卷二，钟彩钧、游腾达点校，第 41 页。
②〔明〕湛若水：《一致章第十二》，《泉翁大全集》卷二，钟彩钧、游腾达点校，第 52 页。
③〔明〕湛若水：《同物章第七》，《泉翁大全集》卷二，钟彩钧、游腾达点校，第 41 页。
④〔明〕湛若水：《答少默问易简》，《泉翁大全集》卷八，钟彩钧、游腾达点校，第 226 页。
⑤〔明〕湛若水：《知新后语》，《泉翁大全集》卷三，钟彩钧、游腾达点校，第 55 页。
⑥〔明〕湛若水：《一理第六》，《泉翁大全集》卷六，钟彩钧、游腾达点校，第 133 页。
⑦〔明〕湛若水：《重刻白沙先生全集序》，〔明〕陈献章：《陈献章集》附录三，孙通海点校，第 896 页。

是，是谓自然”[①]。没有谁的安排，没有谁的作为，天地间的一切，其形状、其色调、其所为都是自然而然地发生和存在，这便是“自然”，这便是“道”，这便是“天理”。可见湛若水对陈献章“宗自然”观的领悟极为深刻，因而对先师“自然”的解读也极为到位。他一直本着这样的诠释，去阐述其“天理”以及“宗自然”观。

何谓“自然”？在《杂著》中，湛若水曾有四点说明：

> 川上之叹，不舍昼夜。天时在上，水土在下，倬彼先觉，大公有廓。自喜自怒，自哀自乐，天机之动，无适无莫。知天所为，绝无丝毫人力，是谓自然。
>
> 其观于天地也，天自为高，地自为卑，乾动坤静，巽风震雷，泽流山峙，止坎明离。四时寒暑，自适其期。一阴一阳之谓道，道自无为，是谓自然。
>
> 其观于万物也，化者自化，生者自生，色者自色，形者自形。自动自植，自飞自潜。鸢自戾天，鱼自跃渊，不犯手段，是谓自然。
>
> 是何以然？莫知其然。其然莫知，人孰与之？孰其主张？孰其纲维？孰商量之？孰安排之？天地人物，神之所为，曰神所为，何以思惟？吾何以握其机？勿忘勿助，无为而为，有事于斯，若或见之。其神知几，其行不疑。穷天地而罔后，超万物而无前。天地万物，与我浑然。一阖一辟，一语一默，各止其极，莫见其迹，莫知其然，是谓自然。[②]

纵观以上种种说法，可见湛若水所言之“自然”，集中到一点便是说天地以及天地间一切的一切都自然而然地发生、发展，不假人力，“勿忘勿助”，这就是“自然”。湛若水对“自然”进行了全面的、精微的诠释，为其“天理自然”打下扎实的理论基础。

---

①〔明〕湛若水：《重刻白沙先生全集序》，〔明〕陈献章：《陈献章集》附录三，孙通海点校，第 896 页。
②〔明〕湛若水：《自然堂铭》，《泉翁大全集》卷三十三，钟彩钧、游腾达点校，第 876 页。

（三）对“宗自然”的传承

湛若水的“天理自然”，是对先师陈献章“宗自然”学术思想的传承与弘扬。在《明儒学案》中，黄宗羲对白沙心学有一个定位：“先生学宗自然”①，因其“道本自然”。陈献章的七言诗《观物》，十分明确地表述了道本自然的思想。其诗曰：

> 一痕春水一条烟，化化生生各自然。
> 七尺形躯非我有，两间寒暑任推迁。②

陈献章认为，天地间的一切，各自化化生生，任其自然，道是自然的道，物是自然之物。

学界普遍认为，陈献章的“宗自然”论是受到道家老子思想的影响，而湛若水则否定这一看法，而认定“宗自然”也是儒家的正宗。他如是说：

> 盖先生自然之说，本于明道明觉自然之说，无丝毫人力之说。明道无丝毫人力之说，本于孟子勿忘勿助之说。孟子勿忘勿助之说，本于夫子无意必固我之教。③

湛若水更是强调，讲究“自然功夫”才是“圣人路脉”，他直白地说：

> 不做自然功夫，便不合自然道理，道理不自然，即非道矣。非自然道理，即不是圣人路脉，又别是一个路脉，夫子所谓异端也，可不思哉！可不惧哉！④

湛若水是为先师的“宗自然”正本清源。他认定“宗自然”并非源于道家老庄，而是源于孟子的“勿忘勿助”，也即源于孔子的“无意必固我”之说，是正宗的圣学。他指出，把白沙的“宗自然”说成“老庄”，实在太令人疑惑。这里，湛

①〔清〕黄宗羲：《陈白沙献章》，《师说》，《明儒学案》，沈芝盈点校，第 4 页。
②〔明〕陈献章：《观物》，《陈献章集》卷六，孙通海点校，第 683 页。
③〔明〕湛若水：《自然堂铭》，《泉翁大全集》卷三十三，钟彩钧、游腾达点校，第 876 页。
④〔明〕湛若水：《新泉问辩续录》，《泉翁大全集》卷七十二，钟彩钧、游腾达点校，第 1802 页。

若水不仅为先师辩解，同时也把自己的“天理自然”定位在“圣学”。

五、理即良知

湛若水认为，天理是“自然”的，也是先验地存在于人心中的良知。他在给弟子讲学时，如是说：

> 良知者何？天理是也，到见得天理，乃是良知，若不见得天理，只是空知，又安得良？①
>
> 孟子曰：“物皆然，心为甚。是非之心，人皆有之。”此便是良知，此便是本体。②

在湛若水的学说里，天理与良知便是同一概念，它既是自然而然的、客观的，同时又是存在于人们心中的“德性之知”；就像一把火，随处可以照，又像“知”，是“德性之知”并非一般的“知”，人们“求良知”也就是“随处体认天理”。他以颜子为例，说明天理即是“德性之知”。他说：

> 故颜子有不善未尝不知，知之未尝复行，不待应不去、处不得，乃回头求良知也。③

湛若水正是把天理与良知等同，故在其学说里随处体认天理便是认得道德本性，也即“良知”的觉醒。

湛若水又把“天理”称作“千圣千贤的大头脑”，儒家的所有经典，即圣贤之言也无非就是“天理”，学习经典就是对此进行领会，而并非进行什么“校勘”，作文字功夫。他明白地告诉弟子：

> 天理二字，乃千圣千贤大头脑，汤之顾諟、易之神明，皆是此也。谓之

①〔明〕湛若水：《新泉问辩录》，《泉翁大全集》卷六十七，钟彩钧、游腾达点校，第1642页。
②〔明〕湛若水：《新泉问辩录》，《泉翁大全集》卷六十七，钟彩钧、游腾达点校，第1650页。
③〔明〕湛若水：《新泉问辩录》，《泉翁大全集》卷六十七，钟彩钧、游腾达点校，第1642页。

明命、谓之德，皆是这个天理，如是则六经圣贤所言，皆不外此物，非但二句也。会得便去涵养令有诸己。若徒校勘，亦非用力切要处。[1]

可以说，湛若水不论是认定天理自然，或是认为良知便是天理，都是强调天理的合理性、先验性以及不可抗拒性，以此构建其心学，铸造坚实的理论基础。

①〔明〕湛若水：《新泉问辩录》，《泉翁大全集》卷六十七，钟彩钧、游腾达点校，第1641页。

第七章　学说（二）

湛若水学说，以反对宋代理学的“支离”而力主“一体”为其学术旨趣。在本体论上，提出“道气同为体”的同时，又明确主张“体用一原”，营造“主一”的哲学体系。他倡导“合一”，构建了系统的合一论。尤其可贵的是，与王阳明同时呼吁“仁者与天地万物一体”，构建了古代哲学中最完整的宇宙整体观。

一、体用一原

湛若水为反对支离，从根本上构建“一原”“一体”“一段工夫”的“主于一”的哲学体系。在宇宙观上，他提出的“体用一原”学说，直接针对宋代理学把宇宙的本体“理”同“心”“气”“物”等相分离的观点。他认为，本体的“理”同人的“心”同天地万物都是“一体”的，用现代的哲学语言表达，便是说天理与宇宙间的一切是不可分离的统一体，世界具有整体性。其哲学专著《心性图说》，阐释了宇宙“通一无二”“纯一无二”的道理，集中体现了他的“体用一原”的思想。

湛若水强调“无二”便是“通一”。这个“一”，就是“心”，由“心”衍生出万物，心蕴含着万物。他在《心性图说》中说：

> 心也者，体天地万物而不遗者也。①
>
> 心也者，包乎天地万物之外，而贯乎天地万物之中者也，中外非二也。天地无内外，心亦无内外，极言之耳矣。②

湛若水是说，“心”无所不在无时不在，在时空的二维上心与万事万物合为一体；人内在的“心”同人之外的“万事万物”，不可分离开来。“心”作为宇宙本原，叫做“体”，那些体现着“心”的有形有状的、可感知的万事万物，叫做“用”，“体”与“用”这两个方面完完全全合为一个整体。这就是湛若水的“体用一原”论。

①〔明〕湛若水：《心性图说》，《泉翁大全集》卷三十二，钟彩钧、游腾达点校，第949页。
②〔明〕湛若水：《心性图说》，《泉翁大全集》卷三十二，钟彩钧、游腾达点校，第951页。

湛若水创立“体用一原”论，其目的固然是检讨宋代理学理论的错误，更重要的是在现实生活中纠正支离的错误，希冀在书院中能给弟子传授一种正确的理论导向，故在《大科书堂训》中，他告诫弟子：

自今诸学子合下便要内外本末心事合一，乃是孔、孟正脉。何者？理无内外、本末、心事之间也。①

在泗州书院讲学时，湛若水对学子们强调：

万事万物莫非心也。②

显然，湛若水反复去论证、去宣传“体用一原”思想；强调心包万物，无内外；阐述宇宙的统一性。

二、虚实同原

在学理上，湛若水又阐明了“虚实同原”，进一步阐述他的“主于一”的宇宙观，继续从根本上批判宋儒的“支离”观。同时，也把先师陈献章的学说往精微化方向推进。

（一）实理充塞流行

虚实问题，一直为宋明时期学界所关注，在当时争议比较多。关于这方面的看法，湛若水曾向老师陈献章请教时说：

今之学者，只怕说着一“虚”字，张子曰：“虚者，仁之原。”先师白沙先生与予题小圆图屋诗，有云：“至虚元受道。”又语予云：“虚实二

①〔明〕湛若水：《大科书堂训》，《泉翁大全集》卷五，钟彩钧、游腾达点校，第105页。
②〔明〕湛若水：《泗州两学讲章》，《泉翁大全集》卷十二，钟彩钧、游腾达点校，第349页。

字，可往来看，虚中有实，实中有虚。”予谓：太虚中都是实理充塞流行，只是虚实同原。[1]

在这段话里，湛若水提出了“虚实同原”的看法。话说得很简明，虚与实的关系也说得很清楚了。话中只有几个古汉语的字，“曰”“云”“谓”是同义词，都是现代汉语“说”的意思；话里的“张子”，是指北宋理学家张载。湛若水这段话指出，当时的学者都怕说一个“虚”字。介绍了张载和陈献章对“虚”的看法，张载是把“虚”作为仁爱的源头，而陈献章则说，如果把“至虚”说成绝对的虚空，那就没有了“道”，“虚”与“实”不可以分开，是“虚中有实，实中有虚”。陈献章的看法显然是针对当时的理学家，大都把“理”和“气”看作绝对虚空。湛若水继承了张、陈二位前辈的看法，概括地提出“虚实同原”观，认定在宇宙即使处于“太虚”阶段，也有“实理充塞流行”，重申“虚”与“实”同为一体，而非相互“支离”的观点。这也就从另一角度阐述了“体用一原”“主于一”的宇宙观。

湛若水在讲学时，更是明确提出：

太虚能生万物，以其至虚至实也。[2]

在太虚是“虚”，但太虚能生“万物”，万物即是“实”，足见“虚”与“实”便是“同原”，是虚中有实，实中有虚。

（二）理贯万事

湛若水所以要探讨“虚”与“实”的关系，那是为了回答这样的问题：作为宇宙的本体的“理”和“气”，同它们所衍生出来的万事万物的关系是怎样的？是相互为一体的、不可分离的，还是相“支离”、分为二的？湛若水依据他的“虚实同原”观点，在理和事的关系上，答案当然是不可分。他在《复洪峻之侍御》的函件中，明确地说：

---

①〔明〕湛若水：《天关语通录》，《湛甘泉先生文集》卷二十三，清康熙二十年黄楷刻本。
②〔明〕湛若水：《新泉问辩续录》，《泉翁大全集》卷七十一，钟彩钧、游腾达点校，第1747页。

> 天理者，吾心中正之本体，而贯万事者也。[①]

这里，湛若水用了一个“贯”字，实质上是在坚持先师陈献章的说法。陈献章说“道通于物”，“道”即是“天理”，它在万物之中，也就是“天理”在万物之中。湛若水和先师一样，否定朱熹等人把“天理”看作孤悬于万物之外的说法。

湛若水进一步阐述“道”与“器”的关系，即“形而上”与“形而下”的关系。他认为所谓“形而上”，是指那些看不见、摸不着的“道”；所谓“形而下”，是指那些看得见、摸得着的实实在在的事物。多少年来，儒生一直在争论，“形而上”与“形而下”，是否相分离，湛若水在回答弟子的提问时，回应了这一重要问题。他明确地说：

> 道器同一形字，故《易》不离形而言道，《大学》不离物而言理。[②]

湛若水强调，“形而上”与“形而下”都讲个“形”字，不论是“上”还是“下”，不都是“形”吗？所以，儒家经典《易经》和《大学》没有离开具体有形的事物，而去讲“道”“理”。于是，他的结论便是：

> 道一而已矣。[③]

为说明器与道不可分离，不是两个东西而是一体，湛若水给弟子讲学时打了一个比喻：水中的鱼和天上的鸟，是看得见的，都是“形而下”；而鱼和鸟所蕴含的“道”，则“无声无臭”，看不到，听不见，那就是“形而上”；鱼、鸟和道合起来，自然可以看到了。这是告诉弟子，“合而睹之，自可见矣”，把形而上与形而下合起来整体地看，也便看到了。可见，湛若水“器与道非二”的观点是要告诉人们，具体的、看得见、摸得着的事物，同蕴藏在事物中看不见、摸不着的事理是不可分离的。这告诫人们应树立整体观念，并运用整体观去观察事物，才能把握事物的真相。

---

①〔明〕湛若水：《复洪峻之侍御》，《湛甘泉先生文集》卷七，清康熙二十年黄楷刻本。
②〔明〕湛若水：《新泉问辩续录》，《泉翁大全集》卷七十三，钟彩钧、游腾达点校，第1838页。
③〔明〕湛若水：《雍语》，《泉翁大全集》卷六，钟彩钧、游腾达点校，第134页。

（三）由“半”向“一”的推进

“主于一”，强调宇宙统一，事物不可支离，这是湛若水哲学思想的突出特色。这一思想，既继承了先师陈献章“道通于物”，道不离物、物不离道的思想，又改写了先师陈献章的“半”字哲学，把他的“半”字，推进为“一”字。

湛若水先师陈献章的诗文，喜用“半”字，他却喜用“一”字，这正是师生二人宇宙观存在的差异。陈献章“虚中有实，实中有虚”，“虚实参半”的理论，强调的是世间的一切，均可以“两谱开”，即剖一为二，各为一半。“半”字，是陈献章学说，特别是他的诗的关键词，是他的诗眼。在白沙诗中，常见“半雨”“半晴”“半日”“半夜”“半江”“半醒”“半醉”“半落”“半开”，甚至在一句诗中，连用两个“半”字，如“半阴半晴”“半床明月半床云”。湛若水把先师的“半”推演为“一”，在他的论著与讲学中，处处可见“一气”“一理”“一道”“一心”“一念”“一事”“一体”“一段工夫”等，他是强调世间的一切，都“通一无二”，不可“支离”。从“半”到“一”的推进，便是湛若水从更高的层面上，提供了批评理学“支离”观的理论依据。

为什么宇宙的万事万物都“通一无二”？湛若水进行了学理上的阐述，他明确地说：

> 盖人与天地万物一体。①
>
> 体用一原，显微无间，一以贯之。②

湛若水是说，本原的“道”和“气”，同它们所衍生出来的天地万物，是一个统一的整体，看不见的、处于微观状态的道、气，同看得见的、处于显著状态的万事，彼此没有间隔，可以说是“一以贯之”。这就是湛若水所主张的宇宙是一，一即是宇宙，“纯一无二”“同一无二”的，“主于一”“体用一原”的本体论。湛若水把陈献章“半”字推演为“一”字，强调宇宙的整体性，更突显了明代心学在本体论的层面上，根本地否定宋理学的支离观。

---

①〔明〕湛若水：《答聂文蔚侍御》，《湛甘泉先生文集》卷七，清康熙二十年黄楷刻本。
②〔明〕湛若水：《答阳明》，《湛甘泉先生文集》卷七，清康熙二十年黄楷刻本。

三、天地一体

从“主一”的立场出发，湛若水明确提出“仁者与天地万物一体”，构建了极富于真理性的“共同体”理论。

（一）“天地与我一”

“天地一体”的思想，在湛若水早年讲学时，便已提出。他说：

> 天地与我一者也。①
>
> 天地万物同体。②
>
> 物我同体。③
>
> 与天地万物为一体。④
>
> 心与万物一。⑤

湛若水如上的看法，宇宙是一个整体，天地间不论是人或物，都集结在一起，成为完整的、一体的、不可分的“一”。这就是“天地与我一”，也便是传统儒家“天人合一”思想。他强调：

> 天一人也，人一天也。不知天人之合一，不足以语性。⑥

湛若水要把他的“天地与我一”，同传统儒家的“天人合一”等同起来，既要说明此一思想的权威性，也要展示其“独尊儒术”的坚定立场。这一说法同时也蕴含了世界具有统一性的理论取向，是中国哲人比较深入探讨并具体论证宇宙的整体性的大胆开拓。

---

①〔明〕湛若水：《语道第二》，《泉翁大全集》卷一，钟彩钧、游腾达点校，第5页。
②〔明〕湛若水：《克艰第九》，《泉翁大全集》卷一，钟彩钧、游腾达点校，第20页。
③〔明〕湛若水：《知新后语》，《泉翁大全集》卷三，钟彩钧、游腾达点校，第55页。
④〔明〕湛若水：《始终第五》，《泉翁大全集》卷六，钟彩钧、游腾达点校，第131页。
⑤〔明〕湛若水：《精义第十一》，《泉翁大全集》卷六，钟彩钧、游腾达点校，第19页。
⑥〔明〕湛若水：《圣教第八》，《泉翁大全集》卷一，钟彩钧、游腾达点校，第19页。

（二）“一体”以“仁”为基点

湛若水“天地与我一”思想，源于宋代的二程。程颢讲“仁者以天地万物为一体”，湛若水体会到这是说有仁心，才可能有天地万物一体的思想，强调道德对达到人与天地一体的关键意义。他说：

> 仁也者，天地万物一体者也。己克而礼复，则天地万物在我矣。①

这是说，人与宇宙的万事万物一体，这一体的基础是“仁”。故湛若水又说：

> 圣人以天地万物为体，即以身在天地万物看，何等廓然大公，焉得一毫私意。凡私皆从一身上起念，圣人自无此，以自无意、必固我之私。②
>
> 大其心，包天地万物而与之一体，则夫一念之发，以至天下之物，无不在内。而以其浑沦，则理在天地万物；以其散殊，则理在事亲、君之间，即心而事物在，即事而理在。乃为完全也。③

在湛若水看来，人与天地万物一体的前提条件，便是人具有仁爱之心，因为人的廓然大公，而没有丝毫的“故我之私”，便可以与天地万物为一体。这就揭示了，“一体”观的确立须有前提条件，那就是“仁心”，同时道德则是一体所以能确立的先决条件、必备条件。离开了道德基础，一体即不可能存在。

可以说，湛若水的“一体”观揭示了宇宙间的一切相互依存、密切相关，彼此结为不可支离的整体，同时也揭示了维护宇宙一体须有道德基础的准则。

关于世界的统一性的探讨，是哲学家所关注的重要命题，古今中外概莫能外。面对世界的多样性，人们即要回答，多样的世界是否存在共同的基础，是否具有统一性。马克思主义哲学认为，世界是多样的又是统一的，世界上的一切事物，都是相互联系的统一整体；世界统一的基础，便是物质。也就是说，千姿百态的世界有共同的物质基础，世界是统一的不可支离的整体。

---

①〔明〕湛若水：《求仁第八》，《泉翁大全集》卷六，钟彩钧、游腾达点校，第140页。
②〔明〕湛若水：《新泉问辩录》，《泉翁大全集》卷六十七，钟彩钧、游腾达点校，第1647页。
③〔明〕湛若水：《新泉问辩录》，《泉翁大全集》卷六十八，钟彩钧、游腾达点校，第1674页。

关于世界的统一性问题，在马克思主义产生之前，有各种不同的答案，或是说，世界并不存在统一性。否定世界统一性的传统看法，如基督教认为世界分为世俗与天国，佛教认为世界存在天堂与地狱；如西方的笛卡尔和康德，认为世界分为各自独立的物质世界与精神世界；中国古代的精气说则认为，宇宙二分为精气与形体，各自独立。认为世界存在统一性的哲学流派，在中国古代如庄子的“天地与我并生，万物与我为一”；荀子与张载的气论，认定宇宙统一于“气”，是气的运动变化产生天地万物。可见古往今来的哲学家们，无不把探究世界是否统一，作为他们构建学说的重要内容。湛若水的“一体”观是对中国传统“一体”论的继承与弘扬，也是对宋学“支离”观的检讨与否定；它是马克思主义传进中国之前，最有高度、最为深刻的宇宙整体观理论。

湛若水生活的时代，是程朱理学一统天下的时代，史称“明初学者，也大抵笃信程朱，而鲜有发明”，尽管南宋陆九渊心学的提出使学界一度出现朱陆对峙，迄至明中叶白沙拉开明代心学序幕，出现“有明之学渐入精微”的趋势，然而程朱理学仍然是统治哲学。湛若水继承先师白沙的心学，同时也以检讨和清算朱熹的“支离”论为宗旨。

朱子学是一个博大精微，又蕴含着诸多矛盾的理论体系，其中有精辟之论，也有背离原始儒家之说。朱熹宇宙论的基本模式是：“理生气，气生万物”，即理→气→万物。

朱熹说“未有天地之先，毕竟是先有此理”，“有是理后生是气”①，这是一个以“理”为宇宙本源的模式。朱熹认为世界由理衍生，世界统一于“理”，也算是承认世界具有统一性的说法，而明代的心学家们则批评朱学是“支离”，指出朱熹“析心与理为二”，背离了孔孟之学，强调理与心合一、内与外合一、天地万物一体。可以说，湛若水的“一体”观在宇宙本体的高度上论证了世界的统一性，具有颇高的理论价值。

（三）“一体”观的理论创新

湛若水的“一体”观，既是对程颢思想的继承，也是对当时社会现实的考察后获得的理论升华，具有可贵的理论意义与社会价值。

---

①〔宋〕黎靖德编：《朱子语类》卷一，王星贤点校，第2页。

理论是时代的产物，是思想家对社会实践的升华。在明代，学界一直在反对“支离”、坚持“合一”，检讨宋代理学。他们强调不能像朱熹等理学家那样，把“理”与“气”，理与事相分离，湛若水在这方面的理论贡献尤其突出。他提出“体用一原”，认定作为宇宙本体的“道”与“理”，同宇宙间有形的万事万物不可相分。这是从最根本上阐明了宇宙是整体，宇宙间的事事物物合而为一个整体不可分离。

古代中国“以农为本”，是自然经济社会。人们日出而作日落而息，男耕女织，生产水平低下，产品只可自给自足没有多少剩余。随着时间的推移，劳动工具的改进，社会的生产水平也就随之提高。产品日渐丰富，以家庭为生产单位所生产的产品，除了满足自家的需要之外，还有剩余的产品可以拿到集市上进行交换，这一来商品经济由此渐渐地发展起来了。

迄至宋代，农业的发展尤其迅速。一是水稻的生产技术改进，农业品种增加；二是手工业生产渐渐兴旺，手工产品的种类增加；三是大批的集市兴起，大小城镇相继崛起，从商的商人愈来愈多，活跃于集市和城镇。也就是说，商品经济快速发展起来，那些“无利不起早”的商人，给市场以至给整个社会带来了活力，这无疑是正面的效应。但是这一切也有负面的影响，那就是人们在商业活动中，受到物质利益的诱惑而变得“趋利”，社会道德受到了挑战。

面对社会的这些变化，一些士人以传统儒家的目光进行审视，他们觉得社会出现了“人欲横流”的状况，道德精神失落了。于是，为维系社会道德纲常的宋代理学应运而生。它的宗旨是通过革除人欲而维系封建的“三纲五常”，从而使社会回到“有序”。

宋代理学以程朱理学为代表。先是北宋的程颢和程颐兄弟二人，创立了学说，后来南宋的朱熹，进一步发展。他们的学说，合称为“程朱理学”，以“存天理，去人欲”为宗旨，教人通过格物去体认在万物之上、在万物之先的“天理”，而所谓“天理”，便是封建社会的“三纲五常”。就是说，他们教人努力格除自身的物质欲望，以保存天理和维系社会的道德纲常。由于程朱理学这一学术宗旨，符合当时统治者的需要，故认定它正是疗治社会顽疾的一剂良药，对社会的安宁可起到一定的作用。于是，南宋朝廷便把它确立为主流的统治理论。

然而，程朱理学也存在着理论偏颇，主要有如下方面：

首先，在理论上，存在“支离”的毛病，不合理。如朱熹所说，“天理”是至高无上的，它在万事万物之先、在万事万物之外，当然也在人之外，因而人要体认它，就须先去“格物”，这在理论上说不通。王阳明通过自身的体验之后，就曾质疑说即使把事物的道理体悟出来了，又怎样使它能变成你心中的“天理”呢？本来，把天理看作在人之外，便是支离了“理”与“人”的关系，这样的理论确实存在偏颇。

其次，在实践上，宋代理学倡导的涵养方法十分烦琐，难以做到。朱熹的所谓“格物”，就是去体认事与物之中的“理”，在认识了所有的事与物之后，才可以体认到天理。这实在很麻烦，王阳明和他的朋友都亲身试验过，想通过“格竹子”去体认天理，结果不但没“格”到什么“天理”，反倒格出病来了。“格尽”的做法，太烦琐！王阳明还质疑，即使你格到了事物的理，这个“理”又怎能变成你心中的“天理”呢？这切身体会，使他不再相信“格物”能“致知”的说法。

最后，朱熹为维护“纲常”强调人们要克制自己的欲望，用压抑甚至扼杀人欲的办法去维护“天理”，这一主张在社会生活中，渐渐成为一把“杀人的软刀子”。朱熹认为，天理与人欲两不立，你进则我退，天理进一分，则人欲退一分，必须格尽人欲，才能存得天理。基于这样的逻辑，他鼓励人们去“咬草根”，遵守道德规范，甚至认为“饿死事小，失节事大”。结果妇女们为了守住自己的贞节，即使饿死了也是小事一桩。小说《祥林嫂》中的主人公祥林嫂，便是一个在“饿死事小，失节事大”的压力下，痛苦挣扎的悲剧人物。她丧夫之后，因生活所迫而改嫁了，未能守节，她羞愧不已，悔恨终生，苦苦熬到了晚年，还把积蓄的一点钱，给庙宇捐了一条门槛，让人人去践踏，期求得到宽恕。祥林嫂不过是鲁迅笔下的一个典型人物，现实生活中，还有多少的“祥林嫂”？这便是“存天理，去人欲”的社会效应，它确实是一把杀人不见血的软刀子，是要以压抑人性去维系社会纲常的精神枷锁。

明代社会，由于商品经济的进一步发展，要求自由、平等渐渐成为社会的诉求，因此，从陈献章到湛若水再到王阳明，他们的心学应运而生。明代心学，是时代所呼唤的理论创新，湛若水的“体用一原”，便是从理论的源头上，反对宋代理学的“支离”而产生的理论。

（四）以“仁心”疗治社会之疾

明代中叶，商品经济的发展，带来了物欲的膨胀，是一个“功利之毒沦浃于人之心髓，而习以成性”[①]的时代。正如王阳明所指出，在当时的社会中，人们被“私欲”所遮蔽而产生种种怪现象，如“相矜以知，相轧以势，相争以利，相高以技能，相取以声誉”“其出而仕也，理钱谷者则欲兼夫兵刑，典礼乐者又欲与于铨轴，处郡县则思藩臬之高，居台谏则望宰执之要”“知识之多，适以行其恶也；闻见之博，适以肆其辨也；辞章之富，适以饰其伪也”[②]等等。面对残酷的社会现实，湛若水和王阳明等思想家，都希冀通过对仁心的恢复，使人们能“消除私欲之蔽”，日后“能以天地万物为一体”。

湛若水倡导“天地一体”，并以之指导其治国与治家。他告诫皇帝“天下一舟”，要以“一体”观去治国；他在《家训》的第一章，即标明“明一体”，以“一体之义”为家训的核心理念。在湛若水看来，不论是国还是家，社会纷争的根本原因在于，人们缺乏“一体”的观念，湛若水期待所有的人都树立“一体”的观念，并以之去解决社会的各种纷争，营造和谐安宁的社会。

（五）“一体”论的当代意义

湛若水生活的年代已经过去了400多年，然而其“一体”观，作为疗治社会顽疾的良方，其疗效至今仍未消退，对家、国、天下的治理与维系，有着不可低估的意义。

当今社会，由于商品经济发展而催生“私欲”，而使一些人的良知被狗叼了，守不住道德底线，社会各种乱象丛生，尚存在阳明当年所说“斗争夺取，不胜其祸，欺人沦为禽兽夷狄”的现象，如社会上，常出现有毒的食品、不及格的疫苗、种种假冒伪劣商品、催生的家禽、打针的海鲜以及形形色色的诈骗、吸毒、打劫等等；在家庭里，为争家产兄弟姐妹相争、相斗，甚至子女不赡养、不照顾父母，子女杀父母等等。社会被撕裂、家庭被撕裂！在当今，确实需要全社会树立“一体”观，使人人都明白，家是一个不可支离的整体，人人都有维系家的一体性的责任；使人们懂得，社会也是一个不可支离的整体，人人都有维系社会整体协调和谐的义务。当今中国，国家还未完全统一，在台湾有“台独”，应教育公民树立“一体”观，使人人都懂得国家也是一个不可分裂的整体，每个公民都有捍卫国家

---

①〔明〕王守仁：《答顾东桥书》，《传习录中》，《王阳明全集》卷二，吴光等编校，第63页。
②〔明〕王守仁：《答顾东桥书》，《传习录中》，《王阳明全集》卷二，吴光等编校，第63页。

独立完整的职责。

尤为可贵的是湛若水的“一体”论，可为构建人类命运共同体提供理论支撑，这是最为重大的社会价值。湛若水的“一体”观，无疑可以启迪今人：生存在同一地球上的人类，人与人、国与国、民族与民族、地域与地域之间尽管存在着差异，但不存在“人己之分”和“物我之间”，彼此通过“对话”“合作”“包容”“协调”“同心协力”“同舟共济”，可以形成“你中有我、我中有你”的统一体，构建起人类命运共同体。也就是说，让人们树立起湛若水所倡导的“一体”论，可以使各国人民求得“一体”观的共识，从而让世界上不同信仰、不同制度、不同意识形态的国家、民族形成一个基本共识，使彼此之间可以和平共处、利益交融、有序竞争。

当今世界，冷战时代虽已结束，可是并不平静、不太平，纷争、对峙、战争等依然存在，各种形式的霸权主义与强权政治依然存在。当今的国际交往中有的大国，以一国之利为“优先”，无视他国利益，破坏既定的国际规则，以“单边主义”“保护主义”去抗拒“全球化”的历史潮流；有的大国，冒天下之大不韪，去充当“世界警察”，以强凌弱、以大欺小，到处点火，搞军事威胁，在他国搞颜色革命，或干涉他国内政。在当今，危及人类生命与安全的恐怖活动，时有发生；欠发达国家的民众，生活不安定而不得不逃亡他乡，难民潮事件难免发生等等。当今，各国仍处于充满挑战的时代、一个国家要关起门来自我发展不再可能的时代，构建人类命运共同体十分必要。同时，由于现代科技的快速发展，各国、各民族、各地域之间的联系不断增强，事实上已经形成你中有我、我中有你的“地球村”，世界一体化趋向明显呈现。可以说，构建人类命运共同体的条件已渐渐成熟。

马克思主义历史唯物论告诉人们，历史的发展有着不以人的意志而改变的规律，这是只能遵循而不能违抗的铁律！应该说构建人类命运共同体，展示了人类发展的愿景蓝图，顺应了人类发展的历史潮流。依据马克思主义理论，构建人类命运共同体，是人类历史发展的必然。马克思主义哲学的整体观认为世界是整体的，任何事物都具有整体性，人类本是一个不可支离的整体。因而，人类愈来愈认识到，维系人类的整体性，构建命运共同体，这关系着人类的生死存亡，是历史自身发展的必然。

党中央明确提出“构建人类命运共同体”，这与儒家的“大道之行，天下为公”，以及孙中山的“世界大同”理想一脉相承。2013年3月，习近平在莫斯科国际关系学院演讲时提出，“这个世界，和平、发展、合作、共赢成为时代潮流”，

“这个世界，各国相互联系、相互依存的程度空前加深，人类生活在同一个地球村里，生活在历史和现实交汇的同一个时空里，越来越成为你中有我、我中有你的命运共同体”[①]。

习近平在党的十九大报告中指出，“世界面临的不稳定性不确定性突出，世界经济增长动能不足，贫富分化日益严重，地区热点问题此起彼伏，恐怖主义、网络安全、重大传染性疾病、气候变化等非传统安全威胁持续蔓延，人类面临许多共同挑战”[②]。经历了纷争、战争，特别是经历了二次世界大战之后，人类从血的教训中走了出来，认识到“和平与发展”对人类的存在与发展的必要性。

党的十九大政治报告呼吁“各国人民同心协力，构建人类命运共同体，建设持久和平、普遍安全、共同繁荣、开放包容、清洁美丽的世界”，这个世界要维护“公平正义”，要秉持“共商共建共享”的理念，并强调“中国人民愿同各国人民一道，推动人类命运共同体建设，共同创造人类的美好未来”[③]。

如何构建人类命运共同体，既需要在实践中摸索，又需要寻求理论的支撑。近年，中国提出的“一带一路”，正是本着“和平合作、开放包容、互学互鉴、互利共赢”的精神，以及“共商、共建、共享”的原则，开展国际性的经济合作，共同造福于本地区人民、世界各国人民，构建地区命运共同体而后扩展至全球，最终一定能实现人类命运共同体的构建。时间是必须要的，但理论总是行动的先导，构筑人类命运共同体的理论依据，是马克思主义哲学。马克思主义哲学认为，世界是整体的，任何事物都是整体的，人类也是一个不可支离的整体。在中华文化中，也不乏与马克思主义哲学相一致的整体观，如“四海之内皆兄弟”“天下一家”，尤其是湛若水的“人与天地万物为一”论，便是一种视宇宙为整体的理论观点，在某种意义上说它已经蕴含“命运共同体”的思想因子，可以作为构建人类命运共同体的理论支撑。

---

① 习近平：《顺应时代前进潮流，促进世界和平发展》，《习近平谈治国理政》（第 1 卷），外文出版社 2018 年版，第 272 页。

② 习近平：《决胜全面建成小康社会　夺取新时代中国特色社会主义伟大胜利》，中共中央党史和文献研究院编：《十九大以来重要文献选编》（上），中央文献出版社 2019 年版，第 41 页。

③ 习近平：《决胜全面建成小康社会　夺取新时代中国特色社会主义伟大胜利》，中共中央党史和文献研究院编：《十九大以来重要文献选编》（上），第 43 页。

（六）“一体”论，揭示铸造道德基石之关键意义

湛若水的“一体”论强调“人”是“一体”的关键，把道德提到宇宙的本体高度，把道德觉醒、铸造道德基石作为维系家、国、天下一体性的关键意义。曾受到心学影响的孙中山，也继承了这样的观念，他概括说：“有道德始有国家，有道德始成世界。”孙中山同样深刻认识到，有了道德，国家才成为国家；有了道德，世界才成为世界。道德是维系国家一体性、世界一体性的重要基石。孙中山曾演绎儒家的“大道之行也，天下为公”，提出世界大同的愿景，并同阳明一样高度重视道德对维系家、国、天下统一性的关键性意义。在《三民主义·民族主义》演讲中，他说：“用固有的道德和平做基础，去统一世界，成一个大同之治。”[①]可以说，家、国、天下的构建与维系，都不能没有道德作为基础。

人的道德觉醒建立在自觉的基础之上，中国共产党人在道德自觉上，要先做出模范。习近平在党的十九大报告中，向世人做出如此承诺：

> 中国坚定奉行独立自主的和平外交政策，尊重各国人民自主选择发展道路的权利，维护国际公平正义，反对把自己的意志强加于人，反对干涉别国内政，反对以强凌弱。中国决不会以牺牲别国的利益为代价来发展自己，也决不放弃自己的正当权益，任何人不要幻想让中国吞下损害自身利益的苦果。中国奉行防御性的国防政策。中国发展不对任何国家构成威胁。中国无论发展到什么程度，永远不称霸，永远不搞扩张。[②]

这段高度概括的话语，不仅彰显了我们的外交政策，更体现了在推进构建人类命运共同体进程中，中国人有着可贵的道德自觉，这将为世界人民筑牢道德基石做出榜样。

---

① 孙中山：《民族主义》，《三民主义》，《孙中山全集》（第9卷），中华书局1986年版，第253页。

② 习近平：《决胜全面建成小康社会　夺取新时代中国特色社会主义伟大胜利》，中共中央党史和文献研究院编：《十九大以来重要文献选编》（上），第42页。

（七）“一体”观，在世界疫情中的展示

2020年初，一场席卷全球的新型冠状病毒肺炎来势汹汹，在世界各地爆发。中国武汉出现了比较严重的疫情，由于中国社会制度的优越，政府的得力把控，14亿人民的积极配合，仅用短短两个月时间使疫情得以控制。在这次世界性的公共卫生事件中，中国政府和人民秉持着“命运共同体”的理念，即中华文化的“一体”观，使疫情快速得到控制，并在世界范围内尽了大国应尽的责任。

在疫情发生之后，全国人民心系武汉，同心同德。各地纷纷派出医疗队奔赴武汉。数千名医务工作者，顾不上吃年夜饭，逆行到了疫区。他们穿着沉重的防护服，冒着被感染的危险，不顾安危夜以继日地护理病者。其中体现着武汉与各地一体，全中国一体，政府与民众一体，医者与患者一体的“一体”观。为了控制疫情，政府和专家们号召民众做好防疫工作，宅在家，出门时要戴口罩，于是14亿人民齐齐“禁足”，街上见到的行人都戴着口罩，人人自觉。这是一种顾全大局的精神，“一体”精神就体现在其中。在中国抗疫期间，蒙古、俄罗斯、韩国、日本等国对中国给予了支持，他们先后派机给中国送来了口罩以及各种医疗物资。这一切同样体现着人们心中的“一体”理念，视他国与本国为一体。

当疫情在世界各地蔓延之时，中国秉持着“人类命运共同体”的理念，本着大国的责任和担当，不仅能为世界提供防疫抗疫的经验，而且给有疫情的国家送去医疗设备、资金以及各种物资，并派出医疗人员，尽力所能及之力帮助他国。尽管受到一些无良政客的讥讽，也在所不辞。这期间，我国领导人一再强调，在疫情面前，任何国家都不可能独善其身，在同一地球村中的人类，便是一个共同体。中国在全球疫情不断发展之时，践行着人类命运共同体的理念，尽大国之担当。

可以说，湛若水的“一体”观被传承与弘扬，体现在现代社会生活的方方面面，体现在现代社会生活的时时刻刻，这展示了湛若水“一体”观的当代价值。

四、反对“支离”

湛若水以“主一”反“支离”作为其学术旨趣，这是明代心学的历史使命，也是其学术特色。

（一）“学莫病于支离”

湛若水之所以反对“支离”，是针对当时的学风而提出的。他审视和反思了社会存在的学风问题之后坦言：

夫学莫病于支离矣，自一念以至万物，无非心也，二之者支离也。①

古之学者本乎一，今之学者出乎二。二则支，支则离，支离之蔽也久矣。②

在湛若水看来，人们的意念与行动无非都出于“心”，因而人们为学也必须在心上下功夫进行心性涵养，但在他生活的年代，人们已经背离了儒家倡导的“学者为己”的准则，不“立心”不“体认”，这就是为学中的“支离”，这种毛病在学界存在已经很久了。

（二）“支离”，是偏内或偏外

何谓“支离”？湛若水进行了界定。他指出：

二则支，支则离，是故用志不可以或分也。③

夫所谓支离者，二之之谓也，非徒逐外而忘内，谓之支离，是内而非外者，亦谓之支离，过犹不及耳。④

稍偏内外即涉支离。⑤

在湛若水看来，宇宙是一个整体，任何事物都是一个整体，没有内外之分，若逐外而忽略了内，或逐内而忽略了外，偏内或是偏外都是“支离”。可见偏于一边而忽略另一边，陷于“偏”那就是“支离”。

---

①〔明〕湛若水：《立心第七》，《泉翁大全集》卷六，钟彩钧、游腾达点校，第 492 页。
②〔明〕湛若水：《重修四会县儒学记》，《泉翁大全集》卷二十六，钟彩钧、游腾达点校，第 702 页。
③〔明〕湛若水：《日新第三》，《泉翁大全集》卷六，钟彩钧、游腾达点校，第 123 页。
④〔明〕湛若水：《答阳明》，《泉翁大全集》卷八，钟彩钧、游腾达点校，第 239 页。
⑤〔明〕湛若水：《答杨少默》，《泉翁大全集》卷九，钟彩钧、游腾达点校，第 256 页。

（三）“支离”之危害

湛若水认为，支离会带来极大的危害，它使“道”“不明不行”。他指出：

> 二则离，离则支，支离之患兴，而道之所以不明不行也。①

进而湛若水列举了支离所带来的种种危害，具体有如下六个方面：

> 知与行二，而举世无真知行矣；
> 才与德二，举世无全人矣；
> 文与武二，则举世无全材矣；
> 兵与农二，则后世无善法矣；
> 夫子之文章与性道二，则举世不知圣学矣；
> 心与事物二，则圣学不明不行矣。②

鉴于支离有如此多、如此严重的危害，湛若水无比愤慨地说：

> 良可叹哉！③

由上足见，湛若水反对支离并非一时的心血来潮，而是站在维护圣学的立场上经过理性思考，深刻反思之后而采取的态度。尤为可贵的是在反对支离的同时，湛若水创立了系统而全面的“合一”论，为人们摆脱支离提供了新的理论导向，可谓有破有立，在破中立、在立中破。其系统的“合一”论，便是破旧立新的时代新思潮。

---

①〔明〕湛若水：《与汤民悦》，《泉翁大全集》卷八，钟彩钧、游腾达点校，第 235 页。
②〔明〕湛若水：《与汤民悦》，《泉翁大全集》卷八，钟彩钧、游腾达点校，第 236 页。
③〔明〕湛若水：《与汤民悦》，《泉翁大全集》卷八，钟彩钧、游腾达点校，第 236 页。

五、“合一”之论

湛若水提出了一系列的“合一论”，以展示其“体用一原”的具体思想，通过“合一论”的阐发，深化“体用一原”宇宙观。

（一）“合一论”的学术宗旨

湛若水曾自诩“甘泉子五十年学圣人之道，于支离之余，而得合一之要”[①]。湛若水是说，在学圣学的漫长岁月里，在不断检讨“支离”的过程中，他懂得了“合一”之真谛，由此而建构系统的“合一论”。湛若水的“合一论”有着明确的宗旨，那便是检讨自宋以来，学界“理气之辩”“理欲之辩”“知行之辩”中所出现的“支离”之风，回归于原始儒家孔孟之说，从而重兴“圣学”。

在《大科书堂训》中，湛若水指出，后世儒者的“支离”与圣学相悖，“合一”才是原始儒家孔孟之说的“正派”。他直白地说：

> 自后世儒者皆坐支离之弊，分内外、本末、心事为两途，便是支而离之。故有是内非外、重心略事之病，犹多不悟，反以为立本。千百年来道学不明，坐此之故。自今诸学子，合下便要内外、本末、心事合一，乃是孔孟正脉。[②]

大科书院，是湛若水早年在南海西樵山上建的书院。他曾为书院撰写了训规，给学生制定学习的宗旨，以及学生必须遵守的各种规则。在《大科书堂训》中，他告诫学生，要做到“举业”与“德业”二业合一，并要求学生先明白学界的“支离之弊”，“分内外、本末、心事为两途”并非“孔孟正脉”，他期待学生们认清“支离”所带来的危害。

由此可见，湛若水已经把反对“支离”，构建“合一”的学说提到了维护正统儒学以防“道学不明”的高度。在甘泉学中，“支离”不仅仅是指“琐碎”，而

---

①〔明〕湛若水：《辩惑》，《泉翁大全集》卷四，钟彩钧、游腾达点校，第137页。
②〔明〕湛若水：《大科书堂训》，《湛甘泉先生文集》卷六，清康熙二十年黄楷刻本。

是明确表述为“分离”之意，是指违背事物统一性的“分离”，其“合一”论恰恰是建立在反对“支离”的基点之上。进而湛若水指出，“支离”必将造成圣学不明的后果。他认为，“离”必然导出“支”，其结果是圣学不明、不行。为纠正此不正之风，其《二业合一训》尖锐地指出问题的严重性，他如是说：

> 故古之学者本乎一，今之学者出乎二。二则支，支则离，支离之弊也久矣。故夫文武二而世无全材矣。岂惟文武为然？才德二而天下无全人矣。岂惟才德为然？体用二而天下无知道矣。岂惟体用为然？知行、动静二而天下无善学矣。岂惟知行、动静为然？德业、举业二而支离甚矣，非其本然也。[①]

湛若水列举了种种现象，如知与行、才与德、文与武、兵与农、文章与性道、心与物等等，这一切都是二而一，不可分割为二。湛若水认定，如果将其分为“二”，便是“离”了，“离”了就是“支”，其最后必然是使世人“不知圣学”，使“圣学不明不行”，后果极其严重，且可叹！

湛若水认定，“合一”是宇宙间普遍存在的现象，合一论则揭示了这一现象，即事物所具有的同一性。湛若水认为，心事合一尤其重要，若能打通这关“方有入头”[②]。

湛若水强调，其“合一”论是坚持儒家正学——孔孟之学的学术宗旨，维护圣人之学。他明确地说：

> 学者必内外、本末、心事之合一也，乃为孔孟之正。[③]

又说：

> 圣人之学，体用一原，心事合一，岂容有内外之间？[④]
>
> 圣人之学，心事合一，是故能开物而成务。[⑤]

---

①〔明〕湛若水：《教肄》，《泉翁二业合一训》，《泉翁大全集》卷四，钟彩钧、游腾达点校，第77页。
②〔明〕湛若水：《新泉问辩录》，《泉翁大全集》卷六十七，钟彩钧、游腾达点校，第1642页。
③〔明〕湛若水：《教肄》，《泉翁二业合一训》，《泉翁大全集》卷四，钟彩钧、游腾达点校，第79页。
④〔明〕湛若水：《新泉问辩录》，《泉翁大全集》卷六十七，钟彩钧、游腾达点校，第1630页。
⑤〔明〕湛若水：《辨志第十二》，《泉翁大全集》卷六，钟彩钧、游腾达点校，第150页。

在湛若水看来，维护圣学是他应有的立场，因为这关系着事业能否成功。儒家讲求“内圣外王”，“修身”是为了“齐家”而后达到“治国、平天下”，如不坚持“心事合一”，便不可能“开物成务”实现由“内圣”到“外王”的飞跃。

显然，湛若水欲通过反支离，反对分割本末、内外、心事，而维护主张“合一”的儒学正脉学理。正是从这一立场出发他构建了系统的“合一论”，而彰显其心学的特色。

（二）“理气合一”论

理与气的关系，是宋明理学的重要命题，迄至湛若水生活的年代仍争论不休。陈献章构建的“道气同为体”本体论，已明确地、合理地回应了这一难题。湛若水坚守先师“理不离气”的理论观点，进而提出“理气合一”论，更透彻地作了阐述。

湛若水同先师陈献章一样吸取张载的气论，他尤为强调“理气”的密切关系，认定二者合一而不可分。在与弟子答问时，他明确地说：

> 如曰理气为二，请于气之外更寻个理出来？①

说得何等通俗！在气之外还存在“理”吗？不！

湛若水的“理气合一”论，既是传承了先师的思想，又是受到张载气论的影响。陈献章的理与道同为体，传承了张载的“气一元”论的本体论理念，湛若水则进而在陈献章的理与道同为体的理论路向上，推演出“理气合一”论来。

张载在其著作《正蒙》中，提出了以“气”为最高范畴的自然观。尽管他在论述宇宙的生成时夸大了“太虚”神乎其神的主控功能，“以致使他的气一元论罩上了一层神秘主义的云雾”②，然而拨开那层“云雾”，则呈现出他十分可贵的气与理不可分的真理性。《正蒙》的许多言语启迪着后人，尤其启迪了明代的心学家。可以推断，湛若水正是从如下的论述中吸取了思想养分。

张载在论述宇宙生成时，认为天地万物由气的变化所生，气是宇宙的本源。他明白地说：

---

①〔明〕湛若水：《天关语通录》，《湛甘泉先生文集》卷二十三，清康熙二十年黄楷刻本。
② 张岱年：《关于张载的思想和著作》，〔宋〕张载：《张载集》，章锡琛点校，第4页。

太虚无形，气之本体，其聚其散，变化之客形尔；至静无感，性之渊源，有识有知，物交之客感尔。客感客形与无感无形，惟尽性者一之。①

天地之气，虽聚散、攻取百途，然其为理也顺而不妄。气之为物，散入无形，适得吾体，聚为有象，不失吾常。太虚不能无气，气不能不聚而为万物，万物不能不散而为太虚。②

在张载看来，“气”本是无形的“太虚”，“气”有静，也有动态，它的“聚”便形成有形的、可感知的事物，它的“散”便是无形的、不可感知的“太虚”。这是说：“世界的一切，从空虚无物的太虚到有形有状的万物，都是一气的变化，都统一于气。”③在张载看来，不论在怎样的形态下，“气”与“理”都合而为“一”，是一个不可分离的整体，故又说：

由太虚，有天之名；由气化，有道之名；合虚与气，有性之名；合性与知觉，有心之名。④

神，天德，化，天道。德，其体，道其用，一气而已。⑤

“太虚”“天”“气”“道”“性”“心”等，不同的称谓，其实是同一的东西，他们虽以不同的功用出现，但无非“一于气而已”，皆统一于“气”，其中“理”或称作“道”，也不例外。显然，湛若水继承张载的“气本体”论，并发挥其“理气不分”论，把张载当年阐述不多的理论发展为“理气合一”论。

（三）“心事合一”与“心理合一”论

湛若水创立了“理气合一论”，完善陈献章“半虚半实”的本体论，又由此出发进而继续检讨宋儒的支离，而构建“心事合一”与“心理合一”论，并回应南宋时期理学两大流派争论的焦点问题，揭示主体与客体的统一性。

---

①〔宋〕张载：《正蒙·太和篇第一》，《张载集》，章锡琛点校，第7页。
②〔宋〕张载：《正蒙·太和篇第一》，《张载集》，章锡琛点校，第7页。
③张岱年：《关于张载的思想和著作》，〔宋〕张载：《张载集》，章锡琛点校，第2页。
④〔宋〕张载：《正蒙·太和篇第一》，《张载集》，章锡琛点校，第9页。
⑤〔宋〕张载：《正蒙·神化篇第四》，《张载集》章锡琛点校，第15页。

湛若水明确提出“心事合一”命题，是其“体用一原”论的延伸。也就是说，鉴于宇宙的统一性，体与用的一原性、不可分性、不可支离性，决定了事物的合一性，“心事合一”自然是题中之义了。

事实上，湛若水的一生中，不论是讲学还是著述，他无时无刻不在反复地论证宇宙间客观存在的“合一”性。他总是用联系的观点，而非支离的观点去观察、思考各种“合一”关系。湛若水考量的结果是宇宙间存在的“理”—“心”—“人”—“物”，虽在不同的场合有着不同的称谓与显现，但彼此总是相互关联、合为一体。他说得明白：

> 盖心与事应，然后天理见焉。天理非在外也，特因事之来，随感而应耳。故事物之来，体之者心也，心得中正则天理矣。……盖人与天地万物一体，宇宙内即与人不是二物，故少不得也。①

在湛若水看来，人能感应、体悟天理，是由于事物出现了，人用“心”可以感悟“中正”，就能“得理”“存理”。由此可见，“理”“心”“人”“物”都不能“二”之，不可支离，故既是“心事合一”，也是“心理合一”“心物合一”。

（四）“二业合一”论

湛若水的合一论，既在理论层面上阐述，又落脚于实践层面。其《二业合一训》是针砭时弊而创立的理论，极富于现实意义，收入《泉翁大全集》卷四中。该文是湛若水给学生答疑的记录，文字不多却很有针对性，是其合一论接地气的直接体现，是湛若水作为实学家品格的显露。

《二业合一训》蕴含着湛若水的宇宙观与教育观。一方面，是“心事合一”论理论的推衍；另一方面，是湛若水办学的最高指导思想，是其“体用一原”论在教育实践中的贯彻。

所谓“二业”，即是“德业”与“举业”。湛若水生活在以科举取士的时代，科举即举业，是年轻人追求理想，实现美好人生的必由之途。“举业”决定着

---

①〔明〕湛若水：《答聂文蔚侍御五条》，《泉翁大全集》卷九，钟彩钧、游腾达点校，第260页。

每个年轻人的命运，教育是否只讲“举业”，便能成就一个人的成功？湛若水从“合一论”出发，鲜明提出“德业合一”的答案。年轻人须“进德修业”，既要涵养德性又要追求举业，二者同时努力。他具体说：

> 进德修业，其致一矣，即业、即德而致力焉也。[1]

在《二业合一训》中，湛若水告诫弟子，德业与举业是一回事，不是两回事，二者不可分。原因是宇宙间的一切，都在于“合”，在于“一”，如“道无内外，内外一道”“心无动静，动静一心”，所以“知动静之皆心，则内外一”，既然“内外一”，哪里存在“非道”？也就是说，能做到“合内外，混动静”，这样便进入了“澄然无事”的境界，于是德业与举业也就“合同而兼得”[2]了。

湛若水用通俗的比喻，向弟子解说“二业合一”的道理。他说，今天“读书”是为了“明事理”体悟“实事”，因而“举业”也就“在其中”了。为什么？他举了一个简单的例子，譬如“树木”，有了“根”，那么“枝叶”“花实”便“自然而成”。告诫弟子，只要修养心性，在德业上下了工夫，自然而然在举业上便能成功，二者本来就是一致的；反之，如“读书”只是注重“记诵”，目的是“取科举，谋爵禄”，只是为了“举业”，而不在德业上下功夫，只怀着“计功谋利之心”，那么结果是“大本失矣”[3]，本体的心丢失了就成不了尧舜那样的圣贤。

在回答为什么总以“二业合一”教人时，湛若水指出，如果“二业支离”便不可能成功，他以切身的例子作说明：

> 吾实身践焉，吾尝试之矣。昔者吾自二十而学，至二十七年而举于乡，其业犹夫人也。自闻学于君子，舍举业而涵养者十有三年。及乙丑之试也，而举业则若大有异夫昔者也，其源源而来也，若有神开之也。然犹有说焉，

---

①〔明〕湛若水：《教肄》，《泉翁二业合一训》，《泉翁大全集》卷四，钟彩钧、游腾达点校，第 79 页。

②〔明〕湛若水：《胜心》，《泉翁二业合一训》，《泉翁大全集》卷四，钟彩钧、游腾达点校，第 81 页。

③〔明〕湛若水：《教肄》，《泉翁二业合一训》，《泉翁大全集》卷四，钟彩钧、游腾达点校，第 79 页。

乃离举业而涵养也犹若是，若夫不外举业而涵养存存焉，其成也勃焉矣。①

湛若水回忆自己20岁才开始入学②，27岁乡试中举，可谓举业有进；28岁赴江门求师，在老师的劝说下，“舍举业而涵养”13年之久，直至先师陈献章去世，重新参加会试，“举业则若大有异夫昔者”，在“举业”上较过去有更大的成功。当然，光涵养，只注重“德业”，成功也不会很大。这段自述，折射出湛若水的“合一论”蕴含着丰富的辩证思维。他总是在反对一种偏向的同时，也在防止另一种偏向的出现，因为他认为无论哪一种偏离，都违背“合一”，也都是“支离”。

“二业合一”论的正确性，湛若水从自身的经验中得到了验证，于是，他理直气壮地批评现实社会存在的错误偏向：只求“举业”，或是“舍业而立德”。他反复告诫弟子“舍业则无以立德”③。针对当时社会的主要偏向，他更强调：

吾之教人也，不外科举，致理也存焉，德性存焉，是故合一。吾独忧夫学者之堕于一偏也，于举业焉而立命，是不喻吾之志也。吾惟欲人读书焉，作文焉，不失本体，就根本之中，发其枝叶耳。④

湛若水力主“二业合一”，在教学中要求弟子在读书、作文之中注重涵养，不要失去心之本体，有了“德业”也就有了“根本”，也就可以从根本中生出“枝叶”了。显然，湛若水是同时反对两种偏向，但更担心的是“堕于一偏”，这“一偏”更多的是读书、作文，却忘却了“本体”，重“举业”而轻“德业”。湛若水生活在科举取士的时代，科举不可否定，但讲举业也不可偏离德业，务须二者合一。如此辩证地分析二业的关系，何等之精当！当今，学校普遍存在只重升学率，而忽略德育的现象，湛若水的“二业合一“论，仍具有当代价值。

湛若水的“二业合一”论及其社会效应，湛若水的弟子们有所体悟、也有所评价。门人金溪黄纶在《泉翁二业合一训序》中，如此赞曰：

---

①〔明〕湛若水：《辩惑》，《泉翁二业合一训》，《泉翁大全集》卷四，钟彩钧、游腾达点校，第89页。

②“吾二十而学”，是湛若水自称的入学时间。据史料记载，成化十五年（1479），湛若水14岁，开始上学；16岁进广州先贤馆就读。

③〔明〕湛若水：《辩惑》，《泉翁二业合一训》，《泉翁大全集》卷四，钟彩钧、游腾达点校，第89页。

④〔明〕湛若水：《教肄》，《泉翁二业合一训》，《泉翁大全集》卷四，钟彩钧、游腾达点校，第79页。

二业合一训者，吾师甘泉先生救世之第一义也，实拯溺济时之言也。[①]

“二业合一”论能“拯溺济时”，成为“救世之第一义”，果真如此？黄纶在《序》中，进行具体分析时指出，当时人们虽是读“圣人之书”，为“圣人之言”，但其“志则功利”，沉溺于举业，结果则十分严重。因为“昔之以邪道而溺人，故其溺也浅；今以正道而自溺，故其溺也深。溺而不反，人欲肆而天理灭矣”，故“先生为是惧，发合一之说，挽狂澜以还先圣之道。故其施教也，以举业为德业之发，以德业为举业之本，易其志而不易其业，合本末，兼体用，一以贯之，而无遗也。其所以扩前贤所未发，开来学之迷途，一洗支离之习，而归之于大同之道”[②]。这名弟子的《序》，完全体会到老师正是针对为“功利”而沉溺于“举业”的时弊，从而提出二业合一，把“德业”作为为学之本，把“举业”看作“德业”的体现，强调“易其志而不易其业，合本末，兼体用，一以贯之”，由此而洗涤“支离”的习气，培育新人。其《序》可佐证湛若水提出“二业合一”论，无疑是拨乱反正中的一种创新，希冀从根本上扭转“人欲肆而天理灭”的颓世回到“大同之道”。这岂不是“救世”？黄纶亲身聆听了老师的伟论，也切身体悟了伟论的意义所在。

事实确实如此，湛若水自认为，“学圣人之道”，历时“50年”“而得合一之要”[③]；“二业合一”，则是“吾实身践焉，吾尝试之”[④]。

湛若水构建“二业合一”论，不仅在理论层面上展示其“体用一原”　“主于一”的本体论，深化其辩证思维，而且在实践的层面上，确立了教育的指导思想，其宗旨正是为了纠正重举业轻德业的社会风气，培育德才兼备的国家可用之才。这无疑是教育理念的创新，是哲学理论服务于现实社会的开创，体现了儒家心学关注现实、切入现实、服务于现实的价值追求。此外，也是湛若水继承先师爱国精神的体现，陈献章做到了“士不居官终爱国”，而弟子湛若水则更上一层楼，做到士已

①〔明〕黄纶：《泉翁二业合一训序》，〔明〕湛若水：《泉翁大全集》卷四，钟彩钧、游腾达点校，第 71 页。

②〔明〕黄纶：《泉翁二业合一训序》，〔明〕湛若水：《泉翁大全集》卷四，钟彩钧、游腾达点校，第 72 页。

③〔明〕湛若水：《辩惑》，《泉翁二业合一训》，《泉翁大全集》卷四，钟彩钧、游腾达点校，第 92 页。

④〔明〕湛若水：《辩惑》，《泉翁二业合一训》，《泉翁大全集》卷四，钟彩钧、游腾达点校，第 89 页。

居官更爱国！

（五）“知行合一”论

湛若水的“合一论”，不仅在本体论上揭示了宇宙的统一性，而且在认知论上揭示了理论与实践的统一性。这既体现在“二业合一”论上，还体现在“知行并进”论上。他常说的“知行并进”，有时也称作“知行合一”。

“知行合一”的提出。湛若水早年在西樵大书院讲学而成书的《樵语》，中便已提出知行问题，并就为学之事首次涉及了知与行不可相分的关系问题。他说：

> 知及仁不守，知不行也。及守而不庄，不畅于四肢也。知仁庄而教不以礼，不发于事业也。知及，始也；礼动，终焉。君子成己成物之学备矣。①

在湛若水看来，“知及”与“守仁”不可相分，“涵养”与“致知”为“一段工夫”，知与行也不可相分，他把人的认知与日用间的践履看作一个不可分的过程，故提出“知行并造”，即“知行合一”。他论及知行时说：

> 知行并造，博学、审问、慎思、明辨、笃行皆所以造道也。读书亲师友酬应，随时随处皆求体认天理而涵养之，无非造道之功。意、身、心一齐俱造，皆一段工夫，更无二事。②

又说：

> 知者行之几，行者知之实。③
>
> 精者知，一者行，即知即行，知行并进。④

在湛若水看来，儒家所说的“博学、审问、慎思、明辨、笃行”的过程是“造道”的过程，即“随时随处体认天理”的过程，在这一过程中人的“意、身、

---

①〔明〕湛若水：《语道第二》，《泉翁大全集》卷一，钟彩钧、游腾达点校，第4页。
②〔明〕湛若水：《答阳明》，《泉翁大全集》卷八，钟彩钧、游腾达点校，第243页。
③〔明〕湛若水：《克艰第九》，《泉翁大全集》卷一，钟彩钧、游腾达点校，第20页。
④〔明〕湛若水：《新泉问辩续录》，《泉翁大全集》卷七十三，钟彩钧、游腾达点校，第1825页。

心”都同时投入，“知”与“行”同时进行不可分割，是一个完整的过程，即“一段工夫”，故称作“知行并造”，也即“知行并进”“知行合一”之意。故他强调：

> 精一只是一段工夫，即精即一，无先无后，实见得如此便是一。精者知，一者行，即知即行，知行并进。①

针对当时一些士人之讲“知”而忘却了“行”，湛若水提出：

> 后世儒者就行字别了，皆以施为班布者为行，殊不知行在一念之间耳。自一念之存存，以至于事为之施布，皆行也，且事为施布岂非一念为之乎？所谓存心即行也。②

湛若水用一个通俗的比喻来说明知与行相并进的关系，他说：

> 就知就行、就讲就行。讲者，求之以为行之地也。譬喻行路，目视足行，便是知行并进，顷刻相离不得。路之中途便有多岐三叉处，不讲知之，即一步不能行；若不行，即不到得路岐三叉可疑处，又从何处讲得？③

于是，他提出明确的结论：

> 体认兼知行也。④
>
> 离知而行，非圣人之行；离行而知，非圣人之知。⑤

湛若水强调，知同行虽称谓有不同，但相兼而合一，就像天与地不可分离为二一样。故他说：

> 崇法天，卑法地，天地其可以二乎？是故知行异名而并进，达于天德。⑥

---

①〔明〕湛若水：《新泉问辩续录》，《泉翁大全集》卷七十三，钟彩钧、游腾达点校，第1825页。
②〔明〕湛若水：《新泉问辩录》，《泉翁大全集》卷六十八，钟彩钧、游腾达点校，第1666页。
③〔明〕湛若水：《新泉问辩录》，《泉翁大全集》卷六十七，钟彩钧、游腾达点校，第1642页。
④〔明〕湛若水：《答聂文蔚侍御》，《泉翁大全集》卷九，钟彩钧、游腾达点校，第260页。
⑤〔明〕湛若水：《克艰第九》，《泉翁大全集》卷一，钟彩钧、游腾达点校，第20页。
⑥〔明〕湛若水：《克艰第九》，《泉翁大全集》卷一，钟彩钧、游腾达点校，第20页。

湛若水的知行并进，已接近当代人的“理论与实践相统一”。他虽没有使用“理论”一词，但他的“念头”即是“理论”的同义词。尤为可贵的是，他的讲学已经直接用上了“实践”一词。他曾说：

乾知太始，主在念头上；坤作成物，主在实践上。学者宜兼并合一用功，自一念以至实践，通贯一段功夫乃可。①

在短短几句话中，用了两次“实践”一词。可以说，湛若水是古代中国明确使用“实践”说法的第一人。

“知行”问题是中国哲学的重要命题，也是宋明时期学界极为关注的问题。在湛若水之前，学者们更多在探究“知”与“行”孰先孰后的问题，而湛若水与王阳明同时提出“知行合一”论，则让知行的探讨有了新的突破。由此可见，明代“知行并进”论在中国认知论的发展史上，具有界碑式的意义。

在当代，知行并进的理论得到传承与弘扬。20世纪30年代，在抗日战争的关键时刻，为了解决中国共产党内存在的教条主义与经验主义，毛泽东撰写了《矛盾论》与《实践论》，把外来的马克思主义与中国的革命实践相结合，其中《实践论》加上副标题《论认识和实践的关系——知和行的关系》，便是中国传统的“知行合一”学说在当代的具体应用。毛泽东的《实践论》不仅指导了当年的抗战，还影响了几代的中国人，进而成为中国共产党人以至中国人民的世界观和方法论。

在21世纪初，在神州大地出现的阳明心学热，许多学者、民众还是用《实践论》所倡导的理论与实践统一，来解读阳明的“知行合一”，殊不知阳明“知行合一”论所言的“知”，并非当今人们所说的理论知识，而是指“良知”，指人们的道德本性。从史料的审视中，人们会发现，阳明在当时认定“知识”并不是好东西。在给顾东桥的函件中，他曾如是说：“知识之多，适以行其恶也。”②对阳明关于知识的看法，有学者指出，阳明在批评朱熹时强调，“学圣人之学，不应去求圣人学而后知的，而应该专求圣人所能知生知的，因而为学的重点是在道德义理，而不是具体知识”，阳明是“通过把道德—知识对立起来，强调道德义理的优先性”。

鉴于阳明把“道德”与“知识”对立起来，故将其“知行合一”解读为理论

①〔明〕湛若水：《新泉问辩续录》，《泉翁大全集》卷七十一，钟彩钧、游腾达点校，第1753页。
②〔明〕王守仁：《答顾东桥书》，《传习录中》，《王阳明全集》卷二，吴光等编校，第63页。

与实践相统一便是误读了！当然，这虽误解了阳明的原意，但这也算是这一命题的现代转换。是在现代的语境下，突出知与行的统一性，注重笃实践履，不离阳明创立“知行合一”论的初衷，更有对当今现实生活中空谈之风的针砭作用，这也算得上是传承与弘扬中华优秀传统文化，是传承阳明心学的积极的、有效的举措。

值得注意的是，湛若水与王阳明同时提出知行合一的命题，但彼此的阐述却不尽相同。湛若水十分明确提出知行为“一”，却又认为二者不可相混淆。他直白地说：

> 夫学不过知行，知行不可离，又不可混。[①]

此说，无疑是针对王阳明的“知”与“行”为“一念”，没有质的区别的说法而提出。王阳明认为，“行之明觉精察处，便是知；知之真切笃实处，便是行”[②]“一念发动处，便即是行了”[③]。有学者对这一说法提出批评，明确指出王阳明所说的“知行合一”，那是把“意识活动也叫做行”[④]，当然，他由此也承认有社会践履活动的存在。事实上，湛若水的看法与王阳明确有不同，他认为知与行二者，“不可离”也“不可混”，二者既合二为一，又存在差异。他举出儒家经典为证，如“《中庸》必先学、问、思、辩，而后笃行；《论语》先博文，而后约礼；《孟子》知性，而后养性”。湛若水认定，“知”与“行”都以“认知天理”而一以贯之，但毕竟二者又不可混为一谈。以现代哲学的目光考量，湛若水既区分了主观意念与客观践履，又注意到二者间的关联性与统一性，这一说法无疑较王阳明的说法，更具真理性。

无须讳言，湛若水的“知行合一”论，又认为“体认兼知行”，这一说法无疑抹杀了“知”与“行”的差异，犯了与王阳明同样的错误。在哲学层面上说，“知行合一”论，强调认知与实践的同一性，有一定的合理性，诚然过于夸大这一统一性消融了二者的差异性。如果“合一”被夸大为“等同”，“体认兼知行”岂不是说知与行就是一码事，那么，湛若水的“知行”观，同王阳明的“知行合一”，岂不犯了同样的错误？

---

①〔明〕湛若水：《答顾箬溪佥宪》，《泉翁大全集》卷八，钟彩钧、游腾达点校，第236页。
②〔明〕王守仁：《答友人问》，《王阳明全集》卷六，吴光等编校，第232页。
③〔明〕王守仁：《传习录下》，《王阳明全集》卷三，吴光等编校，第109—110页。
④ 蒙培元：《理学的演变——从朱熹到王夫之戴震》，第244页。

“知行合一”论的理论基点是湛若水明确地把“知行合一”论作为“体用一原”论的具体体现。在给弟子答疑时，他说：

内外合一谓之至道，知行合一谓之至学，如是则天地乾坤君臣父子夫妇之道在我矣。[①]

在湛若水看来，“知”与“行”二者为何合一，是因为知与行同时进行，在时间上不可分割。在讲学中，他明确地说：

即知即行，知行并进，非今日知明日行也。[②]

可以说，湛若水的“知行合一”论是从知与行在时间上具有同一性来进行审视的，鉴于此他检讨了自先秦以来的知行观，指出传统的“先知后行”与“行后乃知”都是“各执一端”。

关于知与行的不可分，湛若水用“饮食”作比喻，指出“食”和“知味”，是同时并进合一的，而“先知后行者”不懂得“人莫不饮食鲜能知味”，世上“无食后隽永之味”；“行后乃知者”则不懂得“冬日饮汤、夏日饮水者”，这样的人如果吃了“不可食”而可以“杀人”的“砒霜”，还不知道是什么味道，他不懂得“何知味之有”？就是说，“食”与“知味”二者密不可分，是在食中知味，欲知味则不可不食，由此可见知与行是必须合一且不可相分的。

从现代哲学的视角考量，湛若水的“知行合一”论，是一种朦胧的知行统一观。它强调人的实践活动与认知活动具有统一性，尽管湛若水还不能明确提出“实践”这一概念，也未能揭示实践在认知中的地位与作用，以及实践与认知的辩证运动。但是，他毕竟朦胧地意识到，人的认知离不开读书、酬酢、功业、劳作等等践履活动，人的践履的种种“行”产生了“知”，而“知”又指导着人的种种“行”。“知行合一”论，同样反对分割知与行的“支离”论。

---

①〔明〕湛若水：《问疑录》，《湛甘泉先生文集》卷十，清康熙二十年黄楷刻本。
②〔明〕湛若水：《天泉书堂讲章》，《泉翁大全集》卷十二，钟彩钧、游腾达点校，第370页。

（六）“理欲合一”论

如前文所说，湛若水抓住宋代理学的理论缺陷，对其主要的命题一一加以检讨，从而提出系统的“合一论”，其中特别值得强调的是，其以“理欲不可分”论立场鲜明地向朱熹理学进行挑战。

理欲此进彼退。“理”与“欲”的关系是宋明时期的理论热点，毋庸讳言，宋明时代的理学家与心学家们，他们肩负着维护道德纲常的历史使命，湛若水更因为身处高位，有着维系社会道德纲常不可含糊的官方立场。因而，他与其先师陈献章一样，在理欲关系上往往也有着和朱熹同样的看法，强调理欲的消长，也有期求“无欲”的说法。在给弟子答疑时，他说：

> 敬者一也，一者无欲也，无欲则洒然而乐矣。①

以“真乐”为最高境界的湛若水，认为“真乐”就是“洒然”，认定“无欲”便能“洒然”，而“无欲”就是“一”，就是“敬”。

欲亦性。在理欲关系上，湛若水既有坚持宋儒立场的一面，也有主张“理欲合一”论的另一面。他曾明确指出：

> 人有此性，自然有此喜怒爱恶之欲。欲亦性也，何故有不善者。②

湛若水讲“欲亦性”，何有“不善”的说法，显然与朱熹不同。其学说的“道”“理”“性”是同一的概念，因而“欲亦性”便是强调“欲”与“性”，即与“理”的统一性，也就挑战了朱熹“存天理去人欲”，支离“欲”与“理”的观点。在湛若水看来，“性”即“理”，而“欲”亦即“性”，都是自然而生皆为一体不可区分。尽管湛若水的著作与讲学，没有太多阐述理欲关系，似乎也没有明确提出“理欲合一”的命题，但如上的言谈显然便是“理欲合一”的理念。试看湛若水与弟子的对话：

> 杨东熙问：“名利、货色，私欲之大也，必先克去之，如何？”
>
> 甘泉子曰：“然。然而所谓克者，匪坚制尔也，其惟进天理乎！天理日

---

①〔明〕湛若水：《问学第一》，《泉翁大全集》卷六，钟彩钧、游腾达点校，第117页。

②〔明〕湛若水：《天关语通录》，《湛甘泉先生文集》卷二十三，清康熙二十年黄楷刻本。

明而人欲日隐，天理日长而人欲日消，是之谓克。”

又问：“己不克，安能见理？”

曰：“未体天理，焉知人欲？未能如好好色，焉能如恶恶臭？夫惟仁可以胜不仁，而见大可以忘小。故曰：‘好仁者，无以尚之。’否则富贵功名之于欲大矣，孰能小之？”

曰：“体天理如之何？”

曰：“今夫人之起念于躯壳也，即无往而非私；知物我之同体，则公矣。公也者，其天理乎！”①

在如上对话中，湛若水简明地回应了理与欲、存理去欲的时代问题，辩证地揭示了二者的合一关系。这是湛若水近400万字的著述里，最为全面而合理地谈论理欲问题的地方。其答案的真理性如下：

其一，认定“所谓克者，匪坚制尔”，反对以强制的办法克除欲望；

其二，明确提出“未体天理，焉知人欲”，“理”与“欲”不可分，二者相互依存，主张“天理日明而人欲日隐，天理日长而人欲日消，是之谓克”，在“天理”与“人欲”的消长中克除人欲，“惟仁可以胜不仁”，“见大可以忘小”；

其三，认定“今夫人之起念于躯壳也，即无往而非私；知物我之同体，则公矣。公也者，其天理乎”，针砭当时人们出于对物质追求而产生私欲的弊端，提出解决的办法便是从“体用一原”“物我同体”的原则出发，确立“公”的理念，“公”便是“天理”。

显然，湛若水正是坚持他的“合一论”，并以岭南心学的良方来诊治社会顽疾。宋代理学主张的“存天理去人欲”是要人们“克尽”人欲而保存天理，“饿死事小，失节事大”，也就是要压抑人性而维系社会的道德纲常。陈献章发明的“作圣之功”所创立的岭南心学，则另辟蹊径倡导一种“静养端倪”的办法，通过唤醒人的道德本性，使人人自觉维系社会道德纲常。湛若水在阐述理欲关系时，同样是要讲“天理”，通过“体认天理”去唤醒人内在的道德自觉、树立公心，而后能应对社会上的物欲诱惑，这就纠正了宋儒们的偏颇，倡导以德抑欲，突出道德涵

---

①〔明〕湛若水：《虚实第十》，《泉翁大全集》卷六，钟彩钧、游腾达点校，第144—145页。

养的重要意义。在讲学时，湛若水如是说：

> 内外人己夹持则忠信立，直上达天德，天德者，天理也。天理存则我大而物小，我重如太山，而物轻如鸿毛。①

由上可见，湛若水的理欲观，同样在完善和发展白沙心学，更添岭南心学的启蒙色调。

湛若水创立并坚持了30余年的“合一论”，是在全面检讨前人的思想学说，全面批评“支离论”的过程中，运用先师的基本理论而系统提出的。明末清初的王船山对“合一论”更有所发挥，进一步理论化与精致化，使中国哲学更思辨、更精微，从而达到新的高峰。

长江后浪推前浪，陈献章学说经湛若水的完善化、系统化和精微化的发展，在岭南形成一个异于宋代理学的新学派——岭南心学。它的出现，在中华民族文化发展史上，产生过不可低估的影响；它的出现，在吸取正统理学养分的同时，又敢于向理学挑战，打破正统理学已有的理论格局而“自立门户”；它的出现，在批评正统理学“支离”之风中，检讨正统理学的片面性，为古代哲学向近代转换，提供了较早的理论准备。

---

①〔明〕湛若水：《扬州府县学讲章》，《泉翁大全集》卷十二，钟彩钧、游腾达点校，第353—354页。

第八章　学说（三）

湛若水的学说博大精微，其学说的重大理论贡献主要在于对传统儒家的涵养与认知论，即“作圣之功”的创新性发展上，使作圣不再只是士人的专利。他主张心性涵养人人都应进行，而且可以不受时空与方式的局限，展示了人人平等的启蒙思想。进而，湛若水还揭示了涵养方式的多样性，人们可以在自身的“日常应酬”中用不同的方式完成，而无须一定通过“静坐”。湛若水不仅完善与修正了先师陈献章的“静养端倪”，而且创新了儒家的心性涵养方法，其理论贡献及其社会效应皆具有里程碑式意义。

一、“随处体认”

湛若水到江门游学师从陈献章，他遵从老师的告诫，尊心与学习，不到三年时间，即有感悟，在给老师的函件中大胆提出“随处体认天理”的学术命题，得到老师的赞赏。陈献章因此把湛若水选为衣钵传人。

（一）“随处体认”的提出

弘治十年（1497），湛若水在给陈献章的书函中称：

> 愚谓“天理”二字，千圣千贤大头脑处。尧、舜以来，至于孔、孟，说中、说极，说仁、义、礼、智，千言万语都已概括在内。若能随处体认真见得，则日用间参前倚衡，无非此体，在人涵养以有之于己耳云云。①

陈献章接书函后十分高兴，称道：“此为参前倚衡之学也，江门衣钵属之子也。”②又说：“去年十月一日发来书甚好。日用间体认天理，着此一鞭，何患不到古人佳处”③“达摩西来，传衣为信，江门钓台亦病夫之衣钵也。兹以付泽民将

①〔明〕湛若水：《上白沙先生启略》，《泉翁大全集》卷八，钟彩钧、游腾达点校，第215页。
②〔明〕陈献章：《与湛民泽》，《陈献章集》卷二，孙通海点校，第189页。
③〔明〕陈献章：《与湛民泽》，《陈献章集》卷二，孙通海点校，第193页。

来有无穷之托”[①]。可见，湛若水“随处体认天理”的提出，是他能作为陈献章衣钵传人的重要原因。陈献章之所以赞赏他，便是看中他的“贵疑”、敢于创新的学术精神。

在后来漫长的岁月里，湛若水反复传授“随处体认天理”的学术思想，并强调这一名命题正是儒家的正统。《新泉问辩录》中，如是说：

> 随处体认天理，是圣学大头脑，千圣千贤同此一个头脑，尧、舜、禹、汤、文、武、孔子、周、程，千言万语，无非这个物，岂有别物？同是这个中路，岂有别路？[②]

湛若水认为，天理便是圣贤们的大头脑，从先秦时期的尧舜，到宋代的程子，都这个“物”、这个“路”，故倡导“随处体认”也就是对先贤的传承。

（二）“随处体认”，即简易地“习心”

对“随处体认天理”，湛若水有一个明确的界定：

> 随处体认天理者，随静随动而体察之……存心要矣，见理为实。[③]

在湛若水看来，“随处体认天理”，是心性涵养，换个说法也称作“习心”。他如是说：

> 认得本体，便知习心，习心去而本体完全矣。[④]
>
> 去体认天理，只图安排得心上无累，便谓孔、颜之乐在此，果是欤？[⑤]

湛若水认为，体认天理便是“自求自得自乐”[⑥]，是一个“求诸己”而能“自得”与“自乐”的过程。他又把这“习心”视作一个完整的过程，犹如“炼金”的

---

①〔明〕陈献章：《江门钓濑与湛民泽收管》，《陈献章集》卷六，孙通海点校第 644 页。
②〔明〕湛若水：《新泉问辩录》，《泉翁大全集》卷六十八，钟彩钧、游腾达点校，第 1670 页。
③〔明〕湛若水：《新泉问辩续录》，《泉翁大全集》卷七十三，钟彩钧、游腾达点校，第 1804 页。
④〔明〕湛若水：《新泉问辩录》，《泉翁大全集》卷六十七，钟彩钧、游腾达点校，第 1651 页。
⑤〔明〕湛若水：《新泉问辩续录》，《泉翁大全集》卷七十三，钟彩钧、游腾达点校，第 1804 页。
⑥〔明〕湛若水：《新泉问辩续录》，《泉翁大全集》卷七十三，钟彩钧、游腾达点校，第 1809 页。

“炉锤”。他生动地说：

> 煎销习心，便是体认天理功夫，到见得天理时，习心便退听，如煎销铅铜，便是炼金。然必须就炉锤乃得炼之功。①

显然，湛若水强调“随处体认天理”是“习心”，而“习心”则是一个像炼金那样的锤炼过程，要经过艰苦的“煎销”。接着，湛若水针对时弊，毫不留情地指出：

> 今之外事以求静者，如置金于密室，不就炉锤。虽千万年，也只依旧是顽杂的金。②

在湛若水看来，随处体认是“习心”的真功夫、是需要锤炼的体认天理的功夫，光讲静坐成不了！

正是从“习心”须锤炼的基点出发，湛若水又强调，“随处体认天理”必须坚持一个“恒”字。他指出：

> 体认，便是至其理。至者，造诣之谓也，若常常如此，存存不息，便是恒之之功，更无别道。③

湛若水认为，随处体认虽然须有恒心，但也是极其简易的涵养功夫。他说：

> 惟调停节度，则随动随静，无非中正，天理自见，何等易简！④

（三）“随处体认”的理论意义

湛若水认为，人的涵养，即是“体认天理”，也就是把心中的“天理”——人的本性感悟出来，觉悟起来；这种“体认”，不受任何条件限制，可以“随心、随

---

①〔明〕湛若水：《新泉问辩录》，《泉翁大全集》卷六十七，钟彩钧、游腾达点校，第 1651 页。
②〔明〕湛若水：《新泉问辩录》，《泉翁大全集》卷六十七，钟彩钧、游腾达点校，第 1651 页。
③〔明〕湛若水：《新泉问辩录》，《泉翁大全集》卷六十七，钟彩钧、游腾达点校，第 1654 页。
④〔明〕湛若水：《新泉问辩续录》，《泉翁大全集》卷七十四，钟彩钧、游腾达点校，第 1832 页。

意、随身、随家、随国、随天下”，不受时间、空间的限制，“随动随静”，也不受方式的限制。故湛若水说：

> 意、心、身于家国天下，随处体认天理也。①
>
> 将意、心、身、家、国、天下通作一段工夫，无远近彼此，终日终身，只是体认这“天理”二字。②
>
> 吾所谓体认天理者，非分未发已发，非分动静。所谓随处体认天理者，随未发已发，随动随静。③
>
> 吾之所谓随处云者，随心、随意、随身、随家、随国、随天下，盖其所寂所感时耳，一耳。④
>
> 古今往来之宙，上下四方之宇，只是一个天理，即易也。若体认得，则周易六十四卦三百八十四爻皆是这个，注脚皆是剩语。言不能加，不言不能减，故也。⑤

这些话，精准地表达了湛若水“随处体认天理”的思想！

在湛若水看来，人们对天理的体认，即进行涵养，不仅要在静处还要在动处，“随时”“随处”都可以进行，只要“心与事应”就可以“天理见”。具体是说，认知与涵养可以在静坐、读书以及应酬日常事务等活动中进行，如农民、官员、士兵，他们“耕田凿井、百官万物、金革百万之众”，他们在劳作、应酬或驰骋沙场等，不论哪样活动，不论什么时间，都可以体认天理。这是说，认知与涵养在任何时候、任何地方以任何方式，都可以进行。

在湛若水看来，体认天理、进行心性的涵养，以及对世界的认知，对每个人来说都是必需的，因而，不论是在田野劳作的百姓，还是忙于公务和应酬的官员，或是驰骋沙场的将士，尽管他们没有那么多的闲暇留在家中静坐，但是涵养与认知对他们也是必要的，他们的涵养与认知不能等到“无事”时去“静坐”，而只能是在他们的日常活动中，用各自的方式方法去进行。

---

①〔明〕湛若水：《寄陈惟浚》，《泉翁大全集》卷九，钟彩钧、游腾达点校，第253页。
②〔明〕湛若水：《大科书堂训》，《泉翁大全集》卷五，钟彩钧、游腾达点校，第页。
③〔明〕湛若水：《答孟生津》，《泉翁大全集》卷九，钟彩钧、游腾达点校，第264页。
④〔明〕湛若水：《答阳明王都宪论格物》，《泉翁大全集》卷九，钟彩钧、游腾达点校，第257页。
⑤〔明〕湛若水：《新泉问辩录》，《泉翁大全集》卷六十八，钟彩钧、游腾达点校，第1666页。

对湛若水的“随处体认天理”，其弟子元德有一段精辟的评论，在《新泉问辩录》中如此记述：

> 元德窃思体认天理，不曰某处，而曰随处，最好。随意、随心、随身、随家、随国、随天下，只是一个格物。随性、随情、随形、随体、随礼、随乐、随政、随教，只是一个慎独。随视、随听、随言、随动，只是一个勿。随色、随貌、随言、随事、随疑、随忿、随得，只是一个思。何等容易！何等快活！①

一个“随”字，湛若水即把涵养与认知扩展到了任何（认识）的空间，扩展了认知的空间也就扩展了涵养与认知的范围，并强调人人皆可“体认天理”展示其平等观，展示其学说的启蒙性。

（四）“随处体认”的社会意义

湛若水认定，“静坐”只是涵养与认知的一种方式，而并非适用于任何人、任何时候。这正是一名朝廷官员，从自身的体会而得出的看法，一种不同于过着隐居生活的老师的看法。陈献章在科举失意之后，即长期在家乡闲居，收徒讲学，参与社会活动比较少；仕途得意的湛若水，则公务繁忙，应酬众多，哪有闲暇像老师那样，整天在家中静坐呢？事实正是如此！这也就是人们所说的，“社会存在，决定社会意识”，有怎样的现实生活就会产生怎样的思想理念！

“随处体认”的意义在于：

第一，湛若水揭示了体认天理是作为人的一种道德涵养，是人人本应进行的，对每个人来说是应该的、也是必须的，而非士人的专利，可见体认天理，进行心性涵养，人人平等。

第二，湛若水揭示了体认天理可以“随处”，人们依据个人的生活环境，通过各自的方式进行，可见体认天理，进行心性涵养不受空间的限制，是多样的、自由进行的。

第三，湛若水揭示了体认天理可以“随时”，人们可以依据各自的生活与工

①〔明〕湛若水：《新泉问辩录》，《泉翁大全集》卷七十一，钟彩钧、游腾达点校，第1753页。

作环境，在不同的时间段里进行。

第四，湛若水告诉人们，体认天理并非局限于“静坐”一种方式，而可以采取多种方式自由进行。

可以说，湛若水的“随处体认天理”，冲破了儒家传统的“作圣之功”的“罗网”，带来了自由而清新的风气，体现出商品经济发展时代的思想解放与理论创新。这一创新，是在特定的历史环境中完成，也是回应了时代提出的问题。湛若水说：

> 随处体认天理，此吾之中和汤也，服得时百病之邪自然立地退听；常常服之，则百病不生，而满身气体中和矣。①

为解决当时的社会问题而提出“随处体认天理”的疗治良方，体现了湛若水心学的现实性、功效性，也由此展示明代心学并非空谈心性，而是应时代的需要而产生的学术思想，其社会价值在当时以及在当今，都不可低估！

“随处体认天理”，强调的是不论在何时、何地，通过何种方式，读书，应酬，劳作，静坐，只要能感悟到自己的本体之心，也就是“体认天理”了，这就是湛若水“随处体认天理”的真谛！

湛若水的“随处体认天理”，在读书期间提出，在为官之后继续发展和完善。对自己的理论，他十分自信，认定那比较接近实际，比较合理，因而他自始至终都坚持着。王阳明与他结交后，首先接受了这一理论的影响，后来王阳明接受了陆九渊的“心即理”，于是便与湛若水产生了学术分歧，而在两人的争议中，湛若水从不放弃自己的观点。

湛若水的“随处体认天理”，不仅有理论的创新，还极富实践意义。他既在理论上推进了陈献章的学说，使岭南心学的涵养与认知学说更完备、更精微，又在实践层面上，为士农工商、社会的各阶层民众指明了进行修身养性的具体途径。客观上告诉人们：认知与涵养，并非少数人的专利，而是人人必须进行，而且人人可以进行。这体现湛若水这一学者型的高官心系民众，创建理论，服务社会的用心良苦。

---

①〔明〕湛若水：《新泉问辩录》，《泉翁大全集》卷六十八，钟彩钧、游腾达点校，第1675页。

（五）“随处体认天理”以“道通于物”为理论依据

湛若水的“随处体认天理”，不仅依循陈献章“静养端倪”的基本路径，而且还以陈献章“道通于物”为理论依据，而后展开自己的阐述。

陈献章“静养端倪”的提出，把朱熹所主张的向外“格物致知”涵养与认知方法，改变为向内“求诸于心”，即向自己的内心进行反省和感悟，他的理论依据便是他独创的“道通于物”论。

“道通于物”是陈献章学说的核心命题之一。他认为，“道”是世界万事万物的本原。在哲学论作《论前辈言铢视轩冕尘视金玉》文中，他明确提出：天得道，就成为天；地得道，就成为地；人得道，就成为人。“道”就是天所以成为天，地所以成为地，人所以成为人的依据。进而，他又提出任何事物，都离不开“道”，而“道”寓于物，蕴含在万事万物之中，即“道通于物”。就是说，道不离物，物不离道，任何事物之中蕴含着“道”，在人的心中，同样也蕴含着“道”。

从这一理论基点出发，陈献章认定人通过静坐，在排除了一切的私欲之后，便是进入了寂静状态，于是就可以见到蕴含在心中的“道”，就能使得自己的“心”与“道”相“凑泊吻合”，也就达到“道”与“心”合而为一的境界，人就能涵养为有道德的圣贤。这一“道通于物”，成为湛若水“随处体认天理”的理论依据。试看他在给友人的函件中，如是说：

> 盖心与事应，然后天理见焉，天理非在外也。特因事之来，随感而应耳。故事物之来，体之者心也，心得中正则天理矣。①

湛若水是说，天理不在人心之外。当有事来了，人就随事物而感悟，在这种感悟中如果“心”是“中正”的，也即是“无欲”、无私的，那么“心”也便是体认了“天理”，“心”也即是“天理”了。尽管湛若水没有以“静坐”作为涵养与认知的门户，也没有从“静坐”到“心”与“道”的认知过程的具体推演，但是，人们从如上说法中，可以清晰地看到陈献章的“道通于物”思想，具体便是：

其一，湛若水同样认定，“天理非在外”，而是在内，在人的心中，这就体

---

①〔明〕湛若水：《答聂文蔚侍御》，《泉翁大全集》卷九，钟彩钧、游腾达点校，第 260 页。

现了陈献章的“心为道舍，道不离物”的思想。

其二，湛若水同样把涵养与认知作为心的体认、感悟，认定涵养便是向内体悟心中的道。

其三，湛若水的“心得中正即天理”，同陈献章认定涵养便是体认心中的道，同样是以心蕴含着道为理论依据。

（六）“随处体认天理”坚守“人禽之辨”的理论基点

从陈献章到湛若水、王阳明的心学，他们的理论基点便是先秦时期的“人禽之辨”。孟子、荀子等人都十分强调，人与禽兽的区别在于“道德”二字，人是有道德的动物。孟子的《告子上》篇中说：“犬马之于我不同类。”在《离娄下》篇中，孟子更具体地说：“人之所以异于禽兽者几希，庶民去之，君子存子。”清人焦循则在《孟子正义》一书中对此解释道：“人之性善，禽兽之性不善者；人能知义，禽兽不能知义也。”

可见，是否具有善性——仁义道德，便是人与禽兽的分水岭。儒家一直坚持“人禽之辨”，并以它作为人必须进行心性涵养，以及社会进行德治的理论依据。迄至明代，“人禽之辨”便成为陈献章、湛若水和王阳明所倡导的涵养方法的理论依据。

陈献章认定，人在“得道”“会理”之后，也就把心中的善性觉悟了，于是便可以成为“圣贤”，成为真正意义的人。他同孟子一样，把是否有“善”性作为人与禽兽的分界线。他撰写了短文《禽兽说》，形象而精辟地阐述了人与禽的区别。在文中，他如是说：

> 人具七尺之躯，除了此心此理，便无可贵，浑是一包脓血裹一大块骨头，饥能食，渴能饮，能着衣服，能行淫欲。贫贱而思富贵，富贵而贪权势，忿而争，忧而悲，穷则滥，乐则淫。凡百所为，一信气血，老死而后已，则命之曰“禽兽”可也。[①]

陈献章是说，一个有着七尺躯体的人，如果没有了“此心此理”，心中没有

---

①〔明〕陈献章：《禽兽说》，《陈献章集》卷一，孙通海点校，第61页。

了道德本性，那就是一包脓血裹着一大块的骨头。他们饥了要吃，渴了要饮，贫贱的时候想要富贵，富贵了又贪图权贵，他们或是争斗，或是忧伤，或是放纵，或是淫欲，任何时候，一切行为，都只是考虑气血的需求，而不是从道德出发，在陈献章和所有的儒者看来，有了道德才配称为“人”，否则便是“禽兽”。广东人对那些没有道德的人，常常骂他：“禽兽！”对更甚者，便骂作：“禽兽不如！”

湛若水的“随处体认天理”，同样以“人禽之辨”作为理论基点。他同样依据孟子“人禽之辨”的观点，强调人虽然有先验的“良知”，但还必须把这种道德本性向外扩展，即孟子所说的“达”，而后有仁义的道德行为，如果“不仁不义”没有道德品格，那就归入“禽兽”了。湛若水在讲学时，以简明的言语告诫学生：

> 夫人之初生，莫不有一念之良知良能，达之则为仁为义，不能达之则为不仁不义。不仁不义则不可以为人，不可以为子。不可以为人子，则入于禽兽之归矣，甚为可惧可哀。①

显然，湛若水讲人的道德涵养时，同他的先师陈献章一样，以“人禽之辨”为依据。他同老师一样，把没有道德的人归为“禽兽”。

“随处体认天理”扩展涵养的时间与空间。如前所说，湛若水的“随处体认天理”是强调人们对天理的体认，“随未发已发，随动随静”②是不受时空的限制，也不论什么状态。“随心、随意、随身、随家、随国、随天下”，无处不可以体认天理；“随其所寂所感时”③，随动时或静时，无时不可以体认天理。这是对先师陈献章体认天理不受时空限制的理论概括。据张诩在《白沙先生墓表》中的记述，陈献章静坐数年仍不见成效，于是调整了涵养的方式。文中称：

> 如是者数年，未之又得也。于是迅扫夙习，或浩歌长林，或孤啸绝岛，或弄艇投竿于溪涯海曲，忘形骸，捐耳目，去心志，久之然后有得然，于是自信自乐。④

陈献章的本意是由“静坐”可以“无欲”，而后达到“自得”“自乐”，但

---

①〔明〕湛若水：《韶州明经馆讲章》，《泉翁大全集》卷十二，钟彩钧、游腾达点校，第363页。
②〔明〕湛若水：《答孟生津》，《湛甘泉先生文集》卷七，清同治丙寅年重刻本。
③〔明〕湛若水：《答阳明王都宪论格物》，《湛甘泉先生文集》卷七，清康熙二十年黄楷刻本。
④〔明〕张诩：《白沙先生墓表》，〔明〕陈献章：《陈献章集》，孙通海点校，第883页。

其涵养的过程却非单一的“静坐”，而是在不同时间、不同地点的种种方式去获取“自得”“自乐”。

如果说，陈献章在创立“自得之学”时，便没有把涵养局限于“静坐”，那么，可以说在之后漫长的岁月里，他的涵养以及他教导学生涵养也如此。陈献章一生以办书院、教学为其主要的人生活动，而他的教学确实从来没有只是教人“静坐”。事实恰恰如此：他常常携带着酒，与弟子一同登山，席地而坐，仰望长空，感悟大自然之奥秘，尽享人生之真乐；常常邀弟子同往乘船垂钓，师生一起或品茶、或咏诗唱和，或抚琴而歌，或观赏美景，或仰望天空，或高歌呼啸……由此而进入与自然的交融，体悟自得、自乐境界。这用湛若水的“随处体认”来描述，岂不是更完善？

湛若水明确提出，“静坐”并非认知的唯一方式，在日常生活中，也非时时、处处都可以进行。“心与事应，然后天理见”，人们对天理的体认，不仅要在“静处”，还要在“动处”“随时”“随事”进行体认。在湛若水看来，静坐、读书以及应酬日常事务，如“耕田凿井，百官万物，金革百万之众”等，与人交往的种种活动，或者闲暇“无事时不得不居处恭”进行“静坐”①，都一样可以体认天理。“体认天理”是对世界的认知，以及对自身心性的涵养，对每个人来说都是必须的，因而，对于田野劳作的百姓，对于忙于公务与应酬的官员，对于驰骋沙场的将领与士兵，又如何能闲居家中，进行静坐而去认知与涵养呢？故湛若水认定，“静坐”只是“无事”时可以采用的认知与涵养方法，而非适用于任何人、任何时候的方法。

在湛若水看来，不仅百姓可以“随处体认天理”，连圣贤也不例外。他说：

> 体认天理，而云随处，则动静心事，皆尽之矣。若云随事，恐有逐外之病也。孔子所谓居处恭，乃无事静坐时体认也。所谓执事敬，与人忠，乃有事动静一致时体认也，体认之功贯通动静显隐，即是一段工夫。②

湛若水以为，大圣人孔子也不仅“静坐时体认”，也在各种活动中都在进行“体认”。

---

①〔清〕黄宗羲：《语录》，《明儒学案》卷三十七，沈芝盈点校，第 894 页。
②〔清〕黄宗羲：《语录》，《明儒学案》卷三十七，沈芝盈点校，第 904 页。

（七）“随处体认天理”对“静养端倪”的检讨

人类思想理念的发展总是推陈出新，后人对前人思想既有继承也有检讨、批评与扬弃。湛若水“随处体认天理”的提出，同样包含了对先师思想的继承与完善，以及对先师的检讨与批评。后者着重体现在湛若水提出体认天理是“随动随静”，而不“刻意”求静这节点上。

湛若水坚持儒家立场，给老师一个大胆而婉转的批评。在《答余督学》函中，回顾学界关于动静思想的演化时，湛若水指出“静坐”虽渊源于程氏，但并非儒家的正统，“古之论学，未有以静坐为言者”“以静为言者，皆禅也”，而“程氏言之，非其定论，乃欲补小学之缺，急时弊”“后之儒者，遂以静坐求之，过矣”[①]。在湛若水看来，佛教禅宗讲“静”，追求的是“荒忽寂灭”，而儒家讲“敬”“义”，讲“动静混”动静兼之，追求“复天地之心”“天理”存，故“孔门之教，皆欲事上求仁，动时着力”“静不可以致力，才致力即已非静”[②]。当有弟子问“静坐”时，湛若水十分明确地说：

> 子谓忠信笃敬，视听言动，非礼之勿，果求之动乎？求之静乎？故孔门无静坐之教。[③]

显然，湛若水不客气地提醒：只讲“静坐”，当心偏离儒学的正统！

在给弟子讲学时，有弟子问到“静坐”与“体认天理”时，湛若水对静坐做了比较详尽的评述，以说明“静坐”的非正统性。他如是说：

> 静坐，程门有此传授，伊川见人静坐，便叹其善学，然此不是常理。日往月来，一寒一暑，都是自然常理流行，岂分动静难易？若不察见天理，随他入关入定，三年九年，与天理何干？[④]

湛若水认定，“静坐”并不是“常理”，而强调察见天理应该依据个人的具体情况而采取各种方式，都可以完成。他说：

---

①〔明〕湛若水：《答余督学》，《湛甘泉先生文集》卷七，清康熙二十年黄楷刻本。
②〔明〕湛若水：《答余督学》，《湛甘泉先生文集》卷七，清康熙二十年黄楷刻本。
③〔明〕湛若水：《虚实第十》，《泉翁大全集》卷六，钟彩钧、游腾达点校，第 144 页。
④〔明〕湛若水：《新泉问辩录》，《泉翁大全集》卷六十八，钟彩钧、游腾达点校，第 1660 页。

若见得天理，则耕田凿井、百官万物、金革百万之众，也只是自然天理流行……无事时不得不居处恭，即是静坐也；执事与人时，如何只要静坐？①

在湛若水看来，静坐只是“无事时”的涵养方式而已，当“执事与人时”怎么可能去静坐？他认为，如果“此教大行”人人都去静坐，那么麻烦就大了。对广泛流行静坐的危害性，湛若水做了大胆的预言：

使此教大行，则天下皆静坐，如之何其可也！明道终日端坐如泥塑人，及其接人，浑是一团和气，何等自然！②

由此足见，湛若水并不主张把静坐作为涵养、体认天理的唯一方式。

应该说，湛若水的“随处体认天理”对“静坐”有补充、完善，以至有些许的批评，但他毕竟没有否定陈献章的“静坐”，而是使陈献章变革朱熹所创新的认知与涵养方法更为全面与完善。

“随处体认天理”命题的提出是在湛若水求学期间，但最终成为一种理论，则是在他为官之后。这一理论的发展，固然是其更严谨的理论思维结出的智慧之果，也是其社会实践的理论升华。身居要职的湛若水，不可能像没能进入官场的陈献章那样，日日夜夜地在家中“静坐”，他要体认天理，只能在日常繁忙的“应酬、读书”中进行。可见，师徒二人的理论差异，亦源于彼此不同的社会经历。正如有学者所指出的那样：

陈、湛二人在修养或为学方法上的差异，是因为他们具有不同的生活经历，因而具有不同的修养经验和理论需要所造成的。陈献章生平仕路蹇塞，乃一蛰居学者，故多追求个人的精神超脱；而湛若水则宦海半生，为一代学官，当然每思索贯彻封建伦理道德。③

这一评述，道出了湛若水与老师在学术上之所以不同，原因在于个人的经历不同，这样的评述，很符合他俩的实际，当然这评述中也有某些偏颇。事实上，湛若水的思想学说，确实是出于维护封建道德纲常的官方立场，但也应该看到，他的

---

①〔明〕湛若水：《新泉问辩录》，《泉翁大全集》卷六十八，钟彩钧、游腾达点校，第1660页。
②〔明〕湛若水：《新泉问辩录》，《泉翁大全集》卷六十八，钟彩钧、游腾达点校，第1660页。
③侯外庐、邱汉生、张岂之主编：《宋明理学史》下卷，第190页。

思想方法也有追求思想解放、富于启蒙意义的一面。从总体上说，湛若水与老师的差异，确实主要产生于二人具体生活道路的不同。不过，这些差异并非儒家立场的分歧。应该说，湛若水虽然传承师说，但师生二人的心学，是同中有异，这同他们各自的生活环境与社会经历的不同有着密切的关系。可见，社会存在决定社会意识，学者的学术思想源于其生活环境与人生经历，不同的环境与经历，即产生出不一样的学术思想。

二、动静相兼

湛若水的“随处体认天理”，坚持传统儒家的理论立场。湛若水认为，儒家在“动”与“静”关系上是主张二者相兼，并非只是讲“静”，因而湛若水的“随处体认天理”是强调人们在涵养与认知时，不要过于注重“静”而把“静坐”作为唯一的方法。

湛若水并非要否定“静坐”，他还强调“静坐”是“初学者”的入门。他认为，静坐对初学者之所以必要，首先是因为初学的人，他们的本心，即端倪、善性，虽是天赋的、固有的，但由于外界的诱惑，受到了蒙蔽甚至泯没了、丧失了，那么一定要用静坐的办法去进行涵养，“静坐”久了就是进行了“洗涤”，洗涤之后，就会隐隐地见到自己“本体的心”，可以养出“端倪”来了。湛若水认定，“静中养出端倪，为初学者言之”，静坐是为了开始要涵养和认知的人所提出的。

湛若水虽强调初学者首先必须进行静养，但又指出，当你的静坐练了一段时间到了“心熟”程度，那么就进入一个新的阶段，那时你不论是终日去“酬酢万变”，或是在朝中处理“万事”，或是统领“百万”的全副武装的将士，面临变化万千的局面，而你的本体的心，也不会不“呈现”。这是告诉人们，涵养与认知不仅能在静中进行，而有了一定涵养的人，他们体认天理就能随处、随时进行，即便处在变化万千的环境，开展着各种各样的活动，也照样能见到自己的本体之心。这里，湛若水告诉人们“静”与“动”之间并无可分，只要你能无欲、无私，心中“澄然无一物”，那么，“端倪”即善端、“本体之心”，在任何情况下都能呈现，又何必等到“静坐而后见”呢？

湛若水坚持“理无动静”[①]的观点，他认定动与静是合一的、不可相分的，故明确指出，“天理无间动静，理无二故也。动静合一，此是中道”[②]。他认定，涵养是体认天理，使本体呈现不必“静坐”。

湛若水对老师的批评，是出于儒家的一贯立场。他强调儒家关于动静的看法时说：

> 动也，而静在其中矣。[③]
>
> 中即静，和即动，体用一原，显微无间。但静时中处不可着力，才着力即为动矣，故慎独、慎动，都是一理。且谓“戒慎恐惧”四字，何者为静？皆是动时着力功夫，而养静养中之要在其中矣。[④]

在《答余督学》函中，湛若水回顾了儒家先贤对动静的阐述，他指出“静坐”出自北宋的程氏，但并非儒家的正统。湛若水明确指出：

> 古之论学未有以静坐为言者……以静为言者皆禅也。[⑤]

这是说，古时的儒者不讲静坐，如果只讲“静”那便是禅宗了。湛若水认为，宋代程氏讲“静”，那不过是为了弥补当时初级教育中的不足，解一时之急，而不是他们学说的定论，后来儒者片面理解了程氏，结果便过于注重静坐了。

湛若水只是强调，静坐是为了养出端倪，而这个“端倪”是“天之所以与我者，非外烁我也”，是“我固有之”，只是因为“其汩没之久，非静养之，则微而不可见”[⑥]。

在湛若水看来，儒家和佛教禅宗，对动静的看法，有极大的分歧：

他认为，佛教禅宗讲“静”，追求的是“荒忽寂灭”，是虚空，是一切都不存在的“寂灭”状态。他认定，禅宗是强调一个“空”，确实与儒家不同。

他认为，儒家讲“静”，还讲“敬”，讲“义”，是讲“动”与“静”相

---

①〔明〕湛若水：《新泉问辩续录》，《泉翁大全集》卷七十三，钟彩钧、游腾达点校，第1818页。
②〔明〕湛若水：《新泉问辩续录》，《泉翁大全集》卷七十二，钟彩钧、游腾达点校，第1798页。
③〔明〕湛若水：《新泉问辩续录》，《泉翁大全集》卷七十四，钟彩钧、游腾达点校，第1838页。
④〔明〕湛若水：《新泉问辩续录》，《泉翁大全集》卷七十三，钟彩钧、游腾达点校，第1826页。
⑤〔明〕湛若水：《答余督学》，《泉翁大全集》卷八，钟彩钧、游腾达点校，第225页。
⑥〔明〕湛若水：《新泉问辩续录》，《泉翁大全集》卷七十二，钟彩钧、游腾达点校，第1793—1794页。

“混”，即动静相“兼”，动不离静，静不离动，动静相一致，动中有静，静中有动，不可支离。儒家追求的是“复天地之心”，“存天理”而行仁义道德，并非是要一切寂灭，而是强调在动中求静，又在静中求动。

湛若水要强调的是，动静是相对的，不可绝对相分。他如是说：

> “静”字只宜作“定”字，明道先生云：“动亦定，静亦定，无内外，无将迎。”便不倚着一边，便不致疏脱驳杂矣。①

基于这样的认识，湛若水认定：

> 孔门之教，皆欲事上求仁，动时着力，何者？静不可以致力，才致力即已非静矣。②

鉴于对动静相兼的认知，湛若水进而提出：

> 只如是体认，不分静时动时，动静一心也、一理也。③

这是说，儒家的学说都是期求努力做事，在动中去体现人的道德仁义，而处静的时候，就不能用力气，一用力气就不是“静”了！于是，湛若水毫不客气地说，如果只讲“静”，当心偏离儒家的正统！显然，湛若水提出“随处体认天理”，是为了完善陈献章的“静养端倪”，也正是依据儒学的学说观点，出于坚持儒家正统的一种“动静相兼”立场，“随处体认天理”学说才会作为儒家“动静”观在明代得到新的发展。

三、勿忘勿助

湛若水提出“随处体认”，并认定人们“体认天理”是一个自然而然的过

---

①〔明〕湛若水：《新泉问辩续录》，《泉翁大全集》卷七十四，钟彩钧、游腾达点校，第1832页。
②〔明〕湛若水：《答余督学》，《泉翁大全集》卷八，钟彩钧、游腾达点校，第1646页。
③〔明〕湛若水：《新泉问辩续录》，《泉翁大全集》卷七十四，钟彩钧、游腾达点校，第1855页。

程，无须任何人力的介入，他称之为“勿忘勿助”。

（一）勿忘勿助，即涵养之功

明代心学，总是强调人们的涵养与认知全都在心上，而在心上的涵养工夫是一种无须人力介入，勿忘勿助的工夫。湛若水如是说：

> 体认者，在心不在事也。①
>
> 夫勿忘勿助，其养之之功也。②
>
> 心性之学在乎勿忘勿助之间。③

在湛若水看来，认知也是人的一种本能，是在人们心中自然而然产生的工夫，是涵养心性之工夫最为恰当之处，是一种“善思”。他说：

> 此心在勿忘勿助之间，常中中正正，敬立而道义出矣。④
>
> 勿忘勿助之间，即是的当处。顷刻在此，私意习心成心一切皆了。⑤
>
> 终日终身，勿忘勿助，一了百了。⑥
>
> 勿忘勿助，思不出位，如明鉴止水，万象毕照，是善思也。⑦

在讲学时，湛若水回答弟子问“虚己则自然天理发见”时，说这一看法“最好”，进而说明如何能“虚”。他说：

> 盖勿忘勿助，乃是虚己，天理自见。⑧

湛若水认为，只要处于“勿忘勿助”，天理便自然呈现。他直白地说：

---

①〔明〕湛若水：《答闻人宝应》，《泉翁大全集》卷九，钟彩钧、游腾达点校，第264页。
②〔明〕湛若水：《病中答张四全》，《泉翁大全集》卷八，钟彩钧、游腾达点校，第227页。
③〔明〕湛若水：《新泉问辩续录》，《泉翁大全集》卷七十三，钟彩钧、游腾达点校，第1819页。
④〔明〕湛若水：《新泉问辩续录》，《泉翁大全集》卷七十三，钟彩钧、游腾达点校，第1827页。
⑤〔明〕湛若水：《新泉问辩续录》，《泉翁大全集》卷七十二，钟彩钧、游腾达点校，第1799页。
⑥〔明〕湛若水：《新泉问辩续录》，《泉翁大全集》卷七十二，钟彩钧、游腾达点校，第1800页。
⑦〔明〕湛若水：《新泉问辩续录》，《泉翁大全集》卷七十三，钟彩钧、游腾达点校，第1807页。
⑧〔明〕湛若水：《新泉问辩录》，《泉翁大全集》卷六十八，钟彩钧、游腾达点校，第1671页。

但存心于勿忘勿助之间，天理便自然呈露于前。①

须于勿忘勿助之间停停当当，乃见真切，真切即天理本体也。②

而要见天理，则必须心处于寂静而虚的状态。他认定只要做到“勿忘勿助”，即可以“虚”，虚而后便能见到“天理”，勿忘勿助即是涵养工夫。

（二）勿忘勿助，不假人力

进而，湛若水解释说，“勿忘勿助”便是无须借助人力的帮助。他认定，只要你“志学益笃”便能“及勿忘勿助之功”③。应该说，在明代心学家那里，人的心性涵养便是人的道德觉醒；道德觉醒便是人所以为人的前提条件，也是社会道德伦常建立的基础，在心学家看来，这人性的觉醒是人自身具有的本能。先秦时期的原始儒家孔子、孟子，强调“格物、致知、修身、齐家、治国、平天下”，由“内圣”而“外王”，这是自身涵养，在无外力干预下，完成“作圣之功”。故湛若水反复说：

勿忘勿助便是主一，便无丝毫人力，便是自然。④

孟子之“勿忘勿助”，即周、程之所谓“一”，所谓“勿忘勿助之间正当处，而不假丝毫人力”也。程子之“不假丝毫人力”，即白沙先生之所谓“自然”也。皆所谓“体认乎天之理”也。⑤

自然道体，须于勿忘勿助之间求之，便是体道自然之功，此即是点化至言，更无别言。⑥

可见，湛若水从孟子、程子到白沙，在学术的渊源上印证“随处体认天理”，是自然而然的、无须人力的涵养与认知的过程。

---

①〔明〕湛若水：《新泉问辩续录》，《泉翁大全集》卷七十四，钟彩钧、游腾达点校，第1841页。
②〔明〕湛若水：《新泉问辩续录》，《泉翁大全集》卷七十四，钟彩钧、游腾达点校，第1848页。
③〔明〕湛若水：《病中答张四全》，《泉翁大全集》卷八，钟彩钧、游腾达点校，第227页。
④〔明〕湛若水：《天关精舍讲章》，《泉翁大全集》卷十三，钟彩钧、游腾达点校，第394页。
⑤〔明〕湛若水：《白沙书院记》，《泉翁大全集》卷二十七，钟彩钧、游腾达点校，第741页。
⑥〔明〕湛若水：《新泉问辩续录》，《泉翁大全集》卷七十四，钟彩钧、游腾达点校，第1833页。

（三）勿忘勿助，即见天理

湛若水的“勿忘勿助”论，揭示了人们的涵养与认知是一个自然过程，其旨在“见天理”，即体认到天理。他如是说：

> 睹天地自然之体，勿忘勿助，然后可以得斯道之大全。①
>
> 全放下即勿忘勿助，如此天理便见。②
>
> 勿忘勿助之间即见天理耳！勿忘勿助即是中思。③

湛若水认定，人们能放下一切便可以自然而然地体认到天理。即是说，通过不假于人力的勿忘勿助的自然过程，便能体认到天理。在湛若水看来，“体认天理”不仅人人可以进行，具有普世性、具有无条件性，人人都可以在自然而然中进行，无须费力。

湛若水正是从天理自然之理论基点出发，揭示“勿忘勿助”与体认天理的关系，他说：

> 盖戒慎恐惧，即是勿忘勿助，元无丝毫人力，皆是自然，此与鸢飞鱼跃岂不同一活泼？此即是天理。谓之天理者，以其不出人力安排也，理只是一个理，惟不用安排，一出自然，故谓之天。④

显然，湛若水是力图把千百年来心性涵养，即“作圣之功”，从少数士人的独享中解放出来，使之成为人人能不费力气而自然而然地去完成的涵养工夫，使之具有普世性，这就为其“人皆可为尧舜”奠定了理论基础，由此而折射出其学说的时代性与启蒙性。可以说，这也正是其学说不为当时的朝野所认可的主要原因，或许这也是其学说被尘封，其人长期被遗忘的主要原因。诚然，历史终究要还湛若水一个公道。近年，湛若水的家乡人通过整理其著作、召开研讨会、开展讲座等各种方式，重新发现湛若水，发掘、传承与弘扬其思想与精神，让湛若水走进当代社会，让其学说成为新时代建设的精神资源，使甘泉心学走进当代社会。

---

①〔明〕湛若水：《赠别应元忠吉士叙》，《泉翁大全集》卷十五，钟彩钧、游腾达点校，第 456 页。

②〔明〕湛若水：《答洪峻之侍御》，《泉翁大全集》卷十，钟彩钧、游腾达点校，第 306 页。

③〔明〕湛若水：《新泉问辩续录》，《泉翁大全集》卷七十四，钟彩钧、游腾达点校，第 1855 页。

④〔明〕湛若水：《新泉问辩续录》，《泉翁大全集》卷七十三，钟彩钧、游腾达点校，第 1852 页。

四、以德抑欲

关于理与欲的关系，是宋代理学与明代心学至为关注的时代问题，也是宋代理学与明代心学亟待解决的理论问题。湛若水也曾对理欲进行探讨，并大胆提出理欲的一致性，认定人欲存在的合理性。

（一）理与欲同存

湛若水生活的时代，由于工商业的发展，人们的物质欲望被激发出来，朱熹惊叹“人欲横流”。面对如此严峻的社会现实，湛若水也不得不思考人欲与天理的关系，并寻求有效的解决办法。

在湛若水看来，理与欲同时存在。他沿用了宋代理学“人心与道心”的说法，去说明理与欲的关联性。他说：

> 中则全其本体矣，道心之谓也；不中则非本体矣，人心之谓也。中者理也，不中者欲也。心无二也，毫发之间耳。①
>
> 中正即是天理，不中不正即是杂揉，即是人欲。②

湛若水认定，尽管天理与人欲同时存在，但人欲不能与天理同日而语，“天理者，吾心本体之中正也”③，而“人欲也，其不可与道心并言矣”④。可以说，湛若水不仅看到了理与欲的同一性，也洞察到二者的差异性，并力图揭示二者的辩证关系。

（二）理与欲相为消长

在湛若水看来，理与欲同时存在，各有自己的“根”，故他说“万理同根，

①〔明〕湛若水：《一致章第十二》，《泉翁大全集》卷二，钟彩钧、游腾达点校，第 51 页。
②〔明〕湛若水：《新泉问辩续录》，《泉翁大全集》卷七十三，钟彩钧、游腾达点校，第 1826 页。
③〔明〕湛若水：《问学第一》，《泉翁大全集》卷六，钟彩钧、游腾达点校，第 116 页。
④〔明〕湛若水：《求仁第八》，《泉翁大全集》卷六，钟彩钧、游腾达点校，第 140 页。

万欲亦同根”，“理”与“欲”“其几甚微，其成甚大”①，但彼此均在消长之中，而并非一成不变，此消则彼长，彼消则此长。他明确指出：

> 夫好恶本非二心，理欲相为消长。②

理欲相消长的看法，并非湛若水的发明，朱熹早已说过，而湛若水以善与恶的视角去对这种消长进行审视。他认为，因为人总存有“好仁之心”，这种仁心确实“真切”，如果“不仁”要去伤害“仁”，这时“人欲净尽，天理流行”③，天理长而人欲消。

既然理与欲相为消长，那么天理存则人欲便消，这是宋明时期理学家与心学家的共识。湛若水正是由此基本认知出发，而认定人自身的道德本性觉醒，便能抑制受外界诱惑而产生的物质欲望。他指出：

> 天理存时，则人欲自消，消尽者为圣人。④
>
> 天理日明而人欲日隐，天理日长而人欲日消。⑤
>
> 常存天理，则人欲自去，非谓一边存天理，一边去人欲也。⑥

天理长而人欲消，这一观点正是湛若水“以德抑欲”的理论依据。故他告诫学子：

> 学者只是终日乾乾，体认自家本来天理，则人欲自消。⑦

在湛若水看来，程朱理学主张的“存天理去人欲”并不可行。他认定“去欲”不可能，只能通过“体认天理”，树立仁心、公心、善心去克制人欲。

他给弟子讲学时，有如下一段精彩的对话：

> 杨东熙问：“名利、货色，私欲之大也，必先克去之，何如？”

---

①〔明〕湛若水：《新泉问辩续录》，《泉翁大全集》卷七十一，钟彩钧、游腾达点校，第 1758 页。
②〔明〕湛若水：《莲洞书馆讲章》，《泉翁大全集》卷十三，钟彩钧、游腾达点校，第 387 页。
③〔明〕湛若水：《莲洞书馆讲章》，《泉翁大全集》卷十三，钟彩钧、游腾达点校，第 387 页。
④〔明〕湛若水：《天关精舍语录》，《泉翁大全集》卷十三，钟彩钧、游腾达点校，第 403 页。
⑤〔明〕湛若水：《虚实第十》，《泉翁大全集》卷六，钟彩钧、游腾达点校，第 145 页。
⑥〔明〕湛若水：《新泉问辩续录》，《泉翁大全集》卷七十四，钟彩钧、游腾达点校，第 1850 页。
⑦〔明〕湛若水：《新泉问辩续录》，《泉翁大全集》卷七十二，钟彩钧、游腾达点校，第 1790 页。

甘泉子曰："然。然而所谓克者，匪坚制尔也，其惟进天理乎！天理日明而人欲日隐，天理日长而人欲日消，是之谓克。"

又问："己不克，安能见理？"

曰："未体天理，焉知人欲？未能如好好色，焉能如恶恶臭？夫惟仁可以胜不仁，而见大可以忘小。故曰：'好仁者，无以尚之。'否则富贵功名之于欲大矣，孰能小之？"

曰："体天理如之何？"

曰："今夫人之起念于躯壳也，即无往而非私，知物我之同体，则公矣。公也者，其天理乎！"①

这段对话，师生都说得很直白，也很精彩！这是湛若水最为全面地回答理欲关系的解读。

首先，湛若水依据"欲"也就是"性"，"性"就是"天理"的基本观点，认定人欲与天理是一体的，你体悟到"天理"，才会知道什么是"人欲"。虽然人欲如好货、好色，从人的躯体产生，是私欲，但是，因为万物与我同是一体，所以这种"私"也是"公"，什么是"公"？"公"也就是"天理"。

进而，湛若水认定"天理"与"人欲"相互依存，也相互消长，天理长则人欲消，人欲长则天理消。让人欲消而天理长的过程，就叫作"克"，即是在人欲与天理的消长过程中，克除"人欲"，便是用"仁"去"胜不仁"，以道德去抑制不道德，便能"见大可以忘小"，所以，克除人欲并非要以强制的办法。

结论，湛若水的"理欲合一"论落脚在"见大忘小"，通过张扬道德本体的"大"，而去克除那些物欲的"小"。

可以说，湛若水主张以心学的良方，即以"体认天理"启发人的道德自觉，使人能"见""天理"之本体，以"见大"而去"忘"人欲之"小"，这样便能疗治当时"人欲横流"的社会顽疾。可见，湛若水提出了与朱熹完全不同的方法，那就是：用"随处体认天理"的方法，通过唤醒人的道德本性，使人人能用仁义的"善"，去消除行为的"不善"，即唤醒人的内在的道德自觉，树立公心，而去抵制物欲的诱惑，从而使人人自觉地维系社会的道德纲常。所以，湛若水告诫人们：

① 〔明〕湛若水：《虚实第十》，《泉翁大全集》卷六，钟彩钧、游腾达点校，第144—145页。

尽其性则尽人物之性，与天地参矣。何等广大！何等切实！[①]

这便是以道德去抑制物质欲望，这也就是今人所说的，培育人的“道德自律”而去维护社会的道德伦常。

湛若水的物与欲不可相分的思想，被他的弟子大加发挥，不仅明确地使用了“理欲合一”的说法，而且对物欲二者是怎样地“合”，作了更为具体的阐说，又尖锐地批评了宋儒的观点。从黄宗羲《明儒学案》保存的史料可见，湛若水几名弟子大都论及了“理欲合一”，他们或是从理气合一的基本理论出发，或是以儒家经典为依据而进行阐述。

可以说，在中国没有发生如西方那样的思想启蒙运动，但是在400多年前，仍进行了抨击，顺应了商品经济发展的历史潮流，发出了时代呼声。“理欲合一”论敢于疾呼：人的合理的、并非过分的情欲应得到满足，给人以生存的权利。“理欲合一”论，是明代思想启蒙的早期萌芽，是近代中国自然人性论与人性合理论的思想渊源。这一理论的创立，它的理论贡献与历史影响不可低估！这或许是湛若水的学说及其宣传学说的平台——书院，不被当时的统治集团所接纳的最根本的原因。

以德抑欲，是明代心学的理论基点与特色。如前所说，“以农为本”的古代中国，一直以“重农抑商”为国策，结果工商业发展受到限制，然而社会的发展总有着自身的、不以统治者的意志所左右的发展规律，由于生产工具的改进，生产技术的提高，带来生产力水平的提升，同时带来了更多的产品，人们在自用有余的情况下，需要进行必要的市场交换，于是担负产品流通的工商业得以发展。迄至宋代，中国的工商业已有了相当的发展，出现了比较繁荣的城镇以及市民阶层。商品经济的发展，催化了人的物质欲望的膨胀，也带来了社会道德下滑的负面效应。面对这“人欲横流”的现实社会，宋代的理学家们开出“存天理去人欲”的良方，而明代的心学家们，则认为人欲具有合理性，去不得，只能通过道德本性的觉醒，以道德去抑制物质欲望。从陈献章的“静养端倪”、湛若水的“体认天理”，到王阳明的“致良知”，都是这一理路。在这三人中，湛若水对以德抑欲的阐述是最为具体而精微的，这是其学说的精彩之处，凸显出其学说的当代价值。

---

①〔明〕湛若水：《新泉问辩续录》，《泉翁大全集》卷七十一，钟彩钧、游腾达点校，第1752页。

第九章　学说（四）

思想学说，总是时代的产物，也是思想家社会实践的升华。湛若水以其特有的社会实践而形成“随处体认天理”的理论学说，完善与发展了陈献章的“静养端倪”，进而提出“心包万物”“理即吾心”“宇宙在我”等重要的学术命题，完成了富于岭南特色的系统而全面的心学体系的构建。其甘泉心学与阳明心学，成为明代学术星空上的双子星，其学养与贡献可媲美于南宋时期的朱熹。

一、心包万物

在学界，一般是用本体论来区分哲学体系的属性。一个哲学体系，它的本体论阐述的是世界的本原是物质还是精神、是气还是理、是理还是心的问题。以此标准推论，心学便是以“心”为宇宙本原。然而，明代心学开篇者陈献章，他的心学则是以“道”（“理”）与“气”同时作为宇宙本原，故受到学界的质疑，以为白沙心学并非心学。其弟子湛若水则既传承了先师“道气同为本”的思想，又把先师的思想向心学的路向推进。他用心性图展示了心贯万物，又认定“万事万物莫非我心”“理即心”，因而凸显了心学本色。

为说明心包万物以及“以心为本”的心学核心理念，湛若水绘画了一个《心性图》①，并撰写了哲学论作《心性图说》，对该图作了文字说明。其心性图如下：

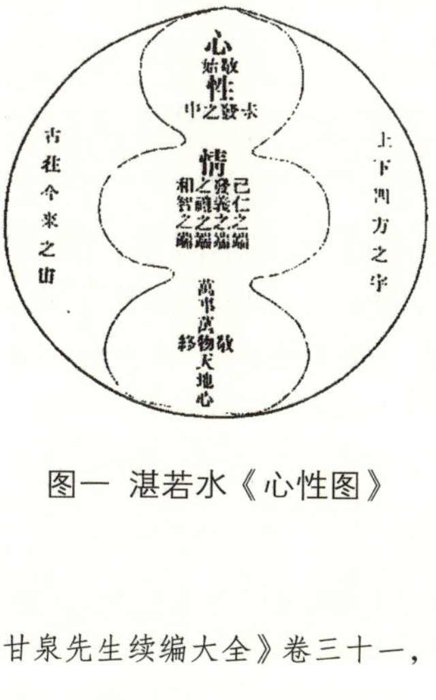

图一　湛若水《心性图》

①〔明〕湛若水：《心性图》，《甘泉先生续编大全》卷三十一，钟彩钧、游腾达点校，第948页。

湛若水这一“心性图”，由外面一个大圈和圈里的三个小圈组成。大圈表示宇宙由无限的时间和无限的空间构成，“宇”便是“上下四方”的空间，“宙”便是“古今往来”的时间；三个小圈，表示宇宙发展的三个阶段，即开始阶段、发展阶段和终结阶段。三个阶段贯穿着“心”，第一阶段“心”处于“未发”状态，第二阶段“心”处于“已发”状态，呈现了仁、义、礼、智的四“端”之“心”，第三阶段进入了“万事万物”的化育发展。宇宙发展的整个过程，始终贯穿着“心”，“心无所不包”，心包万物，心贯万物。作为化育天地万物的“心”是宇宙的本原，它和它所化育的万事万物，完全地合为一体。

湛若水的心性图，集中表达了“以心为本”“体用一原”的思想。在他的《心性图说》中，用了一个“包”字和一个“贯”字，在时间与空间二维上确立了“心”的本原地位。他如是说：

何以小圈？曰：心无所不贯也。何以大圈？曰：心无所不包也。包与贯，实非二也。故心也者，包乎天地万物之外，而贯乎天地万物之中者也。中外非二也。天地无内外，心亦无内外。①

这也即是说，心既包着天地万物在其外；又贯于天地万物，在其内。“心”无所不在，无时不在，它与万事万物合为一体，人内在的“心”，同人之外的“万事万物”不可分离。这说明了宇宙的一切，统统源于心，心是宇宙的本原。

继而，湛若水又强调心与万物的关系，他说：

故心也者，包乎天地万物之外，而贯乎天地万物之中者也。中外非二也。②

在湛若水看来，心统包了天地万物，又贯穿于天地万物之中，心是宇宙万物的本体，又同宇宙万物融为一体，不可相分。

可以说，心性图集中展现了湛若水心学的基本内涵与特色。尽管他也以“气”作为宇宙的本体，但其强调心贯乎与包乎万物的理论足以展示其心学的核心内容。从理论阐述的精微性看，湛若水进而揭示心的属性，说：

---

①〔明〕湛若水：《心性图说》，《泉翁大全集》卷三十二，钟彩钧、游腾达点校，第951页。
②〔明〕湛若水：《心性图说》，《泉翁大全集》卷三十二，钟彩钧、游腾达点校，第951页。

> 心体物而不遗，故无外……故心也者，无远近，无内外。[1]

由上足见湛若水作为明代的心学大师，当之无愧！

二、理即吾心

湛若水的心性图，揭示宇宙发展、万物化育的过程，始终贯穿着“心”，“心无所不贯”“心无所不包”。湛若水常常论述“以心为本”的思想，从现存讲章来看，在泗州讲学时讲得最为明确，他简明地说：

> 万事万物莫非心也。[2]

显然，湛若水认定天地间的一切事和物无非都是“心”的体现。如何理解这样的说法？在回答弟子丘汝庄的提问时，湛若水作了如下的解说：

> 人也者，天地之气也；心也者，天地之气之精也。可见天下无一而非吾之心，则无一而非吾之事，心事非二也，一以贯之者也。[3]

湛若水是说，人是天地之气所生，但“心”则是气的精华，天地间的一切，都是我的心的体现而已，没有一件事不是我的事，因为心与事并非两码事，而是相连贯的一个整体。可见，湛若水认定宇宙间的事和物，所有的一切，统统都因为我的心而存在。于是，“心”成为统摄一切的本原。这便凸显了他的学说的心学本色。

“心”，是湛若水学说的核心概念，是其讲学的主要内容。他给弟子解读经典、答疑时，全离不开关于“心”的内容。在其弟子整理的《新泉问辩录》《新泉问辩续录》，以及书院讲章中处处可见“心”字。湛若水不仅把自己的学说定位在心学上，而且还说：

---

①〔明〕湛若水：《授受第五》，《泉翁大全集》卷一，钟彩钧、游腾达点校，第12页。
②〔明〕湛若水：《泗州两学讲章 》，《泉翁大全集》卷十二，钟彩钧、游腾达点校，第349页。
③〔明〕湛若水：《新泉问辩续录》，《泉翁大全集》卷七十一，钟彩钧、游腾达点校，第1748页。

夫圣人之学，心学也。①

在湛若水看来，儒家学说便是“心学”。他的这一说法，不仅为了论证自己学说的儒家正统身份，同时也揭示了儒家学说的核心内容在于教人在“心”上作文章，注重心性涵养以及社会管理的德治。在阳明那里也有“圣人之学即心学”的说法，与湛若水的看法相一致，可见他们立志“共兴圣学”，便是以心学回归正宗儒学。

心学，一般来说是以心为宇宙的本体。湛若水的心学本色，不仅体现在他提出了“万事万物无非心”，而且还体现在他提出的“天即理”“理即心”。在他的学说里，心是宇宙的本体，阐说得十分清楚！

湛若水多次论及心与理的关系，在《雍语》中，他直白地说：

天即理也，理即心也，自然也。②

道，天理也，心之本体也。③

湛若水是说，天就是理，理就是心，都是自然而然的。显然，他在“天”“理”和“心”之间画上了等号，认定在人之外的“天”“理”与人的“心”同一。

“天”=“理”=“心”=“自然”

这四者之间没有差异，是等同的关系。正是在这样的前提下，湛若水又认定，道、天理都是心的本体。

由于湛若水认定“理”和“心”都是宇宙的“本体”，于是他也就认定“心”具有与“理”同样的属性与功能。他的这一看法，具体从以下方面阐述：

首先，“心”至大、至广，在空间上具有无限性。湛若水在《雍语》中说：

夫心广矣，大矣。④

---

①〔明〕湛若水：《泗州两学讲章》，《泉翁大全集》卷十二，钟彩钧、游腾达点校，第349页。
②〔明〕湛若水：《一理第六》，《泉翁大全集》卷六，钟彩钧、游腾达点校，第133页。
③〔明〕湛若水：《问学第一》，《泉翁大全集》卷六，钟彩钧、游腾达点校，第116页。
④〔明〕湛若水：《辨志第十二》，《泉翁大全集》卷六，钟彩钧、游腾达点校，第150页。

湛若水认为，过去的经典都说，心是至大、至广的。关于心如何至大、至广，他在《心性图说》中，明确提出心是“包乎天地万物之外”又“贯乎天地万物之中”。就是说，心囊括天地万物，又贯穿于天地万物之中，心无所不在，无处不在，既大又广，占据了宇宙的一切空间。他认定，从人的意念到天地之间的万事万物，无非都是“心”。换言之，离开了心，宇宙间的一切都不存在。

进而，湛若水又提出，“心”不仅广大，而且精微，它既具有“天”之灵，又具有“气”之精。在《四勿总箴有序》中，他说：

心含天灵，灏气之精，与地广大，与天高明。惟精惟灵，贯通百体。非礼一念，能知太始。①

心性之广大精微，与天地万物同体，而万变万务出焉，其本于心。②

在《雍语》中，湛若水说：

人心广大高明，其即天地之覆载万物乎！体而存之，故能与天地准。③

在湛若水看来，心具有广大与精微的属性，它既精又灵。这些属性具体便是：心，有天的灵性，又有气的精性；心，既有地一般的广大，又有天一般的高明；心，既与天地万物同体，又能产生出万变万务；心，既贯通于万事万物之中，又覆盖着万物；心，既体现于万物，又长存于万物，所以它能与天地相比照。

由上足见，湛若水的学说已经具有鲜明的心学特征。他给“心”所赋予的属性，是同天地、宇宙的属性相同，显然他在“道”“气”“理”“心”“性”几个概念之间画上等号之后，也就直截了当地把“心”提升到了宇宙本原的层面，这正是他对白沙心学的一个超越。值得注意的是，尽管恪守师道的湛若水没有背离先师白沙学说的基本理论观点，虽然他提出了“理即心”，与王阳明的“心即理”异曲同工，但是，他从来没有王阳明“心外无理，心外无物，心外无事”的说法，而且他又把理、心等同于“自然”，显然是恪守了先师“宗自然”的思想。当然，也不能因为他维护了“宗自然”，而否定他的心学特色以及他的理论创新。应该看到，湛若水创新和超越了白沙心学，其学说更突显心学特色，在某种意义上与阳明心学

①〔明〕湛若水：《四勿总箴有序》，《泉翁大全集》卷三十二，钟彩钧、游腾达点校，第840页。
②〔明〕湛若水：《四勿总箴有序》，《泉翁大全集》卷三十三，钟彩钧、游腾达点校，第841页。
③〔明〕湛若水：《虚实第十》，《泉翁大全集》卷六，钟彩钧、游腾达点校，第144页。

更靠近了。但是，他的心学仍然保持了“心外有物”的白沙心学的特色，因而与阳明心学也就存在“小异”之处。

三、性者生也

心学，即关于心性涵养的学说，因而心学家在谈论“心”之时，必然涉及“性”，湛若水也如此。他明确把“性”界定为“心之生理”，并把几个范畴勾连在一起而说明彼此之间的关系。

在《扬州府县学讲章》中，湛若水说：

> 性者，与心俱生，其文从心从生，乃是心之生理也。①
>
> 云天命之谓性者，言天之命即为人之性，在天为命，在人为性也。故知作用是性之非性矣。率性之谓道者，循性之自然而行，心之所谓性，即事之所谓道。在心为性，在事为道，性体而道用也。②

在湛若水认为，“性”字的结构，从心，从生，是一个会意字，是说事物中的道，如果在心中，便是性罢了。因而，在《至道堂铭》的序中，湛若水说：

> 夫理，一而已矣。以其原于天则谓之命，以其性命之主宰则谓之心，以其心之生理则谓之性，以其循性之所发而由之则谓之道。③

鉴于这样的认识，湛若水进而提出：

> 在事为道，在政为教也，曰命、曰性、曰道、曰教，非有二物，随在异名耳。④

---

①〔明〕湛若水：《扬州府县学讲章》，《泉翁大全集》卷十二，钟彩钧、游腾达点校，第 354 页。
②〔明〕湛若水：《扬州府县学讲章》，《泉翁大全集》卷十二，钟彩钧、游腾达点校，第 354 页。
③〔明〕湛若水：《至道堂铭有序》，《泉翁大全集》卷三十三，钟彩钧、游腾达点校，第 887 页。
④〔明〕湛若水：《扬州府县学讲章》，《泉翁大全集》卷十二，钟彩钧、游腾达点校，第 354—355 页。

为何非二物而可以“异名”？湛若水认为：

所谓道也者不可须臾离，可离非道也者。言道根于性命，发为政教，与人俱生，非是二物可合可离。若其可离，即是二物，非根于性命之道也。①

在甘泉心学里，由于对“支离”的清算，故常常强调“合一”“同一”，把不同概念、范畴视为同一，过于注重事物的同一性，则难免忽略了事物的差异性。在哲学的层面上说，也就是过分夸大了矛盾的普遍性而忽略了矛盾的特殊性。这便是湛若水在阐述“性”时，虽已揭示了它的“生”的属性，但由于过于强调“性”与命、道、教等等的非二性，也就抹去了彼此的差异，而这便是甘泉心学的理论有失偏颇处。

四、宇宙在我

湛若水提出“理即心”，确立了心为宇宙的“本体”，呈现其心学特色。他还明确提出“宇宙在我”的说法，强调“宇宙之化即我之化”，完成了构建岭南心学理论体系的历史使命。

中国心学，由南宋的陆九渊首创。陆学的核心思想是“宇宙在我”。这一说法，渊源于先秦的孟子，而一直成为心学的核心命题。从陆九渊到明代的陈献章、湛若水再到王阳明，都讲“宇宙在我”。可以说，“宇宙在我”是心学的理论标杆！

湛若水的心学，也以“宇宙在我”论为核心，而展开宇宙演化理论的阐述，由此论证“心”是宇宙本体，从而构建其心学体系。在给弟子讲学时，湛若水说：

则宇宙与我通一无二。宇宙在我，而宇宙之化即吾之化。②

①〔明〕湛若水：《扬州府县学讲章》，《泉翁大全集》卷十二，钟彩钧、游腾达点校，第355页。
②〔明〕湛若水：《新泉问辩续录》，《泉翁大全集》卷七十一，钟彩钧、游腾达点校，第1756页。

道者，天理也，此体包贯四方上下，宇宙在我矣。[①]

好一个“宇宙在我”！湛若水是说宇宙在我之中，主体的我同客体的宇宙合为完整的一体，而并非彼此相分离。

湛若水在给弟子答疑时，他强调：

人之心，即天地之心，人之性情即天地之性情；性情正而和，而万化生焉，故曰：“天地之用，皆我之用。”是天地万化在我矣。[②]

宇宙在我，而宇宙之化即吾之化。[③]

又一个“宇宙在我”！在湛若水看来，既然我与宇宙一体，那么宇宙的变化，也就是我的变化。他说“宇宙之化，即吾之化”，便是把人的主体意识，即“心”作为万物存在、宇宙变化的本原了。这无疑是心学的理论基点与核心。

这一来，湛若水的学说便和孟子、陆九渊接上了轨。当然，湛若水的先师陈献章也有“宇宙在我”的说法。尽管陈献章没有“以心为本”，而是以道与气为本，但是他所创立的是名实相符的心学，同样高度重视人的主体精神的能动作用。陈献章的书函中，有如下说法：

会此则天地我立，万化我出，而宇宙在我。[④]

“会此”，何解？“会”即领会、把握，“此”是“此理”，即使作为宇宙本体的“道”，亦作“理”。陈献章的原话，在“会此”之前，已经说明“此理”是什么。他这样说：

此理干涉至大，无内外，无终始，无一处不到，无一息不运。会此则天地我立，万化我出，而宇宙在我。[⑤]

陈献章这至理名言，出自他的哲学论作《与林郡博》。在该文中，陈献章不

---

①〔明〕湛若水：《新泉问辩续录》，《泉翁大全集》卷七十一，钟彩钧、游腾达点校，第1769—1770页。
②〔明〕湛若水：《新泉问辩续录》，《泉翁大全集》卷七十二，钟彩钧、游腾达点校，第1567页。
③〔明〕湛若水：《新泉问辩续录》，《泉翁大全集》卷七十一，钟彩钧、游腾达点校，第1756页。
④〔明〕陈献章：《与林郡博》，《陈献章集》，孙通海点校，第217页。
⑤〔明〕陈献章：《与林郡博》，《陈献章集》，孙通海点校，第217页。

仅揭示了作为宇宙本体的“道”具有至大无比的属性，而且告诉人们，如能把握了“道”，就能具有与“道”同样的“天地我立，万化我出，宇宙在我”的本体性与主控性。但是，值得注意的是，陈献章的“宇宙在我”是以“会此”为前提条件的。“会此”便是把握“道”，依循“理”即今人所说的把握规律。在这里，湛若水偏离了老师的理论前提，讲“宇宙在我”时，不再附加“会此”为前提，只讲“我立”。他在给弟子解答问题时说：

> “立我”二字最好。我立则我大而物小，我有余而物不足，我无穷而物有尽。①

在湛若水和所有的心学家看来，人的“心”即人的主体精神，有着巨大的能动性，宇宙间一切的一切，无非是人的能动性的发挥而产生的结果，宇宙的变化也就是人的能动性所为。过去学界把这种学说归为“唯心论”并予以批评。

应该肯定，“唯心论”与“唯物论”的区分是西方哲学的说法，中国古代哲学本无此说。唯物论与唯心论，在中国哲学体系里不存在绝对的界限，就一个具体的哲学体系而言，并不存在“非黑即白”“非此即彼”的明显分界，而是呈现唯物因素与唯心因素并存，呈现“亦此亦彼”的复杂状态。唯物与唯心两个流派的学说，各有理论合理性与偏颇。当然，心学不等同于唯心论，但心学确实存在唯心论的思想成分，存在过于夸大人的主体精神的理论偏颇。

应该肯定，人的主体精神具有巨大的能动性，可以创造出种种奇迹来，但是，能不能说“宇宙之化即吾之化”呢？试问，宇宙在人类出现之前，是否已经存在？近现代的自然科学以及考古学早已证明，在人类出现之前宇宙已经存在，可见那个时期的“宇宙之化”，绝不可能是“吾之化”！再者，人类的能动精神的发挥，必须在一定的外部环境下进行，必然受到客观条件与客观规律的制约，不可能是“人有多大胆，地有多高产”“只要想得到，就能做得到”！近年，在宣传阳明心学的热潮中，一种非理性的、非客观的解读与宣传，完全忽略了心学的理论偏颇，难免会给广大民众带来误导。

---

①〔明〕湛若水：《新泉问辩续录》，《泉翁大全集》卷七十一，钟彩钧、游腾达点校，第1751页。

五、圣人之学

湛若水以毕生的精力完善和发展白沙心学，创立了博大精微的心学，不愧为陈献章的衣钵传人，不愧为中国的心学大师。他既要遵师嘱，弘师道，又要振兴圣学，捍卫儒家的正统地位。

湛若水步入仕途时结识了王阳明，二人立下大志：“共兴圣学”。圣学是什么？在他们看来，圣学是圣人之学，孔孟之学，也即是心学。他在给弟子讲学时，曾这样明白地说：

> 夫圣人之学，心学也。如何谓心学？万事万物莫非心也。①

显然，湛若水在圣学与心学之间，画上了等号：

> 心学＝圣学

为何说“圣人之学皆心学”呢？在《新泉问辩录》中，湛若水明确地说：

> 用中、择中庸与允执厥中，皆在心上，若外心性，何处讨中？②
>
> 天理是一大头脑，千圣千贤共此头脑，终日终身只是此一大事，更无别事。③

湛若水是说，因为“天理是个大头脑”，是“千圣千贤”所共有的大头脑，以往的千百世、以后的千百世，在这漫长的时间长河中有千圣千贤，他们的“千言万语虽不同”，但都“同归天理二字”。这里，湛若水的推理是：

因为：

> 天理是圣人的大头脑
>
> 圣人用心去体认天理

---

①〔明〕湛若水：《泗州两学讲章》，《泉翁大全集》卷十二，钟彩钧、游腾达点校，第 349 页。
②〔明〕湛若水：《新泉问辩录》，《泉翁大全集》卷六十七，钟彩钧、游腾达点校，第 1633 页。
③〔明〕湛若水：《新泉问辩录》，《泉翁大全集》卷六十七，钟彩钧、游腾达点校，第 1633 页。

所以：

> 体认天理就是圣学
>
> 体认天理的学说，就是圣学，也就是心学

湛若水把从尧舜到二程，这几千年的圣学归结为心学。一方面，揭示了儒家学说的本质是心性之学，其学说的核心内容是体认天理，也即是心性涵养；另一方面，表明他所倡导的“随处体认天理”，所创立的甘泉心学是心学，也就是儒家的正宗学派，是“圣学”的振兴。

应该说，湛若水的“圣学皆心学”看法，合乎历史的真实。原始儒家，产生于春秋战国时期，当时的士人面对动乱的现实社会处于“无序”之中，他们都要去寻求由“乱”而回归于“治”的良方，各家各派提出了不同的看法。孔子、孟子都认定动乱之所以出现，是由于人的本性出了问题。《论语·泰伯》记述了孔子当时的看法：

> 好勇疾贫，乱也。人而不仁，疾之已甚，乱也。

在孔子看来，“仁”是人的本性，而“不仁”便是失去了本性；失去了本性，就会产生种种动乱。于是，孔子提出用“克己复礼归仁”的办法去解决，他主张用“礼”即社会道德规范，去抑制和约束个人的欲望，恢复“仁”的道德品格，从而维护社会的安宁。孔子的治国理念，便是建筑在这种“反求诸心”的理论基点上。儒家经典《大学》提出“修身、齐家、治国、平天下”，说的便是孔子的这个意思。

孔子的再传弟子孟子，继承了孔子的思想并加以发挥。他把人的本性“仁”，看作是天赋予人的本性，它是一种“善端”，即人的仁义礼智道德品格的发端处。孟子明确提出，人的涵养便是：

> 尽其心者，知其性也。知其性，则知天矣。（《孟子·尽心上》）

学界把他这个说法称作“尽心”说，并认定这就是后来的心学的源头。

孟子的“尽心”说便是：

> “尽心”—“知性”—“知天”

这是教人向自己的内心进行感悟，感悟了内心就能感悟到自己的本性，发现

自己心中固有的善端，也就能体悟和把握天理，最后达到“宇宙在我”的境界。可以说，南宋的陆九渊把“尊德性”作为涵养的方法，是要人们从自己的“德性”体悟开始，而实现“宇宙在我”的圣贤境界；明代中叶，从陈献章的“静养端倪”到湛若水的“随处体认天理”，再到王阳明的“格物致知”“致良知”，统统是沿着孟子的“尽其心者，知其性也。知其性，则知天矣”的理论路向进行发挥。明代心学，既然从孟子而来，而孟子又从孔子而来，也就由圣学而来。可见，湛若水提出“圣人之学，皆是心学”的论断，何等的精当！

第十章　贵疑

湛若水从提出“随处体认天理”，到提出“体用一原”的“主一”本体论，再到系统的“合一”论的整体协调观的创立，最后完成了“理即心”“万事万物莫非我心”的完整的心学体系。湛若水之所以能有如此的成就，有多方面的原因，而其中最为关键的原因是，他继承了陈献章的“贵疑”精神。他敢于怀疑，敢于大胆创新，能站在前人肩膀上，往前看，大胆地对以往的思想学说进行检讨、批评和发展，而后构建能反映时代呼声的新学说。他的“贵疑”精神，值得后人珍惜与弘扬。

一、为学贵疑

“学贵知疑”，是湛若水的先师陈献章大力倡导的一种文化精神，一种敢于怀疑、敢于创新的无畏精神。创新，是人类特有的基因：由于创新，人类能不断地创造出愈来愈好的物质条件，也由于创新，人类不断地创造愈来愈美好的精神家园。白沙心学，是陈献章创新的思想学说，湛若水沿着先师的创新之路，做出了更大的贡献；他正是弘扬了“学贵知疑”的文化精神，在大胆怀疑中，收获了新的思想学说。

湛若水在弟子发问“学贵疑”时，回答说：

> 学贵疑，疑斯辨，辨斯得矣。故学也者，觉此者也。①

湛若水是告诉弟子，学是什么？学便是自觉、自得。怎样才能自觉、自得呢？他明确告知弟子，需要有“贵疑”的精神，先要敢于怀疑，有了怀疑就能把问题辨清，辨清之后才会有所得。这是学习的规律，也是创新理论的规律。

湛若水的“贵疑”，像他的老师一样，是大胆怀疑，即是敢于对圣贤、先人怀疑，也敢于对今人怀疑，包括对自己的老师以及周边的一切人的怀疑。怀疑的程度愈大，进步就愈大，怀疑程度同进步的大小成正比，这是他对先师陈献章“贵疑”精神的领会与诠释。陈献章曾说：

---

①〔明〕湛若水：《始终第五》，《泉翁大全集》卷六，钟彩钧、游腾达点校，第129页。

我否子亦否，我然子亦然。然否苟由我，于子何有焉？[①]

这话说得好！我是老师，我说“否”——“不是”，你也说“否”——“不是”，我说“是”，你也说“是”，“是”与“否”都跟着老师说，那么，你能有什么收获呢？这是告诉学生，只有敢于大胆怀疑，独立思考，才能有所得。陈献章还告诉学生：

前辈谓“学贵知疑”，小疑则小进，大疑则大进。疑者，觉悟之机也。一番觉悟，一番长进。[②]

“学贵知疑”，确实是陈献章的前辈们所提出。从史料看，陆九渊便是极力倡导“贵疑”，他非常强调“疑”的重要性，他曾如是说：

为学患无疑，疑则有进。[③]
一见便有疑，一疑便有觉。[④]
小疑则小进，大疑则大进。[⑤]

陆九渊是说，学习、做学问最怕不敢怀疑，因为有了疑问才会有觉悟、有进步；小的怀疑有小的进步，大的怀疑有大的进步；不能跟着别人的脚跟走步他人的后尘，不能学别人的话语，鹦鹉学舌，绝不可盲从。正是这样的“贵疑”精神，使他敢于创立一个心学流派，与程朱理学相对峙，与当时的学术权威朱熹叫板。“贵疑”，一定要“大疑”，敢于挑战权威。

心学，是在宋明时期出现的儒学新流派，它体现着中国社会发展至宋明时期的时代新声。它的创立，有赖于“贵疑”精神：陆九渊在程朱理学盛行之时，另辟蹊径，开创了一代心学；陈献章在程朱理学一统天下之时，创新了“作圣之功”，挑战了理学的独尊地位，开明代的学术新风；湛若水继陆、陈之后，完善和发展了心学，把一个新的儒家学派，推上学术的巅峰。他的学术创新，离不开“贵疑”精

---

①〔明〕陈献章：《赠陈秉常》，《陈献章集》，孙通海点校，第287页。
②〔明〕陈献章：《与张廷实主事》，《陈献章集》，孙通海点校，第165页。
③〔宋〕陆九渊：《荆州日录》，《陆九渊集》卷三十五，钟哲点校，第472页。
④〔宋〕陆九渊：《年谱》，《陆九渊集》卷三十六，钟哲点校，第482页。
⑤〔宋〕陆九渊：《年谱》，《陆九渊集》卷三十六，钟哲点校，第482页。

神；他的学术成就，完全与他“贵疑”精神成正比例。他，敢于怀疑儒家的权威；他，敢于怀疑颇有社会影响的《老子》；他，敢于怀疑孔子向老子问道的事实；他，敢于挑战一切的一切！如此的“贵疑”精神，实值得后人钦佩与学习！

二、不畏权威

湛若水，可以称得上是“大疑”之人。所谓“大疑”，便是怀疑一切，思想大解放的精神。“大疑”体现在敢于怀疑周边的一切人，包括自己的老师，还敢于怀疑社会的权威人物。

由于提出“随处体认天理”，湛若水得到陈献章的赏识而成为衣钵传人，老师之所以看中他，正是因为他有“贵疑”精神，敢于怀疑老师的“静养端倪”，而并非只是对老师说“是”，而不敢说“否”。湛若水在后来的学术生涯中，所以能不断创新，完善和发展先师的学说，而且创造明代心学的辉煌，也正是因为他敢于对先师的学说进行大胆的检讨，在检讨中把理论向前推进。老师，是学生心中的权威，圣贤，则是社会上的权威。湛若水的老师陈献章，既是学生心中的权威，也是当时的社会名流，具有一定的权威性。

湛若水不畏一切权威，尤其是敢于怀疑儒家的权威。面对当时社会上的权威，湛若水毫不畏惧，其“随处体认天理”，否定了朱熹的“格物致知”的权威学说，否定了宋儒们向外的涵养和认知方法。进而，他发明了“合一”论，从“体用一原”到“理心合一”“事心合一”“知行合一”“二业合一”“理欲合一”等，全方位、多视角地检讨和批判了社会上广为流行的“支离”理论。

在湛若水的观念里，他从来没把当时社会所崇敬的圣人朱熹当一回事。如前所说，湛若水在谈论“千圣千贤”时，开列了一大批圣贤的名单，从尧舜到二程，就没有提及“朱熹”。再说，湛若水同王阳明在京师“一见定交”之后，便立志“共兴圣学”，他们的“共兴圣学”，潜台词便是否定当时的所谓权威学说——“程朱理学”，而回归于原始儒学——“孔孟之学”。可见，湛若水既不把朱熹当作圣贤，也不把朱子学当作圣学，并认定“圣人之学，皆是心学”，以心学否定理学。他就是这样敢于怀疑权威，挑战权威！

如果说，湛若水不把朱熹当作圣贤，不把朱子学当圣学。那么，在他的心目中，孔孟应是圣人，孔孟之学应是圣学了。即便如此，他还是敢于去挑战权威，正如陈献章所说的那样，圣贤要学，经典也要读，但需要独立思考，敢于怀疑。陈献章在《次韵张廷实读伊洛渊源录》中，直白地说：

往古来今几圣贤，都从心上契心传。
孟子聪明还孟子，如今且莫信人言。①

在中国文化史上，孔孟的地位是不容置疑的，孟子虽居孔子之后为“亚圣”，但在陈献章看来，即使如此，也并非不可怀疑。他敢说：“孟子聪明归聪明，当今且莫信人言。”其弟子湛若水，便是以这种态度对待孟子。他的《求放心篇》虽然全文仅数百字，但字里行间却充满着敢于挑战大权威的贵疑精神。文章开宗明义提出：

甘泉子曰：孟子之言求放心，吾疑之。②

湛若水开门见山地说，孟子所说的“求放心”，我表示怀疑！这是直截了当地质疑孟子的“求放心”说。

“求放心”说，是孟子关于涵养的学说，是孟学的重要内容。在孟子看来，人的本心是仁义礼智的发端，人在生活中受到外界的引诱、蒙蔽，失去了本心也就把心放纵出去了，但通过心性的涵养，便可以把心再收回来，因而人的涵养工夫，也就是“求放心”。这一说法，本来是儒家对涵养的一种经典解读，为什么湛若水要质疑？湛若水在《求放心篇》中，是这样论证的：

心体物而不遗，无内外，无终始，无所放处，亦无所放时，其本体也。信斯言也，当其放于外，何者在内？当其放于前，何者在后？何者求之？③

湛若水是从他的“体用一原”“心事合一”的基本理论出发，认定心体现在物之中，心与物是一体的，心没有内与外之分，也没有开始与终结之别，无论何处、无论何时，心都存在。如果你相信了“求放心”的说法，那么，什么是在“外”，什么又是在“内”呢？什么是在“前”，什么又是在“后”呢？你怎么去“求”呢？

---

①〔明〕陈献章：《次韵张廷实读伊洛渊源录》，《陈献章集》卷六，孙通海点校，第645页。
②〔明〕湛若水：《求放心篇》，《泉翁大全集》卷三十一，钟彩钧、游腾达点校，第803页。
③〔明〕湛若水：《求放心篇》，《泉翁大全集》卷三十一，钟彩钧、游腾达点校，第803页。

显然，湛若水一连串的问号集中到一点，即是批评“求放心”支离了心与物，支离了内与外。对“求放心”说，湛若水咬住不放，在文章中接着追问：

> 放者一心也，求者又一心也，以心求心，所谓憧憧往来，朋从尔思，祇益乱耳，况能有存耶？①

在湛若水看来，既然“心”只是一个，无内外之分，如果“放”了一个心，又去“求”一个心，那么涵养岂不是“以心求心”？这无疑是说不通的。更何况如此的“放心”“求心”，心神不定，只有越来越乱了，又怎样能把本心保存住呢？

孟子，是亚圣，更是心学家们的偶像，不论陆九渊或王阳明，都对他无比崇敬，学界大都认定宋明时期的心学，渊源于孟子的“尽心”说，湛若水的“随处体认天理”同样与孟学一脉相通，正是在这个意义上，孟子是中国传统心学的先驱，湛若水居然质疑起祖师爷来了，这，胆子实在太大！然而，这恰恰体现出湛若水的“贵疑”确实是“大疑”，对一切的权威、一切的理论，都敢于怀疑，并经过独立思考，认真分析，提出新的判断，而后创建出新的理论来。他的“随处体认天理”论、“主一”论、“合一”论，便是在对前人的质疑中开拓出来的！

三、《非老子》书

作为朝廷命官的湛若水，其贵疑精神，更体现在对当时被官方定位为“异端”的佛学与道家的质疑，以维护儒学正统的“独尊”地位。他对佛学的质疑，在前面的章节里已有论及，这里着重分析他对道家的质疑与批判。

为清算道家，湛若水撰写了《非老子》。该文全面而严厉地对《老子》一书狠狠地“非”了一通。由于长期以来，该文没有重新出版，故影响面极小，学界在这方面极少关注。在当今，重温此文，对理解湛若水的贵疑精神，很有必要。

在《非老子叙》中，湛若水首先提出《老子》的作者并不是老聃。关于《老

---

①〔明〕湛若水：《求放心篇》，《泉翁大全集》卷三十一，钟彩钧、游腾达点校，第803页。

子》一书的作者，《史记》的作者司马迁曾有过质疑，提出该书作者可能有3个，之后人们对“老子其书其人”颇存争议。学界一般认为三人中，老聃是作者。湛若水并没明确说谁是《老子》一书的作者，只是要将老聃其人和《老子》其书区别开来，他明确说《老子》非老聃之作。可见，湛若水既怀疑该书的作者，又怀疑该书的观点。

对《老子》书，湛若水主要提出如下四个方面的质疑：

（一）质疑“道”与“自然”

道家，以道为本，认为“道”是宇宙的本原，由“道”衍生出天地万物。《老子》第四十二章说：

> 道生一，一生二，二生三，三生万物，万物负阴而抱阳。

由于湛若水主张“体用一原”，便认定“道”与万物不可相分，不存在“道”衍生万物的过程。于是，他质疑《老子》这一观点，提出：

> 一即道也，道即一也。万物阴阳莫非道之流行也，而云道生一云云，岂知道之言乎？①

在湛若水看来，“道”就是“一”，万物不过是“道”的变化流行，如果说“道生一”，那岂能说他是懂得“道”？

进而，湛若水对《老子》书中提出的“道可道，非常道。名可名，非常名”，进行质疑。他引出经典作为论据，说：

> 《易》曰：“形而上者谓之道，形而下者谓之器。”同一形字，只上下之间耳。②

这是依循《易经》的说法，指出“道”和“器”，只是“无形”与“有形”之区别，二者都是“形”，只是“上”与“下”的不同而已。他进一步明确指

---

①〔明〕湛若水：《非老子》，《甘泉先生续编大全》卷三十二，钟彩钧、游腾达点校，第1024页。
②〔明〕湛若水：《非老子》，《甘泉先生续编大全》卷三十二，钟彩钧、游腾达点校，第1003页。

出："《老子》以无名有名分天地万物，与《易》相反矣。"[1]他无疑是说，《老子》在道与物的问题上与儒家经典《易》的说法相反。

在"道"与天地万物关系问题上，湛若水提出了更严厉的批评。首先，指出《老子》书说"人法地，地法天"，那是把"天"与"地"作为相分离的"二"，又没有把人放进去；指出"天"就是"道"，"道"即是"自然"，而《老子》书却说"天法道，道法自然"，那岂不是不懂得"天、地、人"之道也是自然？湛若水要强调的是，天、地、人与道是一个整体，都是"自然"，都是自然而然地存在，也就不存在谁效法谁了。看来湛若水仍然以他的"体用一原"论和"合一"论为理论依据，来质疑《老子》书，认定它没有正确地说清楚道与天、地、人的关系，不是真正懂得"道"，故尖锐地说：

《老子》书非知道者！[2]

湛若水是说，《老子》书，你并非懂得'道'呀！"以道为本"的《老子》学说，居然不知"道"是什么，如此的质疑，太尖刻了！显然，湛若水是要从基点上去摧毁《老子》的理论体系，从而维护儒家的权威性。

（二）质疑"道"与"德"

"道"与"德"的问题，道家十分关注，明代心学也同样关注，但彼此的看法有所不同。湛若水在《非老子》中，不仅提出自己对"道"与"德"的看法，而且甚为尖锐地批评了《老子》书中的看法。其批评可概括为如下三点：

其一，批评《老子》的"失道而后德，失德而后仁，失仁而后义，失义而后礼"的说法。湛若水指出：

圣人之教，在心为德，在事为道。仁义礼即德也，更无二理。[3]

湛若水这一批评的理论依据，还是"合一"论，湛若水批评《老子》书，以时间的先后来说明"道""德""仁""义""礼"的产生，那是分割了"理"。

---

①〔明〕湛若水：《非老子》，《甘泉先生续编大全》卷三十二，钟彩钧、游腾达点校，第1003页。
②〔明〕湛若水：《非老子》，《甘泉先生续编大全》卷三十二，钟彩钧、游腾达点校，第1016页。
③〔明〕湛若水：《非老子》，《甘泉先生续编大全》卷三十二，钟彩钧、游腾达点校，第1022页。

他认为，道和德不可分，仁义和礼是德的体现而已，二者不可相分。他又指出，《老子》如此不懂得道、德、仁、义、礼，关于这个问题，二程也提出过批评。

其二，批评《老子》的“道生之，德畜之，物形之，势成之，是以万物莫不尊道而贵德”的说法。湛若水指出：

> 以道德为二，又妄分生畜尊贵之说，自与前章失道后德之说相反，可知非真见也。①

这里着重批评《老子》书分离了“道”和“德”，并指出以“尊贵”的说法，去看待道与德的问题，同前一章所说的先有道后有德的说法相反，自相矛盾了，不是真知灼见！

其三，批评《老子》的道德失去“亦乐之”的说法。湛若水指出：

> 不问道德失皆曰乐得之，只和光同尘，欲人悦乐，私意横流，是自欺欺人也，可谓信乎？后之乡愿乱德者似此人也。②

显然，湛若水从儒家的道德立场出发，不同意《老子》的“悦乐”观。在他看来，人活着应该求乐，但怎么能把失德了，人欲横流了，社会道德失落了，这种种现象当作“乐”；他强调不允许“乱德”而取“乐”。湛若水还指出，这种说法是“自欺欺人”，不可信，它必然带来社会的不道德乱象。他的这一批评，道出了道德对社会和谐稳定的重要性。这，至今仍给人启迪！

（三）质疑“公”与“私”

在湛若水看来，“公”与“私”的区分是道德的基本点，也是儒家与道家的分水岭。他依循孔子所倡导的“大道之行也，天下为公”，指出儒家的圣人与道家对待公与私，判然不同。因而，他在《非老子》中，紧紧抓住公私之别，而质疑《老子》，集中火力批评书中关于圣人“能成其私”的说法。

首先，湛若水指出，圣人应有的品格应该是“廓然大公”，而不应是“成其

---

①〔明〕湛若水：《非老子》，《甘泉先生续编大全》卷三十二，钟彩钧、游腾达点校，第1029页。
②〔明〕湛若水：《非老子》，《甘泉先生续编大全》第三十二，钟彩钧、游腾达点校，第1015页。

私”。他指出：

> 圣人，天地之道，廓然大公。故能成其公，非成其私也。①

在湛若水看来，圣人的道德品格便是“天下之道”。何谓“天下之道”？那就是“天下为公”，因此，圣人只能“成其公”，培育和保住一颗“公心”，绝不能“成其私”，不能滋生和姑息自己的私心、私欲。

湛若水明察到，社会上一切纷争、暴力和丑陋，都产生于私欲，“私”是这些“诡秘之风”产生的根源。因而，他借孔子的话语来批评《老子》的“成其私”言论。他说：

> 孔子曰：“人之生也直。”直上直下，何尝私曲？起后世诡秘之风，必自此言矣！②

应该说，湛若水倡导“公”，严厉批评《老子》中圣人“成其私”的说法，这一方面明示了“廓然大公”是圣人应有的道德品格，另一方面也揭示了社会动乱的根源在于“私”。这不仅合乎历史的真实，而且在当今仍有启迪意义。

（四）质疑对圣人形象的歪曲

在湛若水看来，圣人不仅具有廓然大公的道德品格，而且圣人的形象是高尚的，不可损伤。他在检讨《老子》“大国者下流”一章时，指出书的作者是“阴谋诡谲之徒”，是一些欺诳、奸诈之人，他们歪曲圣人的形象，背离了圣人之道。针对他们说圣人“美言可以市，尊行可以加人”而进行质疑，湛若水指出：

> 市尊加人皆非圣人大公之心，一有此焉，不可与入尧舜之道也。③

湛若水认定有大公之心的人，不会以自己的言行去哗众取宠，那样的说法一定不合圣人之道。

---

①〔明〕湛若水：《非老子》，《甘泉先生续编大全》第三十二，钟彩钧、游腾达点校，第1007页。
②〔明〕湛若水：《非老子》，《甘泉先生续编大全》第三十二，钟彩钧、游腾达点校，第1024页。
③〔明〕湛若水：《非老子》，《甘泉先生续编大全》卷三十二，钟彩钧、游腾达点校，第1035页。

针对《老子》“圣人无常心”的说法，湛若水质疑说，“人者天地之心也，天地不变，心亦不变，乃常心也”，《老子》说“圣人无常心”，原来是不识“心”，不懂“心”是胡说了。他强调：

> 圣人之心即百姓之心，百姓之心即天地之心，更无二心。[①]

针对《老子》“绝圣弃智”的说法，湛若水质疑说：

> 圣智仁义孝慈，乃人之心而人之所以为人者，反欲弃绝之，是自绝其生理矣。[②]

原始儒家十分强调“人禽之辨”，认定人与禽兽的区别在于是否有道德。湛若水依据这样的基本观点而指出，圣贤的仁义孝慈是人应有的品格，也是人所以成为人的依据，怎么反而要把它“弃绝”呢？那不是要“自绝”人所应有的“生理”吗？

对《老子》“绝学无忧”的说法，湛若水质疑说，“才学便乐，才不学便忧，《老子》反云云”。他是从认知常理去说，一个人“学”了，才会“乐”，“不学”才会“忧”，《老子》说“绝学无忧”是反过来说了，这样的说法难道不让人畏惧吗？湛若水认为，在善恶、是非问题上，不可以含糊！湛若水对《老子》书，进行了全面的质疑，这正是其贵疑精神的集中体现！

四、质疑“问礼”

湛若水的《非老子》，对书中的理论提出了非议，他又撰写了《非老子附录》，一方面继续对书中的理论进行质疑，并就自己的观点作了概括。另一方面，对一些儒家与道家关系的“史实”，进行大胆的怀疑。

湛若水认定，《老子》的错误尤其集中在：把“道”与“德”分为“二”，

---

①〔明〕湛若水：《非老子》，《甘泉先生续编大全》卷三十二，钟彩钧、游腾达点校，第1027页。
②〔明〕湛若水：《非老子》，《甘泉先生续编大全》卷三十二，钟彩钧、游腾达点校，第1013页。

这给人们带来极大的误导，“道”本来就是“自然”，又怎么存在谁去“法”谁呢？不懂得“公”与“私”是截然不同的道，等等。湛若水特别指出，老子的“无为”的危害。他认定：

> 老氏无为之教，其教若行，则君相皆无为，百官庶职皆无为，百姓皆化而无为，则礼乐刑政皆废，土田贡赋皆废，足以乱亡天下，西汉及梁武是也。①

湛若水如此严厉地抨击《老子》书，鲜明地展示了湛若水“独尊儒术”的立场！

正是出于维护儒家独尊地位的主观意愿，在《非老子附录》的《孔子问礼辩》篇中，湛若水质疑孔子向老子问礼这一曾被史家认定的史实。他说了两方面的理由：一是，在记录孔子言行的《论语》里，没有一句话说到“老子”，是后来的儒者“附会孔子问礼于老聃”；二是，现在《老子》说，“礼”是“忠信之薄”，既然老子“薄礼”，轻蔑“礼”，又怎么可能发生孔子向老子问礼的事呢！

综上所述，湛若水对《老子》的质疑和批评是严肃的、认真的，也是毫不留情的。公允地说，《非老子》的批评，确实有些过于苛刻，也有某些理论偏颇。《老子》一书，不管作者是谁，它毕竟是道家文化的一部经典之作，书中不乏真知灼见，不可一概否定。尽管如此，也应该承认，湛若水对《老子》中的质疑与批评，是坚持了官方的立场，是为了维护儒家的独尊。自从汉代实施“独尊儒术”的国策以来，儒家便是国家的统治理论，居于“独一无二”的地位，而道家、佛家则被视为异端。作为朝廷命官的湛若水，他对待这些异端，不得不持批评的态度。与他的老师陈献章在对待禅宗的态度上比较一致，而在对待道家的态度上，则不尽相同。先师明显地接受老庄思想的影响，而湛若水则是完全站在批判与否定的态度，官方的立场十分鲜明。这便是二人的生活环境、社会身份不同在学术上、思想上的反映，这体现出弟子没有跟着老师说“是”，或跟着说“否”，也就凸显了湛若水确实比他的老师更具“贵疑”精神。

尽管湛若水的《非老子》有偏颇与不足，但应该承认其中确实也有真知灼见，

---

①〔明〕湛若水：《非老子》，《甘泉先生续编大全》卷三十二，钟彩钧、游腾达点校，1084页。

具有超越时空的真理性，仍值得今人深思。尤其是对“廓然大公”的道德品格的肯定，对“绝学弃智”“人禽之辨”“公与私”的阐释都十分精辟，具有当代价值。在当今，人们还应认识到，“私”是“诡秘之风”，是社会动乱的根源，社会应该倡导“廓然大公”的道德品格，当权者更应具有“廓然大公”之心。在当今，由于商品经济发展而诱发“私”的膨胀，更迫切呼吁“廓然大公”之心，呼吁通过学习与教育，培养与造就具有“仁义慈善”品格的、真正的人，在实施法治的同时，应加强德治，德法兼施，以实现社会的长治久安！这恰恰是儒家的学术宗旨，是湛若水《非老子》维系儒家独尊地位的出发点和归宿，也是湛若水思想超越时空的真理性价值。

总的说来，湛若水继承和弘扬了陈献章的“贵疑”思想：他在江门学习期间，便敢于对老师的“静养端倪”进行怀疑，提出“随处体认天理”，并在后来完善和发展了老师的学说；他在后来创立的学说中，提出“体用一原”论，把老师的主“半”，改写为“主一”；他甚至敢于怀疑一切的权威，怀疑和质疑儒家亚圣孟子的“求放心”说；他全面地否定《老子》一书，撰写了《非老子》，对《老子》书中的内容，逐章进行批判；他虽与王阳明一见定交，成为仁义之交的挚友，但对友人的学术观点并不苟同，不仅敢于怀疑，而且还与之争论。总之，湛若水以自身的践履，验证了自己的理论与方法的正确，验证了“贵疑”精神与方法的重要，为后人树立了思想解放的典范。

第十一章　论辩

湛若水在京师为官期间，结识了王阳明。二人“一见定交”，立志“共兴圣学”，阳明受到湛若水“随处体认天理”思想的影响，但后来二人又产生分歧，不断论辩，相互切磋，共同铸造了明代心学，彰显了中国早期的启蒙思想。

一、湛王定交

弘治十六年（1503），湛若水遵母命，再次参加会试，举进士后，入选为翰林院庶吉士。步入仕途不久，经广东老乡刘存业的引见，结识了时任兵部武选清吏司主事的王阳明。

（一）王阳明其人

王阳明（1472—1529），名守仁，字伯安，浙江余姚人。出生于仕宦之家。祖父王伦，虽是隐士，但其著作行世；父亲王华，于成化十七年（1481）登进士第一甲第一名，历任南京礼部尚书。王阳明自幼便聪颖好学，受到良好的家庭教育，有大志向，少年即立志“读书学圣贤”[①]。18岁时，“过广信”拜望当时著名学者娄一斋，感慨地说“圣人可学而至”。21岁中举后，即遍读朱子书，并践履朱熹的“格物致知”，遭遇“格竹子”[②]的失败。22岁第一次参加会试，落第。28岁举进士，观政工部，后任刑部云南清吏司主事，后又改兵部任职。34岁，开始授徒讲学，同年与湛若水“一见定交”，立志“共兴圣学”，其思想又因格竹子失败而倾心于佛老，后再“归正于圣学”，开始专志于收徒讲学，首倡“圣人之志”。35岁，因上疏议论政事而卷入政治风波，被“廷杖四十”后贬贵州龙场驿。这一变

① 据称王阳明在京师读书时，向老师提问：“何谓第一等事？”老师说：“惟读书登第耳。”他却说：“登第恐未为第一等事，或读书学圣贤耳。”，见王守仁：《年谱一》，《王阳明全集》卷三十三，吴光等编校，第1346页。

② 王阳明“格竹子”的时间，按《年谱》的说法是在21岁，据当代学界考证，认为此说有误，确实时间应为十五、十六岁，依据是《阳明先生遗言录》称：“某十五六岁时，便有志圣人之道，但于朱儒格物之说若无所人，一向姑放下了，一日寓书斋，对数茎竹，要去格他理之所以然。”见董平：《王阳明的生活世界》，中国人民大学出版社2009年版，第9页。

故，带来了人生之路的转折，也迎来了学术生涯的转折。

从政治文化中心的京师，到边远的山区；从中央官员，到地方驿站小吏。地域的变迁，身份的变化，落差实在太大，王阳明不得不接受心理上的极大挑战。贬官期间，面对的是“万山丛棘”“蛇虺魍魉”“蛊毒瘴疠”“鴃舌难语”[①]，那环境荒凉、语言不通的恶劣环境，王阳明如何应对？他“日夜端居澄默，以求静一。久之，胸中洒洒”[②]。他在思考“圣人处此，更有何道？”史料如此记述：

> 忽中夜大悟格物致知之旨，寤寐中若有人语之者，不觉呼跃，从者皆惊。始知圣人之道，吾性自足，向之求理于事物者误也。乃以默记《五经》之言证之，莫不吻合，因著《五经臆说》。[③]

《年谱》记载了王阳明这段具有标志性意义的经历，后人称为“龙场悟道”。这“龙场悟道”，成为王阳明人生的一大转折，是阳明心学创立的开端，是成就其为圣贤的关键。

可以说，王阳明的“龙场悟道”，是由量变积累而产生的质变，恰如陈献章“坐春阳台”10年，最后“自得”而完成“作圣之功”一样。试看陈献章在走出春阳台时的一段感受，与上所引的王阳明《年谱》的记述何等相似。陈献章在《复赵提学佥宪》函中回忆：

> ……舍彼之繁，求吾之约，惟在静坐，久之，然后见吾此心之体隐然呈露，常若有物。日用间种种应酬，随吾所欲，如马之御衔勒也。体认物理，稽诸圣训，各有头绪来历，如水之有源委也。于是涣然自信曰：“作圣之功，其在兹乎！”[④]

陈献章为“求吾之约”涵养方法而发明了“静坐”，在“静中养出端倪”，由此而完成“作圣之功”。

可以说，王阳明的“龙场悟道”，同陈献章的“静养端倪”是一样的路数，二者有如下相同点：

---

①〔明〕王守仁：《年谱一》，《王阳明全集》卷三十三，吴光等编校，第1354页。
②〔明〕王守仁：《年谱一》，《王阳明全集》卷三十三，吴光等编校，第1354页。
③〔明〕王守仁：《年谱一》，《王阳明全集》卷三十三，吴光等编校，第1354页。
④〔明〕陈献章：《复赵提学佥宪》，《陈献章集》卷二，孙通海点校，第145页。

其一，在处于困惑的状况下，为求精神解脱而进行探求；其二，同是以追求“做圣贤”为宗旨；其三，皆是有“静坐”“静一”为入门；其四，皆以体悟本心为途径，“求诸心”与“吾性自足”，皆为“内求”的儒家涵养方法；其五，同是以《五经》圣训来验证体悟所得。也就是说，不论是白沙心学，还是阳明心学，他们在创立学说之时，都是为了寻求消除心中的困惑，都是为了达到“做圣贤”的理想目标；他们都以入静而内求自身之本为途径与方法；他们的体悟，都得到《五经》的验证，合乎圣训。

从明代黄宗羲到现代的梁启超，都认定王阳明的学说与陈献章学说之间必有相通处。黄宗羲还说：

> 有明之学，至白沙始入精微。其吃紧工夫，全在涵养。喜怒未发而非空，万感交集而不动。至阳明而后大。①

黄宗羲认定，明代的心学白沙是开创者，阳明则是集大成者。至于王阳明为何一直不言及白沙，黄宗羲也没有具体的解释，只是提出了问题。②虽然黄宗羲也弄不清王阳明为何不谈及陈献章，但是从其高足薛中离上疏请准陈献章从祀孔庙，由此而推断，二人的学说之间有着密切的关系。

（二）相互赞赏

湛若水与王阳明相结识时，二人的身份与地位都有较大的差异：在年龄上，湛若水已40岁，王阳明才34岁；在社会阅历上，湛若水刚步入仕途，任职翰林院庶吉士，是个小小的文员而已，而王阳明则已进入官场七年；学术起点上，湛若水在师从陈献章期间已提出“随处体认天理”命题，作为白沙的衣钵传人，有了明确的学术定向，而官宦家庭出身，又从政多年的王阳明，虽由沉溺于佛老之学而转归圣学，但学术上尚处于颇为迷茫的阶段。二人各自有自身的优势，或许是一种祈求互补的心理需要，相遇时彼此都有“相见恨晚”之感。从现存的史料看，二人往来的函件十余件，后人从其中或许能追忆与探究这段二人难忘的结交经历，触摸到二人思想之异同，寻找到两个心学流派的发展脉络。

①〔清〕黄宗羲：《白沙学案》，《明儒学案》卷五，沈芝盈点校，第78页。
②〔清〕黄宗羲：《白沙学案》，《明儒学案》卷五，沈芝盈点校，第78页。

据考证，《王阳明全集》收录王阳明给湛若水的书函三件，另收《别湛甘泉序》一件。嘉靖版《增城县志》收二件，未入《王阳明全集》[①]。《泉翁大全集》收集湛若水给王阳明的书函13件，尚有他给王阳明撰写的墓志铭和奠文。如上为数不多的相关资料，可窥见二人友情之深厚，二人共兴圣学之决心，二人论辩之真切，二人存异求同之胸怀。

首先，湛王二人往来的书函，表达出彼此信赖与钦佩之情。王阳明特别感激的是当他在学术路上处于彷徨之时，湛若水给予了启示与指引。

正德七年（1512），湛若水被任命为使臣派往安南（今越南），担负册封安南王之使命，临行前王阳明特为好友送别，作《别湛甘泉序》。文中既评述了当时学界的状况，慨叹“圣人不得而见之”，同时长篇幅地回忆了他与湛若水相结识后，湛对他的影响，他如是说：

> 某幼不问学，陷溺于邪僻者二十年，而始究心于老、释。赖天之灵，因有所觉，始乃沿周、程之说求之，而若有得焉。顾一二同志之外，莫予翼也，岌岌乎仆而后兴。晚得友于甘泉湛子，而后吾之志益坚，毅然若不可遏，则予之资于甘泉多矣。甘泉之学，务求自得者也。[②]

王阳明坦言，他“幼不问学，陷溺于邪辟者二十年”，后虽回归于宋代周敦颐、程颢、程颐的理学，但也只有到了与湛甘泉相交，才从甘泉那里“得益”多多。他认定，“甘泉之学”“务求自得”便是“圣人之道”，也由此回归于圣学的“志益坚”“不可遏”。在函中，王阳明对湛若水对他的启迪，以及他对湛的钦佩与感激之情，洋溢于字里行间。常被认为比较“狂”的王阳明，也毫不讳言称“予之资于甘泉多矣”，显然，他并不掩饰对湛的崇敬，承认湛在学术上对他有过非一般的影响。

湛王之交，彼此赞赏，这在湛若水的书文中，同样有所流露。

湛若水在书函中，常有夸赞王阳明的言辞，如在《寄王阳明都宪》中称：

---

① 增城人士汤志刚近年对湛王交往作了考证，撰文《明代湛甘泉与王阳明学术交往与学术关系考辨》称，二人有5次会面，相互通信，《王阳明全集》收录王给湛的函三件，别序一篇，《泉翁大全集》收录湛给王的信14件，《增城县志》收录湛给王的函2件，未收入文集。

②〔明〕王守仁：《别湛甘泉序》，《王阳明全集》卷七，吴光等编校，第257—258页。

闻老兄经略良勤，有功于人，学之效也。[①]

在学术上，尽管湛若水江门游学时，已提出心学的重要命题“随处体认天理”，王阳明对此命题也十分认可和赞赏，但湛若水并不以此摆架子，而是平等友好地相处，并视王阳明为知己，同他推心置腹，总是把高兴的事情及时地与他分享。湛若水回家乡丁忧后，没有即时回京，到了西樵山，考虑筹建书院时宜，给王阳明的诗函中便及时告知：书院的选址、环境、未来书院规模、设置，以及筹建书院的进展等等。在《寄王阳明都宪》函中，向王阳明透露想在西樵山隐居，不再回京的意向。可以说，湛若水对王阳明是推心置腹的。

二、患难之交

湛若水与王阳明，有着学术上的共同追求，这便是二人建立友情的坚实基础。尽管二人在学术上，一个主张“随处体认天理”，一个主张“格物”与“致良知”，多年来论辩不停，但始终相互思念、关怀与扶持。

在王阳明身处困境时，湛若水总是伸出友谊的援助之手。

二人结交不久，王阳明卷入了官场是非。事情是这样的：

明代的官制改革，强化了皇帝的集权，又导致宦官弄权。王阳明在京任职期间，当政的皇帝武宗，喜好射猎，疏于政事，大权旁落在宦官之手。当时宦官刘瑾掌管钟鼓司，刘瑾联手得宠的太监马永成、高凤、罗祥、魏彬、丘聚、谷大用、张永等人，统揽大权，为非作歹，被称为“八虎”。一批正直的大臣如刘健、谢迁、李东阳等人，对此政局十分担忧，于是上疏列举刘瑾等人的罪状，并请求清除“八虎”。数次上疏，均未被皇帝采纳。据史料记载，为首的刘健，在朝廷上与武宗发生论争，直言如果不杀“八虎”，他将辞官回乡，引起武宗大怒。正德元年（1506），刘健等人被解职回乡，引起朝廷内外官员的关注，南京御史陆昆会通各道御史14人联名上疏，后又有薄彦徽等人的联名上疏，这下子激怒了武宗，刘瑾也大怒，于是逮捕陆昆等人，各打30杖后下狱，戴铣经不住杖刑而死于狱中。时任兵

①〔明〕湛若水：《寄王阳明都宪》，《泉翁大全集》卷九，钟彩钧、游腾达点校，第275页。

部主事的王阳明，一身正气，挺身而出，上疏为戴铣等人辩解，希冀挽回局面。结果刘瑾大怒，王阳明被廷杖40，并被贬贵州龙场驿。

对阳明的不幸，湛若水深表同情，正德二年（1507）王阳明起身前往贵州，为王阳明送行时，湛若水写下《九章赠别并序》。序中开门见山道明："九章赠阳明山人。"

诗的第一章：

窈窕者谁子？绝代亮无双。
不谙小姑性，以直终见伤。
虽则终见伤，中情容何妨。
谁为别鹄吟？此曲多慷慨。①

此章，湛若水既赞赏王阳明绝世无双的才华，又道明其因为性格的耿直而受到贬谪，并慨叹没有谁为他的慷慨之举而讴歌。

诗的第二章：

迟迟别帝都，迟迟胡乃尔？
臣躯易弃捐，臣心讵能死？
天王会圣明，帝阍亦孔迩。
援琴不成声，掩抑泪横泗。②

此章，湛若水表达了对王阳明离京极其悲伤的心情，但又坚信天王圣明，暗示皇帝虽一时被人蒙蔽，但事情定会有转机。

诗的第三章：

黄鸟亦有友，空谷遗之音。
相呼上乔木，意气感人深。
君今脱网罟，遗我在远林。
自我初识君，道义日与寻。

---

①〔明〕湛若水：《九章赠别》，《泉翁大全集》卷四十，钟彩钧、游腾达点校，第1017页。
②〔明〕湛若水：《九章赠别》，《泉翁大全集》卷四十，钟彩钧、游腾达点校，第1017—1018页。

一身当三益，誓死以同襟。

生别各万里，言之伤我心。[1]

此章，湛若水借喻黄鸟也有友，彼此交流，亲密交往，表达他与王阳明有着生死之交的友情，但却“生别各万里”，说起来令人伤心。

诗的第四章：

北风吹湖船，帆拄南岳树。

祝融下玉坛，却立问来去。

知君有仙骨，相期事轻举。

胡为凌风波？恐为蛟龙取。

君若访五峰，愿留共君住。[2]

此章，湛若水关心王阳明赴贵州的具体行程，表达其深深的惜别之情，以及悉心的嘱咐，并提出若取道经五岭，将同他相聚、同住，流露出惜别之情。

诗的第五章：

行行过湘浦，举首望九疑。

若见重华墓，为我三拜之。

三拜之不足，稽首重致辞。

都俞事久阔，嗟予将安归？[3]

此章，湛若水嘱咐王阳明，如果取道湖南，路过舜的墓前，希望代他三拜，必要时稽首致辞以表达他的心意。

诗的第六章：

我有三尺木，囊括久不弹。

一朝遇知音，为君初上弦。

上弦含清响，未弹意先传。

---

①〔明〕湛若水：《九章赠别》，《泉翁大全集》卷四十，钟彩钧、游腾达点校，第 2018 页。
②〔明〕湛若水：《九章赠别》，《泉翁大全集》卷四十，钟彩钧、游腾达点校，第 2018 页。
③〔明〕湛若水：《九章赠别》，《泉翁大全集》卷四十，钟彩钧、游腾达点校，第 2018 页。

赠君别鹤操，报我已孤鸾。[①]

此章，写湛若水有三尺之琴，但久未弹奏，遇到了知音，于是拿出来上弦，上弦时的声音清响，未弹便已传达了心意，表达了他与王阳明的深情厚谊。

诗的第七章：

皇天常无私，日月常盈亏。
圣人常无为，万物常往来。
何名为无为？自然无安排。
勿忘与勿助，此中有天机。[②]

此章，湛若水从他的“以自然为宗”的理论出发，强调宇宙间的一切，都是自然而然发生，没有任何刻意的安排，示意王阳明，你的人生之路，也是一种不可随意改变的“天机”，告诫他：“顺乎自然吧！”

诗的第八章：

穷索不穷索，穷索终役役。
若惟不穷索，是物为我隔。
大明无遗照，虚空亦生白。
至哉虚明体，君子成诸默。

此章，湛若水告诫挚友，世间事，不可太穷究，能不追究的可以不追究，暗示做人难得糊涂，王阳明被卷入朝廷风波，便是“穷索”惹的祸。

诗的第九章：

天地我一体，宇宙本同家。
与君心已通，离别何怨嗟？
浮云去不停，游子路转赊。
愿言崇明德，浩浩同无涯。[③]

---

①〔明〕湛若水：《九章赠别》，《泉翁大全集》卷四十，钟彩钧、游腾达点校，第 2018 页。
②〔明〕湛若水：《九章赠别》，《泉翁大全集》卷四十，钟彩钧、游腾达点校，第 1018 页。
③〔明〕湛若水：《九章赠别》，《泉翁大全集》卷四十，钟彩钧、游腾达点校，第 1018 页。

此章，湛若水依据其“天地万物一体”的理论，强调虽离别了，但不管相隔多远，由于宇宙本来同是一个，加之彼此的心已相通，别离也不须嗟叹。浮云飘游不停，游子路漫漫，愿说有德便能浩然而无涯。

综上所述，湛若水给王阳明写的送别诗，既表达了对友人的同情、惋惜，又给予劝勉与鼓励以及对事件的愤慨。他，慨叹绝代无双的才人，因一时的言论而遭贬，被遣在“远林”，“生别各万里，言之伤我心”；他，回顾与友人相知、相识，称“自我初识君，道义日与寻，一身尚三益，誓死以同襟”，彼此切磋学问，誓死共同奋斗终生；他，告慰友人，“天地我一体，宇宙本同家。与君心已通，离别何怨嗟？”[①]坦言既然天地一体，宇宙一家，彼此心已通，离别又何必伤痛哀怨？

在王阳明被贬期间，湛若水作诗多首，寄托对友人的思念之情，其中有一首五言古诗《戊辰腊廿七日夜梦王伯安兄》，诗中称：

四时有去来，逐客久不至。
天运尚可量，人事谁能计？
昨夜梦见之，仿佛精神契。
语久声弥低，画地示予字。
灭没不可辩，了了得其意。
言别何匆匆，路远会难继。
合欢讵知梦，是梦聊足慰。
借如平生魂，亢爽不可致。
念之生悲凄，达旦不能寐。[②]

诗中记述了湛若水梦里与王阳明相见的详细情景：二人窃窃私语，声音微弱，听不清了，就画字示意，字也辨别不清了，只能意会一下吧，这只是匆匆相会，这也只是一场梦而已。这诗表达了湛若水对王阳明别后的思念与惋惜之情，也慨叹春夏秋冬，四季流转，周而复始，有规律可循，但是，人事变化无常，难以

①〔明〕湛若水：《九章赠别》，《泉翁大全集》卷四十，钟彩钧、游腾达点校，第 1017 页。
②〔明〕湛若水：《戊辰腊廿七日夜梦王伯安兄》，《泉翁大全集》卷四十，钟彩钧、游腾达点校，第 1021 页。

预料。

正德四年（1509），王阳明结束贬谪生活，恢复官职，先就任江西庐陵（今吉安）知县。次年调任南京刑部，湛若水设法疏通关系，让他留任京城，王阳明很是高兴，即对甘泉说，“乃今可卜邻矣”，于是“遂就甘泉子长安灰厂右邻居之”①，比邻而居。这段时间，二人常一起在大兴隆寺讲学，一起会友，探讨学问，虽时间不长，却增进了友情。

湛若水常常惦记着王阳明，经常替他担心，及时给他提个醒。在《寄王阳明都宪》函中，说道：

> 闻老兄经略良勤，有功于人，学之效也。但闻时事日非，彼处隐忧不可测，日夜思之，未知兄脱驾之地也。②

从函中可窥见湛若水对王阳明的那份牵挂，那份担忧，那份爱惜。

湛若水与王阳明的交情甚笃，彼此关怀备至。正德六年（1511），湛若水出使安南，行前王阳明为他作《别湛甘泉序》。文中，王阳明简要回顾了自己的学术历程，除坦言上文提到的“幼不问学，陷溺于邪辟者二十年”“晚得友于甘泉湛子”，“而后吾之志益坚，毅然若不可遏”“予之资于甘泉多矣”外。③文中还特别强调：

> 吾与甘泉友，意之所在，不言而会；论之所及，不约而同；期于斯道，毙而后已者。④

由上足见，二人的交情，已非同一般，是一种彼此的默契，是一种有着共同理想的生死之交，患难之交。

嘉靖六年（1527）初，为平息广西地区的动乱，朝廷重新启用王阳明，任命为都督院左都御史兼理巡抚两广，负责两广及江西、湖广的军事事务。王阳明在短时间内即平定了广西田州等地的叛乱，上疏请辞回乡，特意取道广东，到了湛若水

---

①〔明〕湛若水：《明故总制两广江西湖广等处地方提督军务奉天翊卫推诚宣力守正文臣特进光禄大夫柱国少保新建伯南京兵部尚书兼都察院左都御史阳明先生王公墓志铭》，《甘泉先生续编大全》卷十一，钟彩钧、游腾达点校，第269页。

②〔明〕湛若水：《寄王阳明都宪》，《泉翁大全集》卷九，钟彩钧、游腾达点校，第275页。

③〔明〕王守仁：《别湛甘泉序》，《王阳明全集》卷七，吴光等编校，第257—258页。

④〔明〕王守仁：《别湛甘泉序》，《王阳明全集》卷七，吴光等编校，第258页。

的家乡新塘。①

新塘，是王阳明的六世祖王刚去世之地。王刚于洪武年间任广东参事，在任期间曾到广州甘泉都（即后来的新塘），后死于甘泉都，当地建“忠孝祠”以纪念。

王阳明到了新塘，即去湛若水住处，在墙壁上留下了墨宝两件：

一是，五言诗《题甘泉居》，诗曰：

我闻甘泉居，近连菊坡麓。
十年劳梦思，今来快心目。
徘徊欲移家，山南尚堪屋。
渴饮甘泉泉，饥餐菊坡菊。
行看罗浮云，此心聊复足。②

诗中抒发对友人甘泉的思念。流露出王阳明对挚友故乡山山水水的向往，寄托着无限的思念，渴望与之同饮甘泉之水，共赏菊坡之菊，同观罗浮之云。确是“我所思，友人也”！

二是，五言诗《书泉翁壁》，诗曰：

我祖死国事，肇禋在增城。
荒祠幸新复，适来奉初蒸。
亦有兄弟好，念言思一寻。
苍苍蒹葭色，宛隔环瀛深。
入门散图史，想见抱膝吟。
贤郎敬父执，童仆意相亲。
病驱不遑宿，留诗慰殷勤。
落落千百载，人生几知音？
道通著行迹，期无负初心。③

---

①〔明〕王守仁：《书泉翁壁》，《王阳明全集》卷二十，吴光等编校，第 880 页。
②〔明〕王守仁：《题甘泉居》，《王阳明全集》卷二十，吴光等编校，第 879 页。
③〔明〕王守仁：《书泉翁壁》，《王阳明全集》卷二十，吴光等编校，第 879 页。

王阳明在诗中，既追忆先祖，亦思念挚友，并憧憬在此住处亲情浓浓的美好情景，最后慨叹人生难得几知音，期待与甘泉彼此心意相通，“无负初心”。

王阳明离开增城，取道粤北，过张九龄开通的梅岭古道，乘船到了江西大余，在大余登岸计划再乘船沿江北上，回浙江老家，不料途中病逝。

王阳明去世前，一直在福建、广东、广西平乱，日日夜夜的征战，体能耗尽，从广西归来时，已身患重疾，便上疏请求返家疗治，而皇帝迟迟未回复，因病情日趋严重，他未等到皇帝的谕旨，即取道回家。鉴于此，他去世时，皇帝听信谗言，使他死后受到不公的惩处。此时，湛若水挺身而出，为友人鸣不平。他连续撰文，肯定阳明的功绩，在讲学中宣扬友人的学说，又告诫后学不违师道等等，坚信百年之后，嫉妒的人死光了，那时世人会还阳明一个公正。21世纪初，在神州大地出现了“阳明心学热”，从学界到民间，人们高度评价王阳明，其心学成为企业文化，成为人们的精神动力，这足以验证湛若水当年的预言的前瞻性。

湛若水受王阳明家人之托，撰写了《奠王阳明先生文》与《阳明先生墓志铭》，向世人宣扬王阳明的业绩，并给予高度评价。

在《奠王阳明先生文》中，湛若水回顾了同王阳明交往的具体过程：

> 岁在丙寅与兄邂逅，会意交神，同驱大道，期以终身。浑然一体，程称“识仁”，我则是崇，兄亦谓然。既以言去，龙场之滨，我赠《九章》，致我殷勤。聚首长安，辛壬之春，兄复吏曹，于吾卜邻。自公退食坐膳，相以存养心神，剖析疑义。我云圣学，体认天理。天理问何？曰廓然尔。兄时心领，不曰非是。言圣枝叶，老聃释氏。予曰同枝，必一根柢，同根得枝……奉使安南，我行兄止，兄迁大仆，我南于北。……夜分就寝，晨兴兄嘻，夜谈子是，吾亦一疑。分手南北，我还京圻，遭母大故，扶柩南归。迓吊金陵，我戚兄悲。及逾岭南，兄抚赣师，我病墓庐。方子来同，谓兄有言学竟是空，求同讲异，责在今公……我居西樵，格致辨析，兄不我答。遂尔成默。壬午暮春，予吊兄戚，云致良知，奚必故籍？如我之言，可行厮役。乙丙南雍，遗我书尺，谓我训规，实为圣则。兄抚两广，我书三役，兄则杳然，不还一墨。及得病状，我疑乃释。……凌高厉空之勇，疆立力胜之雄，武定文戢之才，与大化者同寂矣。使吾伥伥而无侣，欲语而默默，俯仰大道，畴与其适？安得不动予数千里之嗟恻，而望方恸哭，以哀以戚哉？既返

其真，万有皆息，死而不亡，岂谢人力？兄其有知，可以默识。[①]

在《明故总制两广江西湖广等处地方提督军务奉天翊卫推诚宣力守正文臣特进光禄大夫柱国少保兼太子太保新建伯南京兵部尚书兼都察院左都御史阳明先生王公墓志铭》中，湛若水先说明，是受王阳明家人之托而写墓志铭，继而陈述王阳明的家世；接着转入介绍王阳明的经历：出生前的传奇传闻，童年6岁才会说话，11岁会作诗，17岁认定圣人可学，之后沉溺于“任侠之习”“再溺于骑射之习”“三溺于辞章之习”“四溺于神仙之习”“五溺于佛氏之习”，后来“归于圣贤之学”；在京与甘泉结识。

如前所说，在墓志铭中，湛若水以大量的篇幅叙述二人交往的详细过程，以及评论王阳明在福建、广东、广西的“平乱”过程，最后对王阳明给予了极高的评价：

> 武文兼资，仁义并行，神武不杀，是称天兵。凡厥操纵，圣学妙用，一以贯之，同静异动。[②]

文中湛若水还追思与王阳明的友情。在墓志铭中，湛若水不仅阐明了对王阳明的如上看法，而且也袒露出他对王阳明的景仰之情。文中称：

> （阳明）初溺于任侠之习；再溺于骑射之习；三溺于辞章之习；四溺于神仙之习；五溺于佛氏之习。正德丙寅，始归正于圣贤之学。会甘泉子于京师，语人曰：“守仁从宦三十年，未见此人。”甘泉子语人亦曰：“若水泛观于四方，未见此人。”遂相与定交讲学，一宗程氏“仁者浑然与天地万物同体”之指。故阳明公初主“格物”之说，后主“良知”之说；甘泉子一主“随处体认天理”之说，然皆圣贤宗旨也。[③]

---

①〔明〕湛若水：《奠王阳明先生文》，《泉翁大全集》卷五十七，钟彩钧、游腾达点校，第1384—1385页。

②〔明〕湛若水：《明故总制两广江西湖广等处地方提督军务奉天翊卫推诚宣力守正文臣特进光禄大夫柱国少保兼太子太保新建伯南京兵部尚书兼都察院左都御史阳明先生王公墓志铭》，《甘泉先生续编大全》卷十一，钟彩钧、游腾达点校，第272页。

③〔明〕王守仁：《阳明先生墓志铭》，《王阳明全集》卷三十八，吴光等编校，第1538—1539页。

可以说，这段被学界一直称道的湛王结交的往事，说明二人从相识的那一天开始，便互存着对彼此的赏识。一个说，我在官场30年，就从未见到过如此之人；一个说，我纵观四面八方，就从未见到过如此之人。湛若水还道出了建立友情的基础，那便是同以程子的学术为渊源，均以圣学为宗旨。

由上足见，湛若水与王阳明是道义之交，至死不渝。对彼此这段交情，自认为"高自矜大"的王阳明，也是十分的肯定，曾给予充分的评价。可以说，湛王的交往，显示了阳明心学的创立，是由于得到了湛若水的启示，并通过湛若水而受到了陈献章的影响。

三、学术之异

湛若水与王阳明"一见定交"，立志"共兴圣学"。在京师二人分庭讲学，分别后，往来书函、论辩不断，其中常常透露出二人学说的同与异。

正德八年（1513），湛若水从安南回国，特意绕道徐州看望正在当地督察马政的王阳明，见面时仍就儒学与佛学的异同问题进行探讨。正德十年（1515），湛若水母亲在京去世，护送灵柩途经南京时，王阳明特意前往南京龙江吊唁，并为湛母墓题撰墓志。这次会面，二人"论格物之说"，学术纷争由此时开始①。

据统计，从正德十年（1515）至嘉靖元年（1522），这7年间，二人见面少，但仍保持交往，有多次书信往来，其中湛若水去信6次，王阳明回函3次，信中不忘切磋学术。尽管王阳明命途多舛，但湛若水与他的友情却一直未变。

湛若水与王阳明，既有深厚的友情，也有激烈的学术论争。尽管论争不停，但二人的学说皆属心学，且以同者为主，学术之异，也以同为依归。

从史料看，湛若水与王阳明的论争，集中在：一主"随处体认天理"，一主"致良知"。从史料看，二人学说之异的焦点在对"格物"论的不同解读。湛若水在《答阳明王都宪论格物》书中，直言指出王阳明的"格物"论存在"四不可"，他坦率地指出：

---

①〔明〕王守仁：《传习录下》，《王阳明全集》卷三，吴光等编校，第102页。学界普遍认为，南京龙江之会，是湛王二人学术分歧明朗化的开始。

盖兄之格物之说，有不敢信者四。

自古圣贤之学，皆以天理为头脑，以知行为工夫。兄之训格为正，训物为念头之发，则下文诚意之意，即念头之发也，正心之正即格也，于文义不亦重复矣乎？其不可一也。

又于上文知止能得为无承，于古本下节以修身说格致为无取，其不可二也。

兄之格物训云："正念头也。"则念头之正否，亦未可据。如释、老之虚无，则曰："应无所住而生其心"，无诸相无根尘，亦自以为正矣。杨墨之时皆以为圣矣，岂自以为不正而安之。以其无学问之功，而不知其所谓正者乃邪，而不自知也。其所自谓圣，乃流于禽兽也。夷、惠、伊尹，孟子亦以为圣矣，而流于隘与不恭而异于孔子者，以其无讲学之功，无始终条理之实，无智巧之妙也。则吾兄之训徒正念头，其不可三也。

论学之最始者，则《说命》曰："学于古训，乃有获。"《周书》则曰："学古入官。"舜命禹则曰："惟精惟一。"颜子述孔子之教则曰："博文约礼。"孔子告哀公则曰："学、问、思、辨、笃行。"其归于知行并进，同条共贯者也。若如兄之说，徒正念头，则孔子止曰"德之不修"可矣，而又曰"学之不讲"，何耶？止曰"默而识之"可矣，而又曰"学而不厌"何耶？又曰"信而好古敏求者"何耶？子思止曰"尊德性"可矣，而又曰"道问学"者何耶？所讲、所学、所好、所求者何耶？其不可四也。[①]

通俗地说，湛若水质疑王阳明"格物"的"四不可"，具体而言便是：

第一，王阳明把"格物"训作"正念头"，而下文所说的"正心""诚意"，也是"正念头"的意思，那么语意无疑是重复了。

第二，"正念头"的说法，与《大学》文本中"知止能得"，与下文"以修身说格致"无法协调统一。

第三，"正念头"，以什么标准来确定其是否"正"呢？自古以来，各家各

---

①〔明〕湛若水：《答阳明王都宪论格物》，《泉翁大全集》卷九，钟彩钧、游腾达点校，第257—258页。

派都各以自己的“正”为“正”，所谓的“正”也就没有一定的标准了。

第四，孔子不仅教人“修德”，而且教人“笃行”，是主张“知行并进”，强调“知”与“行”是“同条共贯”，不可分离。鉴于此，他以为，如果只讲“正念头”，便是背离了圣人之学。

湛若水对王阳明的如上质疑，近年有学者明确提出评论：

> 甘泉所不满阳明格物说的四点意见中，前两条针对《大学》文本而发……不得不说，甘泉的批评是切中肯綮的。相较于甘泉贴近文本脉络拈出“格物”为《大学》主脑，而且力求文理密察地详析“格物”在《大学》首章乃至一篇中整体地位及其关联的论证，阳明的格物说在经典与义理的融释上确实是有所不及……后两条集中在学问之功的批评，阳明则难逃指摘……[①]

又说：

> 平心而论，甘泉对阳明格物说的批评也确实做到了审慎中正，不但没有过激之论，且言之成理、持之有据，所谓“考之本章既如此，稽之往圣又如彼”。……不过，甘泉由此而认己说为“圣人不易之论”，则不必然。至于以下申明其格物说“可采者五”，“确然自信而欲人以必从”则又有过之之嫌。[②]

这是一位年轻学者的评论，很是公允：既肯定甘泉对阳明格物说的批评并非意气用事，能言之成理，是持之有据的中肯的、审慎中正的批评，同时也指出甘泉在态度上有过于自信的不足。

事实上，湛若水与王阳明的论争，各不相让，持续了相当一段时间，确实说明二人的学术观点存在分歧。纵观二人的学说，分歧不仅体现在“格物”说一点上，应该说如下方面都存在差异点：

第一，对“心”的界定之异。

湛若水以为，王阳明的“心”仅仅是指人胸中的“方寸”，而他的“心”，则指内在的“方寸”与外在的“事”的“合”，无内外之别。他明确地说：

---

① 王文娟：《格物与致知》，《湛甘泉哲学思想研究》，巴蜀书社2012年版，第139页。
② 王文娟：《格物与致知》，《湛甘泉哲学思想研究》，第142页。

静言思之，吾与阳明之说不合者，有其故矣。盖阳明与吾看心不同，吾之所谓心者，体万物而不遗者也，故无内外。阳明之所谓心者，指腔子里而为言者也，故以吾之说为外。①

关于心的界定，是甘泉心学与阳明心学的主要分歧。由于湛若水恪守师道，明确提出在心之外存在着万事万物，而并不同于阳明心学的“心外无物，心外无事，心外无理”。湛若水认定内在的“心”与外在的“事”与“物”是“合一”的、不可分的。他对“心”明确界定：

所谓心者，非偏指腔子里方寸内与事为对者也，无事而非心也。尧、舜“允执厥中”，非独以事言，乃心事合一。②

尽管湛若水也主张“心为本”，但他的“心”是与外界的万事万物“合一”的“心”。可见甘泉心学的“心为本”，与阳明心学的“心为本”存有差异。学界不可不明察！

第二，对“格物”解读之异。

如前所说，湛若水不同意王阳明对“格物”的解读，二人对此确实存在比较明显的差异。当学生“问格物”时，王阳明答道：“格者，正也。正其不正，以归于正也。”③他解“格物”为“正念头”，所谓“正念头”，便是体悟心中之物，心中之理，也就是“格物”，也就是“去恶存善”。“正念头”，也就是对宇宙的认知以及自身的涵养。

湛若水却认为，“格物”，不仅是内心的涵养，同时还须由内向外的扩充，即须笃行践履，“格物”应是“知”与“行”的“并行”，是心与事合一、内与外合一，有格物、修身，扩展至家国天下。他具体阐述说：

鄙见以为，格者至也，“格于文祖”“有苗格”之格；物者，天理也，即“言有物”“舜明于庶物”之物，即道也。格，即造诣之义；格物者，即造道也；知行并造，博学、审问、慎思、明辨、笃行，皆所以造道也。读

①〔明〕湛若水：《答杨少默》，《泉翁大全集》卷九，钟彩钧、游腾达点校，第256页。
②〔清〕黄宗羲：《甘泉学案一》，《明儒学案》卷三十七，沈芝盈点校，第897页。
③〔明〕王守仁：《传习录上》，《王阳明全集》卷一，吴光等编校，第28页。

> 书、亲师友、酬应，随时随处，皆求体认天理而涵养之，无非造道之功。意、身、心一齐俱造，皆一段工夫，更无二事。下文诚、正、修功夫，皆于格物上用了，其家、国、天下，皆即此扩充，不是二段，此即所谓止至善。[①]

显然，湛若水解读“格物”，与王阳明不一样：格物不仅仅是“正念头”，而是“造道”，而“造道”是“知行并进”[②]兼知与行的一段工夫，既是体认天理的涵养工夫，又是涵养的对外扩充，治国平天下。所以，他强调“格物云者，体认天理而存之也”。[③]这是坚持了与原始儒家“内圣”“外王”相统一的传统价值理念，在这一立场上，湛若水对友人的“格物”说提出了异议。

第三，对“良知”理解之异。

湛若水与王阳明的如上分歧，归根结底又是对“良知”理解的不同。

“致良知”是阳明心学的核心命题，对何谓“良知”，王阳明有明确的解说：“吾心之良知，即所谓天理也”[④]“是非之心，不虑而知，不学而能，所谓良知也。良知之在人心，无间于圣愚，天下古今之所同也”[⑤]。王阳明认为，“良知”便是人皆有、不学而能、不虑而知的一种道德本性，即天理。然而，湛若水却认为，人的不需外铄的“良知”，需要向外进行扩充，才可能产生出至善的道德品格。他具体道出与阳明的分歧之处：

> 吾友阳明先生论学，亦只以此良知作一个题目，欲人易知易能，亦是吃紧为人的盛心。但学者超脱的固有，间亦多有不知孟子本意全在“达”字上，连其师之意亦昧了，即作一场容易见成的道理看去，便以常知常觉、灵灵明明为良知，不待学与虑，不消得读书学问，路上三尺童子皆能之，岂不误了！……天下之事，皆待学而能，待虑而知，惟有一个不学而能、不虑而知者，乃为良知良能。何以谓之良？乃天然自有之知能……良知良能，岂便为仁义？亦在乎达之天下而已矣。必学问思辨以开其知，笃行以恒其知，知

---

①〔明〕湛若水：《答阳明》，《泉翁大全集》卷八，钟彩钧、游腾达点校，第243页。

②〔清〕黄宗羲：《论学书》，《甘泉学案一》，《明儒学案》卷三十七，沈芝盈点校，第881—882页。

③〔清〕黄宗羲：《论学书》，《甘泉学案一》，《明儒学案》卷三十七，沈芝盈点校，第882页。

④〔明〕王守仁：《答顾东桥书》，《传习录中》，《王阳明全集》卷二，吴光等编校，第51页。

⑤〔明〕王守仁：《答聂文蔚》，《传习录中》，《王阳明全集》卷二，吴光等编校，第90页。

行并进，涵养以扩充之，由一念良知良能之爱敬，以达于无所不爱敬。[①]

湛若水是说，人虽有“天然”的“良知良能”，但它并不等同于“仁义”道德，而必须如孟子所强调的“达”，即通过后天“思”和“虑”，“读书学问”，使良知良能向外“扩充”，把个人的道德本性扩展到社会，如果仅仅向内涵养而忽略向外的学习与践行，便不可能产生出“仁义”道德来。这显然不同于王阳明对良知良能的理解，湛若水关注了道德的社会实践性，由此显示了湛若水欲调整传统儒家的先验道德论理论路向的意愿。

事实上，道德是人的社会行为规范，离开了社会实践性，道德将不复存在。道德在社会中产生，而非（生来就有）从娘胎里带来。

至为可贵的是，湛若水强调，从初生的“良知”一念到具有“仁义”的道德品格，“达”是关键，而能不能“达”又是能否成为真正的人的关键。他说：

夫人之初生，莫不有一念之良知良能，达之则为仁为义，不能达之，则为不仁不义。不仁不义，则不可以为人，不可以为子。不可以为人子，则入于禽兽之归矣，甚为可惧可哀。[②]

湛若水以为，儒家的“人禽之辨”即立论于这一基点上，他强调良知“达”，而后为仁义，反复突出一个“达”字，强调“达”在从先天的“良知良能”一念到涵养出“仁义”“博爱”的道德品格过程中的重要意义。他认定，孟子“欲人扩充之以成其德”，“血脉都在这‘良’字与‘达’字”，是要“人人这一点初心真心”“扩充之”[③]。他与王阳明辩论这一问题，是担心友人“异于孟子”，也显露出二人对“良知”理解之异。

第四，“内”与“外”之异

湛王二人曾在多个场合表示，各自的学术主张的分歧是在，一主张“随处体认天理”，一主张“致良知”。两个命题的分歧点，被定格在“主外”与“主内”之异。

在给杨少默函中，湛若水说道：“阳明近有两书，终有未合，且与陈世杰谓

---

①〔明〕湛若水：《韶州明经馆讲章》，《泉翁大全集》卷十二，钟彩钧、游腾达点校，第362页。
②〔明〕湛若水：《韶州明经馆讲章》，《泉翁大全集》卷十二，钟彩钧、游腾达点校，第363页。
③〔明〕湛若水：《韶州明经馆讲章》，《泉翁大全集》卷十二，钟彩钧、游腾达点校，第362页。

随处体认天理是求于外。”[①]他以为这是王阳明对他的误解，在函中辩解说“随处体认天理”是依据《大学》古本提出，他所说的“体万物”是“无内外”，当然不会是“主于外”。事实上，湛若水从来强调体用合一、内外合一、动静合一，故其“随处体认天理”不可能是仅仅“主于外”。

无须讳言，湛若水与王阳明在内外问题上，确实存在一些分歧。湛王二人的“内”与“外”，虽分别有明确的界定，但在湛若水看来，“内”与“外”是有着不同的质的规定性，内是内，外是外，内在的心与外在的物是统一的整体，而又非绝对地等同；王阳明则认为，心是腔子里的方寸，它就是理，而一切物与事，都是内在的心向外扩充而已，内与外完全合二为一，没有任何的内外之别。基于此，阳明心学的“格物”“知行合一”与“致良知”，统统都是“向内”，只是“向内”，无须“向外”。鉴于此，在王阳明看来，即使湛若水把“心”提到本体的高度，但因为在湛若水的学说里，“心”与“理”并非绝对地、无差异地等同，因而，湛若水的认知与涵养的路向，则有“主外”之嫌。可见湛王这一分歧点，是因湛若水恪守师道而产生，他也承认心之外存在外在的世界，这也便是甘泉心学与阳明心学之异的又一体现。

四、学术之同

湛若水与王阳明在书函中，都谈及彼此学术观点上确确实实存在分歧。但是，二人却也在函中确认彼此的“异”是“小异”，而“同”则是“大同”。公允地说，湛若水在推进白沙心学之时，其学说更显心学特色，因而与阳明心学之间，较白沙心学更有“大同”，湛王有更多的共同点。湛王之同，概括地说有两点。

（一）在本体论上，湛若水与王阳明一样，“以心为本”

如前所论，湛若水把“心”升格为宇宙的本体。他明确提出“天即理也，

---

①〔明〕湛若水：《答杨少默》，《泉翁大全集》卷九，钟彩钧、游腾达点校，第256页。

理即心也”[①]“心也者，包乎天地万物之外，而贯乎天地万物之中”[②]。宇宙间一切的一切，“自一念以至万物，无非心也”[③]。这即王阳明主张的“心即理也”[④]，心派生万物，统摄万物，主宰万物，这无疑是二人在本体论上的“大同”之点。

在道气、道心关系上，湛若水与王阳明一样强调“一”。

在“共兴圣学”的目标下，湛若水与王阳明同时肩负起反对“支离”的历史使命。湛若水把先师陈献章的宇宙“半虚半实”论推进为“体用一原”论，把陈献章视作“二”的道与物、道与心，发展为“主于一”，由此提出系统的“合一”论，从不同层面上阐述事物的辩证关系。王阳明则从“心即理”出发，强调宇宙间的一切的一切，皆统摄于“心”，“无心外之理，无心外之物”[⑤]，其“知行合一”论便是说知行“皆是一个工夫”，处处讲“一种绝对同一的无差别境界”[⑥]。尽管湛若水的“主于一”，所讲的“合一”的双方并非如他那样是“绝对同一”，但他们同样是着眼于事物的统一性，同样是反对割裂事物联系的“支离”观。二人同样体现了中国辩证思维的进一步发展，同时在中华文化发展进程中，为明代心学作出重大贡献。

（二）在认知论上，湛若水的“天理”与王阳明的“良知”，同是作为认知对象

在认知论上，湛若水与王阳明虽有不同的命题，他们分别倡导“随处体认天理”与“致良知”，但二人同样认定，“天理”或“良知”是认知对象。湛若水在一墓志铭中曾有“湛先生之体认天理，即王先生之致良知也”的说法[⑦]，在王阳明

---

①〔明〕湛若水：《一理第六》，《泉翁大全集》卷六，钟彩钧、游腾达点校，第133页。
②〔明〕湛若水：《心性图说》，《泉翁大全集》卷三十二，钟彩钧、游腾达点校，第838页。
③〔明〕湛若水：《立心第七》，《泉翁大全集》卷六，钟彩钧、游腾达点校，第137页。
④〔明〕王守仁：《传习录上》，《王阳明全集》卷一，吴光等编校，第2页。
⑤〔明〕王守仁：《传习录上》，《王阳明全集》卷一，吴光等编校，第7页。
⑥蒙培元：《理学的演变——从朱熹到王夫之戴震》，第232页。
⑦〔明〕湛若水：《明唐府纪善进长史俸静庵周君墓碑铭》，《泉翁大全集》卷六十，钟彩钧、游腾达点校，第1472页。

的墓志铭中又说，“良知必用天理，天理莫非良知”①。说明在认知论上，虽提出不同的命题，也有不完全相同的路向，但二人的认知对象却是完全相同的。

在当时，湛若水与王阳明彼此论争，二人却都认为彼此之间，同为主，异为次。王阳明在书函中，数次提及与湛的学术分歧，却多次用了“同”字，强调将会“殊途同归”。他说：

“随处体认天理”，是真实不诳语，鄙说初亦如是，及根究老兄命意发端处，却似有毫厘未协，然亦终当殊途同归也。②

王阳明强调“此心同，此理同，苟知用力于此，虽百虑殊途，同归一致”“虽所由之途间有迂直，知其异日之归终同耳”③，又称甘泉的“随处体认天理”的“命意发端处”“似有毫厘未协，然亦终当殊途同归也”④，甚至更明确说，“甘泉之说与仆尚微有异，然不害其为大同”⑤。

湛若水也认定，他与王阳明的学术是“大同小异”，并认定他日将会更趋同的说法。他说：

格物之说甚超脱，非兄高明，何以及此！仆之鄙见大段不相远，大同小异耳。⑥

阳明先生亦尝有辨论，多未同，但未可以强聒。吾惟信其同者，以俟他日之小异者自同耳。⑦

又说：

阳明公初主格物之说，后主良知之说；甘泉子一主随处体认天理之说，

①〔明〕湛若水：《明故总制两广江西湖广等处地方提督军务奉天翊卫推诚宣力守正文臣特进光禄大夫柱国少保新建伯南京兵部尚书兼都察院左都御史阳明先生王公墓志铭》，《甘泉先生续编大全》卷十一，钟彩钧、游腾达点校，第268页。
②〔明〕王守仁：《答甘泉》，《王阳明全集》卷五，吴光等编校，第202页。
③〔明〕王守仁：《答甘泉》，《王阳明全集》卷四，吴光等编校，第195页。
④〔明〕王守仁：《答甘泉》，《王阳明全集》卷五，吴光等编校，第202页。
⑤〔明〕王守仁：《答方淑贤》，《王阳明全集》卷五，吴光等编校，第206页。
⑥〔明〕湛若水：《答阳明》，《泉翁大全集》卷八，钟彩钧、游腾达点校，第239页。
⑦〔明〕湛若水：《答王宜学二条》，《泉翁大全集》卷九，钟彩钧、游腾达点校，第254页。

> 然皆圣贤宗指也。而人或舍其精义，各滞执于彼此言语，盖失之矣。故甘泉子尝为之语曰“良知必用天理，天理莫非良知”，以言其交用同也。[①]

由上足见，湛王二人学说之“大同”，便在于天理=良知，皆在阐述“圣贤宗旨”。应该说，是世人在谈论王湛争论时，往往是舍弃了命题的“精义”，作文字文章而产生误读，甚至放大了他们之间的分歧。这历史的误会，太大了！

无须讳言，甘泉学与阳明学，同为明代的心学流派，在理论层面上，提出了许多不同于宋代理学的价值理念。而同时，由于种种原因，彼此也存有一定的差异，成为明代心学大放异彩的两大学术流派，甘泉与阳明则犹如长空中的双子星，熠熠生辉。

---

①〔明〕湛若水：《明故总制两广江西湖广等处地方提督军务奉天翊卫推诚宣力守正文臣特进光禄大夫柱国少保新建伯南京兵部尚书兼都察院左都御史阳明先生王公墓志铭》，《甘泉先生续编大全》卷十一，钟彩钧、游腾达点校，第268页。

第十二章　理政（上）

作为明朝廷高官，湛若水在治国理政上，有许多理念、政见、策略至今仍有积极的、可借鉴的意义。依据其内容，可分为三个方面进行剖析：一是，治国的总体思路；二是，治国的政治方略；三是，治国的经济方略。可以说，湛若水的理政理念与策略，全面而系统，是其学说在政治层面上的具体实践。

一、天下一舟

以反对“支离”为历史使命的湛若水，他处处体现出“主一”的思想。“体用一原”是其学说的核心命题。正是从这一理论基点出发，他提出“人与天地万物一体”的整体观，并在理政上明确主张“天下一舟”的总策略思想。

嘉靖二年（1523）五月初九日，湛若水呈上《乞上下一心同济圣疏》。此奏本在宇宙观的高度上，阐述其治国的核心理念，这是其“以学术开导人主”主张的体现。

在湛若水看来，宇宙是一个整体，任何事物都是一个整体，国家亦不例外，也是一个整体。他形象地把国家比作一大舟，强调“同舟共济”。在奏文中，湛若水明确提出：

> 夫天下一大舟也。[①]

湛若水把国家比作一艘大船，十分形象而生动地描绘出在这样一大舟上，君与民的分工，以及彼此的密切关联，阐明“民惟邦本”“同舟共济”，君臣共治的治国理念。他如是说：

> 本在人主之一心，犹夫舟之柁也；公卿贤士、辅导之臣，运筹指方，犹夫舟之有长年三老也；百僚宣力，犹夫篙师，榜人为之左右也；内臣、外戚

①〔明〕湛若水：《乞上下一心同济圣治疏》，《泉翁大全集》卷三十六，钟彩钧、游腾达点校，第931页。

犹夫附舟之人也；天下民庶，实为邦本，犹夫君之宝货在载也。①

这一比喻是说：在国家这艘大船上，君是船的舵手，公卿贤士是船的艄公，百官们是位于船的左右两边的划船人；在船上的官员，上至皇帝，下到百官，各有分工，各司其职，船的行驶，自然有赖于船上所有人的合作。他就这样通俗地阐明了，国家的治理必须由君臣进行共治，必须同舟共济、通力合作的思想。

显然，湛若水是说，国家的治理并非君主一人所能做好，而是全体官员的合力所成。湛若水揭示了这“大舟”的分工：皇帝是舵手，起着主导的作用，把住方向，他须“勤政亲贤”，善于整合和发挥各方的力量；公卿贤士，是国家的重要官员，就像船上有经验的、年长的“三老”，负责运筹指挥；其他的官员，就是拿着竹篙撑船的船夫。各人的分工虽有不同，但各有职责，必须尽责、合力，唯有“上下一心”，才能实现“同济圣治”。因而湛若水强调，国家的治理既是“圣治”又必须是“共治”。

在湛若水这个“同济圣治”的比喻里，没有提及宦官。宦官，是皇帝最为贴心、最为信任的官员，作为明朝行政事务中不可或缺的官员，湛若水为什么没有谈及他们在共治中的作用？在《乞上下一心同济圣治疏》中，湛若水把宦官比喻为“凿舟而破”之人。这是说，他们在船上，不仅不是行船的合力者，反而是一股破坏力。这又是为什么？原因是湛若水生活的时代，宦官之患已成社会的大祸，事实正是如此。

由于明初的官制改革，取消了宰相的设置，本意是为了皇帝的集权，而结果出现事与愿违的情况：皇帝身边的太监即宦官，愈来愈得宠，特别是一些荒诞懒惰而疏于政事的皇帝，常常假手于身边的宦官，于是皇帝的大权旁落了。明代“宦官弄权”之事，屡屡发生：正统年间，宦官王振弄权；成化年间，宦官汪直擅权；正德年间，宦官刘瑾掌控朝政等等。宦官们利用自己的特殊地位，培植私人势力，为非作歹，陷害朝官，由于他们权力膨胀，招致政治风波不断，导致社会动乱。鉴于明代这样的社会状况，湛若水认定宦官“恃宠坏法”，便是“凿舟”的破坏者，而不是合力行船的共治者。这不仅体现湛若水的政治原则性，也体现他“共治”理念的积极导向。

---

①〔明〕湛若水：《乞上下一心同济圣治疏》，《泉翁大全集》卷三十六，钟彩钧、游腾达点校，第931页。

在《乞上下一心同济圣治疏》中的比喻，最令人寻味的是湛若水把“天下庶民”比作船上装载的“宝货”。不言而喻，船的运行目的应是运送“宝货”，那么，在湛若水看来，君臣共治的目的便是为了“宝货”，即为了“天下庶民”。这是湛若水民本思想在治国理政中的体现，也是其注重民众的启蒙思想的显露。

湛若水的“天下一大舟”，君臣共治的治国理念，所蕴含的思想启蒙性体现在：

首先，在封建一统社会，君主有着独尊地位，“普天之下，莫非王土；率土之滨，莫非王臣”。然而湛若水敢于主张“共治”，揭示国家的治理并非一君主所能成，必须要用君臣“共治”的合力。这无疑挑战了皇帝的“独尊”，在一定意义上蕴含了否定“专制”之意。

其次，湛若水用分工、相辅助、相协调来揭示“共治”。他主张君与臣，有各自不同的职责，彼此相互制约。这无疑呈现一种新的国家治理的架构，是一种具有现代意义的“均权”主张。

再次，在湛若水的“共治”理念所用的比喻，把庶民视为“宝货”，是船只运行、护送的目的。这无疑揭示了国家治理的“为民”宗旨，以及“重民”的早期民权含义。

总的说来，湛若水的治国理念开始突破封建大一统独尊的、传统的治国理念。可以推论，正因为这样超前的理念，湛若水的学说被当时的统治集团定位为“邪说”，进而视作洪水猛兽。

湛若水“天下一大舟”的共治理念，可以超越时空，为今人所借鉴。在湛若水逝去的几百年间，世界已经进入“民权时代”，中国也在百年前终结了二千多年的封建专制统治，建立新的政治体制，但是专制与独裁并未因此而完全终结。民国成立之后，虽然孙中山主观上要让“四万万人当皇帝”，但还是出现袁世凯称帝、张勋复辟，以及“蒋介石独裁统治”的历史阶段。后来的新中国，是人民共和国，建立人民代表大会和政治协商会议制度，这是对蒋介石独裁的否定，新的政治体制的建立，使中国历史往前跨进了一大步。然而，在现实生活中，在许多的行政活动中，还存在“一言堂”“皇帝开金口”“一把手说了算”等等现象，依然缺乏集体领导，人民真正当家主还在逐步实现。重温湛若水的《乞上下一心同济圣治疏》，可从中受益！

二、政由心生

湛若水依据其心学理念，提出“政由心生”，认定学生心、心生人、人生政，把政事与人心紧密结合。

《叙政》，是湛若水专论为“政”的短文，在文中他明确提出：

学也。学也者，心也。心也者，人也。人也者，政也。夫政由人生者也，人由心生也，知所以为心，则知所以为人矣。知所以为人，则知所以为政矣。是故学政之致一也。①

在给弟子讲学时，湛若水又说：

所谓权者，亦心也。②

显然，湛若水认为，政事是人对国家的管理，政事是由人而生，而人是由心而生，而心则决定于学。可见湛若水的推理是：

“学”→“心”→“人”→“政”

对如何为政，湛若水明确提出：

为政以德。③

湛若水认定，官员应以“德”来理政。这是儒家“德治”的传承与弘扬。

湛若水的“政由心生”“为政以德”论，不仅体现其注重人，而且尤其注重人的道德精神在理政中的决定性作用。他认定，有怎样的“心”便有怎样的政，于是又明确提出人的“四心”生出“四政”。他如是说：

夫恻隐、羞恶、辞让、是非四者，人之心也。无是心，非人也；无是人，非政也。故有恻隐之心则有惠政矣，有羞恶之心则有廉政矣，有辞让之

---

①〔明〕湛若水：《叙政》，《泉翁大全集》卷十八，钟彩钧、游腾达点校，第534页。

②〔明〕湛若水：《新泉问辩录》，《泉翁大全集》卷六十八，钟彩钧、游腾达点校，第1668页。

③〔明〕湛若水：《天关精舍语录》，《泉翁大全集》卷十三，钟彩钧、游腾达点校，第400页。

心则有礼政矣，有是非之心则有明政矣。[①]

这里，湛若水揭示了国家的政治生态并非凭空产生，而是由主政者以及国家机关的官员们的“心”，即道德精神所决定，有怎样的心就会有怎样的政，故他明确提出：

有“恻隐之心”，便产生“惠政”；
有“羞恶之心”，便产生“廉政”；
有“辞让之心”，便产生“礼政”；
有“是非之心”，便产生“明政”。

湛若水认为，这“四心”产生出这“四政”，故他明确提出：

惠则人知爱，廉则人知敬，礼则人知化，明则人知畏。四者治之极也……[②]

湛若水提出“四政”的同时，把这“四政”视作“治之极”，是治理国家的最高境界，并强调为官者须有“四德”。所谓“四德”，即“廉”“谦”“恭”“勤”。他认为：

夫廉，德之节也；谦，德之光也；恭，德之健也；勤，德之盛也。[③]

在湛若水看来“四德”是取得政绩的根本，他说：

夫四德者，绩之本也。是故一本立而庶绩成。[④]

湛若水提出官员应具备“四德”，并把这“四德”作为取得政绩的根本，这是从本源上阐明了“政由心生”的具体内涵。他告诫国家官员：只有具备了廉、

①〔明〕湛若水：《叙政》，《泉翁大全集》卷十八，钟彩钧、游腾达点校，第534页。
②〔明〕湛若水：《叙政》，《泉翁大全集》卷十八，钟彩钧、游腾达点校，第534页。
③〔明〕湛若水：《送大司空崔先生考绩京师序》，《泉翁大全集》卷十八，钟彩钧、游腾达点校，第544页。
④〔明〕湛若水：《送大司马崔先生考绩京师序》，《泉翁大全集》卷十八，钟彩钧、游腾达点校，第544页。

谦、恭、勤四德，才可能取得政绩。从另一侧面来说，有四德之人，才能理政；有四德之人，才能做出政绩；有四德之人，才是好的国家管理者。

可以说，湛若水关于“政由心生”“心生四政”“四者治之极”“四德者，绩之本”的阐述，深刻揭示了主政者的道德与政事的密切关系。他的说法，如此淋漓尽致，可以说在中国思想史上，湛若水是第一人。这正体现出一种注重人、高扬人的道德精神、人的主体精神的启蒙思想，是明代中叶萌发的中国早期新思潮的体现。这一思想，不仅在当时具有里程碑式的意义，即使在当今社会仍具有现实意义。所谓“勿忘初心”，这初心说到底便是人应有的道德心与使命感。诚然，在现实生活中，确实有些官员的“初心”不仅是“忘”了，他们丢失了“四心”，当然不可能有“四政”，可见政风建设应把道德教育作为主要内容。但这也从另一个侧面说明，今天重温湛若水的“政由心生”的意义所在！

三、君须畏民

君民关系，从来是国家治理的重要内容，也是湛若水的治国理政思想中十分重要的部分。他从天人关系的高度上阐述君民关系，继承传统儒家的“民惟邦本”的思想，提出畏民、爱民、恤民的主张，值得今人借鉴与弘扬。

（一）儒家“民本”的缘起

以“畏民”为基点的“民本”思想，是湛若水治国理念的核心内容。“民本”，是中国传统的治国理念，从《尚书》到孔孟，再到宋代理学和明代心学，儒家一直主张“民惟邦本”。湛若水站在新时期的时代巅峰上，重新解读了儒家的“民本”思想，为它抹上了启蒙的油彩，凸显出新的价值取向。

早在《尚书·五子之歌》中，便已提出：

> 民惟邦本，本固邦宁。

湛若水是说，国家的根本是“民”，只有“民”这个根本稳固了，国家才得以安宁。“民”的地位被确立在一个根本性的位置上。他又揭示了这个“本”是否牢固，关系着国家的命运。

“民”与“邦”为何如此的密切？《尚书·皋陶谟》解释“民”的重要性时，把民升格到“天”之上。

天聪明自我民聪明，天明畏自我民明威。

在古代中国，邦国的最高统治者称作“天子”，也即是天之子，是代表着上天来行使权力，有着至高无上的绝对权威。“民本”的主张者却认为，天的智慧与权威，则来自庶民百姓。所以，《尚书·召诰》进而提出：

畏于民碞。

“碞”，即“岩”，是指凸起的山峰，有险要、险峻的意思。那是说，君主应对“民”怀有敬畏之心。这是“畏民”思想的早期表述，也是“民本”思想的精华所在。

战国时期，儒家的民本思想有了进一步的发展。孟子不仅丰富了“民本”的内涵，而且把“民本”思想提升到治国理念的层面。其发展“民本”思想主要体现在：

孟子明确界定了君主、民众与国家的关系。他沿着《尚书》的思路，仍然把“民”放置在君主与国家之上。《孟子·尽心下》有一句名言：

民为贵，社稷次之，君为轻。

这是把古代中国“民本”思想推演为“重民”思想，并作了最为简明的概括：民与社稷、君主相比，民更为重要。由这一基本观点出发，孟子提出君主应将自己的仁心扩充到国家的治理上，实施仁政。在孟子看来，仁政的主要内容是“制民之产”，具体是让百姓拥有足够维持生计的生产和生活资料。他构想，一个家庭要拥有一定数量的土地和房屋，使他们有足够的生产和生活资料来赡养年迈的父母和抚养年幼的孩子。这便是儒家“民本”治国理念的具体实施蓝图，从重民而推演出恤民的思想与策略。

孟子之后的荀子，他则由“重民”而演绎出“畏民”的思想。学界谈到先秦的民本问题时，大都说到荀子的一个比喻：君为舟，民为水。后人大都认同他所说的结论：“水则载舟，水则覆舟。”这个水与舟的比喻，揭示了民对君的极大威胁，君能不畏民吗？

（二）君民一体，本固而国安

湛若水继承传统儒家的治国理念，首先是主张以民为本，强调本固而后能国安。在《乞上下一心同济圣治疏》中，他说：

天下民庶实为邦本。①

在《圣学格物通》中，湛若水进一步提出：

民者国之本，本固而后国安。②

显然，这些便是《尚书》的说法，湛若水都把它作为自己的治国理念。为了使皇帝明白这些道理，湛若水在《圣学格物通》中，对君民关系打了一个比喻，说：

譬如草木必先有根，而后有干，而后有枝叶。③

湛若水把“民”比作“根”，把国家与君主比作“干”和“枝叶”，由“根”所生长出“干”和“枝叶”来，没有根本，又何来枝、叶？这一比喻，既生动又深刻。它说明了“民”的根本意义，对于枝叶起着根本性的决定作用。这道出了君与民、与国的密切关系，阐明了君与民的辩证关系。

从“体用一原”论、“合一”论出发，湛若水认定“君民一体”。在《圣学格物通》中，他明确地说：

宇宙一气也，君民一体也，故君为心，民为体，心与体一也。④

事物是合一的，在国家社会里，君与民也是合一而密不可分的，彼此相互依存，密切相关。

在《圣学格物通》中，湛若水对“君民一体”作了具体的阐述：一方面，

---

①〔明〕湛若水：《乞上下一心同济圣治疏》，《泉翁大全集》卷三十六，钟彩钧、游腾达点校，第931页。
②〔明〕湛若水：《畏民上》，《圣学格物通》卷十六，明资政堂重刻本。
③〔明〕湛若水：《畏民上》，《圣学格物通》卷十六，明资政堂重刻本。
④〔明〕湛若水：《畏民上》，《圣学格物通》卷十六，明资政堂重刻本。

“君之于民，以势而言，则尊卑殊分”，在当时等级森严的社会里，君对于民来说，是处于至尊的地位；另一方面他又强调：

> 以情而言，则一体相须。[①]

在湛若水看来，就威势而言“君”处于“尊”的地位，“民”处于“卑”的地位，但是从情义上说，君与民是“一体”的。

君民为何必须一体？湛若水从两方面进行阐述：一方面，“民”需要仰赖君去管治，才能“相安相养”，过上安稳的生活；另一方面，“君”则有赖百姓去供养和护卫，而且得民心才可以保住君位，保住国家。对“君”与“民”的相互依存、不可分离的辩证关系，在《圣学格物通》中，湛若水说：

> 君非民，则孤立于上，谁与为君者言？[②]
> 民固不可无君，而君又不可无民。[③]

这是说，在一个国家里，没有民的恩泽，君便孤零零地在上，有谁拥戴你做“君”？在一个国家里，固然不能无君，而君亦离不开民。“君”对“民”的依赖，湛若水具体说：

> 人君全倚靠那百姓去护卫他，才得安富尊荣。若非百姓，则城池谁与他守？社稷谁与他保？[④]

这两个反诘句，十分精彩！君主处处离不开“民”，君与民关系何等之密切！孟子曾说，无君子莫治小人，无小人莫养君子，概括地说明，一个社会不能没有治理者去治理，但也不能没有民对治理者的供养。显然，湛若水继承和弘扬了孟子的思想，他更进一步说明，君对民的依赖，不仅仅是“养”，还有其他的方方面面，如必须有民护卫君的安全，维护君的富贵与尊荣，以至保卫整个国家等等。可见，湛若水对“君民一体”以及“民”的根本地位的阐述，较孟子更为具体和详尽。

---

①〔明〕湛若水：《畏民上》，《圣学格物通》卷十六，明资政堂重刻本。
②〔明〕湛若水：《畏民上》，《圣学格物通》卷十六，明资政堂重刻本。
③〔明〕湛若水：《畏民上》，《圣学格物通》卷十六，明资政堂重刻本。
④〔明〕湛若水：《经筵讲章》，《泉翁大全集》卷十二，钟彩钧、游腾达点校。

（三）民为水君为舟，君应“畏民”

对“民本”的重要性，湛若水除了强调“君”对“民”的依赖之外，还特别阐述了“民心”的向背，关系着国家社会的生死存亡，并由此认定“君”须“畏民”，他把《尚书》中的“畏于民碞”思想作了充分的展开，是对儒家“民惟邦本”最为深刻、精微的阐述。

“畏民”，是湛若水民本思想的基点，也是他治国理念的鲜明特色。在湛若水看来，君对民有着极大的依赖性，这种依赖性使君不能不存敬畏之心，特别是民心的向背决定着君位能否保住，决定着社稷的存亡，这怎能不叫人生畏？他这样直截了当地说：

> 得乎民之心则得天之心，而天位安；失乎民之心则失天之心，而天位危。①

得民心者得天下，失民心者失天下，这是儒家的传统观念。湛若水继承了这一看法，并且用君与天的关系、民与天的关系的传统观点，来阐述民心对君位的影响。他认定，民心即天心，他同样是依据天人合一的理论，进行分析。在《圣学格物通》中，他提出：

> 天人同气，上下一理，通达流行，更不分别。②

由这样的观点出发，湛若水进而认定：

> 圣人之心，即百姓之心，百姓之心即天地之心。③

湛若水是说，民心即天心，民心向背关系着社稷的安危，怎能不畏！

湛若水认定，“天视自我民视，天听自我民听”，天的意志体现于民，而民的意志也就是天的意志，“君失人心，则为独夫”，便成为不能代表上天意愿，又失去百姓支持的孤家寡人，没有了基础，没有了根基。于是，湛若水的结论是：

---

①〔明〕湛若水：《经筵讲章》，《泉翁大全集》卷十二，钟彩钧、游腾达点校。
②〔明〕湛若水：《畏民上》，《圣学格物通》卷十六，明资政堂重刻本。
③〔明〕湛若水：《畏民上》，《圣学格物通》卷十六，明资政堂重刻本。

君之存亡，以民心之存亡也。[①]

得其心则得天下，失其心则失天下。[②]

明君不畏方张之强敌，而畏大可见之民心。[③]

湛若水明确告诫统治者："民心怨背""可畏之甚"[④]！在阐述君须畏民思想时，湛若水也借用了荀子君为舟、民为水的比喻。他同样认定，君是舟，民是水，水可载舟，也可以覆舟。

湛若水反复向君主陈述"畏民"的理念，不仅在《圣学格物通》中有详尽的阐述，而且在他担任帝师给皇帝讲述经典时，对这一理念也进行认真的解读。依据他的讲课而整理的《经筵讲章》，记述了他对皇帝语重心长的解说：

民心一散，不可复合；天心一去，不可复留。到这时节，君不见其可爱而民愈见其可畏也。[⑤]

他又说：

臣惟人君以九重之尊，临兆民之卑，鲜不轻视其民以不足恤者，然尝观之，天人之际，甚可惧也。[⑥]

湛若水是说，在君尊民卑的社会里，君虽没有轻视他的民，但从天人关系来审视，如果不懂得恤民，那也是很可怕的。于是他又继续告诫皇帝说：

得乎民之心，则得天之心，而天位安。失乎民之心，则失天之心，而天位危。盖天民一理，上下无间，其得失存亡之机，系乎人君一心之敬否何如耳。故敬者乃圣学之要，而致治保邦之本也。为人君者，可不加之意哉！[⑦]

---

①〔明〕湛若水：《畏民上》，《圣学格物通》卷十六，明资政堂重刻本。
②〔明〕湛若水：《畏民上》，《圣学格物通》卷十六，明资政堂重刻本。
③〔明〕湛若水：《畏民上》，《圣学格物通》卷十六，明资政堂重刻本。
④〔明〕湛若水：《畏民上》，《圣学格物通》卷十六，明资政堂重刻本。
⑤〔明〕湛若水：《经筵讲章》，《泉翁大全集》卷十二，钟彩钧、游腾达点校，第340页。
⑥〔明〕湛若水：《经筵讲章》，《泉翁大全集》卷十二，钟彩钧、游腾达点校。
⑦〔明〕湛若水：《经筵讲章》，《泉翁大全集》卷十二，钟彩钧、游腾达点校。

湛若水告诫皇上，你得了民心，就是得了天心，你的君主宝座就能安稳了；如果你失去民心，就失去了天心，你的宝座就危险了。他从理论的高度上，提醒皇帝，要懂得“君民一理，上下无间”的道理，要懂得君主是否有敬畏民众之心，关系着社稷的存亡与得失。他要强调的是君民一心，懂得敬畏民众，这才是圣学最为核心的内容，是关乎治国安邦的根本，君不可不“畏民”！

湛若水以“畏民”为基点的“民本”治国理念，是对儒家思想的传承，同时又是对传统理念的弘扬。他一方面，沿着儒家“民惟邦本”“君轻民重”的理路展开；另一方面，则又从当时的社会现实出发，对传统理念进行扬弃与创新。富于“贵疑”精神的湛若水，他大胆地改写了“君”“民”“社稷”三者的关系。在《圣学格物通》书中，他明确提出：

> 恒人之情，莫不以君为贵，民为轻也。殊不知社稷所以为民也，君之所以为君者，以有民也。故无民斯无君矣，无君斯无社稷矣。①

湛若水的推演便是：

> 正面的路向：民→君→社稷
>
> 反面的路向：无民→无君→无社稷

湛若水告诫皇帝：人们总以为，君贵而民轻，殊不知君所以成为君，社稷所以成为社稷，都是因为有了民，如果没有民，哪会有君？没有君，哪会有社稷？他连续说了4个“无”，就清晰地理顺了社稷、君与民的关系。这也把“民”的地位，提升到“君”与“社稷”之上，凸显出“民”的至“贵”、至“根本”的地位。“君”与“民”，谁重谁轻？孟子的答案，湛若水没有否定，但他更明确提出，没有“民”哪有“君”，没有“君”哪有“社稷”。这一看法已超越原始儒家的民本思想，显示出中国早期启蒙思想中的“民权”思想雏形。

应该看到，湛若水的“民本”治国理念，也有时代的局限与理论偏颇。这主要体现在，他对“民”所以“重”的论证，是借助“天”，是因为天的意愿来自“民”，民心即天心，由于天意不可违，故民便可畏了。显然，他是在借助“天”的威权来进行论证，这难免会令生活在科学昌盛时代的今人感到可笑。应该说，当

---

①〔明〕湛若水：《畏民上》，《圣学格物通》卷十六，明资政堂重刻本。

人们抹去了天人感应的神秘色彩之后，才能发现他的治国理念的真正价值。

回顾人类发展史，当社会进入了民权时代以后，“民”的地位在理论上得到了重视。孙中山为民族复兴，曾借鉴西方的经验，又因袭中国固有的思想。他创立的三民主义，便是突出一个“民”字；他领导革命推翻封建帝制，创建的新国家便命名为“民国”，而不采用西方的“共和国”，同样突出一个“民”字，他憧憬未来的国家，是“四万万人当皇帝”。中国共产党领导的革命，继续为民族复兴而奋斗，革命成功后成立了中华人民共和国，在“共和国”之前冠上“人民”二字，建国后采取的各种措施要使人民当家作主，显然是把人民作为社会的主体、国家的主人，这是十分明确的。

然而，从理论到实践，从目标到现实，有着相当的距离，不可一蹴而就。在社会现实生活中，官与民的位置常常没摆好，一些官员常常把自己当作“爷”“土皇帝”，“一言九鼎”，一人说了算；他们在“为人民服务”后面，多加了一个字，变成了“为人民币服务”，他们利用手中的权力为所欲为，以权谋私，贪污腐败，全然不是人民的“公仆”，他们已经沦为“硕鼠”、社会的蛀虫。这一切，说明在继承与弘扬中华优秀传统文化的热潮中，重温湛若水以“畏民”为基点的“民本”治国理念，很有必要！

四、贤才治国

循着“政由心生”的理路，湛若水提出“理政须养士”“贤才治国”的主张，并上疏倡议“亲贤”，认定“贤才众著而天下治”，把能否以贤才治国视为天下平治的关键，须纠正不亲贤的状况。

湛若水十分注重历史的经验，他认为，“帝王之治莫大乎君臣一德，亲贤而风动之”[①]，而他目睹正德年间的现实则恰恰相反，面对不亲贤的现状，他呼吁须纠正。[②]在《乞谨天戒急亲贤疏》中直言：

---

①〔明〕湛若水：《乞谨天戒急亲贤疏》，《泉翁大全集》卷三十六，钟彩钧、游腾达点校，第935页。
②〔明〕湛若水：《乞谨天戒急亲贤疏》，《泉翁大全集》卷三十六，钟彩钧、游腾达点校，第935页。

当斯之时，科道囚，老臣弃，不亲贤之至矣。[①]

在湛若水看来，正德年间朝廷不亲贤有违儒家的传统。他认为“帝王之治莫大乎君臣一德，亲贤而风动之”[②]，在该疏具体建言：

陛下诚能修举盛典，以大臣之贤为之统领，求在馆、在朝、在野之贤，明先王之学者，俾侍直于文华殿之侧。[③]

“亲贤”，便是让有德有才的人，能参与政事，发挥他们的作用，具体便是：

每日朝罢，即御文华，向晦乃入，俾群贤日相讲磨圣学。其学以德性为本而达于事业；其功在于学、问、思、辨、笃行，以开发聪明而成德行；其要在于体认天理，格物以至知至、意诚、心正、身修，而可致家国天下之治平。[④]

由此可见，湛若水认定，贤才们的学说是“以德性为本”，以其学而使其事业成功。这是通过“学、问、思、辩、笃行，以开发聪明而成德行”，其中的关键是，“格物以至知至、意诚、心正、身修，而可致家国天下之治平”。湛若水强调的是，家国天下的平治，不能没有贤才。他注重“用才”，建议当权者要“养士”，而“养士”“如场师之养木”[⑤]。

鉴于贤才对治国平天下之重要，湛若水告诫当权者须注重“养士”与“用人”。在用人上，“拔其尤者而录之”；在选拔时，“不先夫道艺之贤，而词藻之工焉是取”[⑥]。显然，湛若水对贤才的选择，是重德，德性居首位，而才能次之。

---

①〔明〕湛若水：《乞谨天戒急亲贤疏》，《泉翁大全集》卷三十六，钟彩钧、游腾达点校，第935页。
②〔明〕湛若水：《乞谨天戒急亲贤疏》，《泉翁大全集》卷三十六，钟彩钧、游腾达点校，第535页。
③〔明〕湛若水：《乞谨天戒急亲贤疏》，《泉翁大全集》卷三十六，钟彩钧、游腾达点校，第535页。
④〔明〕湛若水：《乞谨天戒急亲贤疏》，《泉翁大全集》卷三十六，钟彩钧、游腾达点校，第935页。
⑤〔明〕湛若水：《赠学士崦西徐先生主考南畿还朝序》，《泉翁大全集》卷十八，钟彩钧、游腾达点校，第547页。
⑥〔明〕湛若水：《赠学士崦西徐先生主考南畿还朝序》，《泉翁大全集》卷十八，钟彩钧、游腾达点校，第547页。

第十三章　理政（下）

在理政方面，湛若水不仅提出许多重要的理念，还设计了许多切实可行的策略与措施，内容包括从政治到经济、文化等方方面面。

一、德刑兼施

湛若水的治国理念与方略，既依循儒家的理路，又汲取诸家思想。在国家管理上，他既主张儒家的德治，也有法家重刑的倾向。他的“礼与刑一”“德主刑辅”的主张，是他的合一论在国家管理上的体现。

（一）刑与礼一

湛若水生活在社会转型时期，他对如何治理国家的思考，即要从圣学的遗训出发，又不得不顾及社会的残酷现实。故他主张德治，又认定必须德与刑兼施；既注重道德教化，以德治为主，又不忽略刑罚的作用，以德治为主。在《春秋正传序》中，湛若水明确提出：

> 《春秋》，圣人之刑书也。刑与礼一，出礼则入刑。①
>
> 是故刑礼者，异用而同体，异事而同心，异治而同功者也。②

古代中国有“《春秋》断狱”的说法，那是说朝廷总是依据《春秋》一书的是非准则，来判定犯人的罪行。湛若水说《春秋》是“圣人之刑书”，便是这个意思。在湛若水看来，儒家本来就主张刑和礼合一，刑法和礼教同是社会治理所必需的手段，二者结合，舍一不可。古今中外社会的治理，离不开“德”与“法”二字，也即“刑与礼一”。湛若水的“刑与礼一”，揭示了社会治理必须遵循德法相兼的规律，一个古今中外不可违抗的规律——铁律！

什么是“刑”，什么是“礼”？又为何需要合一呢？湛若水解释何谓

①〔明〕湛若水：《春秋正传序》，《泉翁大全集》卷十七，钟彩钧、游腾达点校，第549页。
②〔明〕湛若水：《礼刑对赠陆君选之》，《泉翁大全集》卷三十二，钟彩钧、游腾达点校，第844页。

“礼”，他说：

礼也者，理也，天理也。天理也者，天之道也。①

在湛若水看来，礼，便是理，就是天理，就是天道，是一种社会规范、道德规范。他主张用礼来治理社会，也就是采用儒家的德治，以道德教化营造纯净朴实的民风，而实现天下平治。故在《送福建提学宪副潘君赴任序》中，湛若水明确提出：

王道行而天下化淳矣。②

在《赠掌教钱君之姑苏序》中，湛若水进一步指出，治理天下须从教化开始，“兴师道立人道”。也就是通过大力进行道德教化，去改变社会风俗，树立起“人道”，使人人能守住自己那颗包含着天理的道德之心，人人能体认天理。也就是说，人人有“良知”，便有天下平治的基础。

什么是“刑”？在《新论》中，湛若水明确说：

刑也者，形也。③

在古代汉语里，“刑”和“形”二字相通。湛若水说，“形”也就是“刑罚”，而“刑罚”便是用来惩治那些“不孝”“不悌”，不遵守道德规范的人。

对“礼”与“刑”相辅相成的关系，湛若水在《新论》中作了深刻的论述。他认为，如不对没有道德的人进行惩罚，就等于教人不守名分而去“争”，如果人们无休止地去“争”，社会必然出现动乱。

（二）德与法相兼

强调道德教化，是湛若水对儒家传统治国理念的继承。孔子在《论语·为政》中曾说：

---

①〔明〕湛若水：《春秋正传序》，《泉翁大全集》卷十七，钟彩钧、游腾达点校，第549页。

②〔明〕湛若水：《送福建提学宪副潘君赴任序》，《泉翁大全集》卷二十一，钟彩钧、游腾达点校，第615页。

③〔明〕湛若水：《同物章第七》，《泉翁大全集》卷二，钟彩钧、游腾达点校，第40页。

道之以政，齐之以刑，民免而无耻；道之以德，齐之以礼，有耻且格。

孔子告诫统治者，如果用行政命令来引导民众，民众如有不从，便使用刑罚，结果民众虽知道畏惧而请求免罚，但无法使民众在心中受到感化，不懂得什么是耻辱；如果是在人的道德品格上对民众进行引导，以道德规范来调节人的行为，而不是用刑法，那么民众便不仅在内心懂得什么是耻辱，而能服从相关的规定。以孔子与孟子为代表先秦时期的儒家，他们比较侧重于德治与礼治，“道之以德，齐之以礼”（《孟子·离娄上》），这是儒家以德与礼治国的典型概括。

孟子对孔子德治思想进一步发挥，并在与当时的统治者对话时，明确提出实施“仁政”的主张。在《孟子·离娄上》中，孟子说：

尧舜之道，不以仁政，不能平治天下。

孟子所主张的“仁政”有着丰富的内容，而其中则强调要通过一些经济政策，从根本上解决民众的安居乐业问题。尽管如此，人们还应该看到，孟子的“仁政”是以道德为出发点和归宿，具体便是以人的道德本性为依据，以培育人的道德为实现社会安定的落脚点。孟子在与滕文公议政时强调说，“有恒产者有恒心”，认定民众有了赖以生存的家产，才会有道德心，如果民众长期没有道德心，就会为生存而走上犯罪道路。他强调，物质生活条件是人们形成社会道德的基础。在《孟子·尽心上》中，他明确地说：

圣人治天下，使有菽粟如水火。菽粟如水火，而民焉有不仁者乎？

这是说，治国者应使民众拥有丰富的物质生活条件，如果家中的粮食像水和火那样充足，这样的日子，民众怎么会没有仁爱之心，还会去作奸犯科呢？可见，有了好的物质生活，就会有好的道德，就会有社会的长治久安。所以，“仁治”即“德治”，孟子的逻辑推理是：

“恒产”→“恒心”→“仁心”→“仁治”→“天下平治”

儒家的治国理念，到了汉代有了比较大的调整。董仲舒创立了新儒学，他把先秦时期的诸子百家熔为一炉，学界普遍认为，他的学说是“外儒内法”，表面上“尊儒”，实际上也用法家思想。在德治与法治的问题上，他主张“德刑兼用”，既继承儒家的德治，也兼有法家的法治。可以说，湛若水的“礼与刑一”，从学理上说确实受到了董仲舒的影响。

当然，湛若水注重“刑”，是他的兼容性文化精神的体现，同时也是他对现实生活需求的一种回应。湛若水生活的年代，政治风波不断，社会动乱不堪：有边境之患，有宦官弄权，有官员的贪腐，有宫廷之争，有匪盗的扰民，等等。面对社会动乱，朝廷采取了极其严厉的政策。朱元璋就曾采用残酷的刑罚来严惩贪腐官员，如斩首示众，剥皮后装进草袋警示，如挑筋、去膝盖、断手、剁指、刖足等。朝廷还颁布了《大诰》，把害民之事，以及惩处的严刑峻法昭示于天下。湛若水目睹这样残酷的现实与严厉的刑罚，曾有这样的看法：“群盗斥斥，聚啸山谷，掳我妻孥，掠我财资，糜我骨肉。”作为朝廷命官的湛若水，他的治国理念怎么可能只讲教化的德治，而不讲刑罚的法治？可见，湛若水的“礼与刑一”，在儒家德治中添加了法家的刑罚，这是对现实生活诉求的回应。

（三）以德为主

“德”与“法”，可谓是治国必备的两手。任何国家，任何社会，都不能不采取德治与法治相结合的治国方略，以使社会长治久安。可以说，湛若水也认识到，德与法缺一不可，但二者并不是平分秋色，而有主次之分，是德为主而刑为辅。

湛若水主张以德为主，便是希冀通过社会的道德教化，而达到平治。在《樵语》中，他认定：

> 大德敦化，小德川流。①

基于这一认识，湛若水致力于教化。他期求通过教化，改变社会风俗，用“德”去化育民俗，而不要以暴力。他认定：

> 夫先王之治，风化而已矣。②

显然，面对社会暴乱，湛若水并不主张以暴抑暴，采用血腥的手段去镇压，而是主张用道德教化——非暴力的手段。这似乎是无稽之谈，其实他是要从产生社会问题的根源上，去着手解决社会问题。因为他意识到，暴乱的产生与社会道德的

---

①〔明〕湛若水：《樵语》，《泉翁大全集》卷一，钟彩钧、游腾达点校，第12页。
②〔明〕湛若水：《广孝篇》，《泉翁大全集》卷三十二，钟彩钧、游腾达点校，第853页。

失落有密切关系，他认为今日强暴蜂起，民不聊生，只是纪纲不立，善恶未明。是社会的道德纲常坏了，人们缺失了善恶之分的是非原则，其从根本上道出了社会问题产生的原因。鉴于此，他认为解决问题的办法，理应对症下药，要人们通过“随处体认天理”，感悟心中的天理，人人有了道德自觉，便能驾驭自己的物欲，而后则能维护社会的纲纪伦常。他认定：

> 礼乐之政行于天下，而天下太和矣。①

基于如上的理论观点，湛若水的“刑”，最后也便落到“礼”上来了。在《新论》中，他说：

> 刑也者，形也。刑不孝，所以形天下之为孝者；刑不弟，所以形天下之为弟者。刑之不形，教民以争，民争不息，乱亡罔极，非充天德者，其孰能知之！②

这是说，对不孝、不悌的人要进行刑罚，是为了树立孝和悌的榜样；如果不树立榜样去教育民众，就会产生民众纷争，纷争不止就会乱了社会纲常；那么只有复礼，回到道德规范上来，维护儒家的德治立场。

由上足见，德刑相兼的治国理念，体现了湛若水兼容的文化精神，同时也凸显他维护儒家德治的圣学立场。在当今世界流行法治，然而从中国的传统以及商品经济发展带来道德下滑的现状看，在实施法治的同时，德治仍须加强。德法兼施合乎社会发展规律，对社会成员来说，“法律”是外部的约束力，可称之为“他律”，而“道德”则是发自人内心的约束力，可称之为“自律”，法律的遵守需要有自律的基础，可见自律更为根本。尽管湛若水没有明确使用“自律”与“他律”的概念，但他对“法”与“德”的阐述，实质上已揭示了这一道理。对于湛若水这一治国理念，在当今社会仍然有着真理性的价值。

---

①〔明〕湛若水：《君子笃恭而天下平论吏部考满》，《泉翁大全集》卷三十一，钟彩钧、游腾达点校，第824页。

②〔明〕湛若水：《同物章第七》，《泉翁大全集》卷二，钟彩钧、游腾达点校，第40页。

二、分田均富

通过分田实现均富，而使社会长治久安，这是湛若水经济策略的重中之重。故他认定，“分田”乃王政之本。

在湛若水看来，农事是社会存在与发展的基础，土地问题不仅是发展农事的关键，更是政权建设的根本。他主张“分田”，即恢复古时候的井田制，认定“分田”便是“王政之本”。在《新论》中，湛若水进行具体阐述说：

> 分田，其王政之本乎？有田则食足，食足则善心生，善心生则伦理明，伦理明则风俗厚，风俗厚则礼乐兴，礼乐兴则和气致，和气致则天地泰、万物若。①

这像是一个接龙，其实是一连串的推理。湛若水揭示了“分田”对国家建设的根本意义，他的推演是：

> 有田→食足→善心生→伦理明→风俗厚→礼乐兴→和气致→天地泰、万物若

如上是湛若水正面揭示“分田”之重要，在《樵语》的一段论述则从负面阐述不“分田”之危害。他说：

> 田不分则民不均，民不均则富者侈，贫者困，贫者困则衣食不足，衣食不足则礼仪不兴。虽有孝子慈孙，不能相保则兵生，兵生而食不足，此灭亡之道也。故分田则衣食足而教可兴，兵藏于农而国可守，公入无军国之费，是以其君安富尊荣，而垂拱无为也。故一事而有三利者，分田之谓矣。②

湛若水的逻辑推理是：

> 田不分→民不均→富者奢→贫者困→衣食不足→礼仪不兴→兵生→灭亡

---

①〔明〕湛若水：《新论》，《泉翁大全集》卷二，钟彩钧、游腾达点校，第32—33页。
②〔明〕湛若水：《樵语》，《泉翁大全集》卷一，钟彩钧、游腾达点校，第6页。

显然，湛若水认定，如果不分田，可能会导致社会的动乱而后国家覆灭，反之，如果实施“分田”，效果恰恰相反。他进而指出，“分田”是一举而三利的好事：一是民众能衣食足；二是社会道德、人伦得以维系，礼教可以兴；三是社会不会发生兵戈的冲突，社会得以安宁。这些都是正面效应。而如果不“分田”，则是如上“三利”的反面，即衣食不足，道德伦常不保，暴乱产生，这是负面效应。

湛若水没有停留在“封建”的传统看法上为“分田”定性，而是在更高层面上提出，“分田”便是“天下大公”，“分田即仁政”。他明确指出：

王者大公而无我。井田，公于民者也；封建，公于臣者也。未有公于下而下不公于上者也。天下大公谓之仁域。夫分而治之则专，专则民受其惠。此至仁之术也。[①]

湛若水所主张的“分田”，恢复古时的井田制，是直接针对当时土地兼并带来的社会矛盾而提出的，“分田”的主观动机是“恤民”。湛若水看到，在他生活的正德和嘉靖年间，土地兼并的状况十分严重，在京都附近，皇室、宦官们尤其大肆掠夺土地。据史料记载，正德十一年（1516）之前，皇亲国戚拥有的庄田达9万顷之多，数字不断飙升，至天顺年间，则升至29万顷之多。湛若水认为，土地的兼并是由于原来的井田制被废除所造成，故他说：

井田废，天下无善法矣。富者益骄以淫，贫者益滥以乱，天下无善治矣。故井田不复，王道之疚也。[②]

面对当时的社会现实，湛若水考虑要抓住土地这一根本问题，进而解决老百姓的吃饭问题，再解决道德、伦理、风俗、礼乐问题，而后才可能达到社会安宁，天下太平。

无可讳言，湛若水的“分田”主张，只是恢复井田制度，没有从根本上提出新模式改变封建土地制度，也就没能找到从根本上改变农民因无地而受到盘剥的出路。尽管如此，人们却不能因他的历史局限，而否定他的“分田”主张的理论价值。

---

①〔明〕湛若水：《樵语》，《泉翁大全集》卷一，钟彩钧、游腾达点校，第7页。
②〔明〕湛若水：《韶州府翁源县创建预备仓记》，《泉翁大全集》卷二十八，钟彩钧、游腾达点校，第764页。

可以说，湛若水分田而均富的思想，在当时有着积极的社会意义，尤为可贵的是，其思路展示了他已自觉或不自觉地意识到，人们的物质财富的拥有，是人们思想意识、道德伦常的基础。这既是对孔子的“不患贫而患不均”，以及孟子的“有恒产者有恒心”思想的传承，同时也是他对所处的社会现实思考的理论升华。马克思主义的历史唯物主义的基本原理告诉人们，社会存在决定社会意识，有怎样的社会物质基础，就会产生怎样的社会意识、人的思想意识、道德伦常。可以说，湛若水如上的观念是比较接近当代的哲学思想的。

湛若水的“分田”主张，是对孟子的“有恒产者有恒心”思想的继承，他同孟子一样，是强调物质生活条件，决定人的思想意识，有物质基础而后能构建精神家园。这一朴素的、粗糙的、带着唯物因素的理念，便是今人所说“社会存在决定社会意识”在古代中国的表述，它也是湛若水治国方略中珍贵的真理要素，值得今人珍惜！

三、重农恤商

湛若水生活在明代中叶，当时中国正处在由自然经济社会逐渐向商品经济社会转型的变革时代，但“以农为本”依然是朝廷的基本国策，因而其治国理念在经济方面，既主张农桑为源又注重商业，恤商而言利。这是宋代以来，由于工商业快速发展所产生的新观念。

（一）农桑，衣食之源

“以农为本”，是古代中国的国策，也是明代朝廷主要的经济政策。湛若水十分重视农业在社会中的基础作用，他明确提出，劝课农桑，以立治本；农桑乃民食之源。在湛若水看来，农业是国泰民安的基础，关系着民众的生死，以及国家社会的存亡。他在给皇帝讲学时便尖锐地指出：

> 一日不谷食，便死了，这便是小民所依以生的……稼穑是小民所依以生，盖无此则小民不生，小民不生则大人无养，上下无养则礼义廉耻亡灭，

而人道息矣。[①]

湛若水既通俗又直白地告诫皇帝，民众的生活来源于农业，没有农业，社会不可能存在和发展。湛若水的逻辑推演十分严密：

百姓依赖着农事而生存，如果没有农事→百姓就不能生存→如果百姓不能生存→官员也就不能生存

如果官员不能生存→社会的上上下下所有的人，都不能生存→结果是社会的道德伦常覆灭，人道再也不存在了

其思想深刻地揭示了农事对整个社会的基础性影响，没有了农事这个根本的经济支柱，人就不能生存，道德也没有了根基，人道不再存在，那整个国家还能存在吗？这么一个推理，谁能不明白！

身为朝廷命官的湛若水，他重农的主张，显然代表着官方的立场。湛若水认识到，在漫长的自然经济社会里，农业是社会的支柱，这基础作用体现在：农业提供了人民的衣食，有了衣食人民才能生存；而只有解决了衣食问题，才会解决礼义廉耻的道德问题，才能保住人道。他继承了从管子到孟子，关于衣食对仁义有着决定作用的思想。先秦时期的这些思想家，他们朦胧地看到了物质生活对思想意识的基础作用，这些可贵的思想是从残酷的现实生活中体悟到的。现实告诉他们：当人们衣食无着的时候，就会铤而走险做出不道德的事情来。湛若水曾具体说道：嘉靖年间，被朝廷平息的两广瑶、僮少数民族起义，那些起义者也都是“良善耕种者”，“与平民无异”，言外之意是他们因生活无着而“暴乱”。可见，湛若水希望通过发展农业而从根本上使社会得以存在与发展。

（二）平物价，以恤商

出生在岭南的湛若水，他深受岭南文化的熏陶，富有务实与开放的文化精神。因而，他的经济主张，既要维护“以农为本”的国策，又要顺应宋代以来工商业发展大势，更要继承岭南人“重农而不抑商”的思想。湛若水进而大胆提出，保

①〔明〕湛若水：《经筵讲章》，《泉翁大全集》卷十二，钟彩钧、游腾达点校，第344—345页。

护商人利益以及发展工商业的主张。针对当时工商业受到压抑，店铺萧条的社会现实，湛若水提出由政府出台一些恤商的政策使商业复苏，商人的利益得以保障。他大胆指出，当时的南京政府采取的一些措施，阻碍工商业的发展，应及时纠正。他具体说：

> 南京大小衙门，批牌取货，强抑减价，侯领又难，宜行所在诸司痛加禁革。①

湛若水所说的，便是史料记载的铺户买办制度：明代的“铺户”，是指城镇中的商店；当时，所有的商店都必须在官府注册，并按行业承担官府所需物资的“买办”；铺户被分作三等九则，承担了“买办”物品的铺户，便叫作“铺行”；铺行承担任务之后，便向官府预领“官价”，然后为官府买办有关的物品，在期限之内交纳。在这个过程中，官府仗势欺人，他们或是强行压价，或是拖延支付货款，或是谎称货物质量存在问题而进行惩罚等等，诸多的刁难，商人吃尽苦头，不得不花钱去疏通。如此种种，结果是“商者必贫，贫者必徙”，商人难免破产，破产之后只好流亡他乡，另谋出路。②

回顾历史，在以农为本的古代中国，朝廷总是采取重农抑商政策，抑商的手段众多，其中又尤以重税为扼杀商业的主要手段。迄至明代，尽管在明太祖的社会改革上，虽有些措施在客观上有利于商业的发展，如一些减税措施，然而，总体上明代还是采取了一些不利商业发展的做法，如上所说铺户买办制度，便是“一种城镇商民的特殊徭役制度”，“它阻碍商业资本的正常发展，阻碍商业资本向产业资本转化，压抑资本主义萌芽”，“是一种落后的经济制度”。湛若水主张，“平物价，以苏铺行”，不仅仅是出于“恤民”的情怀，更是为当时经济发展提出的强烈诉求。

可以说，湛若水发展工商业的主张，具有前瞻性。学界愈来愈认定，中国的资本主义萌芽，早在宋明时期已出现。1992年，在湛若水的故乡增城新塘，召开了新中国成立以来的首次湛若水学术研讨会。会上，数位专家的论文与发言都提出，

---

①〔明〕湛若水：《初任参赞机务南京兵部尚书告示》，《泉翁大全集》卷八十二，钟彩钧、游腾达点校，第2074页。

②〔明〕湛若水：《初任参赞机务南京兵部尚书告示》，《泉翁大全集》卷八十二，钟彩钧、游腾达点校，第2074页。

湛若水生活的时代，已经出现了资本主义萌芽。有学者指出：

> 明王朝像一个得了不治之症的重病者，湛若水生活的时代，就是染了重病的恶化的时代。
>
> 这个恶化了的时代，封建制度衰落崩溃了，新的因素产生了，新矛盾出现了。
>
> 在农业和手工业生产发展的基础上，明中叶以后，商品经济进一步发展了，出现了有各种转能、脱离农业的雇工，这种雇工的封建人身依附关系松弛了，他们与“机户”或“雇主”的关系是出资出力、互相依存又互相对立的关系，这种关系不是封建的生产关系，而是一种资本主义生产关系萌芽，是新的因素。①

生活在这个时代的湛若水，他对商人和商业的态度，体现了他能顺应商品经济发展的时代要求，也体现出岭南人敢于接受时代挑战、“敢为天下先”的特有品格。

① 关履权：《湛若水的政治思想及其时代》，《湛若水研究文集》，花城出版社1993年版，第176页。

第十四章　办学

湛若水继承了陈献章的衣钵，为传承与弘扬师道，为纪念先师陈献章，他遍建书院，终生从教，无处不授徒，无时不讲学，晚年尤其全力以赴兴学育才。他不仅办学，而且还针砭时弊，提出富有时代超前性的教育理念。其所办的书院，不仅制定有完备的教学管理规则，且其教育思想之完整，教育弟子之多，可称得上是前无古人，后无来者。他称得上是尊师重教的楷模，是大教育家。

一、遍建书院

湛若水尽毕生之力大办书院。他所以注重教育，一方面是受先师陈献章的影响，认识到教育的重要性，故以其师为榜样，致力于教育，为国家培育人才；另一方面，是为了缅怀先师陈献章，其所到之处必建书院，并在书院中供奉先师的遗像。自进入仕途，40岁的湛若水便在京师开始了他的教学生涯，直至他生命的最后一刻，还居住在他所建的番禺精舍中。

（一）办学历程

对湛若水漫长的办学过程，有学者按时间先后，把他的办学活动划分为四个时期：

第一期（1505—1515）是湛若水40岁至50岁期间，从他步入政坛，到他母亲去世扶灵还乡期间，是开始创办书院阶段。

湛若水自称：“四十复游燕赵讲业”，是说40岁中进士之后，他开始讲学。据史料记载，当时入选翰林院庶吉士的湛若水，不久结识了在兵部任职的王阳明，两人定交之后，决心“共兴圣学”，便分别开坛讲学，宣讲传统儒学。这便是湛若水早期的教学活动。

第二期（1518—1522）是湛若水53岁至57岁期间，在家乡办书院阶段。

正德十年（1515），湛若水母亲去世，他扶母亲灵柩由京师，取道南京，返回广东，为母亲守灵三年。因当时发生了宁王朱宸濠叛乱，又有东南一带的民众暴乱，时局很是动荡。于是，湛若水守灵期满之后，没有马上返京，而是上疏请求在家养病，获准后便停留家乡，策划创办书院。

正德十三年（1518），湛若水来到南粤四大名山之一的西樵山，在几位友人与门人的协助下，办成了大科书院。

西樵山，位于南海县，海拔346米，是一座古火山，也是新石器时代的采石场和石器制作场，是华南地区仅存的古石器制作场，有6000年的历史，史称“西樵山文化”。西樵山，外陡内平，群峰罗列，参差有序，大科峰为最高。西樵山，风景秀丽，山里有湖，湖里有山，犹如水在山中，山在水里。资料显示，西樵山有岩洞16个，泉眼232个，瀑布28个……好一个观云海、看日出和避暑之地！湛若水在此山上兴建了大科书院，之后四方英才云集。明清时期，吸引了不少文人学子前来隐居，在此山坐而论道，故有“理学名山”之誉，成为一道岭南的文化风景线。

大科书院，规模宏伟，设有“寅宾馆”，迎接到书院来的宾客；设有“进修斋”“敬义斋”，作为弟子学习讨论场地；设有“凝道堂”，作为讲学的场所。湛若水不仅注重书院的硬件建设，也十分重视书院的软件建设，如在管理上制订了《大科书堂训》，明确了书院管理方方面面的条例。可见，湛若水的考虑，是何等之周全！

大科书院建成后，湛若水在那里讲学4年，先后把讲学内容编录成《樵语》《新论》《知新后语》等著作，成为学子的学习资料。

第三期（1522—1540）是湛若水57至75岁退休期间，在返京复职期间，继续办书院及讲学阶段。

武宗皇帝去世，世宗登基，湛若水以为时局有所变化，决意返京。

嘉靖元年五月，回京再担任翰林院编修，并担任经筵讲官。他讲课的对象不仅仅是一般学子，还有当时的最高统治者。两年后，湛若水晋升为南京国子监祭酒，官至四品。国子监，是国家的最高教育机构。他到任后，为了凝聚更多的学人，他以“观光馆”作为教育的平台，也作为学术交流的平台。

任祭酒期间他讲学不断，后来把这期间的讲学编录成《雍语》《二业合一训》，记录他的讲学生涯。

嘉靖七年（1528），湛若水调任吏部右侍郎，官位为正三品。虽然离开了最高教育机构，官位变动了，但讲学并没终止。

这期间，他继续讲学，讲授内容先后编成《新泉问辩录》《金陵问答》。

嘉靖十二年（1533）七月，68岁的湛若水升任南京礼部尚书，官位为正二品。

在这任职期间他的讲学，编录成《新泉问辩续录》。他又曾在泗州与扬州讲学，编录有《泗州两学讲章》和《扬州府县学讲章》。

嘉靖十四年（1535），年过古稀的湛若水，上《引年疏》请求退休，欲“退居山林”。皇帝说，你身体还好，继续做吧，并于第二年调任他为南京兵部尚书。这一年的十一月，他曾回了一趟岭南，在增城创建了莲洞书院，又在罗浮山建了朱明书馆。可见，湛若水即使是在任职期间忙于公事，也不忘讲学与办学，确实是“无处不授徒，无时不讲学”。

第四期（1540—1460）是湛若水75岁至去世期间。退休岁月，他退而不休，进入了办书院与讲学巅峰时期，是其人生的辉煌历程。

嘉靖十九年（1540）五月，75岁的湛若水，获准退休，结束了35年的仕途生涯，回到了广州。

离任的湛若水，七月启程，取水道南归岭南，一路走来，一次次走进书院，或是悼念友人，或是讲学。经杭州时，上岸走进天真精舍，拜祭挚友王阳明。八月，入福建，游武夷山；入江西，走进鹅湖书院，参访当年朱熹与陆九渊论辩之地。九月，抵达粤北韶州，在韶州精舍讲学，后编录有《韶州明经馆讲章》。

回到家乡，湛若水即积极投身于办学与讲学。本来，离开了政坛的古稀之人，该要过过舒适安逸的日子，享受人间的天伦之乐，然而，湛若水却选择了继续修书院，收徒讲学。或许他铭记着老师“士不居官终爱国”的教诲，在“罢归故里”之后，仍要为国报效，继续用老师的方式办学，继续报效国家，也缅怀先师。从75岁到95岁，整整20年间，湛若水以一个老人难得的毅力与敬业精神，办起了一个个书院，培育了一批批的学子，其中有许许多多感人的故事，成为教坛佳话。试看：

嘉靖二十年（1541），湛若水76岁。他先后在增城和罗浮山的书院讲学。

嘉靖二十二年（1543），湛若水78岁。他应邀到南岳衡山讲学、办学，在紫云峰麓，建甘泉书院，并立白沙祠，在书院讲学。

嘉靖二十三年（1544），湛若水79岁。在广州构筑了一个占地面积数十亩的“湛家园”，在府邸之旁兴办了天关精舍，作为他传播心学的重要平台。

嘉靖三十五年（1556）年，湛若水81岁。他不顾年迈，再次游南岳，停留数月之久。水陆兼程，一路走来，会友、讲学、论道，又撰写《重修南岳甘泉书院记》。

嘉靖三十七年（1558），湛若水93岁。与弟子相聚于天关精舍，讲学。

嘉靖三十八年（1559）湛若水94岁。在龙潭书院讲学，有年逾古稀的弟子陪同。

嘉靖三十九年（1560），95岁那年，先后在龙潭书院、禺山精舍讲学，最后在精舍去世。他，就是这样无私地把毕生精力奉献给了教育事业。

（二）书院及弟子

湛若水去世后，其大弟子罗洪先撰写了《南京兵部尚书甘泉湛先生》，文中称，湛若水有弟子3900余人，超越了孔子；在14个地方建书院36个，数量之多，实为空前！如下是文中所记载的书院：

在他的家乡，有甘泉、独岗、莲洞。

在增城、龙门，有明诚、龙潭。

在羊城，有天关、小禺、白云、上塘、潜洞。

在南海之西樵，有大科、云谷、天阶。

在惠州之罗浮山，有朱明、青霞、天华。

在韶州之曲江，有帽峰。

在英德，有清溪、灵泉。

在南都，有新泉、同人、惠化。

在溧阳，有张公、洞口、甘泉。

在扬州，有城外、行藹、甘泉山。

在池州，有九华山、中华。

在徽州，有福山、斗山。

在福建武夷山，有六曲仙掌、一曲王湛会讲。

在湖南，有南岳、紫云。

屈大均的《广东新语》，记载了32个书院，与罗洪先的说法基本一致。在这36间书院中，绝大多数是湛若水亲自筹建的，也有一些是他的弟子或地方官员协助建成。

湛若水在五岭南北，致力于兴办书院，使沉寂了多年的民间书院，重新焕发生机，与官办学校一起形成办学的两条腿，有力地推动了明代教育事业的发展，其中岭南的发展尤其喜人。据《宋元明清书院概况》一书作者的统计，明代广东书院的发展速度惊人，所建立的书院数量已占当时全国书院总数的三成，数量居全国的第三位，仅次于江西和浙江，进入了全国教育的先进行列。这无疑为广东社会的发展做了人才先行的准备工作。湛若水和他的老师陈献章的推动，功不可没！

有学者考证，具体列出其35所书院的创建时间，具体如下[①]：

1.明诚书院，正德初年，增城。

2.云谷书院，正德十二年（1517），南海。

3.大科书院，正德十二年（1517），南海。

4.独冈书院，正德末年，增城。

5.新泉书院，嘉靖初年，南京。

6.甘泉书院，嘉靖六年（1527），扬州。

7.甘泉山馆谷，嘉靖七年（1528），扬州。

8.斗山书院，嘉靖十年（1531），徽州歙县。

9.白沙书院，嘉靖十一年（1532），广州。

10.天泉书院（堂），徽州休宁。

11.福山书院（堂），徽州婺源。

12.九华山甘泉书院，嘉靖十三年（1534），池州青阳。

13.帽峰书院，嘉靖中，韶州曲江。

14.清溪书院，韶州英德。

15.灵泉书院，韶州英德。

16.莲洞馆谷，广州增城。

17.朱明书院，嘉靖十八年（1539），惠州博罗。

18.甘泉书院，嘉靖十八年（1539），广州增城。

19.天关书院，嘉靖十九年（1540），广州。

20.青霞书院，嘉靖十九年（1540），惠州博罗。

21.天华精舍，嘉靖二十年（1541），惠州博罗

22.南岳甘泉书院，嘉靖二十三年（1544），湖南衡阳。

23.白云书院，嘉靖二十九年（1550），广州。

24.上塘精舍，嘉靖三十年（1551），广州。

---

① 黄明喜：《植根书院，传播心学》，《甘泉与阳明》，广州出版社2017年版，第56—59页。

25.禺山书院，嘉靖三十四年（1555），广州。

26.天阶精舍，嘉靖末年，广州南海。

27.蒲涧精舍，嘉靖末年，广州。

28.玉泉精舍，广州南海。

29.同人馆谷，南京。

30.惠化馆谷，南京。

31.张公洞口甘泉书院，常州宜兴。

32.六曲仙掌书院，嘉靖十九年（1540），建宁崇安。

33.一曲王湛会讲馆谷，嘉靖十九年（1540），建宁崇安。

34.合一书院，嘉靖末年，广州。

35.龙潭书院，嘉靖末年，广州龙门。

湛若水弟子近4000，尚存名者有哪些？近年，有学者依据相关资料进行梳理，列出640名弟子的名字①。从籍贯看，其弟子来自全国各地，可见其教育已跨越五岭，遍布江浙、两湖、两广，具体地方有：

广州、增城、南海、东莞、新会、番禺、乐昌、揭阳、潮阳、三水、潮州、清远、英德、茂名、高明、恩平、顺德、鹤山、四会、惠州、博罗、溧阳、平湖、绵州、孝丰、江都、绩溪、于都、南康、浦江、福安、泰和、高平、桂阳、江山、德安、兴业、武陟、徽州、沅陵、监生、汉都、新安、晋江、山西、绵竹、贵池、祁门、长乐、乐至、衡阳、兴化、无锡、宁晋、德清、吴县、宜兴、衡山、南安、金溪、安福、桂林、新昌、三原、武进、韶山、莆田、常熟、海阳、安吉、攸县、宁波、归化、诏安、分水、青阳、休宁、荆门、盱眙、武陵、南昌、思南、永安、郴阳、永丰、滁州、东阳、建德、太原、六安、新州、海宁、海盐、辰州、歙县、婺源、蕲水、保宁、信阳、永宁、永兴、兰溪、泾县、新喻、新建、邕州、双林、金陵、凤阳、漳平、象州、桐乡、秀水、锦屏、章丘、慈溪、道州、沅江、余姚、天台、扬

① 黄明喜：《植根书院，传播心学》，《甘泉与阳明》，第119—171页。

州、永康、永新、怀宁、仙居、开州、西安、鄠县、漳州、麻城、豫章、长兴、建昌①。

可以说，湛若水是沿着陈献章办书院的路向，推进教育事业的发展，但是他在办学的地域上，则跨越五岭；在书院和弟子的数量上，也大大超过了老师；在对书院的投入，以及对贫穷学生的资助上，其力度远超过老师。因为作为高官的湛若水的俸禄，无疑十分可观，那是草根阶层的、清贫的陈献章所望尘莫及的。尤其值得注意的是，他遵循母亲的教诲，把他人的馈赠，以及地方的资助，都用于办学。由于种种原因，湛若水办学的客观条件比较优越，因而办学能力超越老师。可以说，对岭南教育事业发展的贡献，湛若水与其先师都功不可没，而二人相比，又可谓“青出于蓝而胜于蓝”！

二、宗旨明确

湛若水办学态度认真，曾几次撰文谈论书院的相关事宜，其中尤其确立了书院的办学宗旨。

保存在《泉翁大全集》中，湛若水关于办书院的文稿有：

> 《迂冈书院记》《莲洞书馆赡田仓记》《峨眉莲洞开创书馆记》《甘泉山书院赡田诫》。

在这些文稿中，湛若水具体阐述了书院创立的环境、经费以及教学宗旨等。《迂冈书院记》文中，湛若水明确提出：

> 夫书院之设，为传经也。②

在湛若水看来，学就是学经，办书院的宗旨应是“传经”。依循心学的理念，以及“尊儒”的立场，他认定：

---

① 黄明喜：《植根书院，传播心学》，《甘泉与阳明》，第119—171页。
②〔明〕湛若水：《迂冈书院》，《泉翁大全集》卷二十七，钟彩钧、游腾达点校，第738页。

六经皆由心生者也，故治心以治经，则全经在我矣……道无往而不在也，载而为六经，形而为天地万物，无非我心也。①

治经以治心，而体天地万物之蕴，以与之一焉，则全经在我矣。②

显然，湛若水先设定六经由心而生，治经也就是治心，进而提出以书院作为教育的平台。强调注重心性涵养，而通过治经则可以达到“治心”的目的。基于此，湛若水进而确定书院的宗旨在于“传经”。

湛若水通过对书院的环境与氛围的论述，阐明书院有利于传经。他具体描述“书院之胜”的种种优越：

然则书院之胜，于其中居而四极也，则见夫东西南北拱粤秀而尊，居物有方而我无方，则若以发吾心全书之中矣。于其流动而不居也，则见夫山峙川流，日月往来，相代乎吾前者，则若以发吾心全易之时矣。于其歌咏而嬉游也，景物欣欣，人鸟相应矣，则人情物理宛然在目，则若有以发吾心全诗之性情矣。于其时景之推夺而惨舒也，则见夫顺化者昌，逆化者亡，与之夺之，生之杀之，日形乎吾前，则若有以发吾心是非之春秋矣。于庶物之群分而合同也，则见夫高深下上，仰极乎天，俯临乎地，化化生生，保合而凝，则吾心天地之大礼大乐于斯乎全矣。③

在湛若水看来，书院居于“四极”之中，呈现东南西北而为“尊”；流动不息，能见山川的存在与变化；景色优美！景物欣欣向荣，体现着“顺之者昌，逆之者亡”的法则；歌咏游戏，一片欢乐；万物有群有分，在那里可以仰望天、俯视地，宇宙的生生化化，人心中的大礼大乐全都得到体悟。这便是以心去治经，进而体认天地万物，这便是人与天地万物一体，这便是“全经在我”。

由上可见，湛若水希冀通过书院环境的营造，达到人与天地万物一体，以及治心与治经的密切关系，从而揭示书院的宗旨在于“传经”。如上的文字，绕了半天，才说清了“书院之设，为传经也”，称得上用心良苦了。

①〔明〕湛若水：《迂冈书院》，《泉翁大全集》卷二十七，钟彩钧、游腾达点校，第738页。

②〔明〕湛若水：《迂冈书院》，《泉翁大全集》卷二十七，钟彩钧、游腾达点校，第739页。

③〔明〕湛若水：《迂冈书院》，《泉翁大全集》卷二十七，钟彩钧、游腾达点校，第738—739页。

三、倡导自得

在办学中，湛若水不仅明确书院的办学目的，他还要求学生提出读书的目的，期待学生懂得为了什么读书。

（一）学须自得

湛若水遵循“学者为己”的儒家古训，明确提出“学须自得”，他说：

> 夫学求自得而已。[①]

学，是为了求“自得”，如何“自得”？湛若水进而指出：

> 自得者，得自我也，非得于书也。[②]

在湛若水看来，学就是自得，这自得是从自我中而得，并非从书中而得；从自我中，即是从自我的心中而得。所以他又说：

> 读书之法，心不在则无自得。[③]

湛若水还是强调，读书学习无非也是在心上下功夫，进行心性涵养。他说：

> 君子之学，反己而已。[④]
> 学者其学诸心耳。[⑤]

显然，湛若水把学习当作心性涵养，要求弟子在心性上下功夫，具体便是通过学习，而使自己“迄至变化”[⑥]。他强调：

---

①〔明〕湛若水：《迂冈书院记》，《泉翁大全集》卷二十七，钟彩钧、游腾达点校，第738—739页。
②〔明〕湛若水：《新泉问辩录》，《泉翁大全集》卷六十八，钟彩钧、游腾达点校，第1665页。
③〔明〕湛若水：《新泉问辩录》，《泉翁大全集》卷六十八，钟彩钧、游腾达点校，第1665页。
④〔明〕湛若水：《贵纯章第三》，《泉翁大全集》卷二，钟彩钧、游腾达点校，第32页。
⑤〔明〕湛若水：《心性第二》，《泉翁大全集》卷六，钟彩钧、游腾达点校，第119页。
⑥〔明〕湛若水：《日新第三》，《泉翁大全集》卷六，钟彩钧、游腾达点校，第123页。

学问之道，无他焉，求其放心而已。[①]

这是以孟子的“求放心”来诠释“为学”，也就是把学习等同于道德涵养，等同于人的心性涵养。

（二）学即是觉

在湛若水看来，学是涵养，涵养便是道德本性的觉醒，因而学也即是“觉”。他直白地、反复地说：

学以入道为至。[②]

学之者，所以觉其良知也。[③]

今日为学只在体认天理，为千古圣贤心法之要。[④]

他又说：

学者，觉也，古训者，圣人之心也。学之所以觉我之心也，我之心即圣人之心，觉了便不须留心，最是用药之气，以疗吾之元气而不用粗也。[⑤]

由上足见，湛若水注重教育，非常明确提出其进行教育的目的，把教育作为社会教化的手段，让弟子把学习作为体认天理、道德涵养的过程。这便是湛若水教育思想的核心，也是其进行教育的终极目标。这一教育思想所蕴含的高远性，值得今人借鉴。

---

①〔明〕湛若水：《知新后语》，《泉翁大全集》卷三，钟彩钧、游腾达点校，第 58 页。

②〔明〕湛若水：《送刘中山还永丰小序》，《泉翁大全集》卷十九，钟彩钧、游腾达点校，第 567 页。

③〔明〕湛若水：《圣学格物通大序》，《泉翁大全集》卷二十，钟彩钧、游腾达点校，第 579 页。

④〔明〕湛若水：《斗山书堂讲章》，《泉翁大全集》卷十二，钟彩钧、游腾达点校，第 373 页。

⑤〔明〕湛若水：《新泉问辩录》，《泉翁大全集》卷六十八，钟彩钧、游腾达点校，第 1677 页。

四、管理规范

湛若水一生，办书院多、讲学多、弟子多。这三“多”，说明他富有极其丰富的教育实践经验，并在实践的基础上，进行理论升华，提出了一套完备的、合理的、富有真理性的教育理论，又制定了可操作的、行之有效的教育管理制度。

在创办大科书院的时候，湛若水便为它确立了管理条例。他撰写了《大科训规》，全文6000多字，列举60条规章，阐述书院的学生该如何立志，如何为学，如何进行生活管理等等，至为具体详尽。

（一）关于学生如何立志

在《大科训规》里，湛若水开宗明义，明确提出：

> 诸生为学，必先立志，如作室者，先固其基址乃可。①

湛若水要求进入书院的学生，首先必须“立志”，立下一个“不可夺”的志向，确立自己的学习宗旨和目标。“立志”为何是第一重要的事？湛若水打了一个通俗的比喻：建房子，必须先打好地基。在湛若水看来，进入书院的学子，是要立志苦读，鸡鸣而起，诵读典籍，“体认天理”，进行道德涵养，不求私利。当然，湛若水也强调，他所办的书院有别于官办学校，它是为儒生或是在科举路上求学的人敞开大门。只要进到书院，便都“必先立志”。这展示了湛若水办书院，为国家培养有道德涵养的可用之才的明确目的。

在宋明时期，民间兴办书院蔚然成风，书院当然也具有培育人才的教育功能，但是书院大都是学者们讲学，发表自由思想，坐而论道的平台；大科书院也不例外，同样是学者们学术交流的平台，但《大科训规》却如此突出“立志”，无疑凸显了湛若水作为国家官员的认知，他的书院首先是教育机构，是为国家培养人才的场所。

---

①〔明〕湛若水：《大科书堂训》，《泉翁大全集》卷五，钟彩钧、游腾达点校，第99页。

（二）关于如何用功

在《大科训规》里湛若水进而指出："诸生用功，随处体认天理。"这是说，立了志就要用功，若不用功，立志便是空话。怎样用功？那就是必须进行涵养。涵养又怎样进行？告诉弟子，涵养就是"体认天理"，具体即是不论在何时、何地，不论采用何种方式，都要把意、心、身、家、国、天下统统作为一件事来做，把"天理"，即人的道德本性感悟出来。这就是涵养功夫，就是实现自己的"志"而必须做的功夫！

湛若水提出，"读书亦唤醒一番，何等有益"。依循儒家的传统，弟子们既要"尊德性"，又要"道问学"，强调涵养不排斥读书。湛若水倡导"随处体认天理"，是要唤醒人的道德本性，但同时他认为"读书"也能唤醒人的道德本性，主张将二者统一起来。

在南宋，理学家朱熹与心学家陆九渊在鹅湖的论争，其中一个焦点便是"尊德性"与"道问学"之争，湛若水则试图把二者兼容起来。这二者的兼容便回到了先秦原始儒家的思路：一方面检讨和反思了当时过于注重心性涵养而忽视读书的偏颇，否定了"此道苟能明，何必多读书"；另一方面，他又批评"读书丧心"，"读书可尽费"的错误倾向。这为大科书院的学子指明了正确处理涵养与读书关系的方向。

在湛若水看来，道德涵养与读书是相辅相成的关系。《大科训规》明确提出书院的教育，须解决好德与智两方面的关系，二者同时并举：在道德教育方面，"求道于人伦"，教导学生在日常间体认天理，平日里应孝敬父母，友爱朋友，相互间和睦相处；在学业教育上，教导学生求"自得"，读儒家典籍，增长见识，虚心听讲，独立思考，在做好功课的同时，可"观山水"，野外游览。

《大科训规》是湛若水管理书院的一套规矩，其中蕴含着他深刻的教育理念，遵循了办教育的规律。他的本意不仅为了解决一家书院的办学问题，而且要解决社会教育的重大问题，即"德业"与"举业"的关系问题，而其解决方法则具有普世意义。

五、学风改革

湛若水办学，在实践的层面有许多举措，与此同时对书院学风的建设上，也有所创新。他主张“学须自得”；针对当时的不良学风，提出“德智并举”；针对死读书、不求甚解，而倡导“为学贵疑”；注重因材施教，要求弟子量力而行。湛若水对新学风的倡导，不是停留在口头上的呼吁，而更注重在书院的实践中进行培育。

（一）倡导德智并举

面对当时学子读书多为应付科举考试的现象，湛若水撰写了《二业合一训》，明确提出教育的宗旨不是仅仅为了举业的应试，也揭示了德业与举业的辩证关系，从而阐明他的教育理念。

所谓德业，是指道德涵养，今人称作德育；所谓举业，是指科举之业，是通过书本的学习，而能应对科举考试。湛若水认为，德业与举业是一致的，“进德”就能“修业”，“涵养”和“习业”并非两码事，需要同时用力。

对于德业与举业必须合一的道理，湛若水作了充分的阐述。他通俗地比喻说：德育与举业的合一，好比树的根和树的枝叶那样不可分离，树木“由本根以达于枝叶”，而人的成长则是“由涵养以达其文词”；由根到叶，由涵养到学问知识，一以贯之是连贯的，所以读书、作文不能离开心性涵养的根本，就像是从根的本源中发出枝叶来。湛若水又解释说：你如果涵养了自己的心性，就能体悟许多的实事，那么你的科举之业也便在其中了，这就好像是树有了根，自然而然长出枝叶，绽放出鲜花那样。

湛若水强调，德业和举业，彼此密切联系，相得益彰，但在德智并举之中，二者并非平起平坐，而是以德业为主导。他直白地说：

> 志于德业，则读书精、涵养深、义理透，故其词畅、其指达，其发于词，皆吾自得之实事。

这是说，如果以德业为主导，那么读书、作文都会十分畅顺，举业也就不成问题了。

湛若水既从正面说明，正确处理德业与举业关系，可取得好结果；又指出如果不先立志于德业，不由心性涵养做起，不从根本处下功夫，那么在学业上“掇拾补缀”，随意地拾取一些装点门面的知识，“读书”只图“记诵”，只有辞章上的功夫，目的是“取科第”“谋爵禄”“计功谋利”，其结果便是失去了本体的心，没有了根本，这样不但成就不了圣贤，反而培养出强盗来；如果只讲“举业”，那么“天下无全人”，没有了德才兼备的人才，结果国家无可用之才，同时学术也会受到破坏，“儒学坏而天理几乎息矣”。

从正反两个方面的比较分析中，湛若水得出的结论是：既不可离德业而求举业，也不能只求举业而不求德业。他告诫当时的读书人，正确处理二业关系，不仅关系着个人的命运，还关系着国家的命运，以及圣学与社会道德的兴衰。

湛若水对“二业合一”的阐述，并没有停留在理论层面上，还以事实来论证。常言道：“事实胜于雄辩！”湛若水以自己的切身经历，说明德业与举业密不可分的关系。他说，“二业合一”是自己“实身”的践履，是自身“尝试”过的经验。他回忆这样一段经历，用现代汉语叙述便是：

自20岁开始学，与其他人一样，走科举之路，27岁通过乡试；后师从陈献章，舍弃了举业，专心进行心性涵养13年，乙丑（弘治十八年），40岁时，会试通过，举业已经与过去大不一样，“渊源而来”，好像有神灵相助。

湛若水是以个人的例子说明，他能举业成功，完全有赖于之前在德业上的努力。

湛若水期待他的理论能落到实处，他呼吁将“二业合一”论落实到教育实践之中。在书院的教学中，湛若水作了典范的实践：他教人“不外科举”，但必须“致理存”“德性存”，实现二业合一；他教人不可“堕于一偏”，把德业与举业支离开来；他教人懂得读书、作文都“不是本体，就根本之中，发起枝叶”。

湛若水所阐述的“二业合一”的教育理论，在当时很有针对性，对当今也有启迪性，可称得上是“拯救济世之言”，“是救世之第一义”。它的理论意义、历史意义和现实意义都不可低估。

湛若水生活在科举取士的时代，他切身体会到举业有着正负两方面的功能：一方面，国家通过考试，相对公平地选拔贤才以管理行政事务，学子通过举业，而后登上政坛，实现自己为国效劳的理想；另一方面，由于学子被功利所诱惑，片面地追逐举业，而忽略德业，其结果是人们失却本心，导致“人欲肆而天理灭”。湛若水敏锐地看到事态发展的严重性，为解除这样的社会困境，故提出“二业合一”的主张。因此“发合一之说”，希冀从理论的高度上进行拨乱反正。他自称：

其所以扩前贤所未发，开来学之迷途，一洗支离之习，而归之于大同之道。[①]

这也就是“二业合一”论的社会价值。其《二业合一训序》，高度评价了这一教育理论的社会价值，说：

挽人心而反之正，涤旧习而与之新，救世卫道。[②]

正确处理德业与举业的关系，至今仍值得人们深思与借鉴。当今，科举取士的制度早被废除，但学生仍然要通过考试走上仕途，或实现个人理想，或取得功名利禄。于是，现今的教育制度，依然存在以“考试成绩”为考核唯一标准的弊端，社会上普遍存在以分数论英雄，学校里往往把智育放在德育之上；教学中，着力教学生应试和谋生的本领，忽略教学生如何做人，开学的第一课，应当教学生写好那个“人”字。今天，重温湛若水的《二业合一训》，是多么的有意义！

（二）倡导思想解放

湛若水的先师陈献章提出，“学贵知疑”，“贵疑”是一种敢于创新的精神，但首先是一种好的学习方法。湛若水继承了这一精神，并把他作为一种教学方法。当有学生问“学何贵”时，他明确回答说：

学贵疑，疑斯辨，辨斯得矣。故学也者，觉此者也。

这是告诉学生，学就是“自得”，自得就是“觉”。而要“觉”，则须在学的过程中，敢于“疑”，因为敢于提出怀疑，才能辨别是非、求得真理，从而达到学的目的——自觉。

湛若水还用对比的方法，说明“疑”在学习中的重要性。他从正面说，如果你“知疑”，懂得去怀疑，那学习就有进步，这就像走路，行的时候发现有不同的

---

①〔明〕黄纶：《泉翁二业合一训序》，〔明〕湛若水：《泉翁大全集》卷四，钟彩钧、游腾达点校，第72页。

②〔明〕黄纶：《泉翁二业合一训序》，〔明〕湛若水：《泉翁大全集》卷四，钟彩钧、游腾达点校，第73页。

道路，于是就需要去辨别，辨别之后选择要走的路往前走，而后才有进步；从负面说，如果一遇到疑问，就回避不敢去辨别、不去思考，那么碰到的疑问就不可能辨别清楚，也就处于“不明”的状态，当然就不会有进步，如果读书仅仅停留在“文字”上，也便读不通，没有收获。

在湛若水看来，“贵疑”是学习的重要方法，因为“疑”带动了“辨”，还带动了思考。他教诲弟子说，学习必须“能问”“能思”，如果不能问，就是不曾用功，如果不“善思”，就是废除了思考。所以，他向弟子强调：

> 思则得之，不思则不得也，思岂可废得?

贵疑，便是大胆怀疑，便是思想解放。这是陈献章所倡导的创新精神，湛若水本人继承和光大了这种精神，并在教学中传授给学生。创新，是人类特有的实践，人类正是在不断的创新中存在和发展；创新，是心学的重要理念。南宋的心学家陆九渊极力倡导“贵疑”，提出大疑大进，小疑小进；陈献章继承这一理念，同样认定人的进步程度，与“疑”的深浅有关，并明确提出大疑就是敢于怀疑一切，敢于怀疑权威，敢于怀疑先师和长辈。湛若水继承了老师的“贵疑”精神，并向学生传授。

（三）主张循序渐进，量力而行

在儒家的先贤看来，学习是一个渐进的积累过程。湛若水在教学中，采取渐进的方法，并形象地向学生解释。他以鸟飞为例，要说这样一个道理：

鸷鸟，是一种十分善飞的鸟，但在它幼小的时候，一日只能飞10里，如果强迫它飞100里，就一定会从空中掉下来，只有量力而行，慢慢地练习和提高，今日飞十里，明日飞二十里，渐渐就能飞百里，以至千里了。

他又以马为例，又说同样的道理：

骥马，是一种十分善跑的马，但在它幼小的时候，能力是跑五十里，却驱使它跑五百里，那它一定僵死；只能渐渐地练习，今日五十里，明日六七十里，渐渐就会达到五百里，甚至跑千里也可以！

湛若水是要告诉弟子一个道理：能飞千里的鸷鸟，能跑千里的骥马，它们的能力是逐渐练就的。善飞也好，善跑也罢，都是长久的练习所造就，何况人呢？士人读古籍，一天能读三行，就读三行，不要强行读五行，这样慢慢学习，熟练了就有提升。

可以说，这种渐进的方法合乎人的认知规律，应该成为一种教学方法。湛若水依据这一方法，为学生开列出儒家经典的书单，并指明读书的先后顺序：学者须先看《论语》，次《大学》，次《中庸》，次《孟子》，乃书之序也。可以说，渐进的教学方法，强调学习要量力而行，先易后难。湛若水所倡导的这一学习方法，具有科学性，后来为教育界所采用。

（四）倡导尊师敬长，注重人伦

从注重德业出发，湛若水的教学，引导弟子在日常的学习生活中，从尊师敬长、团结互助开始，注重培育道德伦常。

湛若水提出，书院的教育，须要弟子“立志”，“立志”则要“随处体认天理”，体悟自己的“本性”，注重在日常生活中时时处处从本心的善性出发，把仁义贯穿于自己的一切行动之中。湛若水认为，仁义是人的根本，是人区别于禽兽的根本处。他一针见血地说：

> 夫人之初生，莫不有一念之良知良能，达之则为仁为义；不能达之，则为不仁不义。不仁不义则不可以为人，不可以为子，不可以为人子，则入于禽兽之归矣，甚为可惧可哀。

“人禽之辨”，先秦原始儒家多有论述，并以它作为主张德治的理论依据。湛若水正是依据这一权威理论，提出他的看法。他告诉弟子们：人一出生，便具有良知良能的本性，如果把这个本性向外扩展出去，就会产生仁义道德；如果不能向外扩展，就没有仁义道德；没有仁义道德，就不可以成为人，就不可以成为儿子；如果不是人，不是儿子，那只能归为“禽兽”了。这多么的可怕，多么的可悲！

鉴于这样的理论基点，湛若水期待弟子，在书院的学习期间即能培育仁义的道德行为。具体便是首先明白：“仁”来源于“爱”，而“爱”首先是爱“亲”，这就是“亲亲”，爱与自己有血缘关系的亲人；“义”产生于“敬”，而“敬”首先是敬长辈，敬长辈也就是义了。

在书院的教育中，湛若水非常注重敬长慈幼，强调“相遇以礼”，以诚相见，“使一家一乡，和气浃洽”。他告诫学生，不要“自是自高”；做事要检点，要谨慎；要懂得取长补短，懂得和气团结。

综上所述，湛若水为贯彻他的“二业合一”、以德为先的主张，便从教育实践中进行落实，这为后人做出了典范。

六、终生讲学

无时不讲学的湛若水，正是借助于书院传播心学，把先师陈献章所开拓的富于岭南特色的心学，带到了岭北，乃至把岭南化的儒学传播到神州大地。当年梁启超在整理中国学术思想史的时候，也说到白沙心学的传播主要靠湛若水。尤为值得骄傲的是他的晚年。在他晚年创办的书院里，出现了长者办学，长者讲学，长者来学的风景线，“天关三皓”成为教坛佳话！

（一）筵廷讲学

《泉翁大全集》卷十二与卷十三，辑录了湛若水的讲章24份。从其讲章可见其讲学时间持续之长，讲学的对象之广、讲学涉及内容之宽，均称得上前无古人、后无来者。他不仅给书院的弟子讲学，给讲坛的广大听众讲学，还给最高统治者皇帝讲学；给年轻的学子讲学，也给年迈的老者讲学。受众者之多、身份与年龄的多样，也是中国教育史上独树一帜的！

正德二年（1507），42岁的湛若水担任经筵讲官，给皇帝讲学。收入《泉翁大全集》的《经筵讲章》显示，当时湛若水讲授的内容丰富、深刻、通俗，集中点在君民关系。湛若水石破天惊地提出“君可爱”与“民可畏”的观点，并通过解读君民的密切关系而阐述“君民相须”，必须“畏民”。他先说“君可爱”：

> 盖百姓每全仰赖人君去管治他，才得相安相养，若非人君，则强的便凌那弱的，众的便暴那寡的，都不得安生了。这便是“众非元后，何戴？”以此看来，君岂非可爱？①

接着，湛若水说民可畏。他如是说：

---

①〔明〕湛若水：《经筵讲章》，《泉翁大全集》卷十二，钟彩钧、游腾达点校，第339页。

至于人君，全倚靠那百姓去护卫他，才得安富尊荣。若非百姓，则城池谁与他守？社稷谁与他保？都不能安享了。这便是“后非众，罔与守邦。”以此看来，民岂非可畏？

于是湛若水的结论是：

夫君民相须如此，岂可忽略？①

湛若水在《经筵讲章》中，对皇帝语重心长地说：

民心一散，不可复合；天心一去，不可复留。到这时节，君不见其可爱，而民愈见其可畏也。②

他又说：

臣惟人君以九重之尊，临兆民之卑，鲜不轻视其民以不足恤者，然尝观之，天人之际，甚可惧也。③

湛若水是说，在君尊民卑的社会里，君虽没有轻视他的民，但从天人关系来审视，如果不懂得恤民，那也是很可怕的。于是他又继续告诫皇帝说：

得乎民之心，则得天之心，而天位安。失乎民之心，则失天之心，而天位危。盖天民一理，上下无间，其得失存亡之机，系乎人君一心之敬否何如耳。故敬者乃圣学之要，而致治保邦之本也。为人君者，可不加之意哉！

显然，湛若水是依据儒家传统的理念，视皇帝为“天子”，是上天赋予皇帝统治人间的权力，同时又依据儒家传统的理念，认定天的一切意愿来自民。他直白地说：

盖人君所居的位乃是天位……人君的心即人民的心，人民的心即上天之

---

①〔明〕湛若水：《经筵讲章》，《泉翁大全集》卷十二，钟彩钧、游腾达点校，第339页。
②〔明〕湛若水：《经筵讲章》，《泉翁大全集》卷十二，钟彩钧、游腾达点校，第340页。
③〔明〕湛若水：《经筵讲章》，《泉翁大全集》卷十二，钟彩钧、游腾达点校，第340页。

心。[①]

湛若水在给皇帝讲学时，敢于告诫皇上，你得了民心，就是得了天心，你的君主宝座就能安稳了；如果你失去民心，就失去了天心，你的宝座就危险了。他从理论的高度上，提醒皇帝，要懂得“君民一理，上下无间”的道理，要懂得君主是否有敬畏民众之心，关系着社稷的存亡与得失。他要强调的是，君民一心，懂得敬畏民众，这才是圣学最为核心的内容，是关乎治国安邦的根本，君不可不“畏民”！

在《经筵讲章》中，湛若水直接引用了皋陶对舜说的话：

天聪明自我民聪明，天明畏自我民明威，达于上下，敬哉有土。[②]

这是儒家对天与民关系的最直接、最传统的说法，湛若水也正是循着这一理路去开导皇帝。他进而具体展开说：

盖人君的心即人民的心，人民的心即上天之心。[③]

湛若水用心良苦地告诫皇帝：

民心一散，不可复合，天心一去，不可复留。[④]

得乎民之心则得天之心，而天位安；失乎民之心则失天之心，而天位危。[⑤]

在湛若水看来，民心的得失关乎皇位的安危。这是他给皇帝讲学的核心内容，因而他不厌其烦地强调：

民即是天之所在。

百姓每耳目即是天之耳目。

天之聪明，寓于民。

---

①〔明〕湛若水：《经筵讲章》，《泉翁大全集》卷十二，钟彩钧、游腾达点校，第 340 页。
②〔明〕湛若水：《经筵讲章》，《泉翁大全集》卷十二，钟彩钧、游腾达点校，第 341 页。
③〔明〕湛若水：《经筵讲章》，《泉翁大全集》卷十二，钟彩钧、游腾达点校，第 340 页。
④〔明〕湛若水：《经筵讲章》，《泉翁大全集》卷十二，钟彩钧、游腾达点校，第 340 页。
⑤〔明〕湛若水：《经筵讲章》，《泉翁大全集》卷十二，钟彩钧、游腾达点校，第 340 页。

天之明畏，寓于民。

天无心，人民之心，便是上天之心，民心之所在，即是天理之所在。[①]

在这里值得注意的是，湛若水虽保留了封建社会的尊卑等级观念，也说“天至高在上，民至卑在下，上下都似不相关一般”，但是他接着说“但天人同是一气，人是天地之精”[②]，强调“民即是天之所在”[③]，一个“即”字，把“民”提到了与“天”齐高的高度；他把“百姓”称作“人民”，不用官方常用的“庶民”。这无疑显示作为朝廷命官的湛若水，已经超越了他既有的官方立场，而敢于以别样的逻辑去诠释传统的天—君—民的关系，给皇帝提出新的训诫，这便是《经筵讲章》最为可贵之处。

（二）晚年讲学

退休回广州的湛若水，摆脱了政事的缠绕，而专心于教育，于是更活跃于教坛。据统计，他晚年在五岭南北讲学的书院，即有十多间，有九龙山甘泉书院、扬州府县学、九龙山中华书堂、会华书院、韶州明经馆、天泉书堂、斗山书堂、独岗书院、甘泉洞、天华精舍、白沙书院、天关书院等。在《湛若水文集》中，保留了他当年的许多讲学记录，其中散发出的思想智慧，是一笔珍贵的精神财富。

在湛若水晚年的教坛生活中，他的办学精神，他的办学热忱，他的精彩的讲演，吸引了无数的学子。他在广州兴办并担任主讲的天关精舍，更为社会各界所关注，在那里，迎来了数位年逾古稀的老者前来求学，留下了一段“天关三皓”的精彩故事。事情是这样的：

嘉靖二十六年（1547），77岁的吴藤川，到天关书院来求师，当时的湛若水已经82岁了。年迈的老师，看到年迈的学生，惊喜不已！他为这位学生的好学精神所感动，尊称他为“藤川丈人”，作了两首诗，十分称赞地说，吴先生已经77岁了，还好学不倦，到天关精舍拜我为师。后来，湛若水又为这名高龄弟子特制了一根手杖，手杖是用南岳的方竹制成，并亲自在手杖上刻上铭文，铭文大意为：藤川

---

①〔明〕湛若水：《经筵讲章》，《泉翁大全集》卷十二，钟彩钧、游腾达点校，第341页。
②〔明〕湛若水：《经筵讲章》，《泉翁大全集》卷十二，钟彩钧、游腾达点校，第341页。
③〔明〕湛若水：《经筵讲章》，《泉翁大全集》卷十二，钟彩钧、游腾达点校，第341页。

先生，77岁了，虽你的年岁已将到黄昏之时，还来学习，但只要一步步走下去，就能步步高升，抵达高处！这便是年迈的老师对这名年迈的弟子的鼓励！湛若水85岁时，又再给吴腾川赠诗，可见湛若水对这位老弟子的深情。

“天关三皓”的另两位弟子更高龄，一位是82的黎养真，一位是81岁的黄慎斋。他们在嘉靖二十九年（1550），来到天关书院。湛若水有诗表露他对“三皓”——三位老人入读书院的喜悦，以及对他们的赞扬。其诗曰：

养真慎斋与藤川，三皓同时及我门。

八十头颅事事真，老来赤子心还存。

除了这“三皓”，湛若水还有另三名年迈的弟子：102岁的学生姓简，72岁的学生钟景星，以及73岁的张潮。当102岁的弟子入学时，湛若水态度十分谦恭，他没有师道尊严，而是意识到这位长者年纪比自己还大，便以贵宾相待，常常让他上座，而自己下座。

嘉靖三十八年（1559），94岁的湛若水不顾年事已高，还到刚刚复办的龙门县龙潭书院讲学。当时陪同他前去的弟子，正是年过古稀的高龄学生钟景星和张潮。湛若水讲学时，声音洪亮，发挥自如，思维敏锐，风采不减当年。

嘉靖三十九年（1560），95岁的湛若水，还在龙门龙潭书院和广州禺山精舍继续讲学。

诚然，岁月不饶人，自然规律不可抗拒，生老病死乃人生之必然。湛若水95岁那年，在禺山精舍病逝。春蚕到死丝方尽，湛若水把自己的一生奉献给了他所喜爱的教育事业，用他的光点燃了弟子们心中的灯，在中国教育史上，谱写了无比辉煌的一页，不愧为杰出的教育家！

第十五章　后学

湛若水终生致力于教育，近4000名弟子遍布五岭南北。在《明儒学案》中，黄宗羲称："王、湛两家，各立宗旨，湛氏门人，虽不及王氏之盛，然当时学于湛者，或卒业于王，学于王者，或卒业于湛，亦犹朱、陆之门下，递相出入也。"此外在《明儒学案》中，还分别给其弟子蒋信、吕怀、唐枢、何迁、白石、洪垣等立传，并称"名湛氏学者，至今不绝，即未必仍其宗旨，而渊源不可没也"。[①]尽管其后学没有像阳明后学那样，在学术上有较大建树，形成有影响力的学术流派，产生较大的社会影响，但其后学亦能提出各自的学术观点，不乏对甘泉心学的传承与弘扬。

一、吕怀、何迁

湛若水弟子四千，依据《明儒学案》的记载，认定能称得上"传人"的有蒋信、吕怀、唐枢、何迁、蔡汝南、洪垣等。学界认定，湛若水有四大弟子，即吕怀、何迁、唐枢与洪垣。

（一）吕怀

吕怀（1492—1573），字汝德，又一字汝愚，号巾石，又一字健乾，江西永丰人。嘉靖十一年（1532），举进士后进入仕途，历任庶吉士、兵科给事中、任春坊左司直郎、任南京翰林院事，最后转任南京太仆寺少卿。

吕怀为人诚实，为官清廉。据称，当时参加会试的人年龄限在40岁以内，而吕怀赴考时已是41岁，有人劝他隐瞒年龄，他认为不能欺骗皇帝，拒绝了。皇帝在阅卷时，十分赞赏，并因此而修改了原来的规矩，下诏称新晋进士的文牍都要阅读，不论其年龄。

为官期间，吕怀拒绝一切贿赂。他曾到明朝楚国藩王封地出差，楚王为他设宴，并送上礼品及女人，他当即大怒，对礼品及女人一概拒绝。他的廉洁，也是传

---

①〔清〕黄宗羲：《甘泉学案一》，《明儒学案》卷三十七，沈芝盈点校，第875页。

承了湛若水的高尚品格，不愧为湛若水的得意门生。

吕怀作为湛若水四大弟子之一，在学术上颇有建树，认同并传承了甘泉心学。如下观点与湛若水同出一辙。

勿忘勿助则义集，人欲泯而天理流行矣。①

静坐功夫，正要天机流行，若是把定无念，即此是念，窒塞天机，竟添一障。②

反身循理，莫非天理流行之实，活泼泼地，有丝毫人力不得而与焉者，此之谓自得。③

如上这些论述，显然是对甘泉心学如下思想的传承：

其一，以心为本。吕怀强调“心即理”“理即心”，心无所不包，心无所不贯。其《心统图说》正是模仿湛若水的《心性图说》而成，他同样以心为宇宙的本体。在《与蒋道林》函中，吕怀道明了撰写《心统图说》的本意：

《心统图说》，正为发明性善本于天理。其言偏仁偏义气质等论，总只是指点病根之所从来。④

吕怀认定：

夫心即理，理即心，人心天理，无非中者。⑤

天命之中，无不包贯，此吾心本体也。此心同，此理同，其为包贯亦无弗同。⑥

可见在本体论上，吕怀同湛若水一样，以心为宇宙的本体，并同样赋予心具有无所不包、无所不贯的属性，使其学说具有鲜明的心学色调。

其二，以气为本。吕怀与湛若水一样，把“气”提到与“心”齐格的本体层

---

①〔清〕黄宗羲：《太仆吕巾石先生怀》，《明儒学案》卷三十八，沈芝盈点校，第912页。
②〔清〕黄宗羲：《太仆吕巾石先生怀》，《明儒学案》卷三十八，沈芝盈点校，第914页。
③〔清〕黄宗羲：《太仆吕巾石先生怀》，《明儒学案》卷三十八，沈芝盈点校，第917页。
④〔清〕黄宗羲：《太仆吕巾石先生怀》，《明儒学案》卷三十八，沈芝盈点校，第913页。
⑤〔清〕黄宗羲：《太仆吕巾石先生怀》，《明儒学案》卷三十八，沈芝盈点校，第912页。
⑥〔清〕黄宗羲：《太仆吕巾石先生怀》，《明儒学案》卷三十八，沈芝盈点校，第913页。

面，他认定：

此气流行，生生不息，是吾之本心也。[①]

湛若水同其先师一样认为道与气同为本，而吕怀则继承湛若水的本体论思想，也认为宇宙间的生生息息，无非是气的“流行”变化。

其三，“勿忘勿助”的认知过程。同湛若水一样，吕怀认为涵养与认知的过程，是“自得”，而“自得”无须人力介入。他说：

反身循理，莫非天理流行之实，活泼泼地，有丝毫人力不得而与焉者，此之谓自得。[②]

吕怀认同了湛若水所说的体认天理，是“勿忘勿助”，是不需人力的过程。

其四，动静无根。湛若水在检讨“静坐”时，运用了儒家“动静相兼”的观点，吕怀沿袭此观点，他提出：

阳为阴根，阴为阳根，一理流行，生生不息，是则动静无端，阴阳无始。[③]

鉴于持有同湛若水一样的动静观，故吕怀也同样不主张静坐。他尖锐地说：

静坐工夫，正要天机流行……即此是念，窒塞天机，竟添一障。[④]

吕怀还进一步说明，无须静坐的原因：

好恶与人相近，与见孺子入井，有怵惕恻隐之心，尽属动处，何曾把定无念？盖一阴一阳谓道，继善成性，乃是天则。合下是个圣人之资，禀天地至中至和之气以生，性道流行，止于至善，何动何静？[⑤]

---

①〔清〕黄宗羲：《太仆吕巾石先生怀》，《明儒学案》卷三十八，沈芝盈点校，第912页。
②〔清〕黄宗羲：《太仆吕巾石先生怀》，《明儒学案》卷三十八，沈芝盈点校，第917页。
③〔清〕黄宗羲：《太仆吕巾石先生怀》，《明儒学案》卷三十八，沈芝盈点校，第916—917页。
④〔清〕黄宗羲：《太仆吕巾石先生怀》，《明儒学案》卷三十八，沈芝盈点校，第914页。
⑤〔清〕黄宗羲：《太仆吕巾石先生怀》，《明儒学案》卷三十八，沈芝盈点校，第914页。

对于静坐的批评，吕怀比老师湛若水更为尖锐，他如是说：

若或气质偏胜，则感应失中，此其躯壳物而不化之气，暗著心体，所以往往自谓声臭俱寂，而不知其闭目静坐，犹自堕落闻见。①

可见，对待静坐的态度，吕怀坚持了湛若水的立场，并显得较老师态度更为坚决。

其五，关于宇宙的生成。湛若水依循《易》的理路，提出其宇宙生成论，吕怀基本也是提出同样的模式，进而还提出了道德产生论。其宇宙生成论，阐述得更为具体。他在《心统图说》中说：

太极者，天地之心，阴阳所始，实无始也，阴阳所终，实无终也。一理动静，两仪肇分，一二三四五，水火木金土生焉，六七八九十，水火木金土成焉。②

对阴阳变化而生万物，吕怀借用了《易》中的卦象原理进行演绎，充分显示其鲜明的儒家立场。

吕怀坚持"尊儒"的立场，又体现在他对佛学进行批评。他说：

释氏说法度人宗旨，不过以蕴空之说为根本，声音之道为作用，不落鬼道为法门。今所传《心经》，字母其本教也，而其为末法，又不过窥见世俗积恶任气，死则物而不化，郁阴怆凄，游魂如梦，直以饶鼓声音散之，是驱之速于灭亡而已。岂有所为圣贤安身立命之道哉？③

显然，认定佛学并非中国传统的圣贤安身立命之道，这辟佛的立场与湛若水一脉相承。

其六，对"理欲"的解读。关于理欲问题，是宋明时期学界必然关注的命题，吕怀同其师湛若水有同样的阐述。在《答曾廓斋》函中，他说：

---

①〔清〕黄宗羲：《太仆吕巾石先生怀》，《明儒学案》卷三十八，沈芝盈点校，第915页。
②〔清〕黄宗羲：《太仆吕巾石先生怀》，《明儒学案》卷三十八，沈芝盈点校，第919—920页。
③〔清〕黄宗羲：《太仆吕巾石先生怀》，《明儒学案》卷三十八，沈芝盈点校，第918页。

忘助人也，勿忘勿助则义集，人欲泯而天理流行。[1]

吕怀同湛若水一样，认定天理与人欲一进一退，此进而彼退，人欲泯灭了，则天理便流行。

其七，敢于抨击时弊。吕怀同样有着湛若水所倡导的“贵疑”精神，以大胆怀疑、思想解放的态度，去审视现实社会，敢于抨击时弊。在《答谢显》函中，他尖锐指出：

方今吾辈学问，不可谓尽无豪杰之才，真切之士出于其间，只为学术欠明，往往一出门来，便以见成圣人认在身上，却不去实反之身心，极深研几，以求自得，是以自谓物来顺应，而不知已离大公之体，自谓感而遂通，而不知非复天下之故。[2]

湛若水身为命官，关心现实社会而提出己见，吕怀传承了老师的社会责任感，而批评当时的儒士们只知仰慕圣人，而不知在心性上求“自得”。

在吕怀与湛若水的师承关系中，尤为可贵的是吕怀不仅传承湛若水的学术思想与精神，还著有《心统图说》与《河图》，以之弘扬与发展甘泉心学，具体体现在如下方面：

首先，坚守以道德的觉醒为心学的根本，深入探究道德起源。

依循《易》的理路，吕怀阐述了人的四端之心的由来，他具体说：

少阳木之性，仁；太阳金之性，义；少阴火之性，礼；太阴水之性，智；信兼四德，五性是具。心统性情，道根天地，乾道为性，坤道为情。是故仁之端恻隐，宽裕、温柔有容，少阳木之应也；义之端羞恶，发强、刚毅有执，太阳金之应也；礼之端恭敬，齐庄、中正有敬，少阴火之应也；智之端是非，文理、密察有别，太阴水之应也。[3]

吕怀把孟子的“四端”之说与儒家的经典《易》紧密勾连，使之更儒学化。

---

①〔清〕黄宗羲：《太仆吕巾石先生怀》，《明儒学案》卷三十八，沈芝盈点校，第 912 页。
②〔清〕黄宗羲：《太仆吕巾石先生怀》，《明儒学案》卷三十八，沈芝盈点校，第 916 页。
③〔清〕黄宗羲：《太仆吕巾石先生怀》，《明儒学案》卷三十八，沈芝盈点校，第 920 页。

在《心统图说》序中，吕怀还高度赞扬孟子的尽心说，他说：

孟子言尽心知性知天，存心养性事天，修身立命，至矣哉！①

可以说，坚守尊儒的立场，恪守儒学理念，是吕怀学说的一大特色，也是吕怀弘扬师道的体现。

其次，关于宇宙生成的阐述，吕怀借助《易》的卦象而进行比较，以能更详尽地进行说明。

在《心统图说》序中，吕怀描绘了宇宙的具体生成过程，其表述较其师更具体。他说：

生者为动、为阳、为天，成者为静、为阴、为地。动阳之阳，一二为太阳，阳之阴，三四为少阴；静阴之阴，六七为太阴，阴之阳，八九为少阳。中分二仪，横列四象，一变一合，八卦相荡。天，太阳之阳，一水生，象乾。太阳之阴，二火生，象兑。少阴之阳，三木生，象离。少阴之阴，四金生，象震。地，太阴之阴，六水成，象坤。太阴之阳，七火成，象艮。少阳之阴，八木成，象坎。少阳之阳，九金成，象巽。天卦四，地卦四，一六同宗，位北水；二七同道，位南火；三八为朋，在东木，四九为友，居西金。阳极于五，阴极于十，如轮之在心，如屋之在脊，合之有中，分之无迹，兼统四方，有极无极，土之所以成始成终，太极之象也。方其天道流行，动而生阳，一二三四，阳动斯极，动极生阴，造化万物。②

这种说法，似乎较湛若水的说法更理论化、《易》学化。

再次，更为强调“气质变化”。在涵养功夫上，吕怀没有沿着先师湛若水“随处体认”的理路展开，而继续以反对“支离”为宗旨，提出“变化气质”的涵养方法。他认为：

气质偏驳，则感应失中，内外动静不得其理，而一之道病。是故君子随分致力，直之方之，虚之直之，理得心存，气质变化，无内外，无动静，纯

①〔清〕黄宗羲：《太仆吕巾石先生怀》，《明儒学案》卷三十八，沈芝盈点校，第921页。
②〔清〕黄宗羲：《太仆吕巾石先生怀》，《明儒学案》卷三十八，沈芝盈点校，第919—920页。

一不二，而学之能事毕矣。[①]

吕怀认定，得理而存心，于是便能变化气质，这便是为学的宗旨，便是涵养的功夫。所以吕怀强调“天理良知本同宗旨，学者功夫无有着落，枉自说同说异”，他更为注重“君子随分致力，直之方之，虚之直之，理得心存，气变质化，无内外，无动静，纯一不二，而学之能事毕矣”[②]。可见吕怀对湛若水的学说，既有继承，亦有发展，号称大弟子，当之无愧。

（二）何迁

何迁（1501—1574），字益之，号吉阳，江西德安人，一说湖北安陆人。嘉靖二十年（1541）举进士，是湛若水四大弟子之一。曾任吏部从事、户部主事、南京刑部侍郎、九江通判、吏部文选主事等职。62岁时因卷入朝廷风波而被革职。

何迁学识渊博，学术上他既传承与弘扬先师湛若水的学说，又批评阳明后学的空疏，并力图糅合甘泉学与阳明学。

何迁对湛若水思想的坚持与弘扬，十分鲜明。主要体现在如下方面：

其一，坚持“主一”的本体论。坚持反“支离”立场的湛若水，提出“体用一体”的本体论，强调事物的同一性、不可分性，其弟子们对“主一”多有传承。湛若水曾为何迁的《心统图说》作序，在序中称其“统”，便是道的本体，能贯于天地人物之中。何迁如是说：

> 统也者，道之体也，无声无臭，贯乎天地人物之中，而不能遗者也。伏羲居中之蕴，而周子所举于无之谓也。故观天地于声臭之外，则刚柔善恶莫非天理，则灵蠢贤愚莫非成性，不以形骸贵贱而异；观人心于声臭之外……不以耳目好恶而殊。此其统，非通天地人物于一本者，孰能知之？[③]

显然，何迁的“统”，即是“通”，也就是说道的本体，具有“统”，即“通”的属性，它贯通于天地万物，使天地万物成为一个完整的、不可分的整体。

---

①〔清〕黄宗羲：《太仆吕巾石先生怀》，《明儒学案》卷三十八，沈芝盈点校，第 915 页。
②〔清〕黄宗羲：《太仆吕巾石先生怀》，《明儒学案》卷三十八，沈芝盈点校，第 915 页。
③〔清〕黄宗羲：《侍郎何吉阳先生迁》，《明儒学案》卷三十八，沈芝盈点校，第 922—923 页。

可见何迁不仅坚守了甘泉的“主一”本体论，也传承了甘泉“仁者与天地万物为一体”的宇宙整体观。鉴于此，何迁在学说中还十分突出个“一”字。在他看来，宇宙间的一切，都可以用“一”来概括，他说：

故曰天地万物一气也，象数性命一形也，刚柔中和一性也，昼夜始终一故也。①

天地万物，有根窍焉，往古来今，有宗统然焉。②

可见，在宇宙本体论上，湛若水把陈献章的“半”演化为“一”，其弟子何迁继承其思想，而以《心统图》，更形象地表述“主一”的本体论，同时呈现反对支离的立场。

其二，坚持“知行一”论。在知行关系上，湛若水提出“知行并进”，或称“知行合一”，其弟子何迁继续说：

知者行之主，行者知之用。良知良能，其体一也，致知格物，其工夫亦一也。学者能使其明觉之几，归于精实，则知行一矣。③

同湛若水一样，何迁也认为人的“良知良能”，同“致知格物”的认知功夫合一，这便是知与行合一。

其三，注重论学。作为教育大家的湛若水，注重论学，其弟子何迁也注重论学。他提出“学”必须做到如下几个方面：

学必有见，见不以默，是神识也，非性之明觉也。

学必有造，造不以深，是袭取也，非性之真养也。

学必有措，措不以时，是力魂也，非性之动以天也。④

这是告诫学子们，学习必须做到有见地、有造诣、有举措，假如为学而学，没有什么效益。这也就强调了学的实效性，足见湛若水及其弟子，不仅是学者，同

---

①〔清〕黄宗羲：《侍郎何吉阳先生迁》，《明儒学案》卷三十八，沈芝盈点校，第923页。
②〔清〕黄宗羲：《侍郎何吉阳先生迁》，《明儒学案》卷三十八，沈芝盈点校，第925页。
③〔清〕黄宗羲：《侍郎何吉阳先生迁》，《明儒学案》卷三十八，沈芝盈点校，第925页。
④〔清〕黄宗羲：《侍郎何吉阳先生迁》，《明儒学案》卷三十八，沈芝盈点校，第925页。

时也是实学家。

其四，自然人性论。明代心学，是中国早期的启蒙思想，其学说的重要理论基点，是人性自然、人性平等。湛若水曾说：

> 良知良能，人所同有。[①]
>
> 盖天理二字，人人固有，不为尧存，不为桀亡。[②]

在湛若水看来，在人们心中蕴含着理，即良知良能，它是人生来所固有，并认定这种自然人性，人人都一样。湛若水的这一富于启蒙色彩的思想，得到弟子何迁的继承与弘扬。何迁直白地说：

> 生之谓性，原无对待，克伐怨欲之心，即恻隐羞恶之心，只从不虑出来，则为性，从躯壳上起，则为妄。颜子不绝妄念，只妙悟从性。性性生生，则虽习心未净，自无住脚处。如此乃能立本、经纶、知化育也。务绝念，并本来生机一齐灭息，遂使天地之化，都无从发生，安得为仁？[③]

又说：

> 故观天地于声臭之外，则灵蠢贤愚莫非成性，不以形骸贵贱而异，观人心于声臭之外，则刚柔善恶莫非天理，不以耳目好恶而殊。[④]

显然，何迁认为人性“只从不虑出来”，自然而有之，并非从人的躯壳上产生，是一种由天理而产生的普遍的人性，如果务求“绝念”，那么“天地之化”，也无从发生。可以说，何迁是强调人性的自然性，认定“仁”的本性乃自然而有之。

其五，坚守“尊儒”立场。湛若水是长期从政的朝廷官员，他不得不坚持“独尊儒术”的官方立场，其弟子何迁也是官员，故必然有着同先师一样的立场，同样毫不客气地批评佛与道“二氏”，认定佛与道在学理上，与作为圣学的儒学在

---

①〔明〕湛若水：《与汤民悦》，《泉翁大全集》卷八，钟彩钧、游腾达点校，第 235 页。
②〔明〕湛若水：《答孔宪佥兵备启》，《泉翁大全集》卷十，钟彩钧、游腾达点校，第 292—293 页。
③〔清〕黄宗羲：《侍郎何吉阳先生迁》，《明儒学案》卷三十八，沈芝盈点校，第 926 页。
④〔清〕黄宗羲：《侍郎何吉阳先生迁》，《明儒学案》卷三十八，沈芝盈点校，第 923 页。

学理上完全不同，他指出：

> 成己即能成物，非推也，《传》有之："有诸己而后求人，无诸己而后非人。"奈何曰："道有本末，学有先后。"始也尽其性而物体焉，所以道之也。既也察诸物而性尽焉，所以齐之也。齐而不道，谓之无本，霸术是已；道而不齐，谓之遗末，二氏是已。有始有卒，圣学其几矣乎？①

何迁不仅在学理上要厘清佛学与儒家圣学之异，而且指出佛教带来的危害，他说：

> 自释氏出，儒者袭之，相率以虚为知，而卒无以体物，弊亦久矣。②

在何迁看来，佛教传入后，儒士们纷纷因袭，使学界以"虚"为认知，以"无"为体认，坏了原有的学风。可见何迁的辟佛而尊儒的立场，同湛若水堪相一致。

何迁作为湛若水的大弟子，其学术思想与先师一脉相承，应是情理之中，但是也应看到，何迁对其师也有相异之处，主要有如下方面：

首先，何迁不讲"体认"而讲"涵养"。"随处体认天理"，是湛若水的理论创新，也是其认知与涵养理论的特色。其弟子何迁也注重涵养与认知，但没有明确地从"随处体认"上传承与发挥，而是直接提出"涵养"。他说：

> 造诣涵养，皆自见始，忘见而修，以身至之，日虚日新，不见其止，造诣极矣。涵养奚俟焉？即见为守，不可语悟，以是为涵养，末矣。③

应该说，何迁讲"涵养"，其"涵养"当然也是湛若水的"体认天理"。

其次，何迁不讲"体认天理"而讲"洗心"。何迁讲"涵养"，他的"涵养"便是"务绝念"而"立本"，而为"仁"。他如是说，"生之谓性，原无对待。克伐怨欲之心，即恻隐羞恶之心，只从不虑出来，则为性，从躯壳上起，则为妄。颜子不绝妄念，以妙悟此性，性性生生，则虽习心未净，自无住脚处。如此乃

①〔清〕黄宗羲：《侍郎何吉阳先生迁》，《明儒学案》卷三十八，沈芝盈点校，第925页。
②〔清〕黄宗羲：《侍郎何吉阳先生迁》，《明儒学案》卷三十八，沈芝盈点校，第923页。
③〔清〕黄宗羲：《侍郎何吉阳先生迁》，《明儒学案》卷三十八，沈芝盈点校，第926页。

能立本、经纶、知化育也。务绝念，并本来生机一起灭熄，遂使天地之化，都无从发生，安得为仁？”[①]这样的套路，同其师湛若水的“随处体认天理”实在不同。何迁的路数是向内悟自身的“性”，进行“习心”，而能“为仁”。湛若水的涵养功夫，是在任何时空里，采取任何的方式而进行道德本性的觉醒，而实现对天理的体认。显然，在涵养的方式上，何迁仅仅是向内的“习心”，显然与老师的路数不完全一致。

第三，何迁讲“统”，不讲“贯”。在本体论上，何迁继承了湛若水的“主一”观点，同样是强调宇宙的整体性，但在表述上，何迁没有采用湛若水的心无所不包、无所不贯的说法，而是换了个说法，叫作“统”。其所谓“统”，便是“通天地人物于一本”[②]。

第四，何迁讲“自然人性”，更为鲜明。发展甘泉思想，最为突出的是在对人性自然论，以及人性平等论的阐述方面。何迁强调人性自然而生，人的“刚柔善恶莫非天理，不以耳目好恶而殊”[③]，这体现出何迁富有较湛若水更为鲜明的启蒙思想，可谓青出于蓝而胜于蓝！

二、洪垣、唐枢

学界认定的湛若水“四大弟子”，除了吕怀、何迁之外，还有洪垣与唐枢。这两名弟子与湛若水的关系也十分密切，传承先师思想尤为突出。黄宗羲的《明儒学案》卷三十九《甘泉学案三》与卷四十《甘泉学案四》分别对洪垣与唐枢作了介绍。

（一）洪垣

洪垣（1507—1593），字峻之，号觉山，徽州婺源人。嘉靖十一年（1532）

---

①〔清〕黄宗羲：《侍郎何吉阳先生迁》，《明儒学案》卷三十八，沈芝盈点校，第926页。
②〔清〕黄宗羲：《侍郎何吉阳先生迁》，《明儒学案》卷三十八，沈芝盈点校，第923页。
③〔清〕黄宗羲：《侍郎何吉阳先生迁》，《明儒学案》卷三十八，沈芝盈点校，第923页。

举进士。先后任知县、御史、知府，为官清廉。担任监察御史期间，得罪了不少人而遭受打击报复，任知府没几年，便辞官归隐。

洪垣是湛若水的得意弟子，视之为衣钵传人，曾说“是可传吾钓台风月者”①。师徒二人常常一起探讨学问，湛若水把两人的问辩辑录为《洪子问疑录》。在湛若水的晚年，洪垣即主持刊刻了《泉翁大全集》85卷，乃为收集湛若水著作最详的文集。

洪垣与湛若水关系密切，曾陪同湛若水游武夷，又在广东新泉湛若水的故乡居住，湛为他建二妙楼。师生情深，湛若水去世时，洪垣一得知消息，即奔赴湛家，一待就是两个多月。

在学术上，洪垣最为忠实于师说，但也有发展，并力图“调停王湛二家之学”②。他对甘泉学说的传承与发展，主要体现在如下方面：

其一，宇宙生成论。关于宇宙生成，洪垣的说法同湛若水相同，他认为：

> “天一生水，地六成之”之类，天无偏而地气有偏。然天至于生时，即已入地气矣。天气须从未生时观来。③

洪垣虽没有完全按湛若水的说法，但也是从五行方面展开阐述。

其二，理气为本体论。在本体论上，洪垣完全持湛若水的“理气同为本”的观点。他认为：

> 其为气也，配义与道，于天地絪缊时观之，无理气分合处。④

洪垣认定，在宇宙的原始状态时，气与道没有“分合处”，是完全一体的。也就是说，气与道都是天地万物的本源，二者不可相分。

其三，“一体”观。反对“支离”，主张“合一”是明代心学的学术旨趣，也是甘泉心学的突出特色。其弟子洪垣也十分强调“一体”，他明确提出：

> 其为物不贰，与万物载焉，只是一物。⑤

---

①〔清〕黄宗羲：《郡守洪觉山先生垣》，《明儒学案》卷三十九，沈芝盈点校，第927页。
②〔清〕黄宗羲：《郡守洪觉山先生垣》，《明儒学案》卷三十九，沈芝盈点校，第927页。
③〔清〕黄宗羲：《郡守洪觉山先生垣》，《明儒学案》卷三十九，沈芝盈点校，第936页。
④〔清〕黄宗羲：《郡守洪觉山先生垣》，《明儒学案》卷三十九，沈芝盈点校，第930页。
⑤〔清〕黄宗羲：《郡守洪觉山先生垣》，《明儒学案》卷三十九，沈芝盈点校，第933页。

在洪垣看来，宇宙间的一切万事万物，是单个的，也是一体的，万物也只是一物，这显然是对湛若水“一体”观的延续。

其四，动静不分论。湛若水在检讨白沙的“静坐”时，是依据传统儒家的“动静相兼”理论，可以说，关于动静关系是甘泉心学的重要命题，其弟子对此也多有探讨。洪垣亦同湛若水一样，认定“动静不分”，他说：

> 不动而敬，不言而信，本体全功，不分动静。①

人的涵养工夫，不论是“敬”还是“信”，不论是“言”还是“动”，无不是涵养的全部功夫，其中既有动，亦有静，动与静总不能相分。又说：

> 知无不在，致之之功，则在于几时。盖几有可见未几则无见也。夫其所可见，即其所未见者耳。故致所见，而其所未见者在矣。动静止有一体。②

由上足见，湛若水要维护儒家的动静相兼思想，在弟子洪垣这里得到了传承。洪垣同其先师一样，在涵养功夫上揭示动与静的不可分离。

其五，“随处体认天理”。湛若水的弟子中，直接传承“随处体认”的为数不多，洪垣却传承了这一核心命题。当然，这名得意弟子在继承中，也指出了老师的不足，并加以完善。

他说：

> 言顾行，行顾言，顾不在言行，而在体认天理，一顾俱得。③

又说：

> 体认天理，是不离根之体认。④

在洪垣看来，体认天理都在言与行上体现，但这种体认是“不离根”的体认，也就是说是一种根本性的体认。显然，洪垣是婉转地批评了老师用“随时”“随处”的“体认”来诠释“随处体认”是过于广泛了，应须用“不离根”

---

①〔清〕黄宗羲：《郡守洪觉山先生垣》，《明儒学案》卷三十九，沈芝盈点校，第930页。
②〔清〕黄宗羲：《郡守洪觉山先生垣》，《明儒学案》卷三十九，沈芝盈点校，第937页。
③〔清〕黄宗羲：《郡守洪觉山先生垣》，《明儒学案》卷三十九，沈芝盈点校，第929页。
④〔清〕黄宗羲：《郡守洪觉山先生垣》，《明儒学案》卷三十九，沈芝盈点校，第927页。

来限制一下。也就是说，随处体认是对“天理”的体认，而非所有的、任何的“体认”。

其六，言行俱得。关于知与行的关系，湛若水提出“知行并进”，洪垣则提出“言行俱得”。他说：

> 言顾行，行顾言，顾不在言行，而在体认天理，一顾俱得。①

洪垣这所说的言行，其实也就是说知行。在他看来，“体认天理”，无非是言与行，亦即知与行“一顾俱得”，即同时进行的。在表达上，洪垣与湛若水不同，但实质上同是说知与行同时进行，即“一顾俱得”。

洪垣甚至直接地使用湛若水的“知行并进”，他直白地说：

> 真知流行，即是知行并进。②

其七，理欲之辩。理欲关系，湛若水提出富于启蒙意义的“理欲合一”论，其弟子洪垣把“理欲合一”阐述得更为深刻，语言也更为尖锐。他说：

> “绝去人欲，须知存理否？”曰：“何者为去？何者为存？理欲只是一念，又何处绝得？只在过与不及之间，故《中庸》不说理欲，夫子亦不说去欲二字，止说非礼。非礼者，不中正之谓也。”③

洪垣充分发挥了湛若水“欲亦性也，何故有不善”的思想，并引经据典去论证在儒家的传统与典籍里，没有“绝去人欲”的说法。

其八，对静坐的反思。湛若水曾对其师白沙的“静坐”进行完善与发展，其弟子大都不谈静坐，但洪垣却提出看法。尽管洪垣强调“动静一体”，却也不否定静坐，只是突出静坐的宗旨。他认为：

> 道在求自得尔，静体浑融，虚通无间，原不在喧寂上。故有用博约如有所立者，有用默坐澄心，体认天理者，各随其资禀方便以入。其言静以养动

---

①〔清〕黄宗羲：《郡守洪觉山先生垣》，《明儒学案》卷三十九，沈芝盈点校，第929页。
②〔清〕黄宗羲：《郡守洪觉山先生垣》，《明儒学案》卷三十九，沈芝盈点校，第935页。
③〔清〕黄宗羲：《郡守洪觉山先生垣》，《明儒学案》卷三十九，沈芝盈点校，第935页。

者，亦默坐澄心法也。[1]

洪垣肯定静坐，认定静坐是“用默坐澄心”的方法去“体认天理”。他明确称之为“默坐澄心法”，但又指出：

不善用之，未免绝念灭性、枯寂强制之弊，故古来无此法门。[2]

洪垣是告诫人们，静坐虽是体认天理的方法，但静坐如不能正确使用，便可能产生“绝念灭性、枯寂强制之弊”的不良后果。洪垣又认为“道”是“以自然为至，知其自然，动不以我”，“故学在知止，不在求静”。[3]应该说，洪垣虽承认静坐是“默坐澄心法”，但又认定静坐不当使用会产生不良后果，并明确提出，静坐不是古来的法门，这一说法，同当年湛若水的看法，一脉相承。

其九，“尊儒”立场。洪垣继承湛若水的“尊儒”立场，同样对儒家之外的各家各派予以批评。

首先辟佛，他说：

朱子谓：“儒以理为不生不灭，释氏以神识为不生不灭。”夫理因神识以发，儒岂能外神识以自存者？但我儒理与神识为一物，而释之神识，恐理为之障耳。理岂为障？障之者意也。[4]

洪垣认定佛的学理与儒学并不一致，儒家讲“理”，而佛学讲“障”。

对老子和杨朱，洪垣也予以批评。批老子时，如是说：

无知而无不知，有无一体。老子恃其不知以为知，其知犹有着处，盖退以为进也，于寂体不似。[5]

洪垣指出老子没有真知，是以不知为知。湛若水曾经狠狠地批评了《老子》书，而洪垣则直接批评老子。当然，关于老子与《老子》，其书其人本是个悬案，

---

①〔清〕黄宗羲：《郡守洪觉山先生垣》，《明儒学案》卷三十九，沈芝盈点校，第 937 页。
②〔清〕黄宗羲：《郡守洪觉山先生垣》，《明儒学案》卷三十九，沈芝盈点校，第 937 页。
③〔清〕黄宗羲：《郡守洪觉山先生垣》，《明儒学案》卷三十九，沈芝盈点校，第 937 页。
④〔清〕黄宗羲：《郡守洪觉山先生垣》，《明儒学案》卷三十九，沈芝盈点校，第 933 页。
⑤〔清〕黄宗羲：《郡守洪觉山先生垣》，《明儒学案》卷三十九，沈芝盈点校，第 932 页。

在这个意义上，洪垣对老子人的批评，同湛若水对《老子》书的批评，何尝不是异曲同工？彼此同是坚持“尊儒”的立场。

从尊儒的立场考量，杨朱也是异端，故洪垣也进行批评。他指出：

杨氏为我，人自为人，物自为物，牛自为牛，马自为马，而不以我与之。是亦物各付物，而实出于意见，故无情。①

这是尖锐地指出杨朱“为我”的实质，显然同儒家主张“大道之行，天下为公”的理念相悖。

其十，抨击时弊。洪垣是湛若水的得意门生，同样敢于抨击时弊。在《奉甘泉》书函中，他指出：

天理上有何工夫可用？只善识克去人欲为体认切要。近来学者间失此意，每以天理为若有物，想像而得之，亦若有物得焉，卒成虚见。②

在《东邹东廓》中，洪垣引用谢惟仁书函中所言今人的具体弊端，指出：

论今人只于义理上论学，不在合下工夫上论学；只于学上论病痛，不于己志真切上论病痛。又窃以为今之学者，止于意气作为上论志，不于天行乾乾主宰上论志，所以终未有凑泊处。③

又指出：

东郭尝云：“古人惜阴，一刻千金。”一年之间，有许多金子，既不卖人，又不受用，不知放在何处，只是花费无存，可惜。④

洪垣幽默地批评当时的士人，在为学上不注重功夫，不能真切地对待学问的毛病，不在大处立志，不珍惜时光等等。他的批评既真切又具体。

从如上十个方面，可窥见洪垣确实较其他弟子更认真地传承与发展了湛若水

---

①〔清〕黄宗羲：《郡守洪觉山先生垣》，《明儒学案》卷三十九，沈芝盈点校，第931页。
②〔清〕黄宗羲：《郡守洪觉山先生垣》，《明儒学案》卷三十九，沈芝盈点校，第938页。
③〔清〕黄宗羲：《郡守洪觉山先生垣》，《明儒学案》卷三十九，沈芝盈点校，第938页。
④〔清〕黄宗羲：《郡守洪觉山先生垣》，《明儒学案》卷三十九，沈芝盈点校，第933页。

的学说，不愧为大弟子。

（二）唐枢

唐枢（1497—1574），字惟中，号一庵，浙江归安（今浙江湖州）人。嘉靖十四年（1586）举进士，甘泉四大弟子之一。任刑部主事，敢于直言，当时正值李福达案发，唐枢直言上疏，触怒世宗皇帝而被革职，隆庆初年，曾一度复官。40年致力于学术，著述有《易修墨守》《礼元（玄）剩语》《真谈》《景行馆论》《一庵语录》等。

唐枢先师从湛若水，后又仰慕王阳明，“故于甘泉之随处体认天理，阳明之致良知，两存而精究之”[①]，力图融合王湛二家。其主要学术思想有如下方面：

其一，真心与《真心图说》。湛若水有《心性图》，并以《心性图说》来说明其心学的核心思想，即心贯于天地万物，而其大弟子唐枢则著《真心图说》，以阐述其对先师心学的传承。其《真心图说》称：

> 外一圈，元气之谓也；次中一圈，人身之谓也；最中一圈，人心之谓也。元气即太极也，可见者为天地。人受天地之中以生，而心具中理。天地无不包，故居外。万物各得其偏，至真至精者为人，故居天地之正中。维皇降衷，无少偏倚，退藏于密，心之为心也，故居最中。[②]

显然，唐枢“真心图”有三个圈：最外面的圈是元气；第二层的圈是人身；最里面的圈是心。这是说，元气生人，而人必有心。

唐枢所说的“心”，是“真心”。何谓真心？唐枢认定，“真心是人实有之心，实有之心，乃天地生人之根底，亘古今不变，不着一物，是谓中者天下大本。”[③]。

在唐枢看来，“真心”不仅是“天地生人的根底”，而且具有主宰的功能。他认为：“不有命则无以主其生，不有气则无以为生，其为生，心也，而主之者，

①〔清〕黄宗羲：《主政唐一庵先生枢》，《明儒学案》卷四十，沈芝盈点校，第948页。
②〔清〕黄宗羲：《主政唐一庵先生枢》，《明儒学案》卷四十，沈芝盈点校，第954页。
③〔清〕黄宗羲：《主政唐一庵先生枢》，《明儒学案》卷四十，沈芝盈点校，第955页。

真心也。”[①]这一主宰体现在“耳目口鼻四肢百骸从其所令”[②]，身体的其他器官都由“真心”所把控。

唐枢的真心说，揭示了人性自然，以及人性平等。在《景行馆论》中他明确提出：“真心乃人实有之心，是人自知的所在，无贤愚，无古今，无老幼，无操舍，无贵贱。”[③]人间所有人都一样的拥有。显然他是大大地提升了湛若水的人性自然与人性平等的思想深度，较其师更具有启蒙性。

其二，宇宙之生成。唐枢同湛若水一样，探讨了宇宙的生成。他从气与性、虚与实的关系上去阐释。他说：

> 气非虚不生，命非气不行，性非命不始，虚非性不终。天者虚之所在，而命之所出也。太虚不得不生气，有无相入，空实相含，有之机摄，无以流虚，无之妙孕，有以函实，于是荡冲漠而滋消息。其为物无妄，则其生生也不匮。故气与命一物也。气不二于命，又何性之二耶？[④]

湛若水提出“有无相生”的宇宙生成观，唐枢虽认为由“气”而生，却也强调“气非虚不生”，是太虚中生了“气”；强调“有无相入，空实相含”，是在“无”中而孕育产生出天地万物。这一说法，同湛若水的“有无相生”，也是一脉相承。

关于宇宙生成，唐枢又说：“夫太虚者，致一之道，故曰不贰。人亦从空中生，非天地所生”，“天地包裹，其中空，为万灵聚所。人气质包裹，空藏于心，亦为万灵聚所。屈伸阖辟，化机牵扰，而其灵未尝灭。牵扰者生于有其生，未尝灭者，乃乾元坤元，太虚之真生”[⑤]。这无疑是依循传统的说法，宇宙生于太虚，太虚是“致一之道”，人便是“从空中生”而“非天地所生”。唐枢这一看法，同湛若水有一致处，他强调“太虚之真生”，同湛若水的“无中生有”也一脉相承。当然，唐枢所言“人气质包裹，空藏于心，亦为万灵聚所。屈伸阖辟，化机牵扰，而其灵未尝灭”的说法，似乎湛若水并无此说。

---

①〔清〕黄宗羲：《主政唐一庵先生枢》，《明儒学案》卷四十，沈芝盈点校，第 955 页。
②〔清〕黄宗羲：《主政唐一庵先生枢》，《明儒学案》卷四十，沈芝盈点校，第 955 页。
③〔清〕黄宗羲：《主政唐一庵先生枢》，《明儒学案》卷四十，沈芝盈点校，第 957 页。
④〔清〕黄宗羲：《主政唐一庵先生枢》，《明儒学案》卷四十，沈芝盈点校，第 953—954 页。
⑤〔清〕黄宗羲：《主政唐一庵先生枢》，《明儒学案》卷四十，沈芝盈点校，第 949 页。

其三，道亦气。在本体论上，唐枢继承了湛若水的“道亦气”论，认定道与气同时是宇宙的本源，强调理气无异同。他认为，理气都是太虚的影子，二者不可相分。他如是说：

理气无彼此，无异同，无偏全，总是太虚影子。①

进而唐枢揭示了二者为何不可分，认定是因为“虚之极则能生，故流行而为气，虚之极则不滞，故灵通而为理。不滞则所以为生，生则得于有生。所以为生，立有生之机，有生负终匮之化。然有生之机，即假终匮之化而见，气外别无情理处”。②

在唐枢看来，理气不分，更是因为：

一阴一阳之谓道，阴阳是气，道亦是气。③

唐枢更明确地说：

《易》“一阴一阳之谓道”，两“一”字，以言乎等均者也。时阳而阳之，时阴而阴之，不失其太虚之本，则道之所在也。愆阳伏阴，横于流行而无所主，得为道耶？不愆不伏，不横于流行，则为时阳时阴。阴阳时则和而无戾，是横渠之所谓道也。故气得其正之谓道，不必气外别寻道；道所运化之谓气，不必道上更生气。④

显然，唐枢更明确地认为，气得其正之时即是道，而道在运动变化之时即是气，二者即为一体因而人们不必在气之外去寻觅道，也不必在道之外而去生出气来。这实质上便是湛若水的“道气同体”论，把道与气等同看待，无疑是唐枢对湛若水“道气同为体”思想的传承。由此足见，唐枢是从湛若水学说的最根本上进行继承与弘扬。

其四，万物皆备于我。“万物皆备于我”是心学的核心理念，在《真心图说》中，唐枢则直接提这一看法，他说：

---

①〔清〕黄宗羲：《主政唐一庵先生枢》，《明儒学案》卷四十，沈芝盈点校，第950页。
②〔清〕黄宗羲：《主政唐一庵先生枢》，《明儒学案》卷四十，沈芝盈点校，第950页。
③〔清〕黄宗羲：《主政唐一庵先生枢》，《明儒学案》卷四十，沈芝盈点校，第951页。
④〔清〕黄宗羲：《主政唐一庵先生枢》，《明儒学案》卷四十，沈芝盈点校，第966—967页。

万物皆备于我，以方寸管摄物理，约而精之，其道光明，不能外也。[1]

“以方寸管摄物理”，便是心统管天下万事万物，也便是万物皆备于我。这无疑呈现唐枢学说具有鲜明的心学特色。

其五，人皆有真心。唐枢所言的“心”，是“真心”。他认定：

真心乃人实有之心，是人自知的所在，无贤愚，无古今，无老幼，无操舍，无贵贱，只被人自埋没，不肯露出头面。[2]

显然，唐枢同湛若水一样认定，人心是人类同一的人性，是人自然而然的“所在”，不论是贤还是愚，是古还是今，是老还是幼，是出仕还是隐居，是富贵还是贫贱，人人都一样有着“真心”。这同样是强调人性自然与人性平等的启蒙思想。诚然，唐枢用了五个“无”准则把这个“平等”概念的外延揭示得更广泛。可以说，唐枢的启蒙精神则显得更为鲜明。

其六，真心即人实有之心。唐枢进而解释何谓“真心”，他认为：

真心是人实有之心。实有之心，乃天地生人之根底，亘古今不变，不着一物，是谓中者天下大本。[3]

唐枢的“真心”，便是“实有之心”，是天地生人的“根底”，是“天下之大本”。这显然是认定，天地间的一切由“真心”而生，真心便是宇宙本体。这便从本体论的层面上，构建其心学体系。可以说，在心学的理论阐述上，唐枢较湛若水的其他弟子更系统、更精微。

其七，理与欲。对宋明时期的热门话题理欲关系，唐枢强调“存天理”是“去人欲的下手处”，并提出“若以去人欲，做存天理工夫，便如捕贼保家”[4]。他没有沿用湛若水“理欲合一”的命题，但他以“存天理”为“去人欲”的下手处，同湛若水倡导的以德抑欲相一致，通过体认天理，道德本性觉醒，从而使人欲受到抑制。

---

①〔清〕黄宗羲：《主政唐一庵先生枢》，《明儒学案》卷四十，沈芝盈点校，第957页。
②〔清〕黄宗羲：《主政唐一庵先生枢》，《明儒学案》卷四十，沈芝盈点校，第957页。
③〔清〕黄宗羲：《主政唐一庵先生枢》，《明儒学案》卷四十，沈芝盈点校，第955页。
④〔清〕黄宗羲：《主政唐一庵先生枢》，《明儒学案》卷四十，沈芝盈点校，第958页。

其八，知行合一。在知行观上，唐枢的看法与湛若水堪相一致。他同样主张知与行不可相分。他形象地比喻，“两者如形影，除一个不得”，“盖随其所行，能著能察处乃为知”①。尽管唐枢十分注重“知”，但还是认定二者不可相分。他说：

> 主宰处是知，发用处是行。知即乾知大始，行即坤作成物。未有离乾以为坤，亦未有离坤以为乾者。②
>
> 知最活，凝于德则为真知，遂于物则为识神，故工夫在于止。③

唐枢反复强调，知与行如形影相随，密不可分。这是湛若水的“知行并进”的传承。

其九，对时弊的抨击。唐枢不仅在理论上，对甘泉学说进行传承与弘扬，而且也坚持了湛若水敢于对时弊进行抨击的贵疑与无畏精神。在《论感》中，唐枢说：

> 凡人一言一行，外而可见之迹，都是糟粕。彼我相通之机，只在冥冥中不可得见这点意思。今人只怪人不应我，正不是反己之学。直做到与物大同，七尺之躯与千人万人打做得一片，总是心体逼真处。一有碍置，便是工夫未了当也。④

由上足见，唐枢对湛若水学术思想与精神的传承，十分全面。

唐枢先是师从湛若水，后来对阳明心学也十分认可，学界认为他有调和甘泉与阳明的意向，但这也无改他对甘泉的追随。特别值得一提的是，唐枢在《论教》中，有一段论及王阳明的文字，他如是说：

> 阳明先生教致良知，学者昧于致之之义，妄诋良知不足倚靠，错认工夫为太容易。殊不知人人自知实有的心，虽被外面见闻牵引，实有的心常在这里，这便是良知；即此真察而真行之，便是致。若谓人无实有的心，则非所

---

①〔清〕黄宗羲：《主政唐一庵先生枢》，《明儒学案》卷四十，沈芝盈点校，第962页。
②〔清〕黄宗羲：《主政唐一庵先生枢》，《明儒学案》卷四十，沈芝盈点校，第962页。
③〔清〕黄宗羲：《主政唐一庵先生枢》，《明儒学案》卷四十，沈芝盈点校，第963页。
④〔清〕黄宗羲：《主政唐一庵先生枢》，《明儒学案》卷四十，沈芝盈点校，第958页。

以为人，若谓实有的心不足用，便是躐等妄想；若谓实有的心弃而不用，是不寻讨之罪也。[①]

“致良知”是阳明学说的核心理念，而唐枢却大胆指出，“致良知”可能会给学子带来误导，使人误以为“良知不足倚靠”，“工夫为太容易”。如此的批评实在太尖锐，这无疑是其师湛若水“贵疑”精神的体现与弘扬！

三、白石、蒋信

（一）白石

白石（1516—1565）即蔡汝楠，字子木，白石为号。浙江德清人，嘉靖十一年（1531）举进士，授行人，转任南京刑部员外郎，之后历任归德、衡州的太守、江西参政、山东按察使、江西布政使、右副都御史、河南巡抚、戎政兵部侍郎，最后在南京工部任职。黄宗羲在《明儒学案》中称其“平生所授于甘泉，随处体认天理之学，始有着落”，“师则甘泉，而友则皆阳明之门下也”[②]。白石注重教育，热心办学。

白石直接继承了湛若水的学术思想，白石在如下思想同湛若水一脉相承。

其一，宗自然。“以自然为宗”是白沙心学的重要命题，湛若水继承此理论，构建了富于岭南特色的心学。在湛氏弟子中，白石鲜明地传承了先师这一思想，在《端居寤语》中称：

天地以生物为心，而不能必物之成，花之千叶者不实，其最先发者早萎，亦天地自然之力量也。[③]

在白石看来，天地生物的生生化化，是天地的自然力量，自然而然而已。

---

①〔清〕黄宗羲：《主政唐一庵先生枢》，《明儒学案》卷四十，沈芝盈点校，第958页。
②〔清〕黄宗羲：《侍郎蔡白石先生汝楠》，《明儒学案》卷四十，沈芝盈点校，第967页。
③〔清〕黄宗羲：《侍郎蔡白石先生汝楠》，《明儒学案》卷四十，沈芝盈点校，第969页。

其二，命不离气。就宇宙的本体而言，白石同湛若水一样，认为宇宙便是“气”的运动变化，而命与气不可分。他说：

> 圣人之心，真知阴阳消长之故，谓之知命。命不离乎气也。①

在湛若水及其弟子的学说里，理、心、性、命等都是同一的概念。因而，白石说命不离气，同湛若水所说的理气同体是一样的意思，也即是弟子对先师本体论的继承。

其三，对静坐的思考。陈献章主张“静养端倪”，湛若水则完善与发展了白沙的“静坐”，提出“随处体认天理”，但并非否定静坐，只是强调静坐不是唯一的涵养方式。白石对静坐的反思，则从人的本性上进行肯定，与湛若水的看法不完全一样。他如是说：

> 神发智也，智之鉴处为知诱。人生而静，不容说，正感发时，常觉得，便是主静路上工夫。②

显然，白石认定“静”是人的本性，因而以“主静”为涵养工夫，便是题中之义了。此观点同湛若水则不完全相同。

其四，尊儒立场。湛若水的弟子，大都坚持“尊儒”立场，而对各种异学予以批评，白石也不例外，其言词亦十分尖锐。如：批佛老时，白石指出：

> 或疑程子取谷神不死之语，予举张横渠曰：“太虚无动摇，故为至实。”“然则老、儒之辨安在？”曰：“其言虽合，其发言之意则殊。老氏从自己躯壳中发此意，儒者从天地太虚中发此意。”③

白石认定，老子与儒家之别在于，儒家是从天地太虚中立论，而老子是从自身的躯壳中立论。批其他异学时，白石指出：

> 学问各有一处，老氏一此谦柔心，佛氏一此空寂心，杨氏一此为我心，墨氏一此兼爱心，彭、钱一此养生心，只是不明乎善，不知所止，做人他

---

①〔清〕黄宗羲：《侍郎蔡白石先生汝楠》，《明儒学案》卷四十，沈芝盈点校，第 970 页。
②〔清〕黄宗羲：《侍郎蔡白石先生汝楠》，《明儒学案》卷四十，沈芝盈点校，第 971 页。
③〔清〕黄宗羲：《侍郎蔡白石先生汝楠》，《明儒学案》卷四十，沈芝盈点校，第 968—969 页。

岐，而为二三。[1]

白石认定，老子讲谦柔心，佛学讲空寂心，杨氏讲为我心，墨氏讲兼爱心，彭、钱讲养生心，他们都不讲“善心”。在白石看来，“做人”最为重要的是“善心”，没有善心，怎称得上人？白石把道德视作人的本质属性，这便是从陈献章到湛若水所强调的、儒家倡导的“人禽之辨”。

对老子和庄子的言论，白石还作如下批评：

老氏以物为外，故有刍狗之喻。圣人合内外以成仁，本无憧憧之心，实有肫肫之仁，何尝如此！

庄子将感应为托不得已以养自然，岂若将感应为自不得已而任自然？故老、庄以为自然者，圣人谓之矫强。[2]

由上可见，白石批评老庄的态度是鲜明的，认定老庄之学并非正宗，为自然者，是圣人所说的“矫强”之学。

其五，抨击时弊。对时弊进行抨击，这是湛若水及其弟子的一贯立场，白石也如此。他敢于批评社会弊端。他指出：

古今人良知天理之学，似说得太易，故人往往作口耳知解，全无实得。[3]

白石尖锐批评，有些人把“良知天理之学”，即心性涵养视作“口耳知解”，不可能收获实效，并指出这些人没有实实在在的涵养工夫。

（二）蒋信

蒋信（1483—1559），字卿实，号道林，常德（今湖南常德）人。嘉靖十一年（1532）举进士，历任户部主事、兵部员外郎、四川水利佥事、贵州提学副使等职。注重教育，在贵州建书院两间，建阳明祠，置“祭田”以确保其经费的长久性。归乡后，在家乡桃花冈建精舍讲学，“学徒云集”，对远方来的弟子给予

---

①〔清〕黄宗羲：《侍郎蔡白石先生汝楠》，《明儒学案》卷四十，沈芝盈点校，第969页。
②〔清〕黄宗羲：《侍郎蔡白石先生汝楠》，《明儒学案》卷四十，沈芝盈点校，第970页。
③〔清〕黄宗羲：《侍郎蔡白石先生汝楠》，《明儒学案》卷四十，沈芝盈点校，第970页。

资助。

在学术上，蒋信兼容甘泉与阳明之学。早年“无所师授”，在龙场读到阳明的诗，即十分钦佩，后进京师才师从湛若水。湛若水在南京为官期间，因弟子太多，便让蒋信帮忙教学，蒋信当了湛若水的“助教”。《明史》称，蒋信“从若水游最久，学得之湛氏为多”①。在他辞官之后，曾两次陪同湛若水游南岳，因而其学术“得于甘泉者为多也”②。其学术思想，确实继承湛若水的比较多，主要有如下方面：

其一，关于心与性的界定。心与性，是心学体系中的重要范畴，蒋信作了清晰的界定。他提出：

> 人除却血肉，只有这一片精灵，唤做心。一动一静之间，正是这精灵元初本体。故心也者，无知而无不知，无为而无不为，不当于心外更求知。③

在蒋信看来，心便是精灵，精灵便是无知无不知，无为而无不为，人的知在心之中，不存在心外之知。

蒋信赋予心的属性，便是善、精灵知觉，有着“主宰”的功能。他明确提出，“心元是纯粹至善”④。又说，“心是人之神气质精灵知觉者”，“心之活泼泼处是性”，所以“性字从心从生”，即是指“生生之心而言”。⑤

其二，宇宙生成论。蒋信同湛若水一样，依循《易》理路而阐述宇宙生成。他说：

> 二五之精，即是理；无极之真，元是气。无极之真流行变易，便为二五之精；二五之精妙合而凝，便乾道成男，坤道成女，化生万物。⑥

尽管蒋信仍然以理与气作为宇宙的本体，却也依据《易》的说法，从“无极”开始，由乾与坤而衍生出万物。

其三，气论。关于“气”，蒋信多有阐述。可以说，湛若水的气论，在蒋信

---

①〔清〕张廷玉等：《蒋信传》，《明史》卷二百八十三，第 7268 页。
②〔清〕黄宗羲：《佥宪蒋道林先生信》，《明儒学案》卷二十八，沈芝盈点校，第 627 页。
③〔清〕黄宗羲：《佥宪蒋道林先生信》，《明儒学案》卷二十八，沈芝盈点校，第 628 页。
④〔清〕黄宗羲：《佥宪蒋道林先生信》，《明儒学案》卷二十八，沈芝盈点校，第 631 页。
⑤〔清〕黄宗羲：《佥宪蒋道林先生信》，《明儒学案》卷二十八，沈芝盈点校，第 630—631。
⑥〔清〕黄宗羲：《佥宪蒋道林先生信》，《明儒学案》卷二十八，沈芝盈点校，第 633 页。

的学说中得到很好的传承与弘扬。

蒋信依然主张，宇宙的一切运行与变化，无非是气与理。这是湛若水的“理气同为体”的本体论的继承与发展。蒋信具体阐述说：

> 四时行，百物生，万古是如此，这便是於穆不已。即万物观之，发生一番，便又收敛，收敛一番，便又发生，何曾一暂止息？这於穆不已，是甚么？是元气如此。故元气者，天之神理。先儒谓阴阳是气，所以然者是理。阴阳形而下，太极形而上。谓有气别有理，二之矣。①

显然，蒋信已经认识到，任何事物一方面有“气”，即有所谓形而下的物质载体，但同时含有此物之所以是此物的依据，即“所以然”，即“理”。这一看法，彰显出蒋信能透过事物的现象，而看到事物的质的规定性，这无疑是对古代中国哲学的突破。蒋信又说：

> 盈天地间，有形之物，皆同此气此性。生生之机，无物不可见。②

这是说，气似乎不可见，但有形之物，无非亦是气。就是说，宇宙间不论是有形之物，还是无形之气，无非都是气，一切的气，都是精灵之心而已。故他又说：

> 浩然之气，与夜气、平旦之气同，乃指精灵之心而言。③

蒋信的气论特点，便是以“气”演化出其他范畴，心是气，性是气，四季运行、人的五官四肢等等，一切的一切都是气，宇宙就是一块气。他说：

> 宇宙浑是一块气，气自於穆，自无妄，自中正纯粹精，自生生不息，只就自心体认。心是气，生生之心，便是所言天命之性，岂有个心，又有个性？此气充塞，无丝毫空缺，一寒一暑，风雨露雷，凡人物耳目口鼻四肢百骸，与一片精灵知觉，总是此生生变化，如何分得人我？④

---

①〔清〕黄宗羲：《佥宪蒋道林先生信》，《明儒学案》卷二十八，沈芝盈点校，第633页。
②〔清〕黄宗羲：《佥宪蒋道林先生信》，《明儒学案》卷二十八，沈芝盈点校，第629页。
③〔清〕黄宗羲：《佥宪蒋道林先生信》，《明儒学案》卷二十八，沈芝盈点校，第629页。
④〔清〕黄宗羲：《佥宪蒋道林先生信》，《明儒学案》卷二十八，沈芝盈点校，第627页。

可以说，蒋信对气论的阐述，较湛若水其他弟子都显得更有广度与深度。其论心与气的说法，正是湛若水的“理与气同为体”论的发挥。

其四，勿忘勿助论。勿忘勿助，是湛若水涵养与认知论的重要内容，是强调人的涵养与认知是一个不需外力的自然过程。蒋信不仅继承了这一观点，而且对为什么必须是“勿忘勿助”进行了说明。他说：

> 故功夫到得勿忘勿助，即便是本体，那纯粹至善的头面便现出来，便知性知天知柔知刚，恻隐羞恶辞让是非便随感而应。①

蒋信认定，功夫若果能达到“勿忘勿助”、自然而然的境界，那么就是达到了本体，人的四端之心的道德本性便可以“随感而应”。他显然是把人的道德觉醒作为心性涵养的至高境界，这也便是对湛若水“随处体认天理”的传承。

其五，一动一静论。关于动静的关系，是湛若水检讨和完善陈献章的“静养端倪”的理论基点，其弟子蒋信也继续发挥这一思想。他明白地说：

> 动而无动，静而无静，一动一静之间，是天命本体，造化所以神者在此。②

蒋信不仅认定，动静是“天命本体”，而且认为动静即是宇宙的造化之所在，也就揭示了宇宙的一切变化，也不过是动与静的变化而已，把动静视为宇宙的最根本的变化。

其六，无欲即尽心论。蒋信亦关注了当时学界的理欲问题，他提出：

> 无欲即是尽心，尽心是谓心无亏欠，心无亏欠，方说得心在。③

湛若水不说“无欲”，其说“理欲合一”，蒋信没有按老师的理路展开，而是用孟子的“尽心”说来解读，认为“无欲”，就是“尽心”，就是“心无亏欠”，也就是“心在”。蒋信的无欲即尽心论，是其理论创新的又一体现。

其七，静坐论。湛若水的弟子，大都不谈“静坐”，而蒋信则依循老师的说法，把静坐视作初学者的“方便之门”。他从程子谈静坐切入而说：

---

①〔清〕黄宗羲：《佥宪蒋道林先生信》，《明儒学案》卷二十八，沈芝盈点校，第627—628页。
②〔清〕黄宗羲：《佥宪蒋道林先生信》，《明儒学案》卷二十八，沈芝盈点校，第627页。
③〔清〕黄宗羲：《佥宪蒋道林先生信》，《明儒学案》卷二十八，沈芝盈点校，第633页。

明道语游、杨二子曰："且静坐。"三字极有斟酌。盖谓初学之心，平日未尝收拾，譬如震荡之水，未有宁时，不教他默坐，何缘认得此心元来清净湛一，能为万化根本。认出来时，自家已信得了，方好教他就动处调习，非是教人屏日用离事物做工夫，乃是为初学开方便法门也。①

蒋信同湛若水一样，强调静坐是初学者所必需的，也同样认定人的涵养是一步一步升级。

从湛若水几位大弟子对其学说的传承，足见甘泉学说的影响。公允地说，甘泉后学虽没有形成学术流派，但应该肯定，其学说在中国思想发展史上的贡献，不可低估。

---

①〔清〕黄宗羲：《佥宪蒋道林先生信》，《明儒学案》卷二十八，沈芝盈点校，第629页。

第十六章　定位

湛若水学说，称得上是中国早期启蒙思想，是明代中叶商品经济发展带来的思想硕果，是中国社会转型时期产生的先进思潮，是中华文化发展史上的一座丰碑，影响深远。其当代价值弥足珍贵！

一、启蒙产生的必然

何谓“启蒙”？一般而论，启蒙是指发生在欧洲14世纪以“文艺复兴”开始，直至18世纪的“启蒙运动”。关于“启蒙”的界定，学界一般采用康德的定义：

> 启蒙运动就是人类脱离自己所加之于自己的不成熟状态。不成熟状态就是不经别人的指引，就对运用自己的理智无能为力。其原因不在于缺乏理智，而在于不经别人的指引就缺乏勇气与决心去加以运用时，那么这种不成熟状态就是自己所加之于自己的了。Sapere aude（要敢于认识）！要有勇气运用你自己的理智！这就是启蒙运动的口号。[①]

这是一个被视为经典的定义，然而，事实上启蒙运动并非仅仅呼吁人的“理性”，它是一个由社会生产发展，带动社会的方方面面变化，而必然产生的社会运动。欧洲启蒙运动，折射出社会由神权统治的封建社会，而跨进人性解放、人权平等的现代社会的必然。启蒙的本质，是“人的解放”，是对人性的合理、平等的肯定，以及对主体精神高扬的诉求。人的觉醒与主体精神高扬，乃启蒙的核心。

西方的启蒙运动的发生，体现着“人类社会的基本生活方式的转变带来社会的转型，进而带来观念的转换”[②]，即：

“社会的基本生活方式的转变”→“社会的转型”→“观念的转换”

---

①［德］康德：《答复这个问题：“什么是启蒙运动”》，《历史理性批判文集》，何兆武译，商务印书馆2007年版，第23页。

②黄玉顺：《论“儒家启蒙主义”》，《战略与管理》2017年第1期。

启蒙运动既是社会发展的产物，又是推进社会发展的动力。回顾西方近代发展历程，西方的启蒙运动起因于经济的发展。15世纪英国的西南部和东部，由于工业的发展，以及城市的成长，而对农产品的需求大大增加，人们看到进行农业生产更加获利，于是催生了从事农业生产的欲望，圈地运动由此而生。直至16世纪，圈地运动愈演愈烈，其结果一是，使大量的农民离开了土地，成为“鸟一般自由”的劳动者，为正在进行原始积累的资本主义提供了廉价劳动力，大大促进了工业的发展；二是，圈地运动产生了农村的资本主义性质的农场，大大加速了农业的发展。总的说来，圈地运动加速了资本主义的原始积累，促进了工业化发展的进程。

社会形态是经济基础与上层建筑的统一，经济基础决定上层建筑，社会存在决定社会意识，这是历史发展的铁律，它不以人的主观意志而转移。恩格斯说：

> 每一时代的社会经济结构形成现实基础，每一历史时期由法律设施和政治设施以及宗教的、哲学的和其他的观点所构成的全部上层建筑，归根到底都是应由这个基础来说明的。①

社会经济的发展，工业革命的完成，带来的不仅是一场重大的技术革命，实现了机械化，使社会生产力有了惊人的发展，而且是一场深刻的社会革命——社会关系的变革、社会思想意识的变革，启蒙思想从中产生。在欧洲大地出现一批新思潮的代表人物，如伏尔泰、孟德斯鸠、卢梭等。他们倡导自由、平等，呼唤民主，反对神权，号召为科学进步而奋斗。伏尔泰说：“本身自由，周围的人与自己平等——这才是真正的生活，人们的自然生活。”认定自由平等是天赋予人的自然而有的权利。卢梭则在《社会契约论》开宗明义地说：“人是生而自由的。”他认定人人生来就是平等、自由的，自由与平等是自然赋予每个人的权利，他宣称一切权力属于人民，一切权力的表现与运用必须体现人民的意志。

欧洲的启蒙运动，是人的觉醒，人从神权中解放，其核心理念是天赋人权、自由、平等、博爱。它带来了社会制度的变革，近代精神的确立，具体体现在新社会取代旧制度，以及信教自由、机会平等、经济自由、在法律面前人人平等，是人类社会发展的一次飞跃。

在欧洲发生的启蒙，是人类社会由传统向近代（或称现代）的跨越，这样的

---

①［德］恩格斯：《反杜林论》，中共中央马克思恩格斯列宁斯大林著作编译局编：《马克思恩格斯选集》（第3卷），人民出版社1972年版，第66页。

社会转型，在世界的各个国家都可能发生，中国也不例外。学者侯外庐如是分析：

> 中国启蒙思想开始于十六、七世纪之间，这正是“天崩地解”的时代，思想家们在这个时代富有“别开生面”的批判思想；也就是从明嘉靖到万历年间，是中国历史上资本主义萌芽最显著的阶段。①

尽管文中没有具体提及阳明，但这里所说的年代，正是阳明生活的年代；尽管文中没有明指“富有‘别开生面’的批判思想”是什么，但明显是指阳明心学。

商传先生说：

> 正德时期开始，中国进入了从传统社会向近代社会转型时期。②
>
> 这一时期，商品经济的发展，使人们的社会观念开始发生了变化。③

关履权先生说：

> 王阳明在《储柴墟》的信中说：“今天下波秃风靡，为日已久，何异于病革临绝之时！”在写给黄绾的信中，王阳明又说：“今天下事势如沉疴积痿。”④

这是说，阳明揭示了社会已处于“临绝”的危机，社会的大变革即将到来。湛若水与阳明生活在同一时代，他们的感受是一样的。当然，他们不可能意识到，社会已渐渐由自然经济而向商品经济转型，但他们能顺乎历史潮流而提出新思想学说，创立合乎社会发展的心学，体现中国早期的启蒙思想。

---

① 侯外庐：《中国思想通史》，人民出版社 1956 年版，第 3 页。
② 商传：《明代文化志》，上海人民出版社 1998 年版，第 16 页。
③ 商传：《明代文化志》，第 13 页。
④ 关履权：《湛若水的政治思想及其时代》，《湛若水研究文集》，第 176 页。

二、甘泉学说的启蒙性

湛若水的启蒙思想，体现在其心学学说体系里，主要观点有：

其一，“随处体认天理”论，注重道德觉醒，而高扬人的主体精神；

其二，“人皆可为尧舜”论，揭示人性自然，人性平等，挑战传统社会的封建等级；

其三，“贵疑”思想，倡导思想解放，高扬人的创新精神；

其四，“大公”“亲民”“以民为本”，倡导仁爱精神；

其五，“理欲合一”论。

湛若水如上思想，大都在本书稿中进行了详细阐述，这里着重谈谈其人性自然与人性平等。

西方的启蒙，核心是人的解放，人是独立的人，而非神的奴隶。从卢梭的启蒙思想的提出到后来的文艺复兴运动，自由、平等、博爱是主旋律，可以说，湛若水的思想与之堪相一致。

人性自然、人性平等，是启蒙思想的核心理念，甘泉心学中多有体现。他着重从如下方面阐述：

认定“理”是人人皆有，人在道德本性上是平等的。他对他的弟子汤民锐说：

> 良知、良能，人之同有也。[①]
>
> 良知良能，人皆同有。[②]

在湛若水看来，凡是人都同样赋有良知良能的道德品格，不论是贤者或是愚者，都是人，也就同样具有。他强调：

> 天理二字，人人固有，不为尧存，不为桀亡，颠扑不破故也。[③]

---

①〔明〕湛若水：《教肄》，《泉翁二业合一训》，《泉翁大全集》卷四，钟彩钧、游腾达点校，第 76 页。

②〔明〕湛若水：《与汤民悦》，《泉翁大全集》卷八，钟彩钧、游腾达点校，第 235 页。

③〔明〕湛若水：《答孔宪佥兵备启》，《泉翁大全集》卷十，钟彩钧、游腾达点校，第 292—293 页。

> 这天理混然在宇宙内，又浑然在性分内，无圣无愚，无古无今都是这个充塞流行，人人具有，不须假借于人，人亦不能假借于我。[①]

在湛若水看来，人不论是贤还是愚，只要是人，都是天理的“流行”与“充塞”，体现着“天理”，也就蕴含着良知、良能。可以说天理带来了人性的同一性，他以此论证了人性、自然性与平等性。这同卢梭倡导的人生来平等，如出一辙！

此外，敢于抨击时弊，可以说也是人的主体精神高扬的体现。湛若水常常抨击时弊也正是其启蒙性的具体体现。

湛若水抨击的时弊，主要有如下方面：

一是，注重富贵功名。湛若水指出：“今之累于科举爵录者是也。”[②]

二是，不言学，学不求自得。湛若水指出：“今之公卿达官噤不言学久矣。”[③]又指出，“读书不求自得其心”，“以记诵”“谋利禄之计”[④]。

三是，不求功夫。湛若水指出，“不求功夫于勿忘勿助之间”，是“未尝志道为圣贤也”[⑤]，于是“三代以下，经残教驰，道丧学绝，失了古人为学本意”。[⑥]

四是，内耗。湛若水指出：“值兹可畏可迁之时，虽向名入室弟子，且将操我戈如我室矣。”[⑦]

五是，“支离”的思维。湛若水指出：“今之学者出乎二，二则离，离则支，支离之患兴，而道之所以不明不行也。”[⑧]

对时弊的抨击，是湛若水“贵疑”精神的体现，也即是其主体精神高扬的体现，是一名富有启蒙思想学者的处世态度。

由上足见，湛若水同王阳明一样，称得上是中国早期的启蒙思想家。尽管他没有像王阳明那样，其学术外传而影响近代化运动，以能验证其学说的启蒙性，然

---

①〔明〕湛若水：《福山书院讲章》，《泉翁大全集》卷十二，钟彩钧、游腾达点校，第 367 页。
②〔明〕湛若水：《斗山书院讲章》，《泉翁大全集》卷十二，钟彩钧、游腾达点校，第 373 页。
③〔明〕湛若水：《答胡可泉都宪》，《泉翁大全集》卷十，钟彩钧、游腾达点校，第 294 页。
④〔明〕湛若水：《泗州两学讲章》，《泉翁大全集》卷十二，钟彩钧、游腾达点校，第 351 页。
⑤〔明〕湛若水：《答江都王生俊》，《泉翁大全集》卷十，钟彩钧、游腾达点校，第 310 页。
⑥〔明〕湛若水：《九华山中华书堂讲章》，《泉翁大全集》卷十二，钟彩钧、游腾达点校，第 358 页。
⑦〔明〕湛若水：《答胡可泉都宪》，《泉翁大全集》卷十，钟彩钧、游腾达点校，第 294 页。
⑧〔明〕湛若水：《与汤民悦》，《泉翁大全集》卷十，钟彩钧、游腾达点校，第 235 页。

而，就其学说的理论实质与王阳明学说的一致性，可以佐证其学说具有同样的启蒙性。

三、甘泉学说的二重取向

身为朝廷命官的湛若水，其官方立场十分鲜明。对其一生的言与行进行审视，他的主观意向同他的理论的客观效应，彼此相悖，形成二重取向。

主观意向：补天。

如前所说，由于商品经济的发展，宋明时期出现了人的物欲膨胀，社会道德下滑，社会纲常受到冲击的局面。宋代理学为“存天理去人欲”而创立，明代心学也以同样的宗旨而问世，湛若水的甘泉心学也不例外。

从如下方面，可窥见湛若水维护纲常，维护朝廷的“补天”的主观意向：

第一，湛若水常常以“三王之治”为典范，显然是希冀当时已渐衰败的明王朝能再现盛世景象。

第二，湛若水作为高官，其一系列的理政观念，均为了达到“天下治”的目的。

第三，湛若水注重教化，强调用贤，同样是为了“天下治”。

第四，湛若水的“尊儒”而抨击异学，便是官方立场，是希冀通过对意识形态的管控而维系社会的长治久安。黄宗羲在《明儒学案》中指出，宋明时期的理学与心学都有着同样的宗旨，即“同扶纲常”。维护纲常，正是为保封建朝廷的江山永存，这也足见湛若水的“补天”立场。

客观效应：“拆天”。

世间事，常常出现“事与愿违”，人们的主观愿望与现实效果不相一致。甘泉心学的启蒙性，带来的是人的主体精神高扬、思想解放以及敢作敢为，由此而形成的追求自由与平等的社会思潮，必将是向旧的社会制度冲击的力量，这称得上是一种“拆天”效应。这是湛若水未及预料的，也非其愿意看到的效果。

事实上，湛若水学说带来的思想解放，在他办书院期间便已呈现，难怪其书院两次遭禁，他本人晚年也遭人诽谤。

嘉靖十六年（1537），72岁的湛若水，上《乞归田疏》，第二次请求退休“罢归田里”，此时却有御史游居敬上论劾称，“若水迂腐之儒，广收门徒，私创书院，其言近是，其行大非”，请求弹劾，疏至吏部处理。吏部的回复认定，“若水尝潜心心学，希迹古人，其学未可尽非。诸所论著容有意见不同。”湛若水并没被弹劾，而书院却因此被禁。此事正说明，湛若水的学说在当时已引起朝廷一些官员的警惕。由是反证了其思想在当时有些“不合时宜”了！

应该说，生活在社会转型时代的湛若水，沐浴在历史的大潮中，他顺应潮流，发出时代新声，创立高扬人的主体精神的甘泉心学，是一名启蒙思想家，这是他的历史贡献。诚然，作为一个历史人，他难免也有着历史的局限，以及认知的缺陷。在主观上，则未能对旧的社会制度提出超越其时代高度的认知；在理论上，还未能超越道德先验论。当然，这并不能掩盖其思想的真理性及其人格的伟大。作为明代文化星空中的巨星，湛若水可与宋代的朱熹比肩。其虽被尘封了400多年，但在今天，在民族复兴、“文化自信”的新时代，人们应该通过各种方式，让湛若水走进当代社会，走进人们的心中，使其思想学说成为社会主义精神文明建设的重要动力源泉之一！

附录

一、湛若水年谱简编[①]

元成宗大德五年辛丑（1301）

湛若水六世祖湛露，任德庆路总管府治中，离任返福建，路过增城沙贝，定居下来，娶邝氏为妻，有长子世忠、次子晚丁。

明太祖洪武十四年辛酉（1381）

广东境内出现叛乱，朝廷派南雄侯赵庸平乱，屡战屡败，湛晚丁儿子怀德率乡兵协助而获胜。赵庸封其为“义士”，死后朝廷表彰其为“护国保境义士”，新塘建“义士祠”，并称湛氏家族为“义士之家”。

明宪宗成化二年丙戌（1466）

湛若水出生。

是年，陈献章39岁，因与弟子习射礼，流言四起，以为聚兵，被劝复游太学。抵京后，国子监祭酒邢让试和杨龟山的《此日不再得》诗，邢让读后称“龟山不如也”，朝中传出“真儒复出”，陈献章由此而“名震京师”。

成化三年丁亥（1467）

湛若水2岁。

春，陈献章南归。

成化四年戊子（1468）

湛若水3岁。

是年，陈献章“复入京师”，准备参加第三次会试。

成化五年己丑（1469）

湛若水4岁。

是年，陈献章会试，“复下第”。

十月，吴康斋去世，享年79岁。

成化六年庚寅（1470）

湛若水5岁。

---

① 本年谱简编参考了黎业明的《湛若水年谱》（上海古籍出版社 2016 年版）、陈裕荣的《湛若水年谱》（原载关步勋等主编《湛甘泉研究文集》，花城出版社 1993 年版）。

成化七年辛卯（1471）
湛若水6岁。
成化八年壬辰（1472）
湛若水7岁。
因家人在乡有纠纷，母陈氏携子女往惠州躲避。
是年，王阳明出生。
成化九年癸巳（1473）
湛若水8岁。
成化十年甲午（1474）
湛若水9岁。
祖父湛江去世，父亲湛瑛入狱。
王廷相出生。
成化十一年乙未（1475）
湛若水10岁。
成化十二年丙申（1476）
湛若水11岁。
父亲湛瑛去世。（具体去世时间有不同说法）
朱英总督两广。
成化十三年丁酉（1477）
湛若水12岁。
宪宗皇帝为宦官汪直设“西厂”，大学士商辂、尚书项忠请罢，后又复设。
成化十四年戊戌（1478）
湛若水13岁。
当地风俗称，狗年不宜入学，湛母取消送子入学念头。
成化十五年己亥（1479）
湛若水14岁。
入读湛氏塾学，原址后改称“读书岗”，现为“读岗公园”。
是年，宪宗皇帝令宦官汪直巡边，汪拥有指挥九边军队权力。
成化十六年庚子（1480）
湛若水15岁。
新会发生暴乱，为知县丁积所平。

成化十七年辛丑（1481）

湛若水16岁。

是年，进广州五仙观内的塾学就读。

成化十八年壬寅（1482）

湛若水17岁。

秋，陈献章应荐入京，经穗城，围睹者众。

成化十九年癸卯（1483）

湛若水18岁。

是年，祖母梁夫人去世。

秋，陈献章抵京，尚未面试，因母病乞请还乡，获准。

成化二十年甲辰（1484）

湛若水19岁。

是年，胡居仁去世。

成化二十一年乙巳（1485）

湛若水20岁。

成化二十二年丙午（1486）

湛若水21岁。

成化二十三年丁未（1487）

湛若水22岁。

是年，入读广州府学。抚台前来巡视，师生须下跪迎候，湛若水执意不肯。

是年，霍韬出生。

孝宗弘治元年戊申（1488）

湛若水23岁。

弘治二年己酉（1489）

湛若水24岁。秦纮总督两广军务，刘大夏为广东右布政使。

弘治三年庚戌（1490）

湛若水25岁。

娶袁氏为妻。

11月，长子东之出生。

弘治四年辛亥（1491）

湛若水26岁。

是年，陈献章与刘大夏泛舟至厓门，有建慈元庙之议。

弘治五年壬子（1492）

湛若水27岁。

秋，参加乡试，中举。

改名“雨”。

闵珪为两广总督。

弘治六年癸丑（1493）

湛若水28岁。

赴京参加会试，落第。

弘治七年甲寅（1494）

湛若水29岁。

二月，经梁景行介绍往江门师从陈献章，陈告诫“此学非全放下，终难凑泊”，遂焚原给会试部檄，独居一室，潜心学问。

冬，慈元庙建成。

弘治八年乙卯（1495）

湛若水30岁。

陈献章为之讲授程子之书，教作诗；师生有书信往来，陈在函中告知他自己年迈多病欲为后人置业。

是年，读佛学书。

是年，陈献章因母去世悲伤而中风。

大学士丘濬去世，享年76岁。

弘治九年丙辰（1496）

湛若水31岁。

春，与李承箕游罗浮山。

是年，陈献章有《漫笔示世卿、民泽》《楚云台观民泽所栽菊，寄民泽，用昨九日韵，时民泽还五羊未返》等诗，以及《与湛民泽（十）》等函。

邓廷瓒总督两广。

弘治十年丁巳（1497）

湛若水32岁。

冬，湛若水与陈献章书函曰：“若能随处体认，真见得，则日用间参前倚衡，无非此体，在人涵养以有之于己耳。”陈喜曰：“此为参前倚衡之学也，江门衣钵属之子也。”

王阳明弟子王畿出生。

弘治十一年戊午（1498）

湛若水33岁。

春，陈献章回湛若水去冬函，赞曰："日用间随处体认天理，着此一鞭，何患不到古人佳处"，遂让湛若水定居楚云台。

弘治十二年己未（1499）

湛若水34岁。

秋，与邓顺之等游西樵，作《游西樵山记》。

是年，陈献章效仿佛教，以江门钓台为衣钵赠予湛，作《江门钓濑与湛民泽收管》（三首），对湛寄以"无穷之托"，嘱其"珍重，珍重"。

南海伦文叙中状元。

王阳明举进士。

弘治十三年庚申（1500）

湛若水35岁。

二月，陈献章去世，享年73岁。湛作《奠先师白沙先生文》；陈葬圭峰之麓，湛据礼祭，并为之服丧三年。

弘治十四年辛酉（1501）

湛若水36岁。

作《白沙先生小祥祭文》，悼念陈献章去世周年。

弘治十五年壬戌（1502）

湛若水37岁。

是年，王阳明筑室于阳明洞，又往返于佛寺，后"渐悟仙释二道之非"。

弘治十六年癸亥（1503）

湛若水38岁。

为师服丧期满，作《新春试笔》，袒露因母劝而准备再赴会试。

弘治十七年甲子（1504）

湛若水39岁。

奉母命北上，入南京太学；祭酒章懋以《睟面盎背论》试诸生，湛的作文展示灵性，令祭酒大惊异。

是年，改名"若水"。

弘治十八年乙丑（1505）

湛若水40岁。

春，参加会试，举进士。学士张东白阅其卷，叹曰："真儒复出矣。"

选入翰林院庶吉士，有《学说》《责志论》。

与王阳明结识，一见定交，共以兴明圣学为事。

武宗正德元年丙寅（1506）

湛若水41岁。

宦官刘瑾受宠弄权，制造冤案，王阳明被卷入而下狱、受刑，并贬至贵州龙场驿站为驿丞。

正德二年丁卯（1507）

湛若水42岁。

正闰月，送别王阳明，作《九章赠别并序》；王阳明有答诗《阳明子之南也，其友湛元明歌九章以赠，崔子钟和之以五诗，于是阳明子作八咏以答之》。

十月，改翰林院编修，担任经筵讲官。

宦官刘瑾掌控京师与各地的行政管理权，以及中央朝廷的财政大权。

正德三年戊辰（1508）

湛若水43岁。

春，任会试同考官。

参与修编《英宗实录》。

迎母陈氏至京。

腊月二十七，夜梦王阳明，作《戊辰腊廿七日夜梦王伯安兄》。

是年，王阳明龙场悟道。

正德四年己巳（1509）

湛若水44岁。

是年，与王阳明论"知行合一"。

正德五年庚午（1510）

湛若水45岁。

秋，作《秋怀三首寄王庐陵阳明子》。

正德六年辛未（1511）

湛若水46岁。

九月，皇帝下诏令其出使安南国册封安南王，赐一品服以行。王阳明作《别湛甘泉二首》。

十月，正德皇帝赠封湛母陈氏为太孺人。

正德七年壬申（1512）

湛若水47岁。

二月，离京赴安南，顺道送母回乡。

至广西平南，作《平南遗兴》。

九月，撰《祭石翁先生墓文》。

十二月，王阳明为湛父撰《赠翰林院编修湛公墓表》。

正德八年癸酉（1513）

湛若水48岁。

正月，抵达安南；在安南期间作《富良歌》。安南国王赠诗有“白沙门下更何人”赞语，又赠送金币等物，湛作《辞安南国赠物对》婉谢，作《交南赋》。

二月，回国，途径龙州，作《龙州修复观音堂记》；顺道返乡，作《新置崔清献公菊坡先生祠田记》。

是年，再次奉母入京。

正德九年甲戌（1514）

湛若水49岁。

春，与王阳明在滁阳相会，夜论儒释之道。

春夏间，抵京；冬，湛母中风。

正德十年乙亥（1515）

湛若水50岁。

正月，湛母陈氏去世，享年79岁。

二月，扶柩南归，至南京龙江，阳明凭吊，二人论辩“格物”。别后有《与阳明鸿胪》《与王阳明先生鸿胪》《寄阳明王先生》《寄阳明》等书函。

七月，葬母于增城荷塘之山，守墓三年；王阳明撰《湛贤母陈太孺人墓碑》。

是年，东南一带民众暴动。

正德十一年丙子（1516）

湛若水51岁。

三月，作《告祖文》。

九月，作《告崔菊坡先生毁碑文》。

是年，长女去世。

正德十二年丁丑（1517）

湛若水52岁。

夏，有《答王阳明书》，继续论辩。

八月，撰《祭白沙先生墓文》；随后入西樵山。

十月，上《乞养病疏》，得准。

冬，作《告西樵山四境父老》，《寄阳明都宪》、《寄王阳明都宪》（“若水顿首启”）、《寄王阳明都宪》（“十月初及郭总戎行”）。

是年，开始编撰《二礼经传测》。

正德十三年戊寅（1518）

湛若水53岁。

次子柬之出生。

是年，始撰《古大学测》《中庸测》；在西樵山建大科书院，讲学。

是年，王阳明于东南平乱，并注重移风易俗、道德教化、革面革心。

正德十四年己卯（1519）

湛若水54岁。

是年，与王阳明书函有《答阳明都宪》，王阳明有《答甘泉》，彼此辩论“格物”。

是年，作《祭林南川文》。

是年，王阳明弟子薛中离上疏奏请准陈献章入祀孔庙，未果。

是年，宁王谋反，王阳明平乱，武宗皇帝南行私访。

正德十五年庚辰（1520）

湛若水55岁。

夏，成《大科训规》。

是年，成《古大学测》《中庸测》；有《古大学测序》《中庸测序》。

是年，有《答阳明》。

正德十六年辛巳（1521）

湛若水56岁。

五月，寄《古大学测》《中庸测》予王阳明，王有《答甘泉》提及此二书。

秋，成《白沙子古诗教解》（二卷），作《诗教解原序》。

有《答阳明王都宪论格物》，详论“格物”与“随处体认天理”。

十月，有《祭告白沙先生文》。

十一月，与邓生、汤生等改葬白沙先生于皐帽峰下。

十二月，有《寄阳明》函贺王阳明封新建伯。

西樵讲学4年，先后编录成《樵语》《新论》《知新后语》。

世宗嘉靖元年壬午（1522）

湛若水57岁。

正月，作《明故翰林院检讨白沙陈先生改葬墓碑铭》。

二月，为王阳明父吊丧。

五月，回京复任翰林院编修，经筵讲官。

六月至八月间，先后上《初入朝豫戒游逸疏》《再论圣学疏》与《元年八月初二日进讲后疏》。

是年，朝中始有“大礼议之争”，持续数年之久。

嘉靖二年癸未（1523）

湛若水58岁。

四月初，进讲《尚书·大禹谟》“可爱非君可畏非民”章。

五月，上《乞上下一心同济圣治疏》。

夏，作《赠龙游子祝宪佥序》，论君子小人之别。

七月，撰《问政》，论学与政；作《赠石龙黄宗贤赴南台序》，论知与行。十二月，升翰林院侍读，官六品。

是年，撰《孔门传授心法论》，阐述内外、心性、心物的合一，及涵养方法。

嘉靖三年甲申（1524）

湛若水59岁。

二月，上《乞谨天戒急亲贤疏》，阐述治国方略。

八月，升南京国子监祭酒，从四品。

九月，赴任途中，上《途中进申明学规疏》，阐明教育思想，以及学校管理方案。

到任后，撰《心性图说》阐述宇宙观；筑观光馆，凝聚四方学者。

是年，发生大同叛乱。

嘉靖四年乙酉（1525）

湛若水60岁。

四月，作《二礼经传测序》。

七月，始撰《圣学格物通》。

十月，作《伊川唐录序》。

十二月，作《白沙先生诗教序》；三子涞之出生。

嘉靖五年丙戌（1526）

湛若水61岁。

三月，作《南雍节定仪礼燕射纲目序》。

十二月，作《重修江都县儒学记》，阐述“二业合一”。

是年，有《广德州儒学新建尊经阁记》，与王阳明论“致良知”。

是年，王阳明有《答甘泉》函。

是年，发生李福达案。

嘉靖六年丁亥（1527）

湛若水62岁。

二月，上《灾异自陈疏》。

十月，作《和州重修儒学记》。

十月，秩满考绩。

是年，成《圣学格物通》。

嘉靖七年戊子（1528）

湛若水63岁。

五月，升南京吏部右侍郎。

任国子监祭酒期间讲学，编录《雍语》《二业合一训》。

六月，作《圣学格物通大序》《进圣学格物通表》，进《圣学格物通》。

闰十月，撰《四勿总箴》。

十月，王阳明在两广平乱告捷，返程途经湛家乡，祀其先祖庙，入湛故居留下诗。

十一月，王阳明于南安去世，享年57岁。

嘉靖八年己丑（1529）

湛若水64岁。

三月，作《奠王阳明先生文》。

在南京任吏部右侍郎期间讲学，先后编为《新泉问辩录》《金陵问答》。

七月，任北京礼部右侍郎。

孟冬，原配袁氏去世。

是年，弟子周孚先、吕怀等编刊《甘泉先生文录类选》，周孚先作《刻甘泉先生文录类选后语》《甘泉先生文录类选序》。

嘉靖九年庚寅（1530）

湛若水65岁。

二月，世宗皇帝颁布敕谕，令群臣讨论南北郊分祭礼仪。

是年，与工部尚书章拯奉旨会勘锦衣卫军匠章源所奏事。

嘉靖十年辛卯（1531）

湛若水66岁。

八月，上《进天德王道第一疏并颂赋》。

九月，上《进天德王道第二疏》，作《君臣同游雅诗二章》，上《进君臣同游雅诗疏》；转任北京礼部左侍郎，上《奉诏进讲章疏》。

十一月，上《进圣学疏》。

十二月，上《劝收敛精神疏》。

是年，成《问疑录》。

嘉靖十一年壬辰（1532）

湛若水67岁。

四月，作《白沙书院记》。

七月，作《春秋正传自序》。

秋，福建右布政使吴昂刊刻《圣学格物通》。

十月，巡按直隶御史冯恩疏议政事得失称，湛若水"教人随处体认天理""未合人心""乃无用道学"。

年底，上《乞休疏》，回应冯恩弹劾。

嘉靖十二年癸巳（1533）

湛若水68岁。

二月，上《进瑞鹿赋疏》《进古文小学疏》；作《瑞鹿赋》。

五月，作《滦州刻白沙先生全集序》。

七月，升南京礼部尚书，正二品。升迁前曾上《自陈求退疏》。

任北京礼部右侍郎、左侍郎期间讲学编录为《金台问答》，同月长孙出生。

八月，离任赴南京就职。

是年，为《白沙子》刻印作《论白沙子》。

秋，长子东之去世，享年44岁。

十一月，朝廷赠封湛祖父、父亲为礼部尚书、资政大夫；赠封湛祖母、母亲及原配夫人为诰命夫人。

是年，弟子周相、高简等于扬州重刻《圣学格物通》。

撰成《春秋正传》。

嘉靖十三年甲午（1534）

湛若水69岁。

六月，作《南京礼部并内外守备等衙门祈雨告文》。

七月，上《火灾自劾疏》。

十一月，撰《自然堂铭》，阐述“自然为宗”观。

是年，初刻《春秋正传》。

嘉靖十四年乙未（1535）

湛若水70岁。

正月，作《新泉精舍赡田誓》。

春，作《修复古易经传训测序》。

七月，作《志道堂铭》。

秋，奉命祭告祖陵，途中经泗州、扬州时讲学，有《泗州两学讲章》《扬州府县学讲章》及《泗州讲学后作示诸生》诗。

十一月，上《引年疏》，请求“退居山野”。

任南京礼部尚书至是年的讲学编录成《新泉问辩续录》。

嘉靖十五年丙申（1536）

湛若水71岁。

六月，转任南京吏部尚书；上《改南京吏部尚书谢恩疏》。

十月，上《进二礼书疏》，并进《二礼经传测》。

十一月，南归增城创建莲洞书馆，修甘泉馆与古甘泉洞；于罗浮山建朱明书馆。

闰十二月，作《祭告白沙先生文》。

是年，门人编辑刊刻《甘泉先生文集》（40卷）。

嘉靖十六年丁酉（1537）

湛若水72岁。

春，过南昌，有《南昌讲义》《谒朱文公先生庙庭文》《谒孟子祠文》。

四月，上《乞归田疏》，再次请准“罢归田里”。

同月，御史游居敬上论劾疏称，“若水迂腐之儒，广收门徒，私创书院，其言近是，其行大非”，请求弹劾。疏至吏部处理，复曰：“若水尝潜心经学，希迹古人，其学未可尽非。诸所论著，容有意见不同，然于经传多所发明。但从游者日众，间有不类，因而为奸，故居敬以为言。惟书院名额似乘典制，相应毁改。”皇帝曰：“若水已有旨谕留，书院不奉明旨、私自创建，令有司改毁。”湛第二次遭诽谤，所建书院第一次遭禁毁。

五月，上《途中感恩疏》。

十月，作《修复四书古本测序》。

嘉靖十七年戊戌（1538）

湛若水73岁。

是年，先后上《再乞归田疏》《三乞归田疏》，申述致仕理由。

嘉靖十八年己亥（1539）

湛若水74岁。

是年春夏，上《治权论》《进治权论疏》，主张天子讨而不伐。

是年，成《杨子折衷》。

六月，转任南京兵部尚书，世宗皇帝有《参赞敕谕》，准其为参赞机务。

闰七月，有《初任南京兵部议请复快船月粮事宜与都宪王濬川启》。

九月，上《参赞机务南京兵部尚书六年考察自陈疏》。

十一月，条陈留守南京十事。

嘉靖十九年庚子（1540）

湛若水75岁。

正月，作《读崔公后渠叙杨子折衷》。

五月，获准致仕。

七月，离任。取水道南归。至杭州，登岸至天真精舍，以三香谒王阳明；八月游武夷山，过鹅湖书院，抵南昌，至赣州，有文论辩白沙非禅；九月，过梅岭，抵韶州精舍，在明经馆讲学，有《韶州明经馆讲章》。九月中旬，抵穗城，谒文庙、白沙祠，有《致仕到家祭告祖墓文》《大宗小宗合食训》。

十二月，有《归休祭告先师石翁墓文》。

是年，弟子洪垣在穗城开设天关诸堂；洪垣等编辑、刊刻《泉翁大全集》（85卷），全面收集整理湛诗文，为其著述规模最大的文集。

是年，霍韬去世，享年54岁。

嘉靖二十年辛丑（1541）

湛若水76岁。

是年，《甘泉湛氏家训》印行，有弟子为其撰《序》《跋》。

嘉靖二十一年壬寅（1542）

湛若水77岁。

是年，作《太子太保礼部尚书掌詹事府事赠太子太保谥文敏霍公墓表》。

嘉靖二十二年癸卯（1543）

湛若水78岁。

是年，弟子姚宗舜为增城沙堤之“江门钓台”作《和钓台诗二首》。

嘉靖二十三年甲辰（1544）

湛若水79岁。

六月，为方献夫作《祭告西樵方公文》。

八月，由西樵出发，往南岳衡山。

是年，《圣训约》印行。

嘉靖二十四年乙巳（1545）

湛若水80岁。

十二月，世宗皇帝诰命授湛次子柬之为“奉直大夫”，封其妻彭氏为“宜人”；又封柬之生母李氏为“宜人”。

嘉靖二十五年丙午（1546）

湛若水81岁。

八月，作《西樵山新立韩文公祠记》《明故总制两广江西湖广等处地方提督军务奉天翊卫推诚宣力守正文臣特进光禄大夫柱国少保新建伯南京兵部尚书兼都察院左都御史阳明先生王公墓志铭》

十一月，作《寻乐斋记》。

嘉靖二十六年丁未（1547）

湛若水82岁。

二月，作《祭陈白沙先师文》。

六月，作《白沙先生至言序》。

嘉靖二十七年戊申（1548）

湛若水83岁。

四月，作《非老子序》。

是年，建广州白云书院。

嘉靖二十八年己酉（1549）

湛若水84岁。

五月，作《东莞县儒学重修记》。

八月，作《广州府儒学志引》。

九月，作《潮州宗山精舍阳明王先生中离薛子配祠堂记》。

嘉靖二十九年庚戌（1550）

湛若水85岁。

八月，作《太原甘泉书院记》。

九月，作《纪欧阳公修白云精舍记》。

十月，作《白云祭告白沙祠文》。

嘉靖三十年辛亥（1551）

湛若水86岁。

九月，作《白云白沙祠塑像告成文》《重刻白沙先生全集序》。

十月十五日，梦白沙先生示以文字一卷，作《纪梦》。

十一月，作《厘正诗经诵序》。

嘉靖三十一年壬子（1552）

湛若水87岁。

三子涞之去世，享年28岁。

嘉靖三十二年癸丑（1553）

湛若水88岁。

八月，侧室蒯氏去世，因蒯氏持家30年，湛为之成服祭奠，作《奠侧室蒯氏文》《成服又奠蒯氏文》。

是年，有《重修增江忠孝祠记》。

嘉靖三十三年甲寅（1554）

湛若水89岁。

六月，作《湛子知言自序》。

九月，作《千忍亭诗书付孙润先刻石》。

嘉靖三十四年乙卯（1555）

湛若水90岁。

正月，游罗浮山，有《谒奠罗浮四贤祠》《罗浮游学记》。

是年，《甘泉先生续编大全》（33卷）印行。

嘉靖三十五年丙辰（1556）

湛若水91岁。

正月至五月，衡岳之游水陆兼程，一路会友、讲学、论道，观赏大自然风光，与地方官员交往。

是年，有《重修南岳甘泉书院记》。

嘉靖三十六年丁巳（1557）

湛若水92岁。

正月，玄孙出生，有诗。

三月，夜梦坐化，有诗《丁巳三月二十五夜梦坐化时四鼓也梦觉归寄罗念山诸同志》。

嘉靖三十七年戊午（1558）

湛若水93岁。

是年，与弟子相聚天关书院，讲学。

嘉靖三十八年己未（1559）

湛若水94岁。

是年作《默识堂记》；在龙潭书院讲学，有年逾古稀的弟子侍讲。

嘉靖三十九年庚申（1560）

湛若水95岁

二月，致函洪垣约再游武夷山。

三月在龙潭书院、禺山精舍讲学。

四月二十二日，在禺山精舍去世。

嘉靖四十二年癸亥（1563）

十月，世宗皇帝有《赐葬敕谕》。葬增城天蚕岭（今永和镇），弟子洪垣作《湛甘泉先生墓志铭》，庞嵩主持丧礼。

穆宗隆庆元年丁卯（1567）

十月，穆宗皇帝有《故兵部尚书湛若水加赠太子少保诰命》："特赠为太子少保，谥文简。"

二、湛若水著作版本及《湛若水全集》目录

湛若水身居高位，35年的仕途生活，公务繁忙，但却起早贪黑，勤奋笔耕，留下550万字的著作。其中专著有《春秋正传》《二礼经传测》《古乐经传全书》《圣学格物通》等，其文集有多种刻本：

《甘泉先生文录类选》21卷，嘉靖八年刻本。

《甘泉先生文集》40卷，嘉靖十五年刻本。

《泉翁大全集》85卷，万历二十一年修补本。

《甘泉先生续编大全》33卷，嘉靖三十四年刻，万历二十一年修补本。

《湛甘泉先生文集》35卷，万历七年刻本。

《湛甘泉先生文集》32卷，万历十六年刻本。

湛若水著作，在民国以后即没有再出版。2012年广州市委市政府立项，点校

编辑《湛若水全集》，由上海古籍出版社出版，2020年即与读者见面。

《湛若水全集》，总字数550万，分经部、子部、集部、附录四部分。其中经部包含4种著作，子部包含25种著作，集部包含9种著作。

《湛若水全集》总目录：

经部（4种）

《春秋正传》
《二礼经传测》
《古乐经传全书》
《厘正诗小序》

子部（25种）

《圣学格物通》
《古文小学》
《白沙先生诗教解》
《樵语》
《新论》
《雍语》
《知新后语》
《二业合一训》
《新泉问辩录》
《新泉问辩续录》
《问疑录》
《问疑续录》
《金陵问答》
《金台问答》
《讲章》
《天关语录》
《杨子折衷》
《非老子》
《心性书》
《书问》

《约言》
《圣训约》
《甘泉湛氏家训》
《大科训规》
《节定燕射礼仪》

集部（9种）

《分类编年文集》
《诗集》
《杂著集》
《书信集》
《章疏集》
《参赞事略》
《归去纪行录》
《岳游纪行录》
《重游南岳纪行录》